A

I0321464

ANNALES
ALGÉRIENNES.

Paris.—Impr. de COSSE et J. DUMAINE, rue Christine, 2.

ANNALES ALGÉRIENNES

NOUVELLE ÉDITION,
REVUE CORRIGÉE ET CONTINUÉE JUSQU'A LA CHUTE D'ABD-EL-KADER;

AVEC UN APPENDICE,
Contenant le Résumé de l'Histoire de l'Algérie de 1848 à 1854
et divers Mémoires et Documents;

PAR

E. PELLISSIER DE REYNAUD.

TOME DEUXIÈME.

PARIS,
LIBRAIRIE MILITAIRE,
J. DUMAINE, LIBRAIRE-ÉDITEUR DE L'EMPEREUR,
Rue et Passage Dauphine, 30.

ALGER. — LIBRAIRIE BASTIDE.
Octobre 1854.

ERRATA DU TOME II.

Page 36, ligne 18, au lieu de *le kaïd de Beni-Moucas-ben-Ouchfoun*, lisez : *le kaïd de Beni-Mouca, Ben-Ouchfoun.*
— 144 — 20, au lieu de *partit d'Oran*, lisez : *partit pour Oran.*
— 204 — 16, au lieu de *Les troupes*, lisez : *Des troupes.*
— 284 — 1, au lieu de *le Beni-Salah*, lisez : *les Beni-Salah.*
— 307 — 13, au lieu de *elle y prit*, lisez : *et y prit.*
— 353 — 6, au lieu de *sous-intendant militaire*, lisez : *sous-intendant civil.*
— 395 — 2, au lieu de *les chargèrent*, lisez : *le chargèrent.*
— 395 et 396, lignes 32 et 1, au lieu de *et arrive*, lisez : *et arrivé.*
— 403 — 13, au lieu de *tirailleurs*, lisez : *travailleurs.*
— 418 — 10, au lieu de *6e bataillon*, lisez : *2e bataillon.*
— 491 — 21, au lieu de *Meilah*, lisez : *Msilah.*

ANNALES ALGÉRIENNES.

LIVRE XVII.

Arrivée du maréchal Clausel à Alger en qualité de gouverneur général.—Choléra-morbus.— Nominations de Beys. — Expéditions dans la province d'Alger. — Événements de Bône et de Bougie.— Expédition de Mascara. — Combat du Sig.—Combat de l'Habra. —Entrée des Français à Mascara et incendie de cette ville.—Fin de l'expédition de Mascara.

M. le maréchal Clauzel, nommé gouverneur général des possessions françaises dans le nord de l'Afrique, arriva à Alger le 10 août 1835, deux jours après le départ du comte d'Erlon, son prédécesseur. Les souvenirs de sa courte administration de 1830 lui étaient en général favorables, et bien des gens ne voyaient qu'en lui le salut de la colonie. Les personnes réfléchies, qui ne partageaient pas entièrement cet enthousiasme, reconnaissaient cependant au nouveau gouverneur une force de volonté susceptible de vaincre bien des obstacles, si elle était bien dirigée, et des talents militaires dont les circonstances où se trouvait l'Afrique demandaient une prompte application. Il était impossible, d'un autre côté, de ne pas lui savoir quelque gré du zèle avec lequel il avait défendu les intérêts de nos possessions africaines. Ainsi donc, toutes ces causes agissant à la fois, le maréchal reçut à son arrivée à Alger de nombreuses et sincères félicitations. Pénétré de cette confiance en soi-même qui, renfermée dans de justes bornes, est un élément de succès, il répandit une proclamation où il donnait sa nomination au gouvernement d'Alger pour preuve irrécusable des bonnes intentions du roi des Français envers la colonie; et, comme les courses des Arabes hostiles étaient ce qu'il importait le plus de faire promptement cesser, il fit entendre ces paroles rassurantes pour la population européenne : « *Dans deux mois il n'y aura plus « d'Hadjoutes.* » Ces mots, transmis de bouche en bouche, semblaient justifier les espérances que l'on avait mises en M. le maréchal Clauzel. Les ennemis passionnés et systématiques des indigènes y virent une menace d'extermination qu'un prompt effet devait suivre, et les hommes raisonnables l'annonce de l'adoption de sages mesures destinées à mettre un terme aux hostilités. Chacun étant ainsi satisfait, les Européens exprimèrent par des démonstrations bruyantes leur reconnaissance anticipée pour le nouveau gouverneur et leur confiance dans l'avenir.

Le choléra éclata à Alger peu de jours après l'arrivée du maréchal Clauzel; il frappa principalement sur les Juifs. Il en avait été de même à Oran, l'année précédente. On attribua avec raison la préférence avec laquelle le fléau semblait choisir ses victimes dans cette partie de la population, à la malpropreté dans laquelle elle vit, entassée dans des habitations petites et malsaines. L'administration lui ouvrit en conséquence un asile au Bouzaréa, qui est le point le plus sain de la banlieue d'Alger; elle y trouva, avec un air pur, une bonne nourriture et des soins assidus. M. Vialar, dont nous avons déjà eu occasion de parler, prit la direction de cet établissement. Tant que dura l'épidémie, il se dévoua tout entier à cette œuvre de charité, puissamment secondé par sa sœur, dame supérieure des hospitalières. Ces pieuses filles n'étaient à Alger que depuis peu de jours, lorsque le choléra y éclata; de sorte que l'heure du danger et du combat ne tarda pas à sonner pour elles. Depuis cette époque, elles ne cessèrent de prodiguer leurs soins et leurs consolations aux pauvres et aux malades, sans jamais faire aucune distinction de race ni de secte. Le Musulman ainsi secouru par des mains consacrées à Jésus-Christ, apprenait à ne plus maudire une religion qui peut enfanter un aussi pur dévouement à l'humanité.

Les Arabes souffrirent plus que nous du choléra. La ville de Blida fut surtout maltraitée. Les deux races qui se disputent le sol africain étant ainsi courbées sous les coups d'un fléau qui les frappait également, les hostilités furent un instant suspendues, et pendant deux mois tout resta en stagnation. Enfin, lorsque la maladie eut cessé ses ravages, la guerre recommença les siens.

Un des premiers soins du maréchal Clauzel devait être de venger l'affront de la Macta. Une expédition sur Mascara avait été résolue par le Gouvernement; mais l'apparition du choléra et quelques hésitations de la part du ministère ayant suspendu l'envoi des renforts considérables que cette entreprise exigeait, elle fut renvoyée à un peu plus tard. En attendant, et comme pour occuper l'attention du public, qui avait hâte de le voir à l'œuvre, le maréchal forma des beylicks sur la carte, et nomma des beys destinés à ne jamais être qu'imaginaires. Le 9 septembre, un arrêté éleva Ben-Omar (1) à la dignité fictive de bey de Miliana et de Cherchel. Le 15 du même mois, un vieux Turc, nommé Mohammed-ben-Hussein, échappé à la proscription de 1830, fut nommé bey de Titteri. La partie de la population de cette province qui avait quelques dispositions à se rapprocher de nous, ne vit pas ce choix d'un œil favorable. Il contrariait les projets de Ben-Aouda-el-Moktari, qui ne voulut pas le reconnaître. Son exemple fut suivi par les tribus du sud; mais les Abid, les Douair et les Hassan-ben-Ali, tribu à laquelle appartenait la femme du vieux Mohammed, résolurent d'envoyer des députés à Alger, plus encore pour s'assurer des intentions des Français que pour reconnaître le nouveau bey, ainsi que les événements le prouvèrent. Cette simple démarche déplut tellement à la majorité des tribus, que les députés, craignant d'être arrêtés et maltraités par elles, n'osèrent suivre la route ordinaire; ils se rendirent furtivement à Alger par des chemins détournés. Le maréchal les reçut avec distinction et, les ayant réunis dans son palais, proclama solennellement Mohammed-ben-Hussein bey de Titteri, lui fit prêter serment de fidélité à la France, et lui remit le sabre et la candoura (2). Tous les députés reçurent des bournous et autres présents en usage parmi les Arabes.

Trois jours après cette cérémonie, le général Rapatel partit du camp de Bouffarik avec une colonne de 2,000 hommes, pour mettre le bey Hussein sur la route de sa

---

(1) Le même qui avait été nommé bey de Titteri en 1830.
(2) Espèce de vêtement d'honneur.

province. On supposait, sans que rien y autorisât, qu'un fort parti viendrait au devant de lui ; mais, arrivé au pied des montagnes, sur le territoire des Mouzaïa, le général s'aperçut que ce n'était là qu'une complaisante illusion, et que, dans la réalité, il faudrait combattre, si l'on voulait s'engager dans les montagnes. Les Mouzaïa étaient en armes. On entra en pourparler avec eux, mais sans résultat. Le général Rapatel avait trop peu de monde, et surtout trop peu de vivres, pour forcer le passage. D'un autre côté, une pointe sur Médéa n'aurait servi à rien, dès l'instant que la province de Titteri ne se prononçait pas pour notre bey. L'avis de tous les chefs de corps, que le général consulta, fut donc qu'on devait rentrer à Bouffarik. En conséquence, après avoir bivouaqué aux environs de la ferme de Mouzaïa, le 4 octobre, la colonne se mit en retraite le 5 au matin. Les Mouzaïa, qui, la veille, n'avaient pas tiré un coup de fusil, se livrèrent alors à des actes d'hostilité contre l'arrière-garde. Il y eut là un petit engagement, où M. Bro, sous-lieutenant au 1er régiment de chasseurs d'Afrique, fut grièvement blessé et eut son cheval tué ; abandonné par le peloton qu'il commandait, il se défendait encore vaillamment seul contre trois ennemis malgré sa faiblesse, mais il allait périr, lorsqu'il fut secouru par le commandant Lamoricière et les capitaines Grand et Bonorand.

Le général Rapatel, après avoir laissé à Bouffarick le vieux Mohammed-ben-Hussein, retourna à Alger auprès du maréchal qui aurait dû comprendre dès ce moment qu'un arrêté ne suffisait pas pour créer des beys.

M. le lieutenant-colonel Marey fut aussi laissé à Bouffarick avec les zouaves et les spahis réguliers. Il eut ordre d'effectuer deux de ces petites expéditions que les

Arabes appellent razia. Dans la nuit du 7 au 8 octobre, cet officier supérieur envahit le Haouch-ben-Burnouh et le Haouch-ben-Salah, dans le Merdjia, où se trouvaient réunies plusieurs familles de Beni-Khelil, qui faisaient cause commune avec les Hadjoutes; on leur enleva du bétail, des femmes et des enfants.

Dans la nuit du 9 au 10, M. Marey, toujours avec les zouaves et les spahis, marcha sur la demeure des marabouts de Sidi-Habchi, sur les premières pentes de l'Atlas, à deux lieues de Bouffarick. On reprochait à Sidi-Yahia, l'un de ces marabouts, d'être en relation avec El-Hadj-el-Sghir (1), dont il était beau-frère, et de recevoir chez lui les Hadjoutes. Son habitation fut dévastée ; ses frères parvinrent à s'échapper, mais lui fut pris avec sa femme et conduit à Alger. En revenant de cette expédition, les zouaves essuyèrent le feu de quelques Kbaïles et eurent deux hommes tués.

Les femmes et les enfants pris dans l'expédition du 7 furent échangés, peu de jours après, contre la famille d'un Arabe à notre solde enlevée par les Hadjoutes.

Mohammed-ben-Hussein ne resta que peu de jours à Bouffarick. Bientôt las du rôle équivoque qu'il y jouait, il résolut de se rendre dans la province de Titteri seulement avec les quelques cavaliers qu'il avait auprès de lui, puisque les Français semblaient renoncer au projet de l'y conduire eux-mêmes; il espérait déterminer un mouvement populaire en sa faveur. Il partit donc de Bouffa-

---

(1) El-Hadji-Mahiddin-el-Sghir-ben-Sidi-Ali-ben-Moubarek, qui avait été notre aga sous le général Berthézène et le duc de Rovigo, et qui était, à cette époque, bey de Miliana pour Abd-el-Kader.

rick pendant la nuit, traversa les montagnes inaperçu, et arriva chez les Hassan-ben-Ali, où un petit nombre d'amis de la famille de sa femme se réunirent à lui. Après quelques courses, entreprises pour attirer les autres tribus qui ne bougèrent pas, il fut abandonné de ses faibles partisans et réduit à se réfugier chez son beau-père, lequel fut souvent obligé de le cacher dans un silo pour le soustraire aux recherches de ses ennemis.

Le projet d'établir un bey à Cherchel ne réussit pas mieux que celui de Titteri. Le maréchal avait autorisé Ben-Omar à recruter quelques volontaires. Celui-ci était parvenu, moyennant une solde d'un franc par jour, à réunir une centaine de vagabonds. Le maréchal résolut de l'envoyer à Cherchel avec cette milice et quelques compagnies françaises. Il chargea le capitaine de Rancé, son aide de camp, d'aller l'y installer en son nom ; mais Ben-Omar, qui savait que les habitants de Cherchel n'étaient nullement disposés à le recevoir et qu'il avait surtout à craindre les Beni-Menasser, résista ; il fallut presque employer la force pour le faire embarquer lui et ses gens. Le bateau à vapeur qui le conduisait arriva devant Cherchel par un fort mauvais temps. On eut beaucoup de peine à faire venir à bord quelques habitants qui déclarèrent que leurs compatriotes se souciaient assez peu de Ben-Omar, et que s'il débarquait il serait indubitablement massacré. M. de Rancé le ramena alors à Alger où, plus heureux que le vieux Mohammed, il continua à jouir paisiblement, au sein de sa famille, de la pension de 6,000 fr. que lui faisait l'État.

Les résultats des deux premières combinaisons politiques du maréchal Clauzel excitèrent les plaisanteries de l'armée. Des avis officiels lui prescrivirent d'être plus réservé dans sa manière de juger les actes de l'autorité. Néanmoins, M. le maréchal, comprenant que ce début était fâcheux, se détermina à une expédition dont il attendait une meilleure issue. Il s'agissait de marcher contre El-Hadj-el-Sghir, le véritable bey de Miliana (1) qui avait paru dans la plaine avec des forces que l'on disait considérables. Il était temps en outre de remplir la promesse faite au sujet des Hadjoutes, qui, loin de disparaître, devenaient chaque jour plus entreprenants.

Le 17 octobre, le maréchal se rendit au camp de Bouffarick où il réunit environ 5,000 hommes. La veille, ce poste avait été attaqué par les Arabes, mais sans succès. Le 18, le maréchal en partit à la tête de trois petites brigades commandées par le général Rewbel, et par les colonels Marte et Hequet. Le général Rapatel marcha avec l'expédition qui se dirigea vers le pays des Hadjoutes. A peu de distance du camp, l'ennemi se présenta, mais en petit nombre. Quelques tirailleurs et quelques coups de canon l'eurent promptement éloigné. Il se retira sur l'Afroun, à l'entrée d'une gorge où El-Hadj-el-Sghir avait établi son camp. Le corps d'armée se reposa quelques instants à la Chiffa; il se porta ensuite sur le camp des Arabes, qui en était éloigné de près de trois lieues.

A l'approche des Français, El-Hadj-el-Sghir fit filer ses bagages sur la route de Miliana et établit son infanterie sur les hauteurs de la rive gauche du Bouroumi, qui

---

(1) Ce personnage n'avait reçu d'Abd-el-Kader que le titre de khalifa; mais les indigènes s'étaient habitués à l'appeler bey : il en avait du reste l'autorité.

sort des montagnes en cet endroit. Quelques centaines de cavaliers se mirent en ligne sur la rive droite pour masquer la retraite. Le maréchal Clauzel les fit charger par deux escadrons de chasseurs et par un peloton de la garde nationale à cheval d'Alger qui l'avait suivi. Les Arabes n'attendirent pas le choc et ils s'éloignèrent. Un ravin que l'on rencontra empêcha de les poursuivre. Sur la rive gauche, une brigade, dirigée par le général Rapatel en personne, attaqua les troupes d'El-Hadj-el-Sghir qui étaient en retraite sur la route de Miliana, mais qui cependant faisaient face à nos Zouaves de mamelon en mamelon; on leur fit éprouver quelques pertes. Dans ce combat, le général Rapatel se portant avec une faible escorte de chasseurs d'un point à l'autre de la ligne, se trouva, au détour d'un mamelon, face à face d'un fort détachement d'Arabes. Il le chargea sans hésiter avec le peu de monde qu'il avait avec lui, tua un ennemi de sa main et mit les autres en fuite. Cela fait, comme il n'entrait pas dans les vues du maréchal de pénétrer dans les montagnes, il laissa El-Hadj-el-Sghir poursuivre son chemin sur Miliana, et ramena les troupes sur la rive droite de la rivière où le corps d'armée bivouaqua.

Le lendemain 19, le maréchal rentra dans la plaine. Lorsque le corps d'armée se fut ébranlé, quelques coups de fusil furent tirés de loin sur la colonne; mais ils étaient si rares et si insignifiants que les zouaves, qui formaient l'arrière-garde, ne daignèrent pas même y répondre. Le maréchal voulant traverser tout le pays des Hadjoutes, se dirigea sur le lac Aloula, en brûlant toutes les habitations qu'il rencontra, et même toutes les meules de paille, ce qui fit que, le soir et le jour suivant, sa cavalerie n'eut rien à manger. Du reste on ne rencontra pas un être vivant, à l'exception d'une femme et d'un enfant qui furent pris. Le soir, on bivouaqua sur les bords du lac, où l'on trouva un peu de bétail abandonné. Le 20, le maréchal alla visiter le monument dit Tombeau de la chrétienne (*Koubar Roumia*). Il ramena ensuite la colonne sur les bords de la Chiffa, où elle passa la nuit. Le 21, il se présenta devant Belida, qui fournit du pain à la troupe, et que le général Rapatel alla visiter. Il alla coucher à Bouffarick le même jour, et rentra à Alger le 22.

Le bruit s'était répandu, on ne sait comment, dans cette ville, que tous les guerriers hadjoutes avaient été pris ou tués et qu'ainsi les promesses du maréchal étaient remplies. Aussi une partie de la population européenne se porta à sa rencontre, ayant en tête le conseil municipal, et l'intendant civil qui le harangua. Le soir, les édifices publics furent illuminés comme après une grande victoire. La joie des habitants paraissait si vive, que les personnes qui avaient été de l'expédition ressentaient quelque peine à la diminuer en rétablissant la vérité des faits ; mais les Hadjoutes se chargèrent de ce soin ; car, pendant que l'on célébrait leur extermination à Alger, ils se dédommageaient des pertes que leur avait fait éprouver l'incendie de leurs cabanes, en enlevant les troupeaux de nos alliés. Le 21, pendant que le maréchal revenait à Bouffarick, ils étaient même venus piller la ferme de Baba-Ali qui n'est qu'à une lieue du pont d'Oued-el-Kerma et qui appartenait au maréchal lui-même. Lorsque ces faits furent connus, la multitude, toujours prête à passer d'un extrême à l'autre, ne voulut plus voir qu'une promenade insignifiante dans une expédition qui avait excité ses transports. Cependant cette expédition força El-Hadj-el-Sghir à rentrer à Miliana et eut pour résultat de diminuer le fâcheux effet produit par les entreprises irréfléchies de Titteri et de Cherchel.

Le maréchal Clauzel reçut en entrant à Alger, après sa course chez les Hadjoutes, la nouvelle que les hésitations du ministère au sujet de l'expédition de Mascara avait cessé et que les renforts nécessaires allaient être dirigés sur l'Afrique. Il se disposa dès lors à partir pour Oran; mais, avant de l'y suivre, il convient de faire connaître au lecteur les événements survenus à Bône et à Bougie dans les derniers mois de 1835.

A Bône, une petite expédition fut dirigée dans le mois d'octobre contre les Beni-Salah. Voici à quelle occasion : les Beni-Salah avaient dépouillé des Arabes de la tribu d'Ichaoua et refusaient de leur rendre ce qu'ils leur avaient pris. On s'en plaignit aux cheickhs, qui répondirent que leur autorité étant méconnue, ils ne pouvaient pas eux-mêmes faire cesser le désordre. Ce fut pour mettre un terme à cette anarchie que le général d'Uzer marcha contre les Beni-Salah. Une partie seulement de la tribu avait pris part à la révolte. A l'approche du général, ces dissidents s'enfuirent; plusieurs d'entre eux s'étaient absentés depuis la veille pour aller commettre de nouveaux vols chez les Ichaoua. Le général s'empara de leurs troupeaux, et rentra à Bône; ils y vinrent eux-mêmes le lendemain pour faire leur soumission et demander grâce. On leur rendit alors le butin fait sur eux, à l'exception de ce qui servit à indemniser les Ichaoua, et de quelques pièces de bétail détournées par les spahis auxiliaires.

Il ne se passa rien de remarquable à Bône depuis cette expédition jusqu'au départ du général d'Uzer, départ qui eut lieu au mois de mars suivant, ainsi que nous le raconterons plus tard. Les tribus ne se livrèrent à aucun acte d'hostilité, ni entre elles, ni contre nous ; seulement un brigand, nommé El-Arbi, commit quelques crimes dans les environs de Bône sans qu'on pût l'arrêter.

M. le maréchal Clauzel était arrivé à Alger avec l'intention d'évacuer Bougie, où il aurait désiré établir un gouvernement indigène dépendant d'Alger. Il avait pensé que cette place, qui n'avait encore été qu'un embarras pour nous, pouvait être abandonnée sans inconvénient moral dans un moment où le Gouvernement était disposé à déployer de la force sur d'autres points. En conséquence, il en annonça la prochaine évacuation et donna des ordres pour la préparer. L'occupation de Bougie nous paralysait trois à quatre mille hommes. C'était là une considération qui ne pouvait qu'agir puissamment sur l'esprit essentiellement militaire du maréchal. M. le colonel du génie Lemercier entreprit de l'affaiblir et même de la détruire, et il y réussit. Il persuada au maréchal que Bougie, moyennant quelques nouveaux ouvrages, pourrait être facilement gardée par une garnison de 1,000 hommes. Dès lors tous les inconvénients de l'occupation paraissant détruits, il ne fut plus question d'abandon.

Le changement fut si subit, que M. le lieutenant-colonel Girot, qui commandait à Bougie, reçut par le même courrier des ordres concernant l'évacuation et communication, par le chef du génie, d'instructions qui les annulaient. Ne croyant pas que la position pût être défendue avec 1,000 hommes, il ne voulut pas accepter la responsabilité d'une mesure qu'il désapprouvait, et il demanda son rappel ; il fut remplacé par M. de Larochette, lieutenant-colonel du 63e de ligne.

Ce nouveau commandant supérieur prit les troupes de Bougie dans un fâcheux moment. L'isolement, les privaions leur étaient devenus d'autant plus pénibles, que l'annonce de l'évacuation leur avait donné l'espoir de les voir bientôt cesser. Aussi l'ennui, le découragement, le dégoût s'étaient-ils emparés de cette brave garnison. M. de Larochette mit tout en œuvre pour combattre cette atonie : il fit établir un cabinet de lecture pour les officiers, et un théâtre de société pour la troupe; il fit cultiver des jardins. Par l'emploi intelligent de ces petits moyens, il releva le moral de son monde. Du reste, la garnison ne fut pas réduite à 1,000 hommes; on en sentit bientôt l'impossibilité. Restreinte au 2e bataillon d'Afrique, à quelque peu d'artillerie et à une compagnie du génie, elle présenta toujours cependant un effectif de plus de 2,000 hommes en 1836; il varia peu depuis cette époque.

Ce fut sous le commandement de M. de Larochette que l'on occupa la position de Démous d'une manière permanente. Cette position était en quelque sorte le quartier général des Kbaïles dans leurs attaques contre Bougie, qu'elle domine à médiocre distance. Ils voyaient de là tout ce qui se faisait dans la place et dans les deux camps retranchés. Pouvant arriver à Démous par la plaine et par la montagne, ils restaient toujours maîtres de leur retraite, parce qu'on ne pouvait prendre aucune disposition pour les tourner, sans qu'ils s'en aperçussent. L'occupation de ce point fut décidée dans une visite que le maréchal fit à Bougie le 28 octobre, au moment même d'une attaque des Kbaïles. En même temps qu'elle enlevait à l'ennemi des vues sur la place, elle devait nous en donner sur la plaine, et rendre plus sûr le pacage de nos troupeaux.

Le 7 novembre, avant le jour, nos troupes s'établirent sur le rideau dont Démous forme le point principal. Il y avait là une vieille tour que l'on a cru être un ancien moulin. Après avoir bouché les brèches de cette tour, on la coiffa de l'étage supérieur d'un blockhaus. On construisit ensuite, sur d'anciennes constructions, une enceinte bastionnée liée à la tour, et l'on donna à cet ouvrage le nom de fort Clauzel. Les Kbaïles cherchèrent par leurs attaques à arrêter les travaux. Le 7, on tirailla presque toute la journée sur les hauteurs. La garnison de Bougie se composait alors du 2e bataillon d'Afrique, d'un bataillon du 13e de ligne, d'une compagnie de zouaves, et d'un détachement du 3e régiment de chasseurs à cheval d'Afrique. Toutes ces troupes donnèrent, l'infanterie dans les montagnes, et la cavalerie dans la plaine.

Le 8 novembre, les Kbaïles abandonnèrent les villages de Dar-Nassar, de Zeïthoun et de Tarmina. Nos avant-postes s'établirent au premier; les travailleurs du fort Clauzel furent dès lors tout à fait couverts. Dans la plaine, notre cavalerie chargea celle du cheikh Amiziane, qui fut dispersée; le brick *le Liamone*, en station à Bougie, lui envoya quelques volées de canon. Amiziane fut blessé dans l'action; ce cheikh avait depuis peu remplacé son frère, Saïd-Oulidou-Rebah, mort de maladie.

La journée du 8 fut assez tranquille. M. de Larochette fut légèrement blessé dans une reconnaissance qu'il poussa vers la Summan.

Le 10 au matin, les Kbaïles occupèrent de nouveau le village de Dar-Nassar (1). Cette position leur fut enle-

---

(1) DAR-NASSAR (*la maison de la Victoire*), ainsi nommé parce que c'était là qu'était le quartier général du général arabe qui enleva Bougie aux Romains du Bas-Empire.

vée par le 2e bataillon d'Afrique et la compagnie de Zouaves. Tout allait bien jusque-là ; mais M. de Larochette, ne se contentant pas de rester maître des hauteurs, voulut agir au loin dans la plaine. Il y fit descendre le bataillon du 13e et la compagnie de Zouaves, formant deux colonnes sans liaison entre elles. L'ennemi, profitant de cette faute, tomba sur les Zouaves qui étaient trop éloignés du 13e pour être secourus. Ils furent obligés de se replier, après avoir perdu une dizaine d'hommes. Le capitaine Davière, qui les commandait, fut grièvement blessé. Le lendemain 11, le commandant supérieur se rendit avec le 2e bataillon d'Afrique sur le champ de bataille de la veille pour faire enterrer les morts. A son retour, il fut attaqué par les Kbaïles, mais il les repoussa et leur fit éprouver des pertes sensibles. Les jours suivants, les Kbaïles ne parurent plus qu'en petit nombre jusqu'au 19, où ils cessèrent entièrement de se montrer. Les travaux du fort Clauzel étant terminés, on appuya cet ouvrage à droite et à gauche par deux nouveaux blockhaus, dont l'établissement parut nécessaire au complément du nouveau système de défense. Celui de droite reçut le nom de blockhaus Doriac (1), et celui de gauche le nom de blockhaus Rapatel. Le camp retranché inférieur, qui était très-malsain, fut évacué. Le bataillon du 13e et la compagnie de Zouaves rentrèrent à Alger. L'escadron du 3e de chasseurs d'Afrique fut renvoyé à Bône, moins un faible détachement.

Nous avons conduit, dans le livre XVI, le récit des événements de la province d'Oran, jusqu'à l'évacuation de

---

(1) Nom d'un officier tué à la prise de Bougie.

Misserghin par le kaïd Ibrahim, qui s'était replié, avec les Douair et les Zmela, jusque sur la ligne de nos blockhaus, par crainte des Beni-Amer. Ce mouvement eut lieu le 27 août, et fut protégé par le général d'Arlanges. Le 29, un fort parti d'Arabes se présenta devant nos avant-postes ; il attaqua les Douair et Zméla qu'il mit en fuite ; mais il fut bientôt repoussé lui-même par les troupes françaises qui sortirent de la place.

Le 31 août, Adda-ben-Othman, kaïd des Douair, se porta dans la nuit à Misserghin avec cinquante cavaliers et cinquante hommes à pied, surprit les Beni-Amer, leur tua quelques hommes et leur enleva quelques chevaux ; il rentra heureusement à Oran après ce hardi coup de main. Peu de jours après, le kaïd Ibrahim tenta un autre coup de main sur les Garaba ; il réussit aussi bien que le premier.

Le général d'Arlanges était personnellement réduit à l'inaction par l'extrême faiblesse de la garnison d'Oran. Le 2 septembre, l'arrivée du 47ᵉ de ligne changea cet état de choses. Aussi, dès le 14 du même mois, M. d'Arlanges se porta à la position du Figuier, à trois lieues de la place, et y construisit un camp retranché. Cette opération fut fort avantageuse aux Douair et aux Zméla, en ce qu'elle ouvrit de vastes pâturages à leurs troupeaux qui trouvaient à peine de quoi se nourrir dans l'intérieur de nos lignes. Le 6 octobre, le général poussa une forte reconnaissance sur Tlélat, où il trouva intacts les ouvrages construits par le général Trézel au mois de juin précédent. A son retour, deux à trois cents Arabes vinrent tirailler avec son arrière-garde.

Le même jour, le chef de bataillon Friol, du 66ᵉ de ligne, qui commandait à Mostaganem, fit une sortie et enleva beaucoup de bétail aux Arabes; sa garnison en avait grand besoin. Le 15, un habitant turc de Mostaganem ayant été assassiné par des Arabes dans les environs de la place, et les assassins s'étant enfuis vers Mazagran, le commandant Friol opéra une seconde sortie dans laquelle quelques Arabes furent tués. Le 25, les Arabes vinrent attaquer Mostaganem, si toutefois on peut appeler attaque un feu de tirailleurs dirigé contre des postes fermés. Quelques coups de canon firent bientôt cesser cet insignifiant combat.

Quelque temps auparavant, le parc aux bœufs de la petite garnison d'Arzew avait été enlevé par les Garaba qui nous tuèrent quelques hommes; mais il est inutile d'arrêter plus longtemps le lecteur sur ces détails de peu d'importance.

Abd-el-Kader ne se montra pas dans toute cette petite guerre, dont il laissait le soin aux zélés des tribus, se réservant le droit de les désavouer au besoin. Sa conduite circonspecte et prudente, plusieurs lettres écrites par lui au comte d'Erlon, après l'affaire de la Macta, prouvent que, pressentant l'orage qui était près de fondre sur lui, il cherchait plus à faire oublier sa victoire qu'à s'en prévaloir. Du reste, il se préparait à soutenir de son mieux une lutte qu'il aurait voulu éviter.

Aussitôt que l'expédition de Mascara fut bien décidée, le maréchal fit occuper la petite île, ou plutôt le rocher de Rachgoun, en face de l'embouchure de la Tafna. Le chef d'escadron d'état-major Sol s'y établit avec 150 hommes le 30 octobre. Cette occupation fut une excellente mesure, en ce qu'elle inspira aux tribus de l'ouest la crainte de voir d'un instant à l'autre débarquer les Français sur leur territoire, et retint dans leurs foyers des guerriers qui sans cela se seraient rendus auprès d'Abd-el-Kader; elle eut aussi de l'influence sur la position des Koulouglis du Méchouar de Tlemecen. Ils étaient serrés de très-près depuis quelque temps par Ben-Nouna et presque réduits aux abois. Mais, ce kaïd s'étant porté sur les côtes pour examiner les mouvements des Français, le blocus du Méchouar fut moins rigoureux, et la place put recevoir des vivres. La garnison fit même une sortie où elle eut l'avantage.

Dans la première quinzaine de novembre, le 11ᵉ régiment d'infanterie de ligne, le 2ᵉ et le 17ᵉ régiments d'infanterie légère arrivèrent à Oran, ainsi que les maréchaux de camp Oudinot et Perregaux (1). M. de Guiroye, sous-intendant militaire, y fut envoyé d'Alger pour diriger les opérations administratives. On organisa, pour la première fois en Afrique, en cette occasion, des transports auxiliaires au moyen des ressources des localités. Plus de six cents chameaux furent loués à cet effet aux Douair et aux Zméla. On les destina au transport des subsistances.

Le 21 novembre, le maréchal Clauzel, qui devait commander en personne l'expédition de Mascara, arriva à Oran, accompagné du duc d'Orléans, ce jeune prince ayant désiré faire la campagne. Le maréchal avait pris à Alger une partie du bataillon de zouaves et une compagnie d'élite de chacun des régiments qui s'y trouvaient, et qui étaient le 10ᵉ léger, le 13ᵉ et le 63ᵉ de ligne. Le

---

(1) M. le général Desmichels avait été aussi envoyé en Afrique pour l'expédition de Mascara, mais le maréchal le retint à Alger.

corps expéditionnaire, fort de 11,000 hommes environ, forma quatre brigades et une réserve, commandées et composées ainsi qu'il suit :

PREMIÈRE BRIGADE. — *Général Oudinot.*

Les Douair, les Zméla et les Turcs d'Ibrahim.
Le 2ᵉ régiment de chasseurs d'Afrique.
Les zouaves.
Le 2ᵉ léger.
Une compagnie de mineurs.
Une compagnie de sapeurs.
Deux obusiers de montagne.

DEUXIÈME BRIGADE. — *Général Perregaux.*

Les trois compagnies d'élite venues d'Alger.
Le 17ᵉ léger.
Deux obusiers de montagne.

TROISIÈME BRIGADE. — *Général d'Arlanges.*

Le 1ᵉʳ bataillon d'infanterie légère d'Afrique.
Le 11ᵉ de ligne.
Deux obusiers de montagne.

QUATRIÈME BRIGADE. — *Colonel Combes.*

Le 47ᵉ de ligne.
Deux obusiers de montagne.

RÉSERVE. — *Lieutenant-colonel Beaufort, du 47ᵉ de ligne.*

Un bataillon du 66ᵉ de ligne.
Une compagnie de sapeurs.
Quatre obusiers de montagne.
Une batterie de campagne.

La saison était déjà un peu avancée pour entreprendre une expédition lointaine dans un pays sans routes et sans ponts. On avait tout à craindre des pluies qui, en Afrique, sont d'une intensité et souvent, en hiver, d'une continuité effrayantes ; mais le maréchal se confia à son étoile, heureuse jusqu'alors. Il resta cinq jours à Oran, du 21 au 25. Le 23, Ibrahim fut proclamé bey de Mascara. Le temps, assez mauvais depuis l'arrivée du maréchal, se remit au beau le 25. Le 26, le quartier général s'établit au camp du Figuier. On eut quelque peine, au dernier moment, à réunir les chameaux que devaient fournir les Douair et les Zméla. Ces Arabes, pris soudain de je ne sais quelle méfiance, les avaient éloignés ; il fallut faire marcher quelques troupes pour les avoir.

Le 27, le général Oudinot se porta sur le Tlélat avec sa brigade, la 4e, et le bataillon d'Afrique de la 3e. Le 28, le quartier général s'établit sur ce même point, où toute l'armée se trouva réunie. Elle en partit le 29, et se dirigea sur le Sig. La 1re brigade était en tête. Venaient ensuite l'artillerie de réserve, les bagages et le convoi, chameaux et voitures, ayant à droite la 2e brigade et à gauche la 3e. La 4e brigade fermait la marche. L'armée formait ainsi un grand carré au centre duquel étaient les *impedimenta*. La réserve marchait dans l'intérieur de ce carré, avec le convoi.

L'armée traversa le bois de Muley-Ismaël, sans rencontrer d'ennemis. A la sortie de ce bois, quelques cavaliers arabes tiraillèrent avec l'arrière-garde, mais fort peu de temps. Les troupes arrivèrent vers le soir sur les bords du Sig, au marabout de Sidi-Abd-el-Kader, à près d'une lieue au-dessous du point où le chemin de Mascara coupe la rivière. Elles campèrent en carré sur la rive gauche. Un bataillon et les gens d'Ibrahim s'établirent seuls sur la rive droite. Dans la nuit, des feux assez nombreux annoncèrent la présence de l'ennemi sur les montagnes.

Il existe trois lignes de communication fréquentées conduisant de la plaine de Céirat ou du Sig à Mascara, en traversant les montagnes qui séparent cette plaine de celle d'Ebgrès : la première, et la plus directe en venant d'Oran, passe par la gorge de Kerouf et l'Oued-Hamman; elle est difficile aux voitures et coupe les montagnes dans une largeur de huit lieues environ ; la seconde, presque partout impraticable aux voitures, entre dans les montagnes par la gorge d'où l'Habra en sort. Il n'y a que cinq lieues de ce point à Mascara. Il est lui-même à cinq lieues à l'est de Kerouf; la troisième ligne, à trois lieues à l'est de la seconde, passe par les marabouts de Sidi-Ibrahim, Sedjerara et Aïn-Kebira; elle a six à sept lieues de montagnes accessibles aux voitures.

M. le maréchal se décida d'abord pour la première ligne; mais, ne se dissimulant pas les difficultés du terrain, il résolut de laisser ses voitures et l'artillerie de campagne au Sig, sous la garde de 1,000 hommes pris dans les divers corps de l'armée. A cet effet, il ordonna la construction d'un camp retranché, auquel les troupes se mirent à travailler dès le 30 au matin. Abd-el-Kader s'était établi, pendant ce temps-là, à une lieue et demie au-dessus de notre position, au pied des montagnes, auprès des marabouts de Sidi-Amer. Il envoya de là Bel-Aziz, son kaïd du parasol, au bivouac d'Ibrahim, pour porter indirectement des paroles de paix. La mission, très-difficile de cet officier, consistait à faire entendre que l'Emir désirait la paix, mais qu'il fallait qu'on la lui demandât. Comme il était impossible d'entreprendre la moindre négociation sur ce terrain, Bel-Aziz fut renvoyé dès qu'il se fut expliqué assez clairement pour qu'on pût le comprendre.

Le temps était parfaitement beau. L'armée, bien pourvue de vivres et de munitions, ne demandait qu'à combattre. Une grande quantité de silos d'orge et de meules de paille que l'on avait trouvés à peu de distance du camp, permettaient de bien nourrir les chevaux; de sorte, que tout était en parfait état.

Le 1er décembre, le maréchal voulut reconnaître de près les forces de l'ennemi qui restait dans l'inaction. Il marcha vers lui avec la cavalerie, les zouaves et toutes les compagnies d'élite. A notre approche, les Arabes plièrent précipitamment leurs tentes, et gagnèrent les flancs des montagnes sous le feu de notre artillerie. On put voir que leurs forces ne s'élevaient pas sur ce point à plus de 4,000 hommes. La précipitation de leur retraite semblait annoncer du découragement; mais il paraît qu'ils n'avaient été que surpris, car ils se rassurèrent bientôt et vinrent nous assaillir à leur tour. Deux escadrons de chasseurs, qui s'étaient trop aventurés sur la droite, furent un instant compromis (1). Il fallut leur envoyer de l'infanterie pour protéger leur rentrée dans la colonne, qui reprit le chemin du camp, le but de la reconnaissance étant rempli. Les Arabes, formant un demi-cercle sur le derrière de la colonne, la poursuivirent avec un acharnement que nos boulets et nos obus ne ralentissaient qu'imparfaitement. Nos soldats, de leur côté, manœuvrèrent avec autant de sang-froid que de précision. M. le

---

1) M. d'Arnaud, lieutenant d'ordonnance du maréchal Clauzel, fut tué dans cette affaire où il se conduisit avec beaucoup de bravoure.

maréchal envoya cependant chercher au camp trois bataillons pour soutenir la retraite, qui s'opéra dans un ordre parfait.

Ce combat, où l'on ne peut dire que nous ayons eu l'avantage, modifia les idées du maréchal. Renonçant à la route du Kerouf, il abandonna aussi le projet de laisser du monde au camp du Sig, qui fut à peu près terminé le 2 au soir. Le 3 au matin, l'armée passa le Sig sur deux ponts de chevalets jetés par le génie, quoique la rivière n'eût que quelques pouces d'eau ; elle se dirigea vers l'Habra dans le même ordre que le 29.

L'arrière-garde, retardée au passage de la rivière par la nécessité de replier les ponts, fut attaquée par un millier d'Arabes qui la harcelèrent presque toute la journée de leurs tiraillements, plus fatigants, au reste, que meurtriers ; elle fut un instant séparée du corps d'armée, qui marchait trop vite. L'Émir, suivant une direction parallèle à celle de l'armée française, longeait les montagnes en observant nos mouvements. Il s'aperçut de la solution de continuité que présentait la colonne française, et fit un mouvement de flanc pour en profiter. Mais comme le sentiment de la supériorité de notre artillerie sur la sienne, qui n'était composée que de quatre mauvaises pièces, lui avait fait écarter autant que possible sa ligne de marche de la nôtre, l'arrière-garde rejoignit le corps principal avant qu'il pût se jeter entre les deux : cette jonction se fit au delà d'un bois que traversa l'armée, après avoir passé le Sig. Le maréchal, ayant alors toutes ses brigades sous la main, opéra un changement de direction à droite par brigade, à l'exception de la quatrième, qui, avec le convoi et la réserve, resta sur l'ancienne direction. Par ce mouvement, aussi régulièrement exécuté qu'habilement conçu, les trois premières brigades se trouvèrent en un clin d'œil formées en échelons par la gauche en ordre inverse, et marchèrent dans cet ordre vers la montagne, où elles refoulèrent l'ennemi. Cela fait, le maréchal opéra un mouvement semblable par la gauche, et alors les mêmes brigades, en échelons par la droite et dans l'ordre naturel, reprirent la direction primitive. Tout cela se fit avec un ensemble merveilleux, qui dénotait et l'habileté du général et l'instruction parfaite des troupes. Il était impossible d'appliquer avec plus d'intelligence les principes de la tactique aux besoins stratégiques du moment. Abd-el-Kader, qui, dans cette journée, manœuvra de son côté aussi bien que le lui permettaient les éléments imparfaits qu'il avait entre les mains, forcé de renoncer à son attaque de flanc, se porta par les montagnes en avant de notre direction, et s'établit perpendiculairement à cette direction dans une position formidable, sa droite appuyée à un bois et sa gauche aux montagnes. Son artillerie prit position à gauche sur un mamelon attenant aux montagnes, où il pouvait se retirer en cas de revers. Il nous attendit ainsi dans un lieu resserré, où il restait maître de sa retraite. Le choix de cette position et les dispositions qu'il prit pour la défendre auraient fait honneur à un général européen; mais il oublia trop qu'il n'avait que des troupes arabes. Il existe entre la manière d'employer un peuple à la guerre, et ses mœurs, ses habitudes, et surtout son organisation sociale, des rapports intimes qu'il est dangereux de méconnaître.

Quatre chapelles dédiées à Sidi-Embarek, se trouvaient en avant de la position de l'Émir. Arrivées à leur hauteur, nos troupes essuyèrent une vive fusillade de l'infanterie ennemie, placée en arrière de ces petits édifices. Les soldats d'Ibrahim, qui marchaient en tête, refusèrent de la charger; mais la 2ᵉ brigade et la 3ᵉ, qui venaient après eux, continuant leur marche comme si de rien n'était, balayèrent par leur seule force d'impulsion des adversaires peu habitués à combattre en ligne. Pendant ce temps, l'artillerie d'Abd-el-Kader, assez bien servie, tonnait sur la 1ʳᵉ brigade. Nos troupes, bien moins accoutumées aux boulets que les Arabes (qui en reçoivent plus dans une simple reconnaissance qu'ils ne nous en ont envoyé dans toutes leurs guerres), furent étonnées un instant, mais cet instant fut court. Le général Oudinot fit demander au maréchal l'autorisation de manœuvrer pour s'emparer des pièces de l'Émir; mais comme il aurait fallu les poursuivre dans les montagnes, et qu'il était déjà tard, le maréchal lui fit dire de les laisser sur sa droite et de continuer sa marche. Ce général fut blessé un instant après d'un coup de feu à la cuisse. Le colonel Menne, du 2ᵉ léger, prit le commandement de sa brigade.

L'ennemi, partout enfoncé, se retira dans les montagnes; quelques cavaliers qui avaient paru sur le flanc gauche, et ceux qui tiraillaient avec l'arrière-garde, s'éloignèrent aussi, mais restèrent dans la plaine. L'armée, continuant sa route, arriva fort tard sur l'Habra, au point où cette rivière sort des montagnes, à l'origine de la seconde ligne de communication dont nous avons parlé plus haut.

Cette journée, à l'exception de la petite faute commise le matin, lorsque l'arrière-garde se trouva un instant séparée du corps principal, fut une excellente leçon de guerre. Le duc d'Orléans en étudia les détails avec soin, se portant partout où il pouvait bien voir, sans éviter le danger, ni sans mettre d'affectation à le rechercher. Il reçut une légère contusion à la cuisse.

Dans la nuit, l'ennemi couronna les hauteurs des gorges de l'Habra. Ses feux étaient peu nombreux. Le maréchal alla lui-même à l'ambulance compter nos blessés, pour s'assurer s'il n'en serait pas gêné dans sa marche : le nombre en était peu considérable; néanmoins, le bruit courut qu'il irait les déposer à Mostaganem avant de marcher sur Mascara.

Le 4 au matin, l'armée partit de l'Habra, qu'elle traversa sur un pont de chevalets jeté par le génie sans plus de nécessité que pour celui du Sig. Comme la veille, l'arrière-garde fut attaquée, mais l'ennemi était bien moins nombreux. Le maréchal prit d'abord la direction de Mostaganem, ce qui sembla confirmer le bruit de la veille; mais, après une halte assez longue et quelques hésitations apparentes ou réelles, il changea de direction et marcha vers l'est. Les Arabes, au nombre de 2,000 au plus, étaient sur nos derrières et sur le flanc droit, entre nous et la montagne : l'artillerie leur envoyait de temps à autre des obus et des fusées à la congrève.

Après avoir marché quelque temps à l'est, le maréchal, arrivé à l'origine de la troisième ligne de communication, tourna brusquement à droite et se dirigea vers la montagne. La première brigade, dont le général Marbot, de la suite du prince, prit le commandement, et la deuxième occupèrent les premières crêtes à droite et à gauche de la route. Le convoi et les deux dernières brigades firent halte dans la plaine. Quelques centaines d'Arabes furent facilement chassés des montagnes : les deux dernières brigades continrent ceux qui, en plus grand nombre, étaient restés dans la plaine. Lorsque le chemin eut été bien reconnu, le convoi et ces mêmes brigades se remirent en marche, et pénétrèrent dans les montagnes. Les Arabes, nous voyant définitivement sur la route de Mascara, se retirèrent, les uns dans leurs tribus respectives, les autres avec Abd-el-Kader sur l'Habra, d'où ils se dirigèrent sur Mascara le jour même. On aperçut, quelques heures après, leur colonne sur la droite; elle suivait la deuxième ligne de communication.

L'armée bivouaqua, le 4, en carré irrégulier, aux deux marabouts de Sidi-Ibrahim, dans le cœur des montagnes. Le 5, au point du jour, elle se remit en marche. Le chemin, dans cette direction, suit en général les vallées; le maréchal y engagea le convoi et la réserve; la deuxième brigade prit par les crêtes de gauche; les trois autres, avec le maréchal, par les crêtes de droite. On s'attendait à rencontrer l'ennemi dans le courant de la journée; il était donc prudent de rester maître des crêtes. La deuxième brigade ne vit que quelques Arabes sur son flanc gauche; elle crut un instant Abd-el-Kader aux marabouts de Sidi-Mohammed, mais il n'en était rien. La colonne de droite ne rencontra que quelques Arabes de la tribu des Beni-Chougran, qui s'étaient postés sur un mamelon pour couvrir la retraite de leurs familles et de leurs troupeaux. Les zouaves et quelques compagnies du 2ᵉ léger les mirent en fuite aux premiers coups de fusil.

Le convoi rencontra trois ravins, qu'il ne put franchir qu'après que les troupes du génie les eurent rendus praticables, ce qui ralentit considérablement sa marche. Il fut débordé par les deux colonnes et resta à découvert.

Les Arabes que la deuxième brigade avait vus sur la gauche s'en approchèrent, et déjà les balles arrivaient sur l'ambulance, lorsqu'un officier d'état-major prit sur lui de demander à la troisième brigade un bataillon qu'il y conduisit et qui tint l'ennemi à distance.

La colonne de droite, que la direction des crêtes qu'elle suivait éloignait du chemin, fut bientôt obligée de descendre de ces mêmes crêtes, de traverser une profonde vallée, et de remonter sur des hauteurs plus rapprochées du chemin. Peu de temps après, le convoi rencontra une montée fort roide que le génie déclara ne pouvoir rendre praticable avant la nuit. Le maréchal fit alors arrêter toutes les brigades dans la position où elles se trouvaient. La deuxième à Aïn-Kebira; la première un peu en arrière; la troisième au marabout de Sidi-Mohammed, et la quatrième avec le convoi. Celui-ci, grâce à l'activité prodigieuse des troupes du génie et de M. Lemercier, leur colonel, put franchir le défilé dans la nuit.

Dans cette même nuit, le maréchal reçut sur Abd-el-Kader des nouvelles contradictoires, mais dont l'ensemble le décida cependant à hâter sa marche sur Mascara. Le 6 au matin, il partit avec les deux premières brigades, les chameaux et quelques pièces de montagne, pour se porter rapidement sur cette ville. Il laissa le reste de l'armée et les voitures au général d'Arlanges, avec ordre de suivre la même direction, autant que le lui permettraient les difficultés du chemin. On calcula approximativement que ce général pourrait arriver à Mascara deux jours après les deux premières brigades.

Au-dessus d'Aïn-Kebira règne, de l'est à l'ouest, un vaste plateau qui s'étend jusqu'à Mascara; il est coupé par quelques ravins peu profonds qui débouchent dans la plaine d'Ehgrès. On rencontre à son origine le gros village, ou plutôt la petite ville d'El-Bordje, dont le cheikh vint se présenter au maréchal pour lui déclarer que les habitants ne prendraient point les armes contre nous si l'on voulait épargner leur ville, ce qui leur fut promis. Le maréchal annonça à ce cheikh et aux Arabes qui l'accompagnaient qu'il donnerait 30,000 fr. à celui qui livrerait Abd-el-Kader, ce qui parut faire assez peu d'impression sur eux. Le bruit courait dans ce moment que l'Émir nous attendait à Aïn-el-Fers sur la route de Mascara, à deux lieues d'El-Bordje ; mais, en arrivant sur ce point, le maréchal ne trouva qu'un juif de Mascara, qui lui apprit qu'Abd-el-Kader avait abandonné la ville avec toute la population musulmane et qu'il n'y restait que les juifs. Ceux-ci avaient été pillés et maltraités par les Arabes dans le désordre de l'évacuation. A cette nouvelle, le maréchal fit presser le pas à la troupe d'Ibrahim, qu'il envoya en avant. Il suivit lui-même à petite distance avec peu de monde, laissant loin derrière lui les brigades qui ne pouvaient point marcher aussi vite. Le temps s'était gâté depuis le matin ; la pluie rendait la marche pénible. Le quartier général arriva, à l'entrée de la nuit, presque seul à Mascara. Il n'aurait fallu qu'un parti de 300 chevaux pour l'enlever, et conduire à la fois à Abd-el-Kader le général en chef de l'armée française et l'héritier présomptif de la couronne. Les brigades n'arrivèrent que deux heures après.

L'état-major, les zouaves, l'artillerie et quelques compagnies s'établirent en ville ; le reste occupa les faubourgs. Le maréchal et le prince logèrent ensemble dans la maison d'Abd-el-Kader. On trouva, dans presque toutes les maisons, du grain, de la paille, et même quelques autres provisions. Les nombreux jardins qui entourent Mascara étaient pleins de légumes, et, dès le lendemain de notre arrivée, des paysans arabes amenèrent des bœufs, en petit nombre il est vrai, mais, enfin, c'était un commencement de marché. On aurait donc pu rester un mois à Mascara sans en épuiser les ressources. Abd-el-Kader était à Cachero, à trois lieues au sud, avec la population fugitive.

Le 7, l'armée qui croyait être venue à Mascara pour y remplacer par un pouvoir nouveau celui d'Abd-el-Kader, ne fut pas peu surprise d'apprendre qu'elle repartirait le lendemain. Il est difficile de dire ce qui détermina le maréchal à précipiter ainsi sa retraite, avant d'avoir rien tenté pour grouper la population autour du bey qu'il avait nommé. On savait que les tribus du Chélif, que celle de Flita, et quelques autres étaient mal disposées pour l'Émir. En restant quelque temps à Mascara, on aurait pu leur donner celui de se prononcer, surtout si l'on avait cherché à entrer en négociation avec elles. Ibrahim voulait au moins avoir le temps de ramener à lui ceux des Douair et des Zméla qui étaient encore avec l'Émir; mais ce fut avec peine qu'il obtint qu'on différât le départ jusqu'au 9 : c'était vingt-quatre heures de plus, pendant lesquelles il ne put rien faire. Le maréchal lui laissa alors le choix de revenir à Mostaganem ou de rester dans le petit château de Mascara : il préféra le premier parti.

Cependant chacun se demandait, au quartier général, ce qu'on était venu faire à Mascara, et personne ne pouvait répondre à cette question. Enfin, on annonça que Mascara était une très-mauvaise position, sans influence sur le pays, où il était inutile que nous missions un bey, et qu'en conséquence on allait la brûler pour ne pas la laisser à Abd-el-Kader. Ceci était contradictoire : car si la ville était de si peu d'importance, quel intérêt avions-nous à ce que l'Émir ne pût l'occuper?

Cette détermination fut prise le 8; la nouvelle s'en répandit aussitôt dans l'armée, ce qui amena un grand désordre, les soldats s'imaginant qu'on devait sur-le-champ passer à l'exécution. Il fallut battre la générale pour rétablir l'ordre parmi les troupes. Ce même jour, on brûla les portes de la ville, les affûts des pièces trouvées à Mascara, au nombre de vingt environ, tous les bois de construction, le soufre, les cordages, en un mot, tout ce que l'on trouva dans l'arsenal d'Abd-el-Kader.

Le 9, au matin, la triste population juive sortit de la ville chargée du peu d'effets qui lui restait, et se réunit au cimetière de l'Est sur la route de Mostaganem. On mit alors le feu partout. Les remparts semblaient devoir résister seuls à cet incendie. Par la négligence de l'état-major, les chameaux destinés au transport des munitions, ne s'étant pas trouvés à leur poste au moment du départ, on fut obligé de laisser au milieu des flammes 150,000 cartouches.

L'armée s'éloigna alors poussant devant elle la population juive, et laissant des ruines derrière. Une épaisse fumée, chassée par le vent d'ouest, la poursuivit longtemps comme un remords que la barbarie envoyait à la civilisation.

Le maréchal et ses deux brigades passèrent la nuit au village d'El-Bordje que ses habitants avaient abandonné. Le 10, on s'engagea dans les montagnes avec une pluie horrible et un brouillard épais qui permettait à peine de voir où l'on posait le pied. La route n'était qu'une rivière de boue. A chaque instant des chevaux et des chameaux, surtout, se précipitaient dans les ravins et se brisaient contre les rochers. Les malheureux juifs rampaient plutôt qu'ils ne marchaient. Ils étaient tellement couverts de boue qu'on avait quelque peine à distinguer leurs formes. Plusieurs périrent de froid, de misère et de lassitude. Des enfants abandonnés furent relevés par nos soldats, dont les sentiments les plus habituels sont la bienveillance et la générosité (1).

Le 10 au soir, on arriva au marabout de Sidi-Ibrahim où toute l'armée fut réunie.

Le général d'Arlanges, comme nous l'avons vu, était resté dans les montagnes avec les voitures pendant que le maréchal marchait sur Mascara. Le premier jour de la séparation, les troupes du génie travaillèrent avec tant d'ardeur que toutes les voitures, à l'exception d'une fourragère qu'on fut obligé d'abandonner, arrivèrent sur le plateau d'Aïn-Kbira. Le lendemain 7, on parvint à la hauteur d'El-Bordje. Les chevaux manquant de fourrages, on voulut en acheter aux habitants qui refusèrent insolemment d'en vendre. Le général fit alors occuper le village, et prit ce dont il avait besoin. Le 8, il reçut du maréchal, par un émissaire arabe, l'ordre de rétrograder sur Sidi-Ibrahim. Ce mouvement s'effectua le 9 et le 10, jour de la réunion de l'armée. Les brigades du général d'Arlanges souffrirent beaucoup de la pluie et de la faim pendant ces quatre jours. En partant

---

(1) J'ai vu un chasseur d'Afrique, chargé de deux enfants d'un âge si tendre qu'il ne pouvait les nourrir qu'en mâchant du biscuit qu'il leur faisait avaler.

d'Oran, on avait donné à chaque homme un petit sac contenant des vivres pour cinq jours, en lui recommandant de le conserver comme une précieuse réserve pour les besoins les plus pressants. On avait compté sur cette ressource, mais malheureusement la plupart des soldats l'avaient gaspillée.

Les premières brigades n'eurent pas à combattre dans le trajet de Mascara à Sidi-Ibrahim, car on ne peut appeler combat quelques rares coups de fusil à l'arrière-garde. Celles du général d'Arlanges tiraillèrent à plusieurs reprises, et quelquefois assez vivement, avec un parti d'un millier d'Arabes.

Le 11, toute l'armée descendit dans la plaine et alla bivouaquer dans un lieu appelé Mesra, sur le territoire des Medjar. On tiralla encore un peu ce jour-là. Le 12, l'armée arriva à Mostaganem où le duc d'Orléans s'embarqua pour rentrer en France.

Le maréchal résolut de clore là la campagne, se réservant d'aller un peu plus tard secourir Mustapha-ben-Ismaël et la garnison du méchouar de Tlémcen. Le matériel fut embarqué pour Oran, où les brigades se rendirent successivement par terre, du 16 au 21. Les juifs se partagèrent entre Oran et Mostaganem. Ils furent généreusement secourus par leurs coreligionnaires.

Ibrahim fut laissé à Mostaganem avec ses Turcs. Le maréchal, qui n'avait pu le substituer à Abd-el-Kader, voulant effacer par des fictions l'insuccès politique de l'expédition de Mascara, avait signé dans cette ville un arrêté qui divisait en trois beylicks la province d'Oran, savoir : le beylick de Tlémcen, le beylick du Chélif et le beylick de Mostaganem.

Le 18 décembre, M. le maréchal Clauzel rentra à Oran. Le 2ᵉ léger, moins les compagnies d'élite, fut embarqué pour Alger. Il devait remplacer le 10ᵉ léger qui rentra en France dans le courant de février.

LIVRE XVIII.

Événements survenus à Alger pendant l'expédition de Mascara. — Négociations avec Abd-el-Kader. — Le maréchal Clauzel marche sur Tlémcen. — Entrée des Français dans cette ville. — Contribution de Tlémcen. — Occupation du Méchouar. — Combats de la Tafna. — Rentrée des troupes françaises à Oran et du maréchal à Alger. — Expéditions du général Perrégaux dans la province d'Oran.

Pendant que l'attention publique était fixée sur la province d'Oran, celle d'Alger fut le théâtre de quelques événements d'une importance secondaire, mais qui, cependant, doivent être mentionnés. Les Hadjoutes, renforcés des émigrés des tribus soumises, faisant des incursions continuelles dans l'intérieur de nos lignes, et inquiétant sans cesse nos communications, une colonne d'infanterie et de cavalerie, commandée par M. le lieutenant-colonel Marey, marcha contre eux, dans la nuit du 27 au 28 novembre. Elle surprit deux villages arabes voisins de Coléah, Chaïba et Daouda, et y fit quelque butin. Deux jours après, le bey de Miliana, El-Hadj-el-Sghir, fit incursion dans le Sahel avec 600 cavaliers. Il se posta au marabout de Sidi-Abd-el-Moumen, non loin de Maelema, et fit marcher sur le village de Douéra la moitié de son monde. Ce détachement enleva les troupeaux et dépouilla les habitants qu'il rencontra sur son chemin. L'alarme se répandit aussitôt au camp. Pendant que l'infanterie prenait les armes, la cavalerie, consistant en un seul escadron de chasseurs d'Afrique et quelques spahis, montait rapidement à cheval et marchait à l'ennemi; le capitaine de Signy, qui la commandait, la partagea en deux détachements; l'un poussa droit aux Hadjoutes, et l'autre manœuvra de manière à leur couper la retraite. Ce double mouvement réussit complétement. Les Hadjoutes, quoique supérieurs en nombre, se voyant attaqués en tête et en queue, prirent l'épouvante, abandonnèrent leur butin, et se débandèrent. On leur sabra une vingtaine d'hommes; le reste se replia sur la réserve d'El-Hadj-el-Sghir, qui, voyant le mauvais succès de son entreprise, reprit à l'instant même le chemin de Miliana.

Le combat était terminé lorsque l'infanterie du camp de Douéra arriva sur le terrain où il s'était livré. M. le capitaine de Signy, qui dirigea l'attaque avec autant d'intelligence que de bravoure, était le même officier qui, étant lieutenant, tua, lors de l'insurrection de 1832, le kaïd de Beni-Mouça-ben-Ouchefoun. Pendant que le premier détachement d'El-Hadj-el-Sghir se portait sur Douéra, un second détachement moins fort marchait sur Oulad-Mendil. Il fut repoussé par deux compagnies de discipline campées sur ce point pour les travaux de la route.

Le 31 décembre, le général Rapatel fit marcher contre les Hadjoutes, toujours remuants et jamais découragés, le général Desmichels avec des forces assez considérables, composées de toute la cavalerie, d'une partie du 10e léger, du 3e bataillon d'Afrique, des compagnies de zouaves restées à Alger, et de quelques compagnies de discipline. Cette forte colonne partit de Bouffarik à huit heures du soir, arriva au bois de Karesa, refuge ordinaire des Hadjoutes, au point du jour; surprit les Arabes qui s'y trouvaient et s'empara d'une fort grande quantité de bétail, après un petit combat où elle perdit quelques hommes. Le général Desmichels voulut ensuite revenir par Coléah et Mocta-Kera, mais il s'égara dans les broussailles et ne put trouver la vraie route. Après l'avoir longtemps cherchée, il se détermina à opérer sa retraite par Bouffarik. Il vint coucher entre la Chiffa et ce camp, ayant marché vingt-quatre heures presque sans interruption. Le 2 janvier, il rentra à Bouffarik.

Cette expédition fut, comme tant d'autres, sans résultat. Les Hadjoutes n'en continuèrent pas moins leurs courses; ils y mirent même plus d'acharnement; mais ils introduisirent dans la guerre un principe d'humanité jusqu'alors méconnu des Arabes dans leurs démêlés avec nous : ils firent des prisonniers. Cette amélioration dans les mœurs arabes, doit être remarquée.

Le principe de faire des prisonniers, cette première concession accordée par la guerre à l'humanité, étant enfin admise de part et d'autre, des échanges purent s'opérer. Le premier eut lieu en faveur du marabout Sidi-Yahia-el-Habchi, qui fut échangé avec sa famille contre quelques français pris pendant et après l'expédition du général Desmichels. Sidi-Yahia ne pouvant retourner chez lui, se retira à Miliana, auprès de son beau-frère, et embrassa comme lui la cause d'Abd-el-Kader.

Ce dernier, peu de jours après le départ des Français, était rentré à Mascara, où il avait ramené la population musulmane. L'incendie, dont les progrès avaient été arrêtés par la pluie, n'y avait pas fait autant de ravages qu'on aurait pu le croire; deux faubourgs étaient même intacts, celui d'Aïn-el-Béda, où Abd-el-Kader établit sa famille, et celui d'Agoub-Ismaël. Ce dernier avait été occupé par les Douair et les Zméla qui l'épargnèrent, beaucoup de familles de leurs tribus y ayant des propriétés. L'autre avait été occupé par la brigade Perregaux. A peine l'Émir se fut-il réinstallé à Mascara, qu'il se porta chez les Beni-Chougran qui paraissaient disposés à se séparer de lui, mais que sa promptitude et sa fermeté maintinrent sous sa domination. Cela fait, il leva un petit corps de troupe dans cette même tribu, en donna le commandement à Chadelie, kaïd des Beni-Chougran, et le dirigea sur la petite ville de Calah, pour arrêter quelques habitants qui avaient paru disposés à se rapprocher de nous. Chadelie, homme fin et rusé, cherchant à se faire des amis dans tous les partis, fit prévenir secrètement ceux qu'il était chargé d'arrêter; de sorte, que lorsqu'il arriva à Calah il ne les y trouva plus. Ils s'étaient enfuis dans les montagnes, d'où ils se rendirent à Mostaganem auprès du bey Ibrahim, à qui ils ne manquèrent pas de vanter la générosité de Chadelie. Ce kaïd, après avoir reçu de la population de Calah, l'assurance de sa soumission à Abd-el-Kader, retourna auprès de l'Émir qui vint s'établir sur l'Habra avec environ deux mille hommes de cavalerie et sept cents fantassins. Il agissait de là sur les tribus pour les maintenir dans son obéissance.

Cependant Abd-el-Kader éprouva une défection qui lui fut très-sensible, mais qu'il avait amenée par une faute : ce fut celle d'El-Mezari, un de ses aghas. Cet homme, neveu de Mustapha-ben-Ismaël, avait été son ennemi; mais depuis quinze mois il le servait avec fidélité; il avait même été blessé au combat de l'Habra. Cependant, comme le malheur rend souvent injuste, l'Émir, après ses revers, lui montra une méfiance qui fit naître en lui de justes craintes, et réveilla peut-être d'anciens ressentiments. El-Mezari fit alors secrètement des ouvertures à Ibrahim. Dès qu'il fut sûr d'en être bien reçu, il se réfugia à Mostaganem, entraînant avec lui une partie des Douair et des Zméla restés fidèles à Abd-el-Kader, après la seconde révolte de leurs tribus. Le maréchal, instruit de cet événement, qui n'était pas sans importance, lui envoya le commandant Yousouf pour l'assurer de sa bienveillance et le lui conduire à Oran. Il y vint avec Ibrahim et Kadour-el-Morfy, ancien kaïd des Borgia, qui avaient aussi abandonné l'Émir avec quelques hommes de sa faction. Le maréchal reçut fort bien El-Mezari, lui assigna un traitement, et le nomma lieutenant du bey Ibrahim et agha de la plaine d'Oran.

Deux autres officiers de l'Émir, le kaïd du parasol (1) et le fils de l'agha, El-Hadj-Boualem, se rendirent aussi à Oran, comme pour se soumettre au vainqueur. Mais leur foi paraissant suspecte, on était sur le point de les arrêter, lorsqu'ils déclarèrent, comme pour prouver qu'ils étaient de véritables transfuges et non des espions, qu'ils avaient tué le kadi de Mascara, leur ennemi personnel, dans le désordre de l'évacuation de cette ville; que ce crime était connu, et qu'ainsi ils ne pouvaient avoir la pensée de retourner auprès de l'Emir. On les laissa alors en liberté, tout en les méprisant comme d'obscurs criminels. Mais ils s'étaient accusés à faux; car, dès le lendemain, ils disparurent, et allèrent sans doute rendre compte à Abd-el-Kader de ce qu'ils avaient vu et entendu à Oran.

---

(1) C'était un des premiers officiers de la maison de l'Émir; il portait son parasol, et marchait toujours à ses côtés.

Les fils de Sidi-el-Aribi écrivirent vers le même temps à Ibrahim-Bey qu'ils étaient tout disposés à le reconnaître; mais ils ne firent aucune démonstration hostile contre l'Émir. Celui-ci s'embarrassant peu des correspondances plus ou moins significatives que des tribus éloignées pouvaient entretenir avec ses ennemis, comprit que l'essentiel pour lui était d'empêcher celles qui étaient plus rapprochées d'Oran de se réunir à El-Mezari, si la pensée leur en venait, et de former ainsi un noyau de résistance arabe à son pouvoir. En conséquence, il porta son camp dans la plaine de Méléta, et, le 28 décembre, il vint attaquer nos Douair et nos Zméla à peu de distance d'Oran, leur tua du monde et leur enleva du bétail. Quelques troupes sortirent d'Oran pour aller au secours de nos alliés, mais elles arrivèrent trop tard. Deux jours après, l'Émir écrivit aux deux tribus, qu'il supposait effrayées de ce coup de main, pour les engager à revenir à lui. Il les assurait de son amitié, et leur en donnait pour preuve que ce n'était pas lui qui les avait attaquées le 28, mais bien les Beni-Amer qui avaient agi sans ordre. Cette lettre fut livrée à El-Mezari qui l'envoya aux Beni-Amer, espérant par là les indisposer contre Abd-el-Kader, ce qui n'eut pas lieu.

Quoique les Douair et les Zméla ne se montrassent nullement disposés à rentrer dans le parti de l'Émir, ils étaient peu attachés au bey Ibrahim. Ils vinrent un jour prier le maréchal de le remplacer par un nommé Mustapha-ben-Othman, dont le père avait été bey d'Oran sous les Turcs. Sans prendre leur demande au sérieux, le maréchal leur répondit que l'installation d'un nouveau bey exigeant des frais considérables, il ne changerait le leur qu'autant qu'ils s'engageraient à les payer. Cette réponse coupa court à leurs réclamations ; ils ne pensèrent plus à Mustapha.

Cependant, depuis son retour de Mascara, le maréchal Clauzel s'occupait des préparatifs de l'expédition qu'il avait projetée sur Tlemcen. Leur lenteur prouvait de nouveau combien les immenses besoins des armées civilisées donnent d'avantages sur elles aux barbares, pour la promptitude et la facilité des mouvemens. Abd-el-Kader, malgré ses pertes, était rentré en campagne depuis quinze jours ; il était aux portes d'Oran, et les Français n'étaient pas encore en mesure d'en sortir. Fatigué de ce retard, le maréchal fut plus d'une fois sur le point de renoncer à l'expédition. Dans un de ces moments de lassitude, il permit au Juif Durand, frère de celui qui avait eu tant de part à la confiance du comte d'Erlon, d'écrire à l'Émir pour le sonder au sujet d'une pacification dont la soumission à la France serait la base. Abd-el-Kader répondit qu'avant de se déterminer à reconnaître un suzerain, il voulait savoir, d'une manière bien positive, quelle position on prétendait lui faire et quelle garantie on comptait lui offrir. Le maréchal, à qui Durand montra cette réponse, lui remit un sauf-conduit pour Miloud-ben-Arach, et lui prescrivit d'écrire à l'Emir qu'il n'avait qu'à envoyer celui-ci à Oran, où ces divers objets seraient discutés avec lui. Lorsque cette seconde lettre parvint au camp de l'Emir, Miloud venait de partir pour Mascara, et Abd-el-Kader se préparait à marcher sur Tlemcen pour combattre les gens d'Angad qui cherchaient à débloquer le Méchouar. Il l'écrivit à Durand, en lui disant que cet incident ne devait pas arrêter les négociations, mais qu'il fallait bien qu'il empêchât ses ennemis d'effectuer leur projet ; car, sans cela, sa position n'étant plus la même, les conditions qu'on lui offrirait pourraient être plus dures.

Le gens d'Angad du parti d'El-Gomari, ayant à leur tête le fils aîné de ce cheik, s'approchaient en effet de Tlémcen ; mais Abd-el-Kader fit tant de diligence qu'il arriva avant eux sous les murs de cette ville. Mustapha-ben-Ismaël et une partie des Koulouglis du Méchouar étaient imprudemment sortis de cette place pour aller à leur rencontre. L'Émir fondit sur eux, en tua quelques-uns et refoula le reste dans le Méchouar. Faisant aussitôt après volte-face, il marcha sur ceux d'Angad et les mit en pleine déroute ; le jeune Gomari fut blessé mortellement dans cette affaire.

Cependant le maréchal ayant appris les événements de Tlémcen, et voyant enfin les préparatifs de l'expédition terminés, renonça à la voie des négociations ; il partit d'Oran, le 8 janvier, à la tête de 7,500 hommes formant trois brigades (1).

La première, commandée par le général Perregaux, fut formée du 2ᵉ régiment de chasseurs d'Afrique, des zouaves, de deux compagnies de sapeurs, du bataillon d'élite (2), du 17ᵉ léger, des Douair et des Zmela, et de deux obusiers de montagne.

La deuxième, commandée par le général d'Arlanges,

---

(1) Je publiai dans les journaux de l'époque le récit de l'expédition de Tlémcen, tel qu'on va le lire. Il en est de même de celui de l'expédition du général Perregaux sur le Chélif, et de ceux des petites expéditions qui eurent lieu à cette époque dans la province d'Alger.

(2) Ce bataillon avait été formé des quatre compagnies d'élite du 2ᵉ léger, et de trois compagnies d'élite venues d'Alger.

comprit le 1er bataillon d'Afrique, le 66e de ligne et deux obusiers de montagne.

La troisième, enfin, se composa du 11e de ligne, sous les ordres du colonel Vilmorin ; deux obusiers de montagne furent aussi attachés à cette brigade.

Le jour de son départ, l'armée alla coucher à Bridia, et, le 9, sur les bords de l'Oued-Melah ou Rio-Salado, dans le lieu où Barberousse fut tué par les Espagnols en 1517. Elle arriva sur l'Oued-Senan, le 10, et y passa la nuit. Le 11, elle coucha à Aïn-el-Bridje ; la première brigade poussa à trois lieues plus loin, et alla coucher sur les bords de l'Isser. Le 12, toute l'armée coucha sur les bords de l'Aamiguer. Dans la nuit, le maréchal reçut une lettre de Mustapha-ben-Ismaël, qui lui annonçait que l'Émir et les Hadars (citadins) avaient évacué la ville, et que le camp des Arabes était sur la montagne d'Aouchba, à une lieue et demie à l'est de Tlémcen. Le 13, l'armée quitta l'Aamiguer au point du jour. Après quelques heures de marche, elle descendit dans la belle plaine de Tlémcen. Mustapha-ben-Ismaël vint au-devant du maréchal et eut un long entretien avec lui. L'entrevue de ces deux vieux guerriers, tous deux encore aussi vigoureux de corps que d'esprit, tous deux illustres dans leur nation, offrit à l'armée un spectacle qui ne manquait ni de grandeur ni de majesté.

Les troupes françaises firent leur entrée à Tlémcen à une heure. La première brigade y arriva par la route de Mascara ; elle avait reçu ordre d'appuyer fortement à gauche, pour donner la chasse à quelques cavaliers d'Abd-el-Kader qui s'étaient montrés dans cette direction, mais elle ne put les atteindre.

L'occupation de Tlémcen se fit avec beaucoup d'ordre.

La ville était déserte, à l'exception du quartier du Méchouar, peuplé de Koulouglis et de Juifs; cependant, on y trouva d'abondantes ressources en vivres, car la fuite des habitants avait été si précipitée, qu'ils n'avaient eu ni le temps, ni les moyens de tout emporter. Il existait, tant dans la ville qu'à l'extérieur, un grand nombre de moulins que l'on mit en activité, et la troupe reçut des distributions régulières.

Le 15 janvier, le maréchal fit marcher contre Abd-el-Kader la première et la deuxième brigade, les cavaliers de Mustapha et d'El-Mezari, ainsi que les Turcs et les Koulouglis dont il avait fait renouveler l'armement la veille (1). A l'approche de ces troupes, qui manœuvraient de manière à l'envelopper, l'Émir s'éloigna en toute hâte. Une cinquantaine de ses gens tombèrent entre les mains de nos auxiliaires et furent impitoyablement massacrés par eux. Dans la nuit qui suivit cette affaire, Sidi-Hamadi-ben-Scal, ancien kaïd de Tlémcen, vint se rendre, avec une partie de la population fugitive, au général Perregaux, campé au village d'Ibder. La brigade d'Arlanges, qui avait manœuvré dans la plaine pour couper à l'Émir la route de Mascara, coucha ce jour-là au marabout de Muley-Hallou, à deux lieues de Tlémcen. Le 16, les brigades d'expédition ramassèrent encore quelques fuyards dans les gorges des montagnes; mais on perdit l'espoir

---

(1) La revue qui fut passée à cette occasion par le chef d'état-major constata l'existence de 775 Turcs ou Koulouglis en état de porter les armes. Sur ce nombre, qui présentait infiniment plus de Koulouglis que de Turcs, 343 n'étaient pas armés. C'est donc une population de 420 hommes qui, pendant cinq ans, a gardé le Méchouar.

d'atteindre Abd-el-Kader ou Ben-Nouna, kaïd de Tlémcen, que la veille on avait un instant serrés d'assez près. Le 17, les brigades rentrèrent à Tlémcen, ramenant avec elles 2,000 individus de tout sexe et de tout âge, parmi lesquels on comptait cependant moins d'hommes que de femmes et d'enfants.

Dans cette expédition, Abd-el-Kader perdit une bonne partie de ses bagages, quelques chevaux, et un drapeau pris par un brave cavalier Zmela nommé Mohammed-ben-Kadour. Il n'était resté aussi près de Tlémcen que dans la persuasion que les troupes françaises n'y feraient pas un plus long séjour qu'à Mascara; mais le maréchal avait dans ce moment d'autres vues.

L'armée n'avait parcouru depuis Oran qu'un pays triste et monotone; mais les environs de Tlémcen lui offrirent une contrée délicieuse. Dans aucune autre partie de l'Algérie, la végétation ne présente autant de force et de fraîcheur. La ville est bâtie sur un plateau, au nord duquel s'étend une vaste et belle plaine parfaitement cultivée. Elle est abritée des vents du sud par une montagne élevée qui, en hiver, est souvent couverte de neige. Les eaux y sont belles et abondantes; le sol y est d'une admirable fertilité. La montagne présente plusieurs ressauts qui forment autant d'étages couverts de terre végétale où croissent les plantes de l'Europe et celles de l'Afrique, mêlées, séparées, mêlées de nouveau, selon l'élévation et la disposition des lieux. Des ruisseaux tombent en cascades d'un étage à l'autre, et répandent partout la vie, la fraîcheur et la gaieté. A un quart de lieue à l'est de la ville, on rencontre le beau village de Sidi-bou-Meddin, et, à une lieue au sud, celui d'Aïn-el-Houth (la Source des Poissons). A l'ouest de Tlémcen le voyageur admire les ruines de Manzourah. C'est une vaste enceinte fortifiée à l'antique, au centre de laquelle on voit les restes d'une mosquée qui a dû être d'une grande magnificence. Manzourah n'a cependant jamais été, dit-on, qu'un camp retranché construit par un empereur de Maroc, qui fit inutilement pendant dix ans le siége de Tlémcen. Le méchouar (1), ou citadelle, est situé dans la partie sud de la ville, à l'enceinte de laquelle il est lié. C'est un poste qui ne peut être d'une bonne défense que contre des Arabes, et qui ne pourrait résister que quelques heures à la moindre artillerie européenne.

Tlémcen, ancienne capitale d'un royaume puissant, a conservé de nombreux vestiges de sa splendeur passée. S'élevant majestueusement au milieu de ses beaux jardins, de ses imposantes forêts d'oliviers, elle nous présentait, sur des bases romaines, les débris de ces gracieuses constructions sarrazines, qui tombent, mais ne vieillissent pas. Semblable au peuple ingénieux qui la rendit longtemps florissante, elle pouvait se réveiller d'un long sommeil; mais notre contact, qui devrait partout porter la vie, fut alors pour elle le plus funeste des fléaux.

La vue du beau pays que l'armée française venait de conquérir avec tant de facilité, agit puissamment sur l'imagination ardente du maréchal Clauzel. Il se dit qu'avec une bonne administration cette partie de l'Algérie pourrait devenir une des plus riches contrées du monde. Puis, comme si la chose était déjà faite, il se persuada

---

(1) Le mot *méchouar* signifie proprement sénat; appliqué à un édifice, il peut se rendre littéralement par le mot latin *curia*.

que la triste et mutilée population de Tlémcen regorgeait de richesses. Ses idées prirent dès lors une fâcheuse direction. Une contribution dont le chiffre ne fut point déterminé, fut frappée sur les habitants. Elle eut d'abord pour but le remboursement des frais de l'expédition, puis l'entretien de 500 hommes que le maréchal se détermina à laisser dans le méchouar et une gratification pour les troupes qui venaient de faire l'expédition. Cette mesure portait principalement sur les Koulouglis. Comme ils déclarèrent qu'il leur était impossible de satisfaire à cette exigence, attendu que la nécessité où ils avaient été de vivre pendant six ans sur leurs capitaux avait épuisé leurs ressources (1), on emprisonna les plus nota-

---

(1) Voici la lettre écrite à cette occasion au maréchal Clauzel, par Mustapha-ben-Ismaël, au nom des Turcs et des Koulouglis :

« Nous sommes vos sujets, vos enfants, à vous qui êtes prince. Voilà six ans que nous sommes en guerre contre les Arabes en ville et au dehors. Vous êtes venu avec votre armée victorieuse attaquer et repousser nos ennemis et nos oppresseurs ; vous nous demandez le remboursement des dépenses qu'a faites votre armée depuis son arrivée de France : cette demande est hors de proportion avec nos ressources ; il est même au-dessus de notre pouvoir de payer une partie de ces dépenses. En conséquence, nous implorons votre compassion et vos bons sentiments pour nous qui sommes vos enfants, et qui ne pouvons supporter cette charge ; car il n'y a parmi nous ni riches, ni hommes faisant le commerce, mais bien des hommes faibles et pauvres. Nous reconnaissons tout le service que vous nous avez rendu, et nous prions Dieu qu'il vous en récompense. Pour nous, nous vous donnons tout ce dont nous pouvons disposer, c'est-à-dire les maisons que nous habitons, nos maisons de campagne et autres immeubles que nous possédons. Nous vous prions de nous accorder un délai, car nous sommes vos sujets et vos enfants ; vous êtes notre

bles d'entre eux. On fit subir le même traitement aux Juifs. Un Juif d'Oran, nommé Lassery, qui avait suivi le maréchal et qui vivait dans son intimité, le commandant Yousouf, et le nommé Mustapha-ben-Mekelech, fils d'un ancien bey, furent chargés de faire rentrer cette contribution. La guerre justifie sans doute bien des choses, mais le sauvage anathème de Brennus n'aurait pas dû s'étendre jusqu'aux amis et aux alliés (1).

Pendant que ses agents procédaient à la rentrée de la

Sultan, et nous n'avons que notre Dieu et vous pour soutiens. Nous sommes sous vos ordres et disposés à vous suivre, comme soldats, partout où vous voudrez. »

(1) On lit, dans une brochure sans nom d'auteur, distribuée aux Chambres en 1836, que, plusieurs mois avant l'expédition de Tlemcen, les Turcs et les Koulouglis du Méchouar, qui désiraient vivement qu'elle se fît, avaient écrit au maréchal Clauzel pour offrir d'en payer les frais; c'est une erreur. Il n'a jamais été rien écrit de semblable. Aussi M. Clauzel ne parle nullement de cette offre prétendue dans ses *Explications*, publiées en 1837. Au surplus, il n'est pas nécessaire d'y recourir pour établir le droit qu'a un général en chef de lever une contribution sur un pays conquis. Personne, que je sache, n'a jamais songé à contester ce droit à M. le maréchal Clauzel. On a dit seulement qu'il n'en avait pas fait un usage convenable, et, en cela, on a eu raison. Il était certainement peu politique et peu généreux de débuter dans le pays que nous avions conquis par pressurer précisément la partie de la population qui nous y avait appelés, d'autant plus que cette population était pauvre. Il est vrai que M. le maréchal se faisait, à cet égard, une complète illusion. S'il eût cru à la pauvreté des Koulouglis, il n'aurait probablement jamais songé à les imposer; car il nous apprend, dans ses *Explications*, qu'il avait recommandé aux collecteurs de ne s'adresser qu'aux riches.

Dans ces mêmes *Explications*, M. le maréchal dit que, *d'après sa volonté expresse, l'administration française a été entièrement* contribution, le maréchal organisait le bataillon de volontaires destiné à former la garnison du Méchouar. Les officiers et les sous-officiers qui y entrèrent occupèrent les emplois du grade supérieur au leur. Le maréchal s'engagea à demander pour eux les grades de ces mêmes emplois. Le commandement du bataillon fut donné au capitaine Cavaignac de l'arme du génie, officier fort estimé dans l'armée.

L'établissement d'une garnison française à Tlemcen

étrangère au prélèvement de la contribution, et que les chefs indigènes ont eu seuls à s'en occuper.

La commission du budget de 1837 dit à ce sujet dans son rapport que le Gouvernement a pensé que la faute était là où l'on plaçait l'excuse. En effet, d'après les règlements sur la matière, ce sont précisément les membres de l'intendance militaire qui sont chargés des contributions de guerre. Mais, d'un autre côté, il n'est point exact de dire que les chefs indigènes ont agi seuls. Les trois véritables collecteurs de la contribution de Tlemcen ont bien été les personnes que nous venons de nommer : c'est un fait patent, connu de l'armée entière; il est impossible de le nier sérieusement. On peut voir, au reste, le rapport de la commission, cité plus haut : or, de ces trois personnes, les deux premières ne pouvaient certainement pas être considérées comme des chefs indigènes de Tlemcen. Quant à Mustapha-Ben-Mekelech, il ne fut nommé bey que le 2 février, et la contribution fut ouverte dès le 21 janvier. Au reste, tout ceci est de peu d'importance. L'Afrique est un pays d'exception où le fond, plus que partout, doit emporter la forme. Or, le fond était ici une mesure fâcheuse et inopportune en soi, indépendamment des formes dont on l'a compliquée. Une contribution a aussi été frappée à Constantine, sans que l'administration française ait été non plus appelée à s'en occuper dans les détails, et personne ne s'est élevé contre, parce que Constantine, ville prise d'assaut, n'était pas dans la même position morale que les Turcs et les Koulouglis du Méchouar qui étaient, non des ennemis, mais des alliés.

imposait au maréchal l'obligation d'assurer les communications entre cette ville et Oran, qui en est à plus de trente lieues. Il pensa que ces communications devaient s'établir par l'embouchure de la Tafna et la petite île de Rachgoun, ce qui ne laissait que dix lieues à faire par terre, le reste devant se faire par mer.

En conséquence, le 25 janvier, le maréchal partit de Tlemcen avec la 2ᵉ et la 3ᵉ brigade, quelques escadrons de chasseurs et les indigènes auxiliaires, pour aller reconnaître le cours de la Tafna, établir un fort poste à l'embouchure de cette rivière, et se mettre en communication avec Rachgoun. La première brigade fut laissée à la garde de Tlemcen. Cette opération n'eut pas tout le succès qu'on en attendait. Le petit corps expéditionnaire arriva à la plaine de Remcha, au confluent de la Tafna et de l'Isser, sans avoir rencontré l'ennemi. Mais le maréchal avait reçu dans la nuit l'avis que la gorge qui est au delà de ce point était occupée par Abd-el-Kader. En effet, des feux assez nombreux décelèrent la présence de l'ennemi à droite et à gauche de la Tafna, dans la nuit du 25 au 26, que le corps expéditionnaire passa entre les deux rivières.

Le 26, au matin, le maréchal fit franchir l'Isser à toutes ses troupes, moins le 11ᵉ de ligne, qui resta sur la rive gauche pour couvrir les bagages et les malades que l'on conduisait à Rachgoun, dans le but de les embarquer pour Oran. Le général d'Arlanges, commandant la 2ᵉ brigade, reçut ordre de gravir les hauteurs de droite avec le 1ᵉʳ bataillon d'infanterie légère d'Afrique, les Arabes auxiliaires, commandés par Mustapha, et environ 500 Koulouglis à la tête desquels se mit le commandant Yousouf. Le colonel de Gouy s'établit avec le 2ᵉ régiment de chasseurs d'Afrique et un bataillon du 66ᵉ de ligne au pied des hauteurs, pour recevoir l'ennemi dans la plaine, lorsque le général d'Arlanges l'aurait débusqué de ses positions. Le 2ᵉ bataillon du 66ᵉ de ligne fut placé en intermédiaire entre le colonel de Gouy et les bagages. Voici maintenant quelle était la position de l'ennemi : Abd-el-Kader avec 2,000 chevaux occupait un contrefort des hauteurs de droite. Un monticule situé à l'entrée de la plaine, au pied de ce contrefort, était occupé par un millier de fantassins. Les Kbaïles d'Ouelassa garnissaient les hauteurs de la rive gauche de la Tafna. Quelques cavaliers avaient passé cette rivière et étaient venus prendre position dans la plaine, en face du 11ᵉ de ligne. Les ennemis formaient ainsi un demi-cercle autour de notre armée.

L'action commença à dix heures du matin. Elle fut engagée par Mustapha, qui fondit avec sa troupe sur celle d'Abd-el-Kader. L'Émir étant sous le feu de l'artillerie du général d'Arlanges, ne l'attendit pas et descendit dans la plaine. Il fut séparé d'une partie de son aile gauche, qui gagna le haut des montagnes et cessa de prendre part au combat. Mustapha, enhardi par ce premier succès, et soutenu par les Koulouglis, se mit à la poursuite d'Abd-el-Kader. Mais, arrivé dans la plaine, l'ennemi s'aperçut du petit nombre d'adversaires qu'il avait à ses trousses, fit volte-face, et allait sans doute refouler les auxiliaires dans la montagne, lorsque le colonel de Gouy le chargea avec son régiment, soutenu par un bataillon du 66ᵉ de ligne. L'escadron turc de ce régiment, escadron commandé par le lieutenant Mesmer, se conduisit dans cette circonstance avec la plus grande intrépidité. Un brigadier, nommé Mehemed-Soliman, tua pour sa part trois cavaliers d'Abd-el-Kader. Il fut, pour ce fait, nommé maréchal des logis sur le champ de bataille. L'Émir eut quelque peine à repasser la Tafna. Le colonel de Gouy l'ayant franchie sur ses traces se mit à sa poursuite en remontant la rivière. Pendant ce temps, le maréchal s'étant mis à la tête de quelques compagnies du 66e, la remontait par la rive gauche en écrasant les Arabes sous le feu de deux pièces de campagne. A quatre heures le combat avait cessé, et l'ennemi avait complétement disparu. Le maréchal rallia ses troupes, qui couchèrent sur le même emplacement que la veille.

Pendant cette série d'opérations, les bagages furent un instant assez vivement attaqués, mais une charge d'un seul escadron, conduite par le capitaine Bernard et soutenue par une compagnie de grenadiers du 11e de ligne commandée par le capitaine Ripert, suffit pour disperser l'ennemi sur ce point.

L'affaire du 26 janvier ne nous coûta que trois morts et quelques blessés. Les Koulouglis, en rentrant au camp, portaient des têtes d'Arabes au bout de leurs baïonnettes. Rançonnés à Tlemcen par ceux mêmes qui étaient venus les secourir, ils se montraient précédemment abattus et découragés, mais le sang de leurs plus anciens ennemis effaça ce jour-là le souvenir de leurs griefs contre leurs équivoques alliés.

Le vieux Mustapha-Ben-Ismaël fit preuve dans cette affaire d'une grande habitude de la guerre et d'un courage encore jeune et bouillant. El Mezary se conduisit aussi avec habileté et bravoure. Un des porte-drapeau d'Abd-el-Kader, poursuivi par le sous-lieutenant Savarez et sur le point d'être atteint par lui, se précipita dans le lit de la Tafna, dont les bords sont à pic et très-élevés.

Il périt dans la chute, mais il sauva son drapeau, qui fut ramassé par un autre Arabe descendu dans le lit de la rivière par un endroit plus facile.

La nuit qui suivit le combat du 26 fut fort tranquille. Les feux des ennemis devenaient faibles et rares ; tout semblait annoncer qu'ils abandonnaient encore une fois la partie. Le 27 au matin, le maréchal voulant, avant de s'engager dans la gorge de la Tafna, connaître si elle était gardée, résolut d'y envoyer une forte reconnaissance, mais, au moment où il se préparait à la faire partir, M. de Montauban, capitaine au 2ᵉ régiment de chasseurs d'Afrique, qui rentrait du fourrage, vint le prévenir que de nombreuses colonnes de cavalerie et d'infanterie paraissaient dans la direction de l'ouest et qu'elles marchaient sur notre camp. Après s'être assuré de l'exactitude de ce rapport, le maréchal fit ses dispositions pour recevoir l'ennemi, qui paraissait fort de 8 à 10,000 hommes. Le convoi quitta la plaine et fut placé sur un plateau à cheval sur la route de Tlemcen, un peu en arrière de sa première position. Les deux brigades occupèrent les hauteurs à droite et à gauche de cette route. La cavalerie resta dans la plaine au pied des hauteurs. Les auxiliaires furent placés à l'aile gauche de l'infanterie française.

A peine ces dispositions étaient-elles terminées, que l'ennemi attaqua à la fois la cavalerie et les auxiliaires. Les Koulouglis furent enfoncés et se replièrent sur la brigade d'Arlanges. La cavalerie, qui avait en tête un ennemi dix fois plus nombreux, dut aussi se rapprocher de nos lignes. Une vive fusillade s'engagea alors sur la gauche et sur le centre, mais elle avait à peine duré quelques minutes, que l'on vit l'ennemi ralentir son feu, puis se retirer en ordre, mais avec précipitation, sans qu'aucun mouvement de la ligne française motivât cette retraite. Elle était causée par l'arrivée inattendue d'une partie de la brigade du général Perregaux, à qui le maréchal avait écrit dans la nuit. Cette troupe s'était jetée à gauche de la route de Tlemcen, et se disposait à tomber sur les derrières des Arabes, qui, pour ne pas se trouver entre deux feux, prirent le parti de se retirer. L'Émir alla établir son camp à deux lieues du nôtre, en amont de la Tafna.

Le combat du 27, qui fut fort court, fut aussi très-peu sanglant; mais il donna la fâcheuse certitude qu'Abd-el-Kader n'était pas aussi abattu qu'on avait été un instant en droit de le croire. Le maréchal voulut aller l'attaquer dans son camp, le lendemain 28. Il l'annonça même à l'armée par un ordre du jour. On devait remonter la Tafna en suivant les hauteurs de la rive droite, jusqu'en face de la position occupée par l'ennemi, laisser le convoi sur les crêtes, et fondre avec toutes les troupes disponibles sur le camp des Africains. Ce projet ne put recevoir son exécution. On rencontra des difficultés de terrain; ensuite on s'aperçut, en approchant, qu'Abd-el-Kader avait si bien choisi sa position, qu'il aurait été difficile de lui couper la retraite. Le maréchal, renonçant donc à l'attaque projetée, rentra à Tlemcen le 28, à quatre heures du soir. L'ennemi, s'étant aperçu de sa retraite, fit sortir de son camp un millier de cavaliers qui vinrent échanger quelques coups de fusil avec notre arrière-garde. Après une demi-heure de tiraillements insignifiants, ils se retirèrent en célébrant par de nombreuses décharges ce qu'ils regardaient comme une victoire. Dans le fait, quoiqu'ils eussent été battus dans deux combats, le maréchal avait été obligé de renoncer à son projet d'ouvrir les communications avec Rachgoun.

Cependant, le lieutenant-colonel Beaufort, qui commandait à Oran en l'absence du général d'Arlanges, avait, d'après les ordres du maréchal (1), expédié plusieurs bâtiments à Rachgoun pour y transporter les objets nécessaires au poste de la Tafna. Ces bâtiments y arrivèrent au moment où le corps expéditionnaire rentrait à Tlemcen. Leur présence dans ces parages faisant craindre aux Kbaïles d'Ouélassa une attaque combinée par mer et par terre, ils écrivirent au maréchal dans un style qui pouvait faire croire à quelques sentiments de soumission. Mais ces bâtiments, objets de leur crainte, s'étant bientôt éloignés, cette première démarche ne fut suivie d'aucune autre.

On avait un instant espéré que les Beni-Ornid, que les Krossel, les Houassan et les autres tribus des environs de Tlemcen, que les Beni-Amer même, reconnaîtraient l'autorité française. Il fallut bientôt renoncer à cet espoir; plusieurs attaques partielles de nos postes avancés apprirent au maréchal qu'il n'était encore entouré que d'ennemis. Dès les premières ouvertures que parurent faire ces tribus, on s'était hâté de les frapper d'une réquisition de chevaux, ce qui eut pour résultat nécessaire de les éloigner de nous. On commit les mêmes fautes à l'égard des gens d'Angad, qui étaient venus présenter au maréchal leur cheik, jeune enfant, dernier fils d'El-Go-

---

(1) La correspondance entre Oran et Tlemcen se faisait par des émissaires arabes, qui ne voyageaient que de nuit, et avec de grands dangers.

mary et seul rejeton d'une famille dont tous les membres avaient péri en combattant Abd-el-Kader. Les personnes qui furent chargées de les recevoir et de leur parler les traitèrent avec hauteur, ne trouvèrent pas assez beau le cheval d'hommage qu'ils offraient au maréchal, et leur ordonnèrent d'en amener d'autres, non-seulement pour le maréchal, mais encore pour sa suite. Ces hommes s'éloignèrent en promettant de revenir avec ce qu'on exigeait d'eux, mais ils allèrent sur-le-champ faire leur soumission à Abd-el-Kader, dont ils avaient méconnu l'autorité jusqu'alors.

Ce qui se passait à Tlemcen au sujet de la contribution ne pouvait non plus augmenter le nombre de nos partisans. On avait emprisonné jusqu'à Boursali, kaïd du Méchouar; mais bientôt, voyant que la prison était un moyen insuffisant, on employa les tortures corporelles (1). Les mal-

---

(1) C'est-à-dire la bastonnade, que M. le maréchal Clauzel appelle, dans ses *Explications*, le moyen de coërcition le plus ordinaire des habitants de l'Afrique. Il est très-vrai que la bastonnade est, pour les crimes et les délits, au nombre des peines dont les lois et les usages autorisent et même prescrivent l'application. Mais, en matière d'impôt, ce moyen est aussi tyrannique en Afrique qu'ailleurs. Il a pu être employé dans les avanies, mais non dans les opérations financières régulières, où les biens saisissables du contribuable répondent toujours de ce qu'on exige de lui. Chacun peut avoir son opinion sur les châtiments corporels, légalement infligés, dans les pays où cette pénalité existe. On peut même dire que la bastonnade offre un excellent moyen de graduer exactement la peine sur le délit, et qu'elle a de plus l'avantage de n'atteindre que le coupable, tandis que, dans plusieurs cas, la détention du chef d'une famille pauvre entraîne la ruine de cette famille. On peut se servir de ces arguments pour défendre le maintien de la législation existante en Afrique à cet

heureux qui y furent soumis offrirent alors pour se libérer les bijoux de leurs femmes et tout ce qu'ils avaient d'armes précieuses et d'objets d'orfévrerie. L'offre fut acceptée (1), mais les objets étant estimés par Lassery, le furent tous bien au-dessous de leur valeur. Chaque

---

égard, et c'est dans ce sens que M. Laurence, dont M. Clauzel invoque l'autorité, a parlé de la bastonnade. Mais il n'a pu entrer dans l'esprit de M. Laurence, ni d'aucune personne sensée, de confondre la règle avec l'abus. Il ne faut pas non plus qu'on veuille nous faire croire, au moyen de plaisanteries fort usées sur la sensibilité des philanthropes, que les indigènes ne sont jamais plus heureux que quand on les pille et qu'on les écrase sous le bâton.

(1) C'est-à-dire que Lassery prit les bijoux pour son compte, en se portant créancier, envers la contribution, des sommes auxquelles ils avaient été estimés. C'est ce qui résulte des explications de M. le maréchal Clauzel, qui s'opposa à ce qu'ils figurassent directement dans la contribution, ainsi que les imposés le demandaient. Le but de M. le maréchal Clauzel était louable : il pensait que l'estimation des bijoux pouvait donner lieu à un trafic qu'il voulait éviter (*Explications de M. le maréchal Clauzel*, page 69). Mais le moyen qu'il employa tourna contre ses intentions et favorisa ce trafic : car Lassery, qui, de fait, se trouvait sans concurrent, acheta au prix qu'il voulut à des gens placés sous le bâton. Il est à présumer que l'estimation des bijoux aurait été plus équitable, s'ils avaient été versés directement à la contribution, parce qu'alors elle aurait pu ne pas être faite par un intérêt aussi personnel.

La nécessité où se trouvaient les Koulouglis de donner jusqu'aux bijoux de leurs femmes pour acquitter la contribution, était certainement une preuve convaincante de leur pauvreté. Il paraîtrait que M. le maréchal Clauzel en fut d'abord frappé ; mais il paraîtrait aussi qu'on parvint à lui persuader que cela ne prouvait rien : car il dit dans ses *Explications*, page 47, qu'*en Afrique, on va au marché avec des bijoux*, usage qu'en conscience je ne pense pas que personne ait observé avant lui. Peut-être y a-t-il quelque faute typographique, quelque interposition dans le texte.

habitant était appelé à son tour devant les collecteurs ; on lui indiquait sa quote-part, et il recevait des coups de bâton jusqu'à ce qu'il l'eût payée. Souvent le même individu était appelé plusieurs fois, si l'on pouvait présumer qu'il lui restait encore quelque chose. Tout cela se faisant au nom de la France, l'armée en était honteuse et indignée.

Lorsque tout ce qui pouvait être pris l'eut été, et qu'il fut manifeste que le bâton ne pouvait plus rien produire, on déclara que l'on renonçait à la contribution, et que les sommes déjà perçues seraient comptées en déduction de l'impôt annuel du beylik de Tlemcen, fixé à 200,000 francs (1) : une somme de 55,200 francs en numéraire,

---

(1) Cette décision se trouve dans une lettre de M. le maréchal Clauzel à Mustapha-Ben-Mekelech. Il paraît que depuis il y eut un arrêté, portant la date du 6 février, qui fixa à 150,000 francs la contribution imposée aux habitants de Tlemcen, pour participation aux frais de l'expédition et pour l'entretien de la garnison du Méchouar, en stipulant que cette contribution serait remboursée plus tard sur les impôts et autres revenus du beylik. Cet arrêté, qui ne fut publié nulle part, était ignoré de tout le monde lorsqu'il fut imprimé dans la petite brochure, sans nom d'auteur, dont il a été parlé dans la note de la page 54. On voit cependant, dans le rapport de la commission du budget en 1837, qu'il avait été adressé au ministre, le 14 février 1836. Le 28 du même mois, un arrêté, cette fois-ci authentique et publié dans le Bulletin des actes du Gouvernement, donna à la contribution de Tlemcen, toujours fixée au chiffre de 150,000 francs, un caractère encore plus prononcé d'emprunt forcé. Tous ces actes illusoires et rédigés après coup ne prouvent que le besoin qu'éprouvait M. le maréchal de donner une régularité apparente à des mesures qui n'en avaient pas eu de réelle. *Enfin*, dit le rapport de la commission du budget, *M. le maréchal, averti, éclairé sur le caractère de la contribution par les réclamations pressantes de la tribune, éprouva*

provenant de la contribution, avait été versée dans la caisse du payeur de l'armée, qui reçut, le 2 février, l'ordre d'en faire la remise à Mustapha-ben-Mekelech, nommé ce jour-là seulement bey de Tlemcen. Elle ne reçut pas, au reste, cette destination : 29,000 francs servirent à la solde de l'armée, et 6,000 furent versés au commandant du Méchouar (1).

---

le besoin de mettre fin à ces débats. En conséquence, la restitution de la partie non employée de la contribution fut annoncée dans le *Moniteur algérien*, comme devant avoir lieu. Des fonds furent votés par les Chambres pour la restitution totale, calculée sur les déclarations de recettes faites par les collecteurs, et présentant un chiffre de 94,444 francs seulement.

(1) L'administration n'eut aucune connaissance officielle de ce qu'avait produit la contribution en sus des 35,200 francs versés dans la caisse du payeur. L'annonce de l'abandon de la contribution dut lui faire penser, comme à tout le monde, que les diverses valeurs avaient été laissées au bey que M. le maréchal venait de nommer. Mais on apprit bientôt que ces valeurs suivaient le maréchal à Oran ; qu'elles étaient transportées dans un fourgon du quartier général. Plus tard, on sut que Lassery, qui d'Oran se rendit à Alger, avait déclaré à la douane pour 110,000 fr. de valeur or et argent ; qu'une vente de bijoux avait été effectuée chez MM. Bacuet et Belard, négociants à Alger, et que Lassery avait transporté d'autres bijoux à Tunis. De là certains bruits dont il est fort concevable que M. le maréchal ait été vivement blessé. Il résulte des explications, que ces bruits l'ont mis dans la nécessité de donner, que les valeurs en bijoux et autres objets d'orfévrerie emportés de Tlemcen par Lassery devaient être réalisées en numéraires par celui-ci et renvoyées sous cette forme au bey, jusqu'à concurrence des sommes portées en recette au rôle de la contribution que ces valeurs représentaient, ou plutôt dont elles étaient le gage. Ce fut pour la sûreté de ce gage que M. le maréchal le fit déposer dans un de ses fourgons. Mais n'était-ce pas prendre une part directe à une opération à laquelle il avait désiré

Pendant que le maréchal était sur la Tafna, une partie des Maures de Tlemcen, ramenés par nos troupes dans cette ville le 17, la quittèrent de nouveau pour se soustraire aux exactions qui leur étaient réservées. Les Koulouglis en auraient sans doute fait autant, s'ils n'avaient pas été aussi fortement compromis envers Abd-el-Kader. Ce qu'il y a de certain, c'est qu'ils en exprimèrent le désir, et que le jour même où l'on se décida à clore la contribution, une foule de ces misérables obstruaient la rue où était logé le maréchal, en criant qu'ils s'étaient de bonne foi soumis à la France, et que, si l'on voulait les traiter sans miséricorde, comme des ennemis forcés par un assaut, ils se disperseraient dans les tribus. Ce n'était là, du reste, que de vaines paroles arrachées par le désespoir, car les malheureux savaient bien, dans le fond du cœur, qu'une nécessité de fer les clouait à Tlemcen.

---

que l'administration française restât étrangère ? Est-il bien étonnant que le public, qui n'était pas dans sa confidence, en conçût quelques vagues et pénibles soupçons? Cette disposition à croire au mal est déplorable sans doute, mais M. Clauzel lui-même y avait-t-il toujours été étranger ? Le premier acte de son premier commandement en Afrique n'avait-il rien eu d'hostile, sous ce rapport, à l'administration de son prédécesseur ? Ensuite, dans l'affaire de Tlemcen, n'était-il pas naturel que les violences commises, en soulevant les consciences, aient rendu les esprits plus soupçonneux?

M. le maréchal Clauzel ne devait donc s'en prendre qu'à lui des bruits qui l'ont si justement blessé.

J'aurais voulu passer sous silence le triste épisode de la contribution de Tlemcen, mais la chose n'étant pas possible, j'ai dû entrer dans assez de détails pour que le lecteur pût apprécier la nature d'un acte dont on s'est tant occupé en France. Je n'ai pas dû aller plus loin.

Ils étaient destinés à prouver de nouveau aux indigènes qu'il valait mieux pour eux nous avoir pour ennemis que pour amis ; triste vérité qui a cessé d'en être une, fort heureusement, mais qui, pendant neuf ans, fut d'une application presque générale, par suite de tant de fautes et d'autres actes qui mériteraient une plus sévère qualification.

Des lettres trouvées sur des Arabes tués aux deux combats de la Tafna avaient fait connaître au maréchal que, dans ces deux affaires, Abd-el-Kader avait eu pour auxiliaires quelques Marocains des environs d'Ouchda. Il écrivit au kaïd de cette ville, qui n'est qu'à quinze lieues de Tlemcen, pour se plaindre de cette violation de neutralité, laquelle détermina plus tard la mission du colonel de Larue à Méquinez.

Quoique M. le maréchal ne fût point parvenu à assurer les communications entre Tlemcen et Oran, ni à établir l'autorité de la France dans la contrée, il n'en persista pas moins dans le projet de laisser une garnison française au Méchouar. Cette garnison aurait été fort utile, si l'on avait su grouper autour d'elle et des Koulouglis une population amie. Il aurait été possible d'y parvenir, mais on fit tout ce qui devait au contraire éloigner ce résultat. Il aurait été alors plus avantageux, peut-être, de détruire le Méchouar et d'emmener les Koulouglis et leurs familles, pour les établir à Masagran, comme on en avait eu un instant la pensée ; mais, dans ce cas, on livrait la ville entière à Abd-el-Kader, de sorte que le résultat de la campagne aurait été de le débarrasser des Koulouglis. On voit que, quand on pêche par la base, il ne reste plus que le choix des fautes.

Avant de quitter Tlemcen, le maréchal réunit les

chefs des Maures et des Koulouglis. Il leur fit promettre de vivre en bonne intelligence ; ils firent machinalement ce qu'on exigeait d'eux. Une oppression égale semblait, du reste, avoir étouffé la haine qu'ils se portaient jadis.

Le Méchouar ayant été abondamment approvisionné, mis en bon état de défense, et confié aux mains fermes et habiles du capitaine Cavaignac, l'armée partit de Tlemcen pour retourner à Oran, le 7 février, emportant avec elle des vivres pour huit jours : c'était à peu près tout ce qu'on avait pu trouver de disponible dans une ville où, depuis un mois, les denrées n'arrivaient plus. Le maréchal, soit pour tromper l'ennemi, soit pour connaître une autre partie du pays, ne voulut pas prendre la route qu'il avait suivie en venant. Il prit celle de Mascara, laissant les indigènes en doute sur ses intentions. L'armée, qui marchait la gauche en tête, coucha le 7 sur l'Aamiguer, et le 8 sur l'Isser, dans des lieux beaucoup plus rapprochés des sources de ces deux rivières que ceux où elle les avait franchies un mois auparavant. Ces deux journées furent très-pénibles, à cause des difficultés du chemin qui parcourt un sol excessivement raviné. Les troupes du génie aplanirent les obstacles à force de travail. Le 9, l'armée atteignit et même dépassa la crête de la chaîne de montagnes qui règne entre Oran et Tlemcen. Elle coucha non loin des sources du Rio-Salado, au delà du point où la route d'Oran se sépare de celle de Mascara. Quelques centaines de cavaliers ennemis vinrent tirailler ce jour-là avec l'arrière-garde. Dans la nuit, quelques Arabes se glissèrent dans le camp et y volèrent des armes.

Le 10, l'armée s'étant remise en marche, l'ennemi parut aussitôt en plus grand nombre que la veille. A huit heures du matin, Abd-el-Kader vint en personne attaquer l'arrière-garde avec des forces assez considérables. Cependant il ne serait pas parvenu à en arrêter la marche un seul instant, si les voitures n'avaient pas rencontré un passage fort difficile qui nécessita de grands travaux. Pendant que les troupes du génie les exécutaient avec leur zèle et leur intelligence ordinaires, la brigade Perrégaux, qui formait l'arrière-garde, dut prendre position et repousser les efforts de l'ennemi. Au moment où la fusillade avait le plus de vivacité, il survint un incident de peu d'importance en lui-même, mais qui prouve bien la légèreté d'esprit et les rapprochements de caractère des deux peuples qui se combattaient : un sanglier, effrayé par le bruit des armes à feu, vint à passer entre la ligne arabe et la ligne française : aussitôt les combattants, cessant de tirer les uns sur les autres, se mirent à diriger leurs coups sur ce nouveau-venu, en s'adressant réciproquement des plaisanteries, comme on pourrait le faire dans une partie de chasse. L'animal s'étant tiré la vie sauve de ce mauvais pas, les balles reprirent leur première direction.

Les travaux du génie étant terminés, les bagages se remirent en marche sous l'escorte de deux bataillons, et, lorsqu'ils furent suffisamment éloignés, le maréchal ordonna à l'arrière-garde de s'engager dans le défilé, tandis qu'il occupait lui-même les hauteurs avec la 2e brigade. L'ennemi, redoublant alors d'ardeur, renouvela ses attaques, et parut décidé à tenter un effort qui nous aurait au moins coûté beaucoup de monde ; mais le maréchal, presque sans s'engager, le paralysa complétement par l'effet de ses manœuvres. Il ordonna à toute l'armée une retraite en échelons, pivotant tantôt sur une aile, tantôt sur l'autre, en présentant toujours à l'ennemi une pointe prête à le déborder et à fondre sur lui. Abd-el-Kader, voyant qu'il ne pouvait rien contre des manœuvres aussi habiles, retira ses troupes et se mit hors de la portée du canon. L'armée, continuant paisiblement sa marche, alla coucher sur les dernières rampes des montagnes. Dans la nuit, quelques postes furent attaqués. Le lendemain, 11, l'armée arriva dans la plaine à l'ouest du lac Salé, et vint camper à trois lieues de Bridia. Ce fut le dernier jour de la campagne. Le 12, le maréchal rentra à Oran.

Ainsi se termina l'expédition de Tlemcen. La puissance matérielle d'Abd-el-Kader n'en fut que médiocrement affaiblie, et il y gagna en influence morale tout ce qu'une mesure funeste nous avait fait perdre en considération. Néanmoins, M. le maréchal publia une proclamation où il annonçait avec plus d'emphase que de vérité qu'Abd-el-Kader ne songeait plus qu'à cacher, dans les gorges du grand Atlas et dans les déserts du Sahara, sa révolte et sa trahison, et que la guerre était finie. Il n'y avait certes dans la conduite d'Abd-el-Kader ni trahison, ni révolte; mais il y avait eu, du côté de M. le maréchal, impuissance à l'abattre, parce qu'il lui avait constamment laissé l'avantage des moyens moraux, que M. Clauzel n'a jamais su employer.

Pendant l'expédition que nous venons de raconter, un assez fort parti de cavalerie de la tribu des Garaba avait constamment battu la campagne dans les environs d'Oran. Il avait attaqué deux fois les détachements de la garnison qui allaient au bois, et quelques hommes avaient été tués dans ces rencontres. Les Douair et les Zmela, privés de l'appui de leurs guerriers qui avaient presque tous suivi l'armée, s'étaient vus forcés de se réfugier entre les blockhaus et la ville. Ce mouvement s'était opéré la nuit avec assez de désordre. Les cris des femmes et des enfants avaient retenti jusque dans la place, où ils avaient répandu l'effroi, bien que les Arabes ne pussent songer sérieusement à l'attaquer.

Vers la fin de février, le maréchal retourna à Alger d'où il était absent depuis trois mois. Il laissa le général Perrégaux à Oran avec mission de faire quelques courses dans le pays. Le général d'Arlanges n'en continua pas moins à commander la province. Avant son départ, le maréchal alla visiter Rachgoun; il décida qu'un fort poste serait établi à l'embouchure de la Tafna par le général d'Arlanges, qui devait ouvrir des communications entre ce point et Tlemcen, ce que l'on n'avait pu faire avec des forces supérieures à celles qui allaient être laissées dans la province d'Oran. Les zouaves et les compagnies d'élite formées en bataillons furent embarqués pour Alger.

La viande manquait totalement à Oran. Les Douair et les Zmela, nos seuls alliés, étaient épuisés; les autres Arabes se tenaient obstinément éloignés de nos marchés : il fallut donc aller chercher ce qu'on refusait de nous apporter. Le 23 février, le général Perrégaux sortit d'Oran avec 4,000 hommes; le 25, il surprit les Garaba et leur enleva 2,000 têtes de bétail, ce qui ramena l'abondance à Oran.

Le 14 mars, le général Perrégaux sortit une seconde fois d'Oran avec un bataillon du 11e de ligne, un du 66e, un du 17e léger, quelques escadrons de chasseurs d'Afrique, trois pièces de campagne, trois de montagne, et les cavaliers de Mustapha-ben-Ismaël. Il alla coucher à la fontaine de Goudiel. Le 15, il se dirigea sur la Macta, en passant par le vieil Arzew, et bivouaqua au delà de la rivière. Le 16, il fit sa jonction avec le colonel Combes, le bey Ibrahim et El-Mezary à qui il avait écrit de se mettre en marche; cette jonction s'opéra dans un lieu appelé Assian. Le colonel Combes avait avec lui 700 hommes du 47ᵉ de ligne; Ibrahim et El-Mezary n'avaient que 150 fantassins et 50 cavaliers. Un corps d'Arabes, appartenant aux tribus de Beni-Chougran, Abid-Cheraga, Hamian et Bordjia, se montra ce jour-là dans la plaine, conduit par un des lieutenants d'Abd-el-Kader. Mustapha, Ibrahim et El-Mezary, soutenus par la cavalerie française et par toute la colonne qui la suivait, marchèrent à l'ennemi, qui fut repoussé au delà de l'Habra après avoir perdu une quarantaine d'hommes. Parmi les morts se trouvèrent le kaïd de Calah, Mohammed-ben-Djelil, et un porte-drapeau; deux drapeaux furent pris. Le corps expéditionnaire coucha sur la rive droite de l'Habra, en face de la position que le maréchal Clauzel avait occupée, le 3 décembre, en marchant sur Mascara. On enleva à l'ennemi des bœufs, des moutons, et une cinquantaine de chevaux. Le résultat de ce combat fut la soumission des Bordjia.

Le 17, une pointe fut poussée dans les montagnes des Beni-Chougran. La cavalerie française, la cavalerie indigène, et 1,600 fantassins furent employés à cette expédition. On prit aux Beni-Chougran du bétail, des tentes, des chameaux et 43 femmes et enfants. Dans la soirée, les Hamian, les Beni-Gaddoun et une partie des Beni-Chougran, firent leur soumission. Le général Perrégaux, voulant donner à d'autres tribus le temps de se prononcer, résolut de rester quelques jours sur l'Habra. Il mit ce temps à profit pour y construire un camp retranché. L'expérience a prouvé que ces sortes d'ouvrages, qui nous sont fort utiles dans nos expéditions, ne nous imposent pas l'obligation de les occuper d'une manière permanente; car, non-seulement les Arabes ne savent point s'en servir pour leur propre défense, mais ils ne se donnent pas même la peine de les détruire.

Pendant que le général était campé sur l'Habra, les anciens habitants d'Arzew (1), dispersés depuis trois ans dans la plaine de Ceirat, vinrent lui demander l'autorisation de retourner dans leur ancienne patrie qui était restée déserte. Cette autorisation leur fut accordée, moyennant certaines conditions d'ordre public; mais les événements, qui annulèrent bientôt les succès du général Perrégaux, ne leur permirent pas d'en profiter.

Le 21 mars, le général Perrégaux partit de l'Habra, et alla s'établir chez les Mader qui font partie de la puissante tribu des Medjar. Le 22, Sidi-Chaaban-Oulid-el-Aribi, fils aîné de feu Sidi-el-Aribi, et chef de la tribu de ce nom, se présenta à lui avec le kaïd des Mekalia. Cet événement, très-important, assurait la soumission de presque toute la vallée du Chelif. Aussi, depuis ce moment, la marche du général Perrégaux ne fut presque plus qu'une promenade pacifique. Les Arabes se rendirent en foule auprès de lui; le marché de son camp fut bien approvisionné, et ses communications avec Mostaganem, d'où il tirait ce que les tribus ne pouvaient lui fournir,

---

(1) Il s'agit ici de ce que nous appelons le vieil Arzew, et non du point militaire que nous appelons Arzew, auquel les Arabes donnent la dénomination de *Mersa*.

furent parfaitement sûres. Ce général, par la dignité et l'affabilité de ses manières, par son extrême justice et la discipline sévère qu'il fit observer à ses soldats, s'acquit l'amour et l'estime des indigènes, dont son esprit appliqué et travailleur lui fit bientôt connaître les affaires et les besoins.

Le 24 mars, il porta son camp au delà de la petite rivière d'Hilhil, et le 25 sur la Mina, où il séjourna le 26. Toute la famille de Sidi-el-Aribi vint l'y voir. Le 27, il alla coucher à Sour-Koul-Mitou, sur la rive gauche du Chelif, entre la Mina et la mer. Il fallut un peu combattre ce jour-là avec la tribu kbaïle des Beni-Zerouel : El-Mezary fut blessé. Ces faibles ennemis furent aisément enfoncés, mais ils se retirèrent dans leurs montagnes et ne firent aucune espèce de soumission.

Sour-Koul-Mitou, où les troupes bivouaquèrent le 28 et le 29, est une ancienne ville romaine abandonnée. Elle est dans une position charmante qui domine le Chelif. Le 37, les troupes, laissant Mostaganem à droite, allèrent coucher à la fontaine de Sdidia. La garnison de Mostaganem, d'après les ordres venus d'Alger, fut réduite à 400 hommes, au grand déplaisir du bey Ibrahim. Le corps expéditionnaire coucha, le 31, à Goudiel, et rentra à Oran le 1ᵉʳ avril.

Cette heureuse excursion prouva tout le parti que l'on aurait pu tirer des tribus du Chelif dans l'expédition de Mascara, si l'on avait su s'y prendre. Ces tribus étaient en effet les moins attachées à Abd-el-Kader. En leur donnant un bey de leur choix et non un Turc, et en dépensant quelque argent pour son établissement, on pouvait créer là une puissance arabe rivale de celle de l'Émir. De tous les généraux que nous avions alors en Afrique, nul n'était plus propre que le général Perrégaux à l'accomplissement de cette œuvre, mais il partit dans les premiers jours d'avril et la laissa incomplète ; sa position n'était pas assez déterminée dans la province d'Oran, qui avait un autre commandant que lui, pour qu'il pût y rester plus longtemps. Après son départ, les tribus, un instant soumises, nous échappèrent de nouveau, ainsi qu'il sera dit dans le livre suivant.

Pendant que le général Perrégaux marchait sur le Chelif, le général d'Arlanges, à la tête d'un petit corps de 1,200 hommes, s'avança à l'ouest jusqu'à Bridia, où il construisit quelques retranchements. Il n'eut pas à combattre; mais il ne reçut aucune soumission. Abd-el-Kader était à Aïn-el-Houth, près de Tlemcen. Il attendait là qu'une circonstance favorable lui permît d'agir avec quelque espérance de succès; elle ne tarda pas à se présenter.

LIVRE XIX.

Retour du maréchal Clauzel à Alger. — Expédition de Médéa. — Rappel du général d'Uzer. — Yousouf mameluk, bey de Constantine.—Voyage du maréchal en France.—Malheureuse expédition du général d'Arlanges.—Camp de la Tafna. — Défaite et prise du bey nommé à Médéa par le maréchal. — Le général Bugeaud en Afrique.—Combat et victoire de la Sikak.—Événements de Bougie.—Meurtre du commandant Salomon.

Le maréchal Clauzel, en rentrant à Alger, après son expédition de Tlemcen, trouva le pays dans l'état où il l'avait laissé, c'est-à-dire toujours inquiété par les Hadjoutes. Dans les premiers jours de mars, les troupes commandées par le général Rapatel firent dans l'ouest de la plaine encore une de ces courses sans résultats et presque sans but, dont on avait pris l'habitude à Alger, et qui servaient de thèses à d'insignifiants bulletins de victoire.

Cependant le ministre, qui recevait par chaque courrier des nouvelles satisfaisantes de l'Afrique, crut trop légèrement que l'état du pays lui permettait de rentrer dans les limites de son budget, et de réduire l'armée d'occupation à ses forces ordinaires, c'est-à-dire à ce qu'elle était avant l'expédition de Mascara. Le lieutenant-colonel de Larue, un de ses aides de camp, fut envoyé à Alger, porteur d'ordres précis touchant cette réduction. M. le maréchal, dont les exagérations officielles avaient en quelque sorte provoqué cette mesure intempestive, en connaissait mieux que personne les inconvénients. Aussi, tout en paraissant s'y soumettre avec empressement, il mit tout en usage pour en atténuer les effets et en éloigner l'exécution. On était au mois de mars; l'entreprise commencée par le général Perrégaux sur le Chelif, l'obligation où il était lui-même de tirer le vieux Mohammed-ben-Hussein de la désagréable position où il l'avait mis, étaient des raisons très-légitimes de ne rien précipiter. Il les fit valoir, et après avoir désigné pour rentrer en France le 15ᵉ de ligne, le 66ᵉ, le 59ᵉ, le 3ᵉ bataillon d'Afrique, et quelques compagnies de discipline, il décida que le départ de ces troupes ne s'effectuerait que lorsque l'expédition du général Perrégaux et celle qu'il méditait lui-même seraient terminées.

Celle-ci, dont on parlait depuis longtemps dans le public, paraissait devoir nous conduire à Médéa et à Miliana. Le maréchal s'était même exprimé à ce sujet, de manière à ne pas laisser de doute sur ses intentions. Cependant, au moment de l'exécution, se souvenant, par ce qui lui était arrivé à la Tafna, qu'il peut y avoir quelque danger pour l'amour-propre d'un général, à proclamer sans nécessité des projets qu'il peut être forcé d'abandonner, il se contenta de donner la dénomination peu significative de reconnaissance à l'expédition qu'il allait entreprendre, et qui, dans le fait, fut sans résultat. Le 29 mars, quatre petites brigades, commandées par les généraux Desmichels et Bro, et par les colonels Kœnigsegg et Hequet, se réunirent à Bouffarik. Elles en partirent le 20 au matin et se dirigèrent vers la ferme de Mouzaïa, l'avant-garde marchant à une lieue du corps d'armée. Quelques coups de fusil furent tirés par les Hadjoutes au passage de la Chiffa. Au delà de la rivière, il y eut sur la gauche un engagement assez vif entre nos spahis et un gros d'Arabes et de Kbaïles. La colonne, continuant sa marche, alla coucher à une lieue en deçà de la ferme de Mouzaïa.

Le 31, dans la matinée, on arriva à cette ferme, où le maréchal laissa presque toutes les voitures sous la garde d'un détachement de condamnés militaires aux travaux publics. On les avait armés pour cette expédition où ils se conduisirent fort bien.

L'armée pénétra dans les montagnes dans l'ordre suivant : l'avant-garde, sous les ordres du général Bro, composée des zouaves, du 2e léger, du 3e bataillon d'Afrique et de deux pièces de montagne, marcha en deux colonnes, dont une suivit la route tracée de Médéa, et l'autre un contre-fort à gauche de cette route ; le général Rapatel marcha après le général Bro avec le 15e de ligne, l'artillerie de campagne, et ce qu'on avait conservé de bagages. Le maréchal se mit en marche par la droite avec toute la cavalerie, le 65e de ligne et deux pièces. Il suivit quelque temps le chemin de Miliana, et dispersa à coups de canon un gros d'Arabes qui y avaient pris position. Après cela, il appuya à gauche pour se rapprocher du reste de l'armée, qui se dirigea tout entière vers un plateau séparant les pentes inférieures et assez douces de l'Atlas des pentes supérieures qui sont plus roides. La colonne de gauche, en tête de laquelle marchaient les zouaves, eut un engagement assez vif, qui lui coûta trente à quarante tués ou blessés. L'armée passa la nuit sur le plateau. On évacua les blessés sur la ferme de Mouzaïa encore peu éloignée.

Le 1er avril, à huit heures du matin, il s'agissait de gagner le Téniat, déjà célèbre par le combat du 21 novembre 1830. Le général Bro reçut ordre de s'y porter par les crêtes de gauche avec les zouaves, le 3ᵉ bataillon d'Afrique et le 2ᵉ léger. Les horribles difficultés du terrain ne permirent pas d'affecter de l'artillerie à cette colonne. Le 13ᵉ de ligne se porta en avant en suivant la route tracée. Le général Bro s'empara des crêtes, mais l'extrême fatigue des troupes les força de s'arrêter avant d'arriver aux pics qui dominent le col. Pendant ce temps, le 13ᵉ de ligne parvint au pied de la dernière rampe; mais il aurait été téméraire de la gravir, sans être couvert sur la gauche par la brigade du général Bro qui s'était laissé dépasser. Le maréchal voulut lui envoyer l'ordre de se hâter. Comme elle était éloignée, et que l'ennemi était répandu partout, il hésitait à désigner un officier pour cette dangereuse mission; M. Villeneuve, capitaine d'état-major, s'offrit et fut assez heureux pour arriver à sa destination. Les ordres furent ponctuellement et intelligemment exécutés. Les clairons sonnèrent, et les zouaves poussant leurs cris de guerre, se précipitèrent sur l'ennemi avec le 3ᵉ bataillon d'Afrique et le 2ᵉ léger. Les Kbaïles, chassés de pic en pic, furent culbutés au delà du col par une tête de colonne composée des hommes les plus lestes qui avaient pris les devants dans cette attaque, où l'élan des troupes devançait presque les ordres des chefs. L'armée prit position et bivouaqua sur les crêtes.

Le 2 avril, le génie travailla, avec un zèle et une ardeur qui depuis longtemps n'étonnaient plus l'armée, à une route destinée à rendre plus facile le passage des montagnes dans cette direction. Le travail fut fait sous la protection de l'infanterie, continuellement occupée à repousser les attaques des indigènes.

Le 3, le travail et les combats continuèrent. Une position défendue par vingt-cinq chasseurs du troisième bataillon d'Afrique fut enlevée par les Kbaïles, et reprise un instant après par ces mêmes chasseurs, soutenus par un détachement de zouaves et commandés par le capitaine de Mondredon.

A la nouvelle de l'arrivée des Français au col, les habitants de Médéa, à l'exception des Koulouglis, d'une trentaine d'Hadar et des Juifs, abandonnèrent la ville. Le vieux Mohamed-ben-Hussein sortit alors de sa cachette, et se rendit à Médéa, où les Koulouglis le reçurent. Il eut pour auxiliaire, dans cette affaire, le fils de Bou-Mzerag, l'ancien bey de Titteri. Ce jeune homme, plein de ressources d'esprit et de résolution de caractère, aurait été lui-même un excellent chef de parti; mais ses passions brutales et ses débauches lui ayant fait perdre toute considération personnelle, il ne pouvait se mettre qu'à la suite d'un autre. Il prit cause, dans cette circonstance, pour Ben-Hussein. Ce dernier, après son entrée à Médéa, écrivit au maréchal pour le prier de faire une démonstration en sa faveur, chose qu'on ne pouvait évidemment lui refuser, et qui était d'accord, au reste, avec les projets du maréchal. En conséquence, le 4 avril, le général Desmichels fut envoyé à Médéa, avec toute la cavalerie, le 63° de ligne, et deux pièces de montagne. Il y arriva sans combat; mais l'aspect de la ville lui fit sur-le-champ comprendre que le bey était loin d'y être solidement établi. Les Koulouglis paraissaient fort effrayés. Mohamed-ben-Hussein n'avait avec lui que très-peu de cavaliers arabes. Presque toutes les maisons de la ville étaient abandonnées; la tristesse et la méfiance étaient peintes sur tous les visages. Il était aisé de voir que si les

Koulouglis n'avaient pas fui comme les Hadar, cela tenait à ce qu'ils n'avaient pas espéré trouver le même accueil auprès des Arabes. Le général Desmichels fit tout son possible pour rendre un peu de confiance à cette population effrayée, mais ses paroles ne produisirent que peu d'effet. Le bey le supplia de rester quelques jours à Médéa. Ses instructions ne le lui permettaient pas; cependant il en écrivit au maréchal, dans la nuit. Le lendemain, à midi, la réponse n'étant pas arrivée, il dut, pour obéir à ses premiers ordres, se mettre en route pour le col, après avoir distribué aux Koulouglis 600 fusils et 50,000 cartouches, qu'on avait apportés à cet effet.

Arrivé sur le soir à Zeboubdj-Azarah, le général Desmichels reçut l'autorisation de rester un jour de plus à Médéa, pour avoir le temps de châtier la tribu d'Ouzera qui s'était fortement prononcée contre notre bey. Comme cette tribu est aussi près de Zeboudj-Azarah que de Médéa, il ne revint point sur ses pas, mais se contenta d'écrire au bey pour lui donner rendez-vous sur le territoire d'Ouzera : le lendemain, ils s'y rendirent chacun de son côté. Les Ouzera n'opposèrent point de résistance; ils s'éloignèrent en déclarant qu'ils ne voulaient ni des Français ni de leur bey. Piqué de ce dédain, Mohammed-ben-Hussein fit incendier leurs demeures. Il se sépara ensuite du général, et rentra à Médéa un peu moins découragé que la veille. Le général alla coucher à Zeboudj-Azarah. Le lendemain, 7 avril, il reprit le chemin du col, où il arriva d'assez bonne heure. Toute l'armée se remit alors en marche sur Alger. La partie de la tribu de Mouzaïa la plus voisine de la route avait envoyé une députation au maréchal, pour faire acte de soumission. Il lui avait imposé l'obligation de fournir des bœufs à l'armée, et quelques ôtages qui devaient être incorporés dans les zouaves. Aucune de ces conditions n'ayant été remplies, on incendia le territoire de Mouzaïa.

L'armée coucha à la ferme de ce nom, le 7. Elle y reprit les troupes et les voitures qu'elle y avait laissées, et se dirigea, le lendemain, sur Bouffarik. Deux à trois cents Hadjoutes vinrent, ce jour-là, tirailler avec l'arrière-garde ; Mohammed-el-Hadj-Oulid-Rebah, un de leurs plus braves cavaliers, nommé kaïd par Abd-el-Kader, fut tué dans cette petite affaire. Le 8, l'armée coucha à Bouffarik, et, le 9, le maréchal rentra à Alger.

Nous eûmes, dans cette expédition de dix jours, trois cents hommes tués ou blessés ; c'était plus que dans les deux expéditions de Mascara et de Tlemcen.

L'expédition que je viens de raconter et celle du Chelif parurent avoir eu pour résultat la consolidation de nos beys de Médéa et de Mostaganem. Lorsqu'elles furent terminées, les troupes qui devaient rentrer en France furent immédiatement embarquées.

M. le maréchal partit lui-même le 14 avril. Il fut appelé à Paris par les ministres, qui paraissaient craindre les dispositions de la Chambre des députés sur la question d'Alger et qui pensaient que personne ne pouvait mieux la défendre que le gouverneur général. M. l'intendant civil Lepasquier quitta aussi l'Afrique, mais pour n'y plus revenir ; il existait un désaccord complet entre le maréchal et lui : nous en reparlerons dans un autre livre.

Pendant que M. le maréchal Clauzel était à Tlemcen, il donna au commandant Yousouf un brevet de bey de

Constantine (1). Cette mesure fut l'origine des événements qui ont clos d'une manière si fâcheuse en Afrique l'année 1836. Yousouf, en attendant que les circonstances permissent de le conduire à Constantine, devait gouverner les tribus que l'administration paternelle du général d'Uzer avait ralliées à la France. Mais comme il comptait employer d'autres moyens que ceux qui étaient mis en usage par ce général, et que l'on savait que celui-ci ne serait pas d'humeur à tolérer certains actes que l'on méditait, il fut convenu qu'on éloignerait M. d'Uzer de Bône, pour laisser le champ libre au nouveau bey.

M. d'User, ainsi que M. Clauzel lui-même, avait fait d'assez nombreuses acquisitions d'immeubles en Afrique, Mustapha-ben-Kerim, en qui il avait mis sa confiance, passait, aux yeux de bien des gens, pour un homme d'argent et d'intrigue. Le cadi de Bône avait, de son côté, donné lieu à quelques plaintes. En rapprochant ces trois circonstances, on insinua que les acquisitions de M. d'Uzer, faites par l'entremise de ces deux hommes, n'étaient pas toutes le résultat de franches et loyales transactions ; qu'en un mot, le général avait abusé de sa position pour devenir propriétaire à des titres peu onéreux, et quelquefois équivoques. Ces accusations méritaient sans doute d'être éclaircies ; mais M. le maréchal Clauzel, qui lui-

---

(1) Le Gouvernement eut quelque peine à reconnaître cette nomination qu'il ne sanctionna que plus tard. Le ministre écrivait au gouverneur général, le 15 août 1836 : « Malgré les plaintes graves que les excès commis à Tlemcen ont soulevées, le Gouvernement consentira à laisser Yousouf investi du titre de bey qui lui a été conféré par vous ; mais un officier général, capable de lui en imposer et de le diriger, sera placé dans la province. »

même était en butte à des accusations de même genre, aurait dû peut-être ne s'avancer qu'avec circonspection sur ce terrain glissant. Cependant, il n'en fut pas ainsi ; car, sur sa demande, la révocation du commandant de Bône fut signée par le ministre et envoyée à Alger. Vers le même temps, le général d'Uzer, fatigué des tracasseries qu'on lui suscitait, demandait lui-même à rentrer en France. On eut alors assez de condescendance pour accéder à sa demande sans lui parler de sa révocation, qui fut considérée comme non avenue ; ainsi il parut se retirer volontairement.

Les tracasseries suscitées à M. d'Uzer consistaient principalement en une enquête dirigée, en apparence, contre Mustapha-ben-Kerim et le cadi seulement, mais qui, dans le fait, l'était aussi contre le général. Elle fut faite par M. Réalier-Dumas, procureur général, et par M. Giacobi, juge d'instruction au tribunal supérieur. Ce dernier, sur qui tomba tout le poids de ce travail, s'en acquitta avec l'impartialité qui distingue la magistrature française. L'enquête ne produisit rien contre le général. Les griefs les plus graves allégués contre Mustapha et le cadi furent mis au néant (1). Il ne resta que quelques soupçons plus ou moins vagues et l'impression assez fondée que Mustapha avait usurpé des biens domaniaux et fait disparaître les titres d'autres. Ces deux hommes, envoyés d'abord à Alger, à la disposition du gouverneur, en furent quittes pour perdre leur position administrative ; Yousouf, qui s'attendait à autre chose, fit alors à Mustapha des avances

---

(1) On avait accusé Mustapha d'un empoisonnement et d'une substitution de condamné.

qui furent repoussées avec dédain. Celui-ci, ne voulant ni vivre sous la dépendance de Yousouf, ni rester exposé à sa vengeance, se retira à Tunis.

L'agitation produite par l'enquête mit en lumière des faits honorables pour le général d'Uzer. On sut que, malgré l'augmentation de valeur des immeubles, il avait cédé, au prix d'achat, à un vieil officier, un terrain qu'il avait amélioré. On sut aussi qu'après avoir légalement acheté à un Maure un autre terrain que le vendeur n'avait cru propre qu'au pacage, il tripla, de son propre mouvement et sans y avoir été provoqué de nulle manière, le prix convenu, parce qu'il reconnut, après avoir bien étudié sa nouvelle acquisition, qu'elle avait une valeur bien supérieure à l'estimation faite par l'ancien propriétaire.

M. le général d'Uzer avait des ennemis à Bône parmi les Européens. Ces ennemis lui faisaient un crime de sa bienveillance pour les indigènes : car montrer quelque sympathie pour les Arabes, c'est presque une trahison dans l'opinion de certaines personnes. C'est une bien fâcheuse disposition d'esprit que cette haine sauvage qui anime un si grand nombre d'Européens contre des hommes que nous avons tant d'intérêts moraux et matériels à rapprocher de nous. Je l'ai souvent signalée et je ne cesserai de la combattre.

M. d'Uzer aimait les Arabes et en était aimé. Il réprimait avec énergie leurs actes de brigandage, quand ils s'en permettaient, mais il ne souffrait pas qu'il fût commis la moindre injustice à leur égard. Quelques Européens, acquéreurs de terres qu'il ne cultivaient pas, cherchaient à en tirer profit en faisant saisir les troupeaux arabes qui allaient paître sur ces terrains vagues, selon les droits et usages du pays, ou qui seulement les traversaient. Le général s'était souvent plaint de cet abus. Apprenant un jour qu'une immense quantité de bétail venait d'être mis en fourrière de cette manière, il le fit sur-le-champ relâcher. On voulut voir une usurpation de la puissance militaire dans ce politique empêchement mis à l'abus de la force et au dévergondage de la cupidité.

Le général d'Uzer ayant été sacrifié aux convenances personnelles de Yousouf mamelùk, ce jeune aventurier, jusqu'alors heureux, se rendit à Bône où il fit une entrée théâtrale au bruit de l'artillerie qui le salua comme bey. Le colonel Duverger, chef d'état-major, fut désigné pour remplacer provisoirement le général d'Uzer. Le colonel Corréard, du 3ᵉ régiment de chasseurs d'Afrique, commanda à Bône, pendant le temps qui s'écoula entre le départ du général d'Uzer et l'arrivée du colonel Duverger (1).

Nous avons fait connaître l'état satisfaisant des relations des tribus de Bône avec l'autorité française, sous l'administration du général d'Uzer. Les Européens pouvaient parcourir librement le pays à une assez grande distance, et l'on peut dire qu'à l'exception de quelques brigands isolés, nous n'avions pas d'ennemis sur un rayon de plus de quinze lieues. Cet état de choses fut mis en parfaite lumière par l'établissement du camp de Dréan, à cinq lieues de Bône, établissement qui eut lieu peu de temps après l'arrivée du colonel Duverger. Jusque-là, quelques marchands, quelques officiers topographes, plus occupés de leurs affaires ou de leur service que du récit de leurs

---

(1) Il arriva à Bône à la fin de mars 1836.

voyages, avaient seuls fait des excursions hors de Bône. Mais le camp de Dréan ayant attiré des curieux, on se mit à parler, dans tous les journaux, de l'état prospère de la contrée. Malheureusement cet état, dû à l'ancienne administration, commençait à péricliter par les fautes de la nouvelle, au moment même où on en parlait le plus. L'engouement et quelquefois l'intrigue l'attribuaient à Yousouf, et ce même Yousouf allait le détruire.

Le maréchal Clauzel, en l'élevant à la dignité de bey, ne détermina pas ses fonctions, ne lui alloua aucun traitement fixe. Loin de s'en plaindre, Yousouf vit, dans le mot seul de bey, tout ce que le silence de l'autorité française semblait laisser dans le vague. La position qu'il avait su se créer par des services réels dans l'armée française, malgré sa jeunesse et des antécédents équivoques, lui fit croire que tout lui serait possible dès le moment qu'on le laissait libre sur le choix des moyens.

Il voulut d'abord avoir un banquier qui, naturellement, fut Lassery. Il passa, avec ce juif, un marché par lequel il lui céda, pour quelques avances, une part considérable dans les revenus présumés de son beylik. Ces revenus devaient d'abord se composer des razia qu'il comptait, sur le moindre prétexte, effectuer sur les tribus arabes. A peine arrivé à Bône, le nouveau bey mit en pratique ce ystème d'administration.

Yousouf avait été autorisé, par le maréchal, à lever un corps de 1,000 Turcs, Maures ou Koulouglis; il en avait réuni 280 à Alger. Pour compléter son bataillon, il eut recours, à Bône, à une espèce de presse. Ses chaouchs parcoururent les cafés, les boutiques, même les maisons particulières, et enlevèrent violemment tout homme qui leur parut en état de porter les armes. La population indigène, effrayée, réclama auprès de l'autorité française, disant qu'au besoin elle ne se refuserait pas à prendre part à la défense commune, mais qu'elle demandait que ce fût dans les rangs de la garde nationale, et non comme soldats d'un bey qui ne devait exercer aucun pouvoir en ville. En effet, Yousouf avait été nommé bey de Constantine et non de Bône, dont les habitants devaient continuer à vivre sous la protection directe de l'administration française. M. Disaut, sous-intendant civil, prit leur défense, et arracha à Yousouf les hommes qu'il avait forcément enrôlés. Le corps d'infanterie du bey, réduit alors à de véritables volontaires, ne put parvenir qu'à un effectif de 300 hommes. Yousouf avait de plus les escadrons de spahis réguliers, dont il était commandant, et les irréguliers répandus dans les tribus soumises.

Aussitôt après son arrivée à Bône, il publia une proclamation où il annonçait aux Arabes sa nouvelle dignité, et prescrivait aux cheiks de venir lui rendre hommage. Sous le point de vue politique, on pouvait, à cette époque, partager en deux zones concentriques les tribus de l'arrondissement de Bône. La plus rapprochée était composée de tribus, ou de fractions de tribus, soumises, reconnaissant l'autorité de la France, et dont les cavaliers étaient à notre solde. La zone la plus éloignée comprenait les tribus qui, sans reconnaître positivement notre autorité, étaient cependant pacifiées, et entretenaient avec nous des relations de commerce et de bon voisinage. Les peuplades de la première zone reconnurent sans difficulté le nouveau bey, tout en regrettant le général d'Uzer. Il n'en fut pas de même des autres, qui se montrèrent généralement assez mal disposées pour Yousouf. Une d'elles, la tribu des Radjetes, répondit à sa proclamation par des faux-fuyants. Elle était trop éloignée de Bône, disait-elle, pour faire la démarche ostensible qu'on lui demandait, sans s'exposer à la vengeance d'Ahmed-Bey. Elle promettait, au surplus, de rester neutre, et de continuer à commercer avec Bône. A la réception de cette réponse, Yousouf résolut de commencer par les Radjetes son système de razia. Il aurait désiré que le colonel Corréard mît quelques troupes à sa disposition ; mais cet officier supérieur qui n'avait pas d'instructions positives, à qui il avait été seulement prescrit de ne pas entraver la marche du bey, ne crut pas devoir prendre une part active à une entreprise semblable. Il promit simplement d'envoyer quelques escadrons sur le chemin que devait suivre Yousouf, pour le protéger en cas d'échec; ce qu'il fit en effet. Le bey marcha donc contre les Radjetes avec ses seules troupes indigènes. Il surprit quelques douars de cette tribu et leur enleva 2,000 bœufs et 1,200 moutons. Les Radjetes, après cette expédition, quittèrent leur territoire, et se réfugièrent sur celui des Beni-Mehenna, c'est-à-dire que de neutres ils devinrent tout à fait hostiles. A l'époque de la moisson, ils firent au bey une soumission apparente pour pouvoir venir couper tranquillement leurs blés ; puis quand leur récolte fut faite ils retournèrent chez les Beni-Mehenna.

Satisfait du résultat lucratif de cette première expédition, Yousouf en dirigea une seconde quelque temps après contre les Oulad-Attia. Quelques hommes de cette tribu avaient eu, près de Bône, une rixe violente avec des Ichaoua, au sujet d'une femme enlevée. On les accusa d'être venus si près de la ville pour saccager une propriété européenne. Trois de leurs douars furent surpris et pillés. On leur enleva beaucoup de bétail et neuf prisonniers. Trois hommes furent tués. Les prisonniers ne furent rendus à la liberté qu'après avoir été mis à rançon.

Le résultat de tout cela fut que la plupart des Oulad-Attia abandonnèrent leur territoire comme l'avaient fait les Radjetes.

Plusieurs expéditions semblables à celles dont nous venons de parler furent dirigées sur d'autres tribus. Une d'elles eut un caractère plus militaire que celles qui l'avaient précédée. Il s'agissait de marcher contre Resgui, chef de la majorité des Hanencha, qui tenait pour Ahmed-Bey. Mais ayant rencontré des bœufs en chemin chez les Eanebiel, tribu du parti de Resgui, Yousouf ne put résister à la tentation de les enlever. Les Arabes de la contrée coururent aux armes, le repoussèrent, et le menèrent battant jusque dans un terrain fourré, où il retrouva son infanterie, qui avait été longtemps séparée de lui par suite d'un faux mouvement. Il put alors rentrer à Bône sans être inquiété.

Si la conduite de Yousouf éloignait de lui beaucoup d'Arabes, elle lui en attirait en revanche quelques-uns de ceux qui, semblables aux routiers du moyen âge, se mettent toujours du parti qui pille. Haznaoui, rival de Resgui dans la tribu de Hanencha, où il avait un fort parti, cherchait depuis longtemps à s'appuyer sur les Français de Bône. Il en avait plusieurs fois écrit au général d'Uzer, qui l'avait toujours engagé à conserver sa position à Hanencha, jusqu'à ce que le Gouvernement se fût décidé au sujet de Constantine. C'est ce qu'il fit; mais après la nomination de Yousouf, le parti de Resgui ayant puisé une nouvelle force dans la répugnance qui se manifesta bientôt parmi les Arabes contre ce bey, et par conséquent contre les Français, Haznaoui ne put rester plus longtemps à Hanencha ; il vint trouver Yousouf avec près de 200 cavaliers. Le bey le reçut à bras ouverts, lui fit des présents, et l'employa dans toutes ses razia. Yousouf attira aussi à sa cause le kaïd Soliman, ancien lieutenant du bey de Constantine, réfugié à Tunis, personnage d'une certaine importance et d'une certaine habileté. L'adjonction de ces deux hommes lui fut d'un grand secours. Elle neutralisa, pour un instant, l'explosion du mécontentement général que ses actes avaient fait naître. Les tribus de l'est surtout se montrèrent tout à fait soumises et résignées. On établit un détachement de 50 Turcs à la Calle, sous le commandement d'un officier français. Ce poste, ancien chef-lieu des concessions françaises, rentra ainsi en notre pouvoir. Des officiers de cavalerie firent des remontes au loin, et une correspondance, à peu près régulière, fut établie, par terre, entre Bône et Tunis. Mais Yousouf ne vit pas le parti que, par une sage modération, il pouvait tirer de cet état de choses, non-seulement pour l'établissement de son autorité, mais même pour la satisfaction bien entendue de ses besoins financiers. Loin d'établir un régime régulier, de songer à l'avenir, il ne s'occupa qu'à exploiter le présent. M. le colonel Duverger n'avait ni les moyens ni la volonté de le diriger. D'un côté, ce colonel voulait plaire au maréchal en le laissant faire, et d'un autre s'arroger une partie des succès qu'il le croyait de bonne foi destiné à obtenir. Il se mit donc complaisamment à sa suite, ne voyant, ne pensant que par lui à Bône, mais le présentant toujours, dans ses relations officielles ou d'intimité, comme un personnage en sous-ordre, qui n'avait que le mérite de le seconder avec intelligence dans le plan conçu par lui, colonel, pour arriver promptement à la soumission du pays.

Une fois que Yousouf eut Hasnaoui avec lui, et qu'il eut tout à fait annihilé le colonel Duverger, son despotisme ne connut plus de bornes. Ce violent système d'administration produisit dans le courant de l'été des sommes assez considérables; mais elles passèrent comme de l'eau dans les mains de notre bey, aussi généreux, et même prodigue, pour ceux qu'il croyait dévoués à sa cause, qu'impitoyable pour les autres, et qui de plus avait à pourvoir à quelques dépenses nécessaires, pour lesquelles il ne lui était pas alloué de fonds.

Le commandant Yousouf avait pour secrétaire un ancien cadi de Bône, nommé Khalil. Cet homme, qui dès le principe n'avait pas voulu vivre sous la domination de la France, s'était réfugié à Tunis, en 1832, après la prise de Bône. Il entretenait là une correspondance assez suivie avec Ahmed-Bey, qui l'avait chargé de quelques affaires. L'autorité française, qui en fut instruite, exigea du bey de Tunis qu'il lui fût livré. Il fut conduit à Alger avec tous les papiers saisis dans son domicile par le consul de France. La plupart de ces pièces étaient écrites en chiffres. Les autres étaient sans importance. Du reste, dans aucun cas, Khâlil ne pouvait être judiciairement poursuivi, puisqu'il n'avait jamais été sous notre domination, qu'il était libre de tout engagement envers nous, et qu'enfin il avait été arrêté sur un terrain neutre. Après l'avoir gardé quelque temps à Alger, on le renvoya à Bône sous la surveillance, et par conséquent la sauvegarde de l'autorité locale. Comme c'était un homme d'une certaine importance, Yousouf voulut se l'attacher, et, à force d'instances, il parvint à l'avoir auprès de lui.

Khalil ayant vu Yousouf à l'œuvre, blâma ses actes, ce qui le rendit bientôt suspect. Une nuit, après avoir passé la soirée à jouer aux échecs avec le bey, à Dréan, où ils étaient l'un et l'autre, il fut enlevé de sa tente et eut immédiatement la tête tranchée, sans que l'officier supérieur qui commandait le camp fût instruit de cette exécution. On dit que Khalil avait voulu empoisonner Yousouf; mais on ne produisit contre lui qu'une lettre sans cachet, par laquelle Ahmed-Bey l'aurait engagé à commettre ce crime. Du reste, on ne peut alléguer ni commencement d'exécution, ni rien qui pût faire soupçonner que Khalil eût eu l'intention d'accéder à la demande, vraie ou fausse, d'Ahmed. Yousouf fit arrêter un Maure et un Juif qu'il donnait pour complices à Khalil. Mais l'autorité civile arracha ces deux hommes de ses mains, et comme aucune charge ne s'éleva contre eux, elle les mit en liberté au bout de quarante-huit heures (1).

La mort de Khalil répandit partout l'effroi. Bel-Cassem, ancien kaïd de Stora, qui servait en qualité de maréchal des logis dans les spahis, craignant le même sort, s'enfuit de Bône, et se réfugia à Alger, auprès du général Rapatel, qui commandait en ce moment en l'absence du maréchal. Cet homme connaissait bien le pays. Il avait joui de la confiance du général d'Uzer. A ce titre il était

---

(1) Il est peu admissible qu'Ahmed-Bey ait voulu empoisonner Yousouf, dont la fausse politique le servait parfaitement. D'un autre côté, Yousouf n'avait aucun intérêt personnel à la mort de Khalil. Il est donc à croire qu'il fut trompé par quelque ennemi secret de cet Arabe. Ce fut, dans le temps, l'opinion la plus répandue parmi les indigènes.

suspect à la nouvelle administration. Il porta à Alger de graves accusations contre Yousouf. On y fit peu d'attention. Cependant M. Melcion-d'Arc, intendant militaire de l'armée d'Afrique, avait déjà signalé, dans l'intérêt de l'approvisionnement des troupes, les enlèvements continuels de bétail opérés par Yousouf. Comme la plus grande partie en était exportée à Tunis, ou par les Maltais à qui Yousouf le vendait directement, M. Melcion avait craint que le pays ne fût bientôt épuisé. Sur son rapport, le ministre envoya l'ordre au général Rapatel d'interdire, jusqu'à disposition contraire, toute exportation de bétail dans l'est de la Régence. Un arrêté fut signé à ce sujet le 20 juillet. Ainsi l'autorité centrale était réduite à s'armer officiellement contre des abus qu'elle avait fait naître. Le ministre adressa aussi, ou fit adresser quelques remontrances à Yousouf. Celui-ci en tint peu de compte, ayant entre les mains des lettres du maréchal Clauzel qui approuvaient sa conduite (1).

Enfin ce régime violent et peu sensé porta ses fruits. Une foule d'Arabes s'éloignèrent de nous, et suivirent l'exemple des Radjetes et de la majorité des Oulad-Attia. Ceux qui restaient soumis en apparence se remirent en rapport avec Ahmed-Bey, qui leur fit dire de dissimuler encore quelque temps, et que bientôt il les mettrait en position de lever le masque. Les cheikhs des Beni-Mohammed, des Sga, des Arba-Aouen, des Djendel, n'attendirent pas même ce moment; ils allèrent franchement à Constantine demander l'investiture à Ahmed. Les Ara-

---

(1) Il les montra à M. Loyson, avocat général au tribunal supérieur.

bes faisaient tous ce raisonnement fort simple : *Puisque le bey des Français nous traite encore plus durement qu'Ahmed, mieux vaut retourner à celui-ci.* Ainsi Yousouf détruisit en peu de mois le bien qu'avait produit l'administration du général d'Uzer. Il s'aperçut lui-même, vers le milieu de l'été, que toutes les tribus allaient lui échapper ; mais il mit tout en usage pour cacher cette décadence, et il parvint, par les moyens les plus puérils, à abuser sur le degré d'influence qu'il était censé exercer des hommes haut placés, qui depuis se sont faits ses accusateurs et ceux du maréchal. Yousouf, dans la position où l'avait mis M. Clauzel, exploita toujours, avec plus d'esprit que de prévoyance, cette admiration crédule et enfantine de notre nation pour ce qui est excentrique et bizarre.

Nous avons un peu anticipé sur l'ordre chronologique pour donner intégralement le tableau de l'administration de Yousouf à Bône. Elle a eu trop d'influence sur les événements, pour que le lecteur n'attache pas quelque intérêt aux détails dans lesquels nous sommes entré.

Nous avons vu, dans le livre précédent, qu'avant de quitter la province d'Oran, le maréchal Clauzel avait décidé que le général d'Arlanges établirait un camp à l'embouchure de la Tafna, et ouvrirait de là des communications avec Tlemcen. Conformément à ses instructions (1), ce général, dont les forces considérablement di-

---

(1) À cette époque, les instructions du général d'Arlanges n'étaient encore que verbales. Elles lui avaient été données par le maréchal, à l'Île de Rachgoun, le 14 février, et elles se trouvèrent confirmées par l'approbation donnée par le même maréchal au projet d'exécution de

minuées par le départ du 11ᵉ de ligne devaient encore subir d'autres réductions, voulant opérer avant d'être réduit à l'impossibilité matérielle d'agir, partit d'Oran, le 7 avril, avec 3,000 hommes de troupe et 8 pièces d'artillerie. Le 13 il traversa le Rio-Salado et alla bivouaquer sur l'Oued-Senan, au delà de la plaine de Zeïdoure.

Le 14, on partit de ce point, et l'on passa près de la source de Guettara, où se tient le marché des Oulad-Kalfa. On aperçut ce jour-là, pour la première fois, un rassemblement d'Arabes armés; c'étaient 200 cavaliers des Oulad-Abdallah. Ils s'abouchèrent avec ceux de Mustapha, et leur déclarèrent qu'ils ne voulaient, ni se joindre à Abd-el-Kader, ni se soumettre aux Français. À midi, la colonne prit position à l'Oued-Ghaser. Dans la soirée, des cavaliers ennemis vinrent caracoler devant nos postes; des soldats qui allaient à l'eau furent attaqués.

Le 15, la colonne partit de l'Oued-Ghaser, ayant son flanc gauche couvert par la cavalerie de Mustapha. L'ennemi se montrait dans cette direction. Après une courte marche, la colonne s'arrêta sur la montagne de Dar-el-Atchan. Mustapha, qui, depuis le matin, ne cessait de demander du canon, s'engagea alors avec l'ennemi dont le nombre augmentait à chaque instant. C'était l'avantgarde d'Abd-el-Kader composée de cavalerie. Mustapha la fit d'abord plier; mais ayant vu derrière une infanterie nombreuse, il envoya prier le général d'Arlanges de le

---

l'établissement de la Tafna, lequel lui fut présenté par le colonel directeur des fortifications, le 14 avril. Ainsi, le reproche d'avoir agi sans ordre, fait au général d'Arlanges par la commission du budget en 1837, ne paraît point fondé.

soin les hommes sur le point d'être incorporés, et envoyer incontinent en traitement, soit dans les hôpitaux, soit dans les salles des granulés, selon le degré de leur affection, et avant qu'ils aient eu aucun contact avec les hommes du corps auquel ils vont appartenir, tous ceux qui sont atteints de granulations;

2° Visiter immédiatement tout homme rentrant au corps après une absence quelconque;

3° Continuer pendant longtemps encore la même surveillance que pendant la durée de la maladie, dans les casernes, les prisons, les hôpitaux, et s'assurer que les mesures hygiéniques sont fidèlement et ponctuellement exécutées.

Tel est l'ensemble des mesures prophylactiques auxquelles le Congrès a donné sa sanction, et que les médecins militaires belges, qui les appliquent avec un zèle au-dessus de tout éloge, considèrent comme devant mettre un terme à la maladie contre laquelle ils luttent depuis si longtemps.

« La blennorrhée ophthalmique, comme le dit très-judicieusement M. le docteur Caffe, persiste en Belgique par cela seul qu'elle y existe : elle s'alimente dans son propre foyer. Il est donc logiquement permis de croire qu'en l'éteignant tout entière et tout-à-coup, on verra cette épidémie abandonner ces riches et industrieuses contrées. »

Nous nous associons de tout cœur à ces espérances.

Si le travail que nous avons l'honneur de vous adresser, Monsieur le Ministre, était jugé digne d'être inséré dans notre *Recueil de Médecine militaire*, qui ne renferme aucun document sur ce sujet, nous nous trouverions justifiés peut-être d'avoir outrepassé les limites d'un rapport, et d'avoir abordé des questions qui n'ont pas été traitées par le Congrès, afin de présenter à nos confrères de l'armée française un tableau succinct mais à peu près complet de l'ophthalmie dite militaire : nous serions enfin autorisés à croire que nous ne sommes pas restés trop au-dessous de la confiance dont vous nous avez honorés.

Nous avons l'honneur d'être, avec un profond respect, Monsieur le Maréchal, vos humbles et très-obéissants serviteurs.

LAVERAN, LUSTREMAN.

DE L'IDENTITÉ
DE
L'OPHTHALMIE CATARRHALE
ET DE L'OPHTHALMIE DITE MILITAIRE.

PAR M. LUSTREMAN,

Médecin principal de 1re classe, professeur à l'École impériale
de médecine et de pharmacie militaires (1).

Il appartenait à la médecine belge plus qu'à toute autre de porter devant une assemblée de cette nature l'importante question de l'ophthalmie des armée.

Des travaux, d'une grande valeur sans doute, ont été entrepris et publiés dans tous les États où cette grave affection a sévi depuis le commencement de ce siècle, en Italie, en Angleterre, en Autriche, en Russie, en Prusse, en Danemark; mais nulle part cet intéressant sujet n'a surexcité l'ardeur scientifique au même degré qu'en Belgique, et ce sera un éternel honneur pour les médecins de ce pays que de l'avoir conduit au degré de perfection auquel, grâce à leurs efforts, il est arrivé aujourd'hui.

La question capitale de la contagion paraît ne plus devoir être l'objet d'aucune controverse, si ce n'est dans quelques détails de peu d'intérêt.

---

(1) N. B. — Cette note devait être lue devant le Congrès ophthalmologique de Bruxelles. Le tour de lecture de M. Lustreman n'étant pas arrivé, en raison du grand nombre des travaux présentés, il a dû se contenter de la déposer entre les mains du secrétaire général, qui vient de lui en annoncer l'impression dans le compte-rendu des séances du Congrès.

Celle des granulations, obscure encore en quelques points, a cependant fait un pas considérable; on peut regarder comme un grand service rendu à la science, et surtout à la pratique, d'avoir mis en évidence le rôle important de ces productions pathologiques dans l'ophthalmie contagieuse.

La question du traitement, celle de la prophylaxie, ont été résolues d'une manière tellement satisfaisante, que je me demande si le Congrès pourra ajouter quelque chose aux excellents préceptes de thérapeutique suivis par nos confrères de ce pays, aux sages mesures préventives conseillées par eux à l'administration de la guerre, et appliquées par celle-ci avec un empressement digne des plus grands éloges.

Hommage donc aux médecins belges pour leurs louables et fructueux efforts! hommage à notre vénérable président, auquel en revient l'honneur pour une si large part, et qui, dans les luttes auxquelles l'incertitude des doctrines donna lieu il y a quelques années, a montré tant d'indépendance et de fermeté!

Toutefois, malgré de si grands travaux et de si incontestables progrès, tous les points en litige ne sont pas encore résolus d'une manière définitive. Parmi ceux qui n'ont pas cessé de diviser les médecins se trouve, en première ligne, la question de l'existence même de l'ophthalmie dite militaire, non pas comme fait, bien entendu (il n'est que trop démontré par l'expérience), mais comme individualité pathologique; et, puisque ce sujet est controversé, il nous a paru qu'il était indispensable qu'il fût soulevé devant le Congrès, quoiqu'il ne figure pas dans les matières de son programme.

Il y a d'autant plus de convenance à le faire, que les deux opinions opposées auxquelles il a donné naissance se trouvant représentées dans la composition du bureau par les hommes les plus aptes à les soutenir, la lumière pourrait jaillir de cet heureux rapprochement, s'il devenait l'occasion d'une discussion approfondie.

Quant à moi, si je me hasarde à l'aborder, c'est qu'il peut être traité à l'aide des données générales de la pathologie et sans le secours de connaissances spéciales, ce qui apaise en moi la défiance que m'eût inspiré sans cela le sentiment de mon incompétence.

Puisque les médecins ophthalmologues sont d'accord pour proclamer qu'il est impossible de saisir aucune différence entre l'ophthalmie des nouveaux-nés, l'ophthalmie gonorrhéique et celle dite militaire, il ne s'agit plus que de savoir qui a raison de ceux qui considèrent cette dernière comme différente de la catarrhale et en font un type particulier, ou de ceux qui l'en rapprochent et qui ne reconnaissent ainsi qu'une espèce unique d'ophthalmie muco-purulente ne présentant plus que des variétés basées, non sur une différence de nature, mais sur des conditions d'un ordre tout-à-fait secondaire.

La question se réduit donc à celle de l'identité ou de la non-identité de l'ophthalmie catarrhale et de l'ophthalmie dite militaire. Je déclare hautement que je suis partisan de l'identité, et c'est à l'appui de cette doctrine que je me propose de présenter quelques réflexions.

Il serait inopportun de rappeler devant des hommes qui les connaissent mieux que moi les motifs allégués par ceux qui partagent cette croyance. D'ailleurs, ce serait résoudre la question par la question elle-même. Mais ce qui me paraît pouvoir être fait encore avec quelque profit, c'est d'examiner, à un point de vue que je crois nouveau, les bases de la croyance opposée.

Une circonstance heureuse rendra ma tâche tout à la fois plus courte et plus facile.

Les raisons sur lesquelles s'appuient les divisionnistes ont été résumées par un homme tellement autorisé, tellement considérable, qu'aucun d'eux ne me contestera certainement le droit de le choisir comme la plus complète expression de leurs idées, comme la personnification de leur système.

Cet homme, Messieurs, c'est notre vénérable président, et je n'ai qu'une crainte, c'est que vous ne jugiez son adversaire bien peu digne de lui.

Au lieu de m'attaquer à des antagonistes épars, je m'adresse donc à un seul, et il ne se méprendra pas sur la signification de ce choix; il y verra, je l'espère, la preuve de la plus profonde estime et un hommage rendu à sa haute position scientifique.

M. Fallot, vous le savez, Messieurs, après avoir proclamé l'identité de l'ophthalmie catarrhale et de l'ophthalmie dite militaire, a passé dans le camp opposé.

Je le regrette, puisque je crois qu'il a fait fausse route; mais permettez-moi de vous signaler ce changement comme un acte qui fait le plus grand honneur à son caractère, comme un exemple qu'on ne saurait trop louer. Il a cru avoir suivi jusque-là la voie de l'erreur, et, avec l'honnêteté et la simplicité qui caractérisent le vrai savant, il est venu dire : « Je commence à croire que je me suis trompé, et il ne me faut pas un médiocre courage pour faire cet aveu, au milieu de l'assentiment que donnent à l'opinion que j'abandonne des médecins oculistes du plus haut mérite, pour le talent desquels je professe la plus profonde estime, et au suffrage desquels j'aspire. »

Quand un homme aussi grave, possédant une expérience laborieusement acquise au foyer le plus actif d'une épidémie qu'il a observée pendant de longues années, abandonne l'opinion qu'il s'était d'abord faite, et à laquelle il avait donné publiquement le patronage de son approbation, il est évident qu'il a dû être déterminé par les motifs les plus puissants, les plus mûrement médités, les plus solidement étayés.

Les raisons que fait valoir M. Fallot peuvent donc

être considérées comme les meilleures, les seules peut-être que puisse invoquer la doctrine de la non-identité, de telle sorte que, si nous parvenons à les renverser, nous aurons sapé l'édifice par la base.

Avant de les exposer, commençons par établir un fait important, c'est que la symptomatologie ne fournit aucun caractère différentiel entre l'ophthalmie dite catarrhale et l'ophthalmie dite militaire.

Écoutons M. Fallot lui-même : « Si de la plus parfaite conformité de symptômes il était permis de conclure à une identité de nature dans les maladies, l'ophthalmie de l'armée serait la même que la catarrhale. Examinez ceux sous lesquels cette dernière se présente et a été décrite par tous les ophthalmologues ; suivez ses progrès depuis la forme la plus bénigne jusqu'à son état le plus violent, vous croirez voir se dérouler sous vos yeux le tableau de l'ophthalmie militaire, depuis la simple injection capilliforme des paupières, le picotement des yeux et la sursécrétion des larmes, jusqu'au chémosis le plus décidé, la suppuration la plus abondante, la fonte et la destruction incoërcible de la cornée transparente.

« L'identité de l'ophthalmie catarrhale à son plus haut degré de développement et de l'ophthalmie purulente des armées sous le rapport de la forme, c'est-à-dire des symptômes, est un fait admis, je pense, par la plupart des ophthalmologues, et les efforts faits par M. le docteur Eble pour établir des différences n'ont servi qu'à démontrer l'impossibilité d'en trouver de fondées. » (*Nouvelles recherches sur l'ophthalmie qui règne dans l'armée.* Fallot, 1838.)

Nous prenons acte de cette déclaration si nette et si formelle.

M. Mackensie, dont le Congrès regrette si profondément l'absence, et dont l'autorité ne peut être contestée, émet la même opinion. Il se hasarde toutefois, je dirai presque timidement, à signaler une légère différence, lui qui admet l'identité des deux affections ; mais aussitôt, chose bizarre, ses deux fidèles et brillants traducteurs, MM. Testelin et Warlomont, qui nient l'identité, de protester vivement dans une note ainsi conçue : « Nous ne pouvons souscrire à cette assertion de M. Mackensie. Au point de vue phénoménal, il n'y a pour nous aucune différence entre les ophthalmies dites catarrhales et l'ophthalmie des armées. »

Les hommes les plus intéressés à ce qu'il en fût autrement sont donc obligés de convenir que, placés en présence de ces maladies, ils sont inhabiles à distinguer l'une de l'autre. Cela ne saurait nous étonner, puisque nous sommes convaincus qu'il s'agit de la même affection : mais voyons où ils vont puiser des traits qui les déterminent à en faire deux espèces différentes, puisque la symptomatologie ne peut les leur fournir.

« La spécificité d'une maladie, dit M. Fallot, me semble être déterminée tout particulièrement, sinon exclusivement, par la spécificité des causes qui la font naître : les inductions tirées des symptômes ou du traitement n'ont qu'une faible valeur, puisque, d'après des circonstances individuelles, les phénomènes pathologiques et les indications thérapeutiques peuvent varier considérablement dans les maladies de même nature, et, par contre, les mêmes symptômes appartenir à des maladies différentes, et le médicament être à sa place dans plusieurs.

« Or, voici ce que nous avons remarqué : les causes les plus connues et les plus généralement avouées des affections catarrhales sont les changements soudains dans les propriétés physiques de l'air, et surtout l'abaissement brusque de la température. Or, de pareilles transitions se sont opérées récemment, sans que l'état des yeux des ophthalmiques en ait été en aucune manière affecté. Tandis que les inflammations catarrhales, les coryzas, les angines, les bronchites abondaient dans la garnison, les ophthalmies diminuaient considérablement de fréquence, et un grand nombre d'ophthalmiques contractaient les premières sans que leurs yeux s'en ressentissent.

« Les saisons les plus favorables au développement des inflammations catarrhales sont l'hiver et le printemps, et il est d'expérience que c'est alors justement que notre ophthalmie est la plus rare et la plus bénigne, tandis qu'elle sévit pendant l'été et que sa recrudescence coïncide, observation qui s'est rigoureusement répétée depuis son apparition dans l'armée, avec l'arrivée des chaleurs.

« Il est sans exemple dans les fastes de l'art, je pense, qu'une épidémie catarrhale ait régné sans interruption et dans le même endroit pendant une longue suite d'années ; celles de grippe ou d'influenza, qu'on peut prendre pour types des phlegmasies de cette nature, s'étendent avec rapidité sur un grand espace de terrain, mais ne font qu'y passer. Notre maladie se maintient sans intermittence dans l'armée depuis vingt-trois ans au moins.

« Les épidémies catarrhales n'épargnent presque personne, et, quoique plus hostiles à ces classes d'habitants qui peuvent le moins se soustraire aux influences qui les font naître, elles étendent leurs effets sur tous et modifient même dans leur sens les maladies intercurrentes qui surviennent pendant leur durée. Ici, la maladie se renferme chez nous dans l'état militaire, et se circonscrit encore plus spécialement dans quelques armes ; et, si on l'a vu franchir et s'installer dans le civil, c'est après des rapports suivis et multipliés entre des soldats affectés et des bourgeois.

« Dans les affections catarrhales, le malade est toujours plus attaqué le soir que le matin ; dans l'angine, la déglutition est alors plus difficile ; dans le coryza, l'enchifrènement plus marqué ; dans la bronchite, la toux plus fatigante : eh bien ! dans notre ophthalmie, le malade est toujours mieux le soir que le matin, les yeux sont moins rouges, moins sensibles, le picotement moins incommode ; faits que dans ma clinique j'expliquais depuis longtemps par l'hypothèse que durant la nuit la matière de la sécrétion s'est accumulée et a irrité par son contact les membranes enflammées, tandis que pendant le jour elle a été évacuée au fur et à mesure de sa production.

« Enfin, dans les affections catarrhales, le froid est nuisible, et, ce que nous recommandons le plus dans son traitement, c'est d'en éviter l'influence. Il n'y a pas d'exception à cette règle. Or, dans le traitement de notre ophthalmie, je me trouve parfaitement bien de l'application du froid ; des inflammations graves perdent de leur intensité par son intervention, et ce que j'ai souvent remarqué, d'autres médecins spécialement adonnés au traitement des ophthalmiques l'ont observé de même. » (Fallot, *Nouvelles recherches*, etc., etc., 1838.)

Nous avons cité textuellement, afin d'établir notre point de départ d'une manière certaine. Maintenant examinons la doctrine exposée dans cette citation.

Il est facile de voir qu'elle repose tout entière et uniquement sur la différence des causes. Les autres considérations ne sont que très-accessoires, ou ne sont que de simples corollaires de la donnée fondamentale, laquelle se résume ainsi :

L'ophthalmie catarrhale se développe principalement, sinon exclusivement, comme tous les catarrhes, sous l'influence des variations atmosphériques, et notamment d'un abaissement de température.

L'ophthalmie militaire se manifeste sous l'influence des chaleurs de l'été.

Donc l'ophthalmie catarrhale et l'ophthalmie militaire, nées de causes différentes, ne peuvent être identiques.

L'auteur a commencé par déclarer, dans le premier paragraphe, que la spécificité des causes entraîne la spécificité des effets. Nous sommes parfaitement de son avis sur ce point, et la discussion serait close si, comme conséquence logique, il nous eût fait connaître la cause spécifique de l'ophthalmie dite militaire.

Mais il ne le pouvait pas, et le principe qu'il professe, s'il précède son raisonnement, ne lui sert pas de base ; il y est complétement étranger, puisqu'il s'agit, non plus de causes spécifiques, mais de causes générales.

Le principe que ce raisonnement suppose, le seul sur lequel il puisse logiquement s'appuyer, est celui-ci :

La similitude des causes entraîne la similitude des effets.

Or, M. Fallot ne peut admettre cette proposition, qui est le renversement des notions les plus élémentaires de l'étiologie ; et cependant nous ne pouvons nous dispenser de faire remarquer qu'elle est implicitement contenue dans son argumentation, qu'elle lui est nécessaire, car si des effets semblables peuvent être produits par des causes différentes, il ne peut plus dire que l'ophthalmie catarrhale et l'ophthalmie militaire ne sont pas une seule et même maladie par cela seul qu'elles résultent de l'action de causes opposées. Cette simple remarque suffirait, ce me semble, pour renverser complétement la doctrine. Je passe outre, voulant abréger la discussion, pour la porter de suite sur un autre point.

Sans y attacher la même importance que les divisionnistes, sommes-nous au moins obligé d'admettre avec eux la différence qu'ils proclament entre les causes productrices de l'une et de l'autre ophthalmie ? — Non, nous repoussons les faits allégués, dans la signification qui leur est attribuée, aussi bien que la doctrine. C'est ce que nous allons nous efforcer de justifier.

Le syllogisme contient implicitement une double assertion à laquelle il m'est impossible d'adhérer, c'est que toutes les affections catarrhales se développent sous l'influence des variations de température, et en particulier du refroidissement de l'air ;

c'est que l'ophthalmie des armées ne reconnaît pas les mêmes causes.

Il est bien vrai que cette assertion est présentée avec une légère restriction ; mais le principe doit être absolu, car, s'il ne l'est pas, la conséquence cesse d'être légitime. En effet, si un seul catarrhe peut se montrer en dehors de ces causes, il n'y a plus de raison pour exclure l'ophthalmie militaire de cette classe de maladies, sous prétexte qu'elle est le produit de la chaleur, car elle pourrait y occuper une place au même titre que le catarrhe en question.

Or, en premier lieu, il n'est pas exact de dire que les affections catarrhales, prises dans leur ensemble, ne reconnaissent qu'une cause unique : celle qui a été indiquée.

L'erreur provient d'une source que je devine, ce me semble ; on a eu principalement en vue le catarrhe bronchique en établissant l'étiologie des catarrhes, et, par une généralisation hasardée, on a appliqué au genre ce qui n'est vrai que pour l'espèce ou quelques espèces.

Personne ne songe à nier l'influence pathogénique des variations atmosphériques ; personne n'ignore que le trouble imprimé par elles aux fonctions de la peau peut avoir un retentissement plus ou moins énergique sur toutes les autres membranes muqueuses ; personne ne met en doute l'action directe du froid sur ces dernières, action qui est en raison de l'étendue de leur surface et de l'importance de leurs fonctions physiologiques.

Mais il ne s'ensuit pas que ce soit là la seule cause des affections catarrhales, à moins que, par une véritable pétition de principes, on ne donne ce nom qu'aux maladies occasionnées par le refroidissement.

Ce n'est pas ainsi que la question doit être envisagée.

Est-ce que la présence d'un calcul, est-ce que le séjour trop prolongé de l'urine dans la vessie ne déterminent pas tous les jours, et à l'exclusion de toute action extérieure, le catarrhe vésical?

N'en est-il pas de même du catarrhe vaginal à la suite de violences répétées; du catarrhe utérin à la suite d'un accouchement laborieux?

Est-ce par l'exposition au froid humide que se contracte habituellement le catarrhe uréthral?

La bronchite elle-même, quelle qu'en soit la cause première, ne peut-elle, sous l'influence de certaines idiosyncrasies, prendre la forme catarrhale?

Il n'est donc pas possible d'admettre ici une cause unique, et encore bien moins d'en faire le lien du faisceau des maladies catarrhales; de rejeter du cadre de ces dernières une affection par ce seul motif qu'elle ne se montre pas sous l'influence du refroidissement?

Ce qui caractérise ce grand groupe pathologique, c'est la supersécrétion des muqueuses avec tendance remarquable de son produit à la purulence, accompagnant un état inflammatoire qui peut présenter tous les degrés, depuis le plus contestable jusqu'au plus évident, au plus élevé.

Cette inflammation sécrétante, les causes les plus variées peuvent la produire, comme nous venons de le voir, et comme nous en trouvons un exemple assez piquant dans l'ophthalmie catarrhale elle-même.

En effet, si j'ouvre les auteurs qui ont traité de cette affection, M. Mackensie entre autres, que trouvé-je à l'article cause? qu'elle est due le plus souvent aux causes générales invoquées, mais aussi qu'elle peut résulter de l'exposition des yeux à des vapeurs irritantes, d'un exercice trop prolongé de la vue, surtout à la lumière!

Vous ne pouvez donc pas dire que les affections catarrhales en général, et l'ophthalmie catarrhale en particulier, soient toujours le résultat d'un refroidissement subit.

Non pas que je nie l'évidence; non pas que je

n'admette avec tout le monde que pour cette dernière il n'en soit le plus souvent ainsi. Ce n'est pas le fait particulier que je conteste, c'est sa généralisation, ce sont les conséquences qu'on en tire, c'est le principe qu'on en déduit et qui, je le répète, ne pourrait avoir de valeur que s'il était absolu.

Enfin, vous ne pouvez pas dire davantage que votre ophthalmie militaire ne naît jamais sous l'influence des causes catarrhales.

Que l'on admette ou non que l'ophthalmie qui sévit depuis le commencement de ce siècle sur les armées de l'Europe a eu son berceau en Égypte, toujours est-il que personne ne conteste sa parfaite conformité avec celle de ce pays, et que, pour l'armée anglaise tout au moins, l'origine égyptienne ne peut être contestée.

Eh bien! consultez les médecins qui l'ont observée sur place, les voyageurs les plus éclairés, et vous verrez que tous sont d'accord pour l'attribuer, les uns exclusivement, les autres principalement, à l'effet du refroidissement et de l'humidité.

Dans le remarquable travail, dont il a commencé la lecture dans la séance d'hier, M. le docteur Anagnostakis vous a représenté l'ophthalmie naissant aujourd'hui sur les bords du Nil comme au temps de Prosper Alpin, de Volney, de Bruce, d'Assalini, de Desgenettes, de Larrey, etc., chez des sujets à conjonctives saines, qui se sont exposés aux abondantes rosées et au froid relatif de la nuit, tandis que les Bédouins, placés dans les mêmes conditions de lumière, de chaleur, et, de plus, subissant l'action du sable des déserts, mais échappant au froid humide, échappent également à l'ophthalmie.

Les Arabes de l'Algérie présentent la même différence.

Les habitants des montagnes ou des plaines sablonneuses ont les yeux clairs et perçants; ceux qui vivent dans les habitations humides de la côte, ou dans les huttes entourées d'eau des oasis, offrent toutes les altérations oculaires qui ont fait nommer le Caire la ville des aveugles.

Au reste, cette observation a été faite dans tous les pays, et est reproduite dans tous les auteurs. Parmi les médecins belges eux-mêmes, plusieurs ont signalé des épidémies localisées, nées évidemment d'une conjonctivite due à des causes catarrhales, à un refroidissement occasionné par la pluie dans une journée d'été, par exemple.

Je ne puis entrer dans les détails sans m'exposer à vous fatiguer, Messieurs, par la narration de faits qui vous sont connus. Je me contente de rappeler et de constater que nulle cause n'a été invoquée avec plus d'unanimité que le froid, ou plutôt le refroidissement, lequel s'observe également pendant les hivers rigoureux et pendant les étés brûlants, sous les diverses latitudes.

D'où il résulte que, pour moi, l'ophthalmie catarrhale et l'ophthalmie des armées sont dues à la même cause.

Ne croyez pas que je veuille échapper par cette simple déclaration au fait capital de l'argumentation de M. Fallot, à celui qui sert de pivot à sa doctrine, de base à sa croyance; bien loin de là, après l'avoir examiné au point de vue doctrinal, il faut, au contraire, l'envisager en lui-même, apprécier sa valeur intrinsèque.

Ce fait, c'est l'apaisement dans l'armée de l'ophthalmie régnante pendant l'hiver, à l'époque où sévissent les affections catarrhales, et ses recrudescences coïncidant toujours avec les chaleurs de l'été. Les médecins belges sont unanimes sur ce point; d'ailleurs, il eût suffi du tableau dressé si patiemment par notre honorable président pour l'établir d'une manière irrécusable.

Le fait est donc incontestable et incontesté. Mais, selon moi, la portée qu'on lui a donnée repose sur une erreur. On a confondu la cause de la maladie avec la cause de l'épidémie; ce qui est très-différent.

L'ophthalmie muco-purulente n'est pas épidémique en Belgique comme en Egypte, en Laponie, en Illyrie, en Finlande, etc.; les causes susceptibles de la produire n'ont pas une énergie suffisante pour cela ; elles n'engendrent le plus souvent que des cas isolés. Mais, quelles que soient les circonstances qui l'ont fait naître et se répandre il y a environ quarante ans, elle existe aujourd'hui, semant partout des foyers auxquels elle s'alimente, comme on l'a si bien dit, et elle n'a pas d'autre cause qu'elle-même dans la majorité des cas.

Quels sont donc les effets des chaleurs de l'été, augmentés de ceux de l'encombrement dans les camps, des grandes manœuvres, des marches militaires ?

Ces effets si régulièrement observés sont : l'avivement des foyers préexistants ; l'inflammation des yeux déjà envahis par les granulations vésiculeuses ; le passage à l'état aigu des conjonctivites granuleuses chroniques, puis consécutivement l'extension de celles-ci par de nouvelles contagions, enfin une recrudescence de l'épidémie. Les chaleurs sont donc une cause d'aggravation de ce qui est, et non une cause productrice de ce qui n'est pas; elles développent l'état épidémique dans une réunion d'hommes déjà infectés et placés dans des conditions qui rendent inévitable la propagation du mal. Elles ne créent pas l'ophthalmie de toute pièce, si ce n'est très-exceptionnellement.

Si, pendant l'été, l'ophthalmie muco-purulente apparaît sur des conjonctives saines, on peut affirmer d'avance qu'elle a été provoquée par un refroidissement.

D'après un nombre considérable de témoignages imposants, c'est ainsi qu'elle se développe, avec le concours de quelques causes accessoires, dans les pays chauds où elle est endémique.

Il n'est donc pas permis de poser en principe, comme on le fait, que l'ophthalmie catarrhale et l'ophthalmie militaire diffèrent en ce que l'une procède du froid et l'autre de la chaleur.

D'ailleurs, je le répète, cela fût-il, je n'admettrais pas que deux maladies, identiques sous le rapport des symptômes, dussent être déclarées de nature différente, par cette seule raison qu'elles se développent sous l'influence de causes dissemblables, *quand il ne s'agit pas de causes spécifiques;* et l'ophthalmie qui se montre par les temps froids et humides de l'hiver, et celle qui éclate aux rayons du soleil de l'été, me paraîtront toujours la même espèce pathologique, si les autres caractères, dont nous allons nous occuper et par lesquels on cherche encore à les différencier, n'ont pas plus de fondement que ceux dont nous venons d'examiner la valeur.

On dit : Les épidémies catarrhales s'étendent rapidement, mais ne font que passer ; l'ophthalmie militaire dure depuis un grand nombre d'années.

Certes, voilà encore un fait d'observation qu'on ne peut contester ; mais il n'implique rien relativement à la question de nature. La durée dépend de circonstances particulières. Que l'ophthalmie soit primitivement catarrhale ou non, elle existe, elle est *contagieuse,* et doit nécessairement se développer et se perpétuer, si on accumule les circonstances favorables à sa propagation, ainsi que cela existe pour les militaires ; de même qu'elle s'éteindra dans des circonstances opposées.

En effet, elle disparaît facilement quand elle s'est montrée dans une famille, plus difficilement dans une prison, un couvent, un pensionnat ; elle s'éternise, au contraire, dans les corps de troupes, ce qui tient évidemment aux conditions mêmes de la vie du soldat, à l'habitation en commun, à l'encombrement, à l'exposition constante aux intempéries de l'air, aux veilles, aux fatigues exagérées, enfin à la difficulté d'appliquer des mesures préventives sur une si grande échelle, et non à une différence de nature.

« Si l'on me demandait, dit M. Fallot, comment je conçois sa continuité dans quelques corps et garnisons de l'armée, je dirais que c'est son existence même qui m'explique sa perpétuité; que dès son origine elle y a semé des germes qui la reproduisent et qu'il faudrait avoir détruit complètement avant de pouvoir espérer de la voir disparaître. »

« Je comparerais volontiers ce qui a lieu pour la persistance de notre ophthalmie à ce qu'on voit si souvent arriver quand la gale s'établit dans un corps de troupes, dans les établissements de bienfaisance, ou partout ailleurs où se trouvent réunis un grand nombre d'individus ayant entre eux des communications assidues. On sait la difficulté qu'on éprouve alors à l'extirper. »

Depuis que ces lignes ont été écrites, la gale a presque disparu des armées.

Pourquoi ? Parce qu'un traitement prompt et facile permet de la combattre dès son apparition, et que des précautions minutieuses s'opposent à sa propagation.

L'ophthalmie des armées disparaîtrait de même dans des conditions semblables, et alors le prétendu caractère emprunté à sa durée, qu'on invoque aujourd'hui, cesserait d'exister, parce qu'il n'est pas inhérent à la maladie elle-même.

Dois-je m'arrêter à l'argument tiré de ce que les épidémies catarrhales n'épargnent personne, tandis que l'ophthalmie se renferme dans l'état militaire, et même plus spécialement dans quelques armes ?

Les épidémies de conjonctivites muco-purulentes granuleuses, en tout semblables à celles de l'armée belge, qui, en Asie, sur toutes les côtes de l'Afrique, dans les work-houses de l'Irlande, en Finlande, en Illyrie, etc., règnent exclusivement dans les populations civiles, l'extension de la maladie, en Belgique même, au-delà du cercle de l'armée, les observations nombreuses qui prouvent que les armes auxquelles on attribuait le privilège d'échapper à la maladie y sont soumises comme les autres quand elles se trouvent dans les mêmes conditions, réfutent victorieusement cette assertion, que M. Fallot ne reproduirait plus sans doute aujourd'hui.

Je me trouve également autorisé, je pense, à passer rapidement sur la preuve tirée de ce que, contrairement à ce qui arrive aux malades atteints de catarrhes, c'est le soir que les ophthalmiques sont le moins affectés.

L'auteur se réfute lui-même dans le même paragraphe, en donnant l'explication clinique du fait, qui, bien loin de dépendre d'une différence de nature, tient tout simplement à une particularité topographique. Les paupières ouvertes pendant le jour permettent l'écoulement du pus au fur et à mesure qu'il se forme; fermées pendant la nuit, elles produisent son accumulation, cause d'une irritation plus vive.

Enfin, M. Fallot arguë de ce que, dans les affections catarrhales, le froid est nuisible, tandis qu'il s'est personnellement trouvé très-bien de son emploi dans l'ophthalmie de l'armée.

Mais si je me reporte à cette sage remarque faite par lui-même à l'occasion de la spécificité, je suis peu disposé à donner une grande importance à ce contraste : « Les inductions tirées des symptômes et du traitement, dit-il, n'ont qu'une faible valeur, puisque, d'après les circonstances individuelles, les phénomènes pathologiques et les indications thérapeutiques peuvent varier. »

Rien n'est plus vrai. Et de même que les affections catarrhales naissent sous l'influence de causes diverses, de même elles sont susceptibles de guérir par les moyens les plus opposés.

Que l'action du froid soit funeste dans le catarrhe bronchique, il n'y a pas lieu de s'en étonner, en raison de l'étendue de la surface malade et de la sécrétion pathologique dont la suppression peut porter un trouble grave dans le reste de l'économie. Dans le cas d'ophthalmie, des dispositions différentes dispensent le praticien de semblables préoccupations, et je ne doute pas que M. Fallot lui-même, s'il l'essayait, ne convînt que le froid présente un égal avantage dans les ophthalmies, qui, de son aveu, sont catarrhales quand elles arrivent à l'état sur-aigu.

Mais la discussion est toujours bien épineuse sur l'appréciation des agents thérapeutiques, et, si je voulais produire un argument de mauvais aloi (car je suis partisan du traitement par les irrigations froides), je n'aurais pas à chercher bien loin pour trouver des médecins qui prétendent se trouver mieux de l'emploi de la chaleur, et dont je pourrais opposer l'autorité à la sienne.

Ainsi, Messieurs, si je me trompe, les motifs allégués pour établir la séparation des deux espèces d'ophthalmie n'ont pas la valeur qu'on leur a prêtée, et la doctrine de l'identité vous paraîtra, je l'espère, plus évidente et plus solidement établie après la discussion à laquelle nous venons de nous livrer.

Je sais bien qu'une nouvelle doctrine s'efforce encore de la battre en brèche en cherchant un caractère différentiel dans une espèce particulière de granulations fournissant un virus spécifique. J'avoue humblement que je n'ai pas les connaissances spéciales nécessaires pour la combattre, et je m'en console, après avoir vu dans la séance d'hier que, dans la section à laquelle j'appartiens, elle n'a trouvé qu'un seul défenseur.

Messieurs, jusqu'à présent, je me suis maintenu rigoureusement sur le terrain choisi par les divisionistes ; permettez-moi de les appeler un instant sur le mien : je serai bref.

Je me crois autorisé à avancer cette proposition :

Les ophthalmies catarrhales et celles dites militaires reconnaissent les mêmes causes, offrent les mêmes symptômes, la même marche, les mêmes terminaisons, cèdent au même traitement.

En admettant que deux affections qu'il est impossible de distinguer l'une de l'autre sous le rapport de la symptomatologie, ne sont pas une seule et même maladie, on crée en pathologie une exception sans analogue. Quelles sont donc, en effet, les espèces pathologiques qui fourniraient un second exemple de cette singularité? Il y a quelques années, on eût cité peut-être le typhus et la fièvre typhoïde, puisque certains médecins, tout en les déclarant différents au fond, admettaient qu'on pouvait les confondre par leurs symptômes; mais quand la lumière se fait dans les sciences, elle a précisément pour premier résultat de montrer que les exceptions ne sont le plus souvent que des faits dont le rapport avec les lois générales n'avait pas encore été reconnu. Ainsi est-il arrivé pour le typhus et la fièvre typhoïde, et j'en appelle à ceux de mes confrères de l'armée sarde qui assistent à ce Congrès, et qui ont eu, comme moi, l'occasion d'étudier la question sur le vaste et lugubre théâtre que nous avait ouvert la dernière campagne d'Orient: non-seulement ces deux maladies diffèrent complètement par leurs caractères anatomiques, mais elles ont une symptomatologie parfaitement distincte.

Je le répète, l'exception reste sans analogue dans la science.

Ce n'est pas tout, et je finis par cette remarque dont je crois ne pas m'exagérer l'importance en disant qu'elle est décisive: en admettant la dualité des ophthalmies catarrhale et militaire, on crée non pas seulement une exception, mais, si j'ose m'exprimer ainsi, une monstruosité en pathologie.

S'il est un principe incontestable, c'est qu'une affection contagieuse ne peut reproduire qu'elle-même. On ferait plus que s'étonner si un médecin avançait qu'en inoculant la variole, il a produit la morve, et qu'il ignore si celle-ci ne donnerait pas lieu à la scarlatine par une seconde inoculation.

Ces assertions étranges sont pourtant une conséquence de la doctrine de la dualité. On les trouve dans les auteurs, et, pour qu'on ne m'accuse pas de m'abriter derrière un nom de peu d'autorité, je rapporte ces lignes empruntées à mon savant compatriote et ami M. Desmarres :

Il s'agit des granulations conjonctivales. « Elles ont encore cette singulière propriété de ne pas reproduire toujours exactement la forme de l'inflammation qui leur a donné naissance sur l'individu contaminé le premier, contrairement à ce qu'on observe pour l'inoculation de la variole et de la syphilis.

« Ainsi, une personne est atteinte d'une conjonctivite catarrhale, des granulations se développent sur ses paupières, et, après un temps court ou long, sans que son affection prenne de caractère particulier, elle communique à d'autres personnes, vivant dans la même maison, ou l'ophthalmie purulente, ou une simple ophthalmie catarrhale semblable à celle dont elle a été atteinte elle-même, ou de simples granulations. » (*Traité des maladies des yeux.*)

Ici encore, on eût pu croire, il y a quelques années, trouver, dans la syphilis, un pendant à l'exception invoquée en faveur de l'ophthalmie; mais, comme pour le typhus, l'exception est rentrée dans la règle. On sait aujourd'hui que chaque accident primitif de cette maladie a son produit particulier qui ne peut donner naissance qu'à la forme à laquelle il doit lui-même son existence.

Sous ce nouveau rapport, l'ophthalmie resterait donc encore seule en dehors de la loi générale.

Il n'en est rien, et vous le savez, Messieurs, l'anomalie n'existe que dans l'interprétation du fait et non dans le fait lui-même.

L'ophthalmie purulente et la catarrhale se reproduisent en effet, indistinctement, comme on l'a dit, et comme cela devait être, parce qu'elles ne sont qu'une même affection ; et leur identité se trouverait suffisamment établie, à défaut d'autres preuves, par cela seul qu'elles s'engendrent réciproquement.

Mais les preuves abondent, et ces deux maladies séparées à tort doivent être nécessairement réunies, parce que, comme nous l'avons déjà dit, elles sont dues aux mêmes causes, elles ont les mêmes symptômes, la même marche, les mêmes terminaisons, les mêmes caractères anatomiques; elles se transmettent de la même manière et guérissent par le même traitement; parce qu'enfin, malgré leurs recherches persévérantes, des hommes remarquables par un grand savoir et une vaste expérience ne sont point parvenus à leur assigner des caractères vraiment distinctifs.

LUNÉVILLE

ET

SA DIVISION DE CAVALERIE.

TOPOGRAPHIE.—STATISTIQUE.—HYGIÈNE.
—MALADIES.

PAR M. C. SAUCEROTTE,

Médecin en chef des salles militaires.

PREMIÈRE PARTIE.

GÉOGRAPHIE PHYSIQUE.

§ I.— SITUATION, CONFIGURATION.

1. L'arrondissement de Lunéville, compris, en grande partie dans le bassin de la Meurthe (1), est borné au N. par l'arrondissement de Château-Salins, au S. par le département des Vosges dont il forme la limite, à l'E. par l'arrondissement de Sarrebourg, à l'O. par celui de Nancy. Sa superficie est de 124,053 hectares ; sa latitude du 48°,24' au 48°,43'.

2. Cet arrondissement n'offre pas de plaines de quelque étendue, si ce n'est celle à l'entrée de laquelle est assis le chef-lieu. Dans tout le reste de sa superficie, le sol, plus ou moins ondulé, et incliné comme tout le département de l'O. à l'E., est divisé

---

(1) L'un des quatre bassins secondaires dont se compose le département, à savoir : les bassins de la Meurthe, de la Seille, de la Sarre et celui de la Moselle, bassin principal dont les autres ne sont que des dépendances.

en nombreux vallons par une multitude de collines dont les plus hautes n'ont généralement pas plus de 200^m d'élévation, sauf vers la partie qui se continue par une pente de plus en plus sensible vers le versant O. des Vosges, dont elles sont les derniers soulèvements, et où elles atteignent une hauteur double (1). La vallée de la Meurthe a de 400 à 800^m, celle de la Vesouze de 100 à 600^m de largeur.

3. La hauteur du sol au-dessus du niveau de la mer est, au confluent de la Vesouze et de la Meurthe (S.-O. de Lunéville), de 226^m (2); à Gerbéviller, sur la Mortagne, de 234^m; à Fremonville, en amont de Blamont, de 281^m; à Blamont, sur la Vesouze, de 270^m; sur la Meurthe, en aval de Baccarat, 265^m; à Thiaville, limite S. de l'arrondissement, 291^m. Les protubérances principales de la plaine sont : la côte d'Essey, 427^m; celle de Léomont, 350^m; celle de Belchamps, 413^m; les Sapinières, au-dessus de Neufmaisons, 541^m. — Cette altitude explique comment nous avons, à latitude égale, une température plus basse que dans l'Ouest : on sait, en effet, que la température décroît de 1° par 183^m d'élévation, en moyenne.

§ II. — GÉOLOGIE.

4. Notre arrondissement situé dans la formation *triasique*, est bordé en partie, à l'E. et au S.-E., par le grès bigarré qui forme au pied des Vosges une ceinture d'un quart de kilomètre de largeur (interrompue à Humbepaire par un lambeau de grès vosgien). Ce grès à ciment argileux et à bandes parallèles diversement colorées, est disposé en couches égale-

---

(1) Contrairement à la pente Est qui est généralement rapide, la pente Ouest de cette chaîne présente une sorte de plateau uniformément incliné vers les plaines de notre département.

(2) 234^{m}6 à partir de la première marche de l'église parois-

ment parallèles, et renferme de nombreux fossiles (empreintes végétales, poissons, mollusques) (1). Il s'étend du S. au N.-E. — A l'O. du grès bigarré s'élève et s'étend parallèlement, dans une zône de largeur variable occupant le milieu du trias, et s'élargissant au S.-O. de l'arrondissement, le muschelkalk (calcaire compacte), gris ou jaunâtre, à cassure conchoïde, parfois grenue ou terreuse (groupe marneux), à couches disloquées avec beaucoup de failles, et renfermant de nombreux mollusques, des ossements de sauriens, des squelettes de poissons, etc. (2).

Plus à l'O. encore s'étend, du S. au N. et de l'O. à l'E., un vaste dépôt de marnes irisées à grandes ondulations, formé de couches argileuses ou argilo-calcaires à brusques variations de couleurs, se délitant à l'air, séparant des bancs de calcaire magnésien (dolomies), et contenant à différentes hauteurs des amas considérables de gypse. Les fossiles y sont rares (mollusques, poissons, sauriens). Ce groupe occupe une assez grande largeur au N. de l'arrondissement, sur la rive droite de la Vesouze. On sait, du reste, que rien n'est plus difficile à établir qu'une ligne de démarcation rigoureuse entre ces trois systèmes de couches qui s'enchevêtrent constamment. — Le grès inférieur liasique sépare le lias dont il forme l'assise inférieure des marnes irisées, et s'étend à l'état de sable fin sur quelques-unes des parties plates du sol vers la limite de la formation oolitique. Quant au lias proprement dit, il ne se

---

siale de Lunéville. Nancy n'est qu'à 201^m 1/2. Nous sommes donc à 101^m au-dessus de Paris, qui est, comme on sait, à 43^m (sol de la Bourse).

(1) Conifères, fougères, équisétacées, mousses et lycopodiacées; mollusques des genres plagiostome, natice, rostellaire, etc.

(2) Le calcaire conchylien des environs de Lunéville contient 10 espèces de reptiles, 35 poissons, 6 crustacés, 60 mollusques environ, 6 radiaires, une dizaine de végétaux. Les mollusques

présente qu'au S.-O. de l'arrondissement, dans une petite étendue et sur quelques-uns de ses points culminants (1).

5. Ces différents terrains sont recouverts, dans une grande partie de leur étendue, par un dépôt meuble argilo-siliceux (*diluvium*), de consistance variable, sableux ou siliceux, calcaire ou argileux, selon le degré d'atténuation et la proportion des substances composantes; acquérant une plus grande largeur et une épaisseur plus considérable dans les vallées, et sur lequel Lunéville est bâti (2). Les dépôts de cailloux appartiennent, au moins en partie, au système des Vosges dont ils ont été détachés à l'époque diluvienne pour être ensuite roulés par les eaux dans les vallées où nous les voyons aujourd'hui. — Au-dessous sont les dépôts essentiellement argileux, à ossements et à végétaux de plusieurs époques. — Un troisième système de couches est dû aux dépôts plus récents, qui ne sont que des remaniements du sous-sol mêlés avec les détritus des règnes végétal, animal, et avec les attérissements journaliers de nos cours d'eau. — Enfin, ces divers dépôts sont recouverts d'une couche d'humus très-mince sur les couches siliceuses, et qui acquiert cinquante centimètres environ en moyenne au-dessus des couches argileuses.

6. Le grès bigarré (pierre de sable) est employé comme pierre de taille et comme pierre à meules; le

---

les plus communs appartiennent aux genres cératite, térébratule, avicule, encrinite; les reptiles, aux genres nothosaurus, simosaurus, labyrinthodontes; les poissons, aux ganoïdes et aux lépidoïdes.

(1) Mollusques dominants : ammonites, bélemnites, gryphées, térébratules. — Quelques végétaux et débris de poissons.

(2) Dans le sondage entrepris, à Lunéville, par M. Guérin, pour obtenir une source jaillissante, on n'a trouvé jusqu'à la profondeur de 191^m, limite à laquelle on s'est arrêté, qu'un terrain argilo-calcaire, gypseux et salifère en quelques points (marnes irisées).

muschelkalk, comme pierre à bâtir, comme pavé et comme pierre à chaux. A défaut de celui-ci, le calcaire magnésien est aussi employé comme moellon, ou préférablement comme chaux hydraulique. — On trouve de nombreuses carrières de calcaire coquillier dans les environs de Lunéville, à Rehainviller, Mont, Blainville, Damelevières; à Gerbéviller où il est très-dur. A Bayon on tire une bonne chaux de la partie supérieure du Keuper. — Les dépôts considérables de gypse englobés dans les marnes irisées sont également exploités dans plusieurs carrières situées à Crévic, Maixe, Bathelémont, Bauzemont, Deuxville, Vitrimont. On en trouve aussi dans le muschelkalk à Frémonville, à Glonville. — Les marnes blanches du muschelkalk donnent une bonne terre à faïence ; les argiles, une terre à poteries et à briques. On emploie aussi comme sable fin pour le moulage sur métaux, et comme mortier mêlé à la chaux, le *grès infraliasique* qui se trouve au-dessus des marnes irisées. — Le lias fournit une des meilleures pierres à chaux du pays. — Enfin, le gros banc des marnes irisées renferme un calcaire lithographique qui peut, d'après M. Lebrun, être utilement exploité pour les arts. — Aux marnes irisées appartiennent aussi les sources salées exploitées à la limite de l'arrondissement, à Varangéville (1).

7. Quoique la nature du sol ait été longtemps regardée comme indifférente dans la détermination des climats, elle a, sous le rapport de sa perméabilité ou de son imperméabilité, une influence directe sur l'absorption plus ou moins rapide des eaux qui le re-

---

(1) Les principaux minéraux trouvés dans ces différentes formations sont la strontiane et la baryte sulfatées, dans le groupe supérieur des marnes irisées; quelques fers carbonatés et sulfurés, en proportion trop peu considérable pour être exploités ; la magnésie boratée, qui n'a été trouvée que deux fois par MM. Gaillardot et Lebrun; le basalte, qui se trouve au sommet de la côte d'Essey (voir les descriptions publiées par ces deux géologues).

couvrent : circonstance dont il est impossible de ne pas tenir compte dans la constitution atmosphérique d'une contrée arrosée comme la nôtre par de nombreux cours d'eau. L'étendue, la facilité plus ou moins grande de l'évaporation doivent influer, en effet, d'une manière différente sur les états hygrométrique, électrique, et sur la température. La force plus ou moins grande d'absorption ou de réflexion des rayons solaires, la conductibilité diverse des substances minérales pour le calorique doivent agir dans le même sens. Enfin, la composition de l'air doit varier, au moins à certaines hauteurs, selon la nature chimique des émanations telluriques. Tout ce qui tend à imprégner le sol de matières organiques devient aussi, comme le remarque M. Boudin, cause immédiate ou éloignée d'insalubrité. Au point de vue de la géographie botanique et de la distribution des cultures, le sol a une influence bien plus remarquable encore. « Ainsi, dit M. Guérard, les arbres résineux, le hêtre, le bouleau, le merisier : les seigles, les avoines, la pomme de terre, le maïs et la grande variété des plantes légumineuses sont remarqués sur les hauteurs formées par le grès, ou sur l'alluvion siliceuse des vallées ; tandis que le chêne, la vigne, les fruits à pépins et à noyaux, et principalement parmi ceux-ci la mirabelle et la coëtche de la Moselle ; le froment, l'orge, la luzerne et le sainfoin, font la richesse des marnes calcaires et argileuses. » (*Statistique agricole*.) Et comme il est rationnel d'admettre qu'il existe dans la composition chimique des plantes, et par suite dans l'organisation des animaux qui s'en nourrissent, des différences relatives à celles du sol, on voit qu'il y a entre l'homme et le sol qu'il habite une étroite dépendance, non-seulement au point de vue de la culture, de l'industrie et de la civilisation en général, mais aussi sous le rapport de certaines maladies qui paraissent être comme une végétation propre à certains terrains, je veux dire les *endémies*. Si le rapport des maladies avec le terrain qui nous porte n'est pas aussi frappant ici que dans les contrées marécageuses, par exemple, où cette influence s'étend jusque sur les animaux, il n'en donne pas moins lieu à des faits dignes de remarque. Ainsi, l'étude du sol, dans le département de la Meurthe, a prouvé à M. Morel que c'est dans la constitution géologique des marnes irisées que se développe spécialement la dégénérescence crétineuse.

On verra dans la partie médicale de cet ouvrage quelles inductions on peut tirer sous ce rapport de la nature géologique de notre arrondissement.

§ III. — HYDROLOGIE.

8. Notre arrondissement est parcouru par trois rivières et par une douzaine de gros ruisseaux qui y prennent en partie naissance; il n'offre aucun étang considérable (1).

Principales rivières. — La MEURTHE y entre au-dessous de Raon-l'Etape, et y parcourt, du S.-E. au N.-O., par une pente moyenne de 0^m,04 par 100^m, une vaste alluvion de nature siliceuse; sa largeur moyenne est de 80^m. Ses eaux sont limpides jusqu'à sa jonction avec la Vesouze. Ses principales rivières sont : la *Mortagne* ou *Agne*, le *Sanon*, la *Plaine*, la *Vesouze*. — La VESOUZE entre à l'E. de l'arrondissement et, se dirigeant vers l'O., vient se jeter dans la Meurthe au S.-O. de Lunéville. Ses eaux souvent troublées coulent par une pente rapide à sa partie supérieure seulement sur un ter-

_____

(1) La superficie des eaux est pour le département, étangs et rivières compris, de 8,753 hectares. La génération actuelle y a vu disparaître 200 hectares d'étangs environ; il en reste 3,200 à peu près, dont moitié dans la vallée de la Seille. Selon M. l'ingénieur Lacroix, il est temps de s'arrêter dans cette voie, comme dans celle des défrichements, si l'on ne veut compromettre gravement le régime hydraulique dont nous jouissons.

rain d'alluvions, et séparent le muschelkalck des marnes irisées ; sa largeur moyenne est de 10 à 12^m. Ses principaux affluents sont : la *Blette* et la *Verdurette*. — La Moselle suit à peu près la limite de l'arrondissement depuis Virecourt jusqu'à Velles, et y reçoit l'*Euron*, grossi du *Loro*. Ses eaux limpides coulent sur des alluvions quartzeuses, et changent fréquemment de lit. Sa pente est de 0^m,09 à 0^m,14 par 100^m. Sa largeur moyenne de 150^m.

9. Ces différents cours d'eaux produisent assez fréquemment, vers les pluies des solstices ou la fonte des neiges dans la montagne, des débordements dont souffre principalement la vallée de la Vesouze. Cependant les vallées de la Meurthe et de la Moselle n'en sont pas à l'abri ; mais ces débordements ne sont pas torrentiels comme ceux qui viennent des cours d'eau endigués, et, s'ils endommagent les récoltes, ils ne bouleversent pas le sol, ont rarement des suites désastreuses, et sont même une cause de fertilité en hiver.

Le curage, depuis longtemps réclamé, de quelques-unes de nos rivières est opéré ou en train de se faire.

Le flottage était la seule navigation possible dans l'arrondissement avant l'établissement du canal de la Marne au Rhin, qui y entre au N.-O. et en sort au N.-E.

Nos eaux potables proviennent des sources qui alimentent les fontaines de Lunéville, ou de puits. Très-peu d'habitants font usage de ces dernières, qui ont les inconvénients habituels à ce genre d'eaux, à l'exception de celles qui filtrent à travers les plaines sablonneuses de l'E. et du S. Quant à nos eaux de source, elles sont, quant à leur composition chimique, d'excellente qualité, comme le prouve l'analyse ci-dessous (sauf néanmoins la source qui vient des vignes et se rend dans le quartier des Carmes), sans odeur, un peu fades, suffisamment aérées, médiocrement fraîches ; elles cuisent bien les légumes et dissolvent le savon sans former de grumeaux. Je donne ici leur analyse, que je dois au zèle désintéressé d'un pharmacien distingué. (On a dosé seulement les sels de chaux et de magnésie comme étant les plus importants pour les propriétés des eaux potables.)

ANALYSE *de l'eau des sources alimentant les fontaines de Lunéville, par* M. DELCOMINÈTE, *professeur de pharmacie et de matière médicale à l'École de Médecine de Nancy.*

SUBSTANCES contenues dans un litre d'eau :	N° 1. SOURCE aux Vignes.	N° 2. SOURCE de l'Hôpital.	N° 3. SOURCE près Chantebeux.	N° 4. SOURCE à Mondon.
Carbonate de chaux..	0,329	0.021	0.028	0.025
Sulfate de chaux....	0.560	0.038	0.038	0.007
Chlorure de calcium..	»	»	»	»
Magnésie..........	0.084	0.004	0.009	0.002
Sels de potasse.....	traces.	traces.	traces.	traces.
Fer...............	»	»	»	»
Acide silicique.....	»	»	»	»
Matières organiques..	»	»	»	»
Résidu fixe........	1.069	0.063	0.075	0.037

Nous n'avons aucune eau minérale de quelque importance à citer dans l'arrondissement, où l'on trouve seulement quelques sources tenant en dissolution une faible quantité de sels ferreux, comme à Nonhigny (canton de Blamont).

§ IV. — MÉTÉOROLOGIE.

10. *Température.* — Bien que le département de la Meurthe se trouve dans la zône tempérée, notre climat, comparé à celui de l'O., a été rangé, en raison de la rigueur des hivers et des chaleurs qu'on peut y éprouver en été, parmi les climats excessifs.

Le maximum observé au chef-lieu a été de 37°,6 (été de 1782), et le minimum de 26°,3 (hiver de 1830); la différence entre les températures moyennes de ces deux saisons est 17°,9. Notre température est tellement variable, qu'on peut constater dans le même mois, entre le maximum et le minimum, 28° à 29° en janvier, 36° à 37° en février, 28° à 29° en mars, et que la température peut tomber au mois de mai de 30° à 0; en juin, juillet, août, de 32° à 5° et 6°.

La température de la Meurthe dans nos trois mois d'été, c'est-à-dire à l'époque des bains de rivière, est très-souvent à Lunéville, pendant la journée, au-dessus de 20°; elle était à 28° le 25 juillet 1854, à cinq heures du soir. Mais un orage peut la faire promptement baisser de 4°.

11. La température moyenne annuelle qui résulte de la combinaison des moyennes mensuelles est, d'après M. Simonin père, de 9°,38 cent. M. Guérard l'a trouvée, il est vrai, à Lunéville, de 10°,17', année commune. Mais des observations faites sur une série de dix ans modifieraient probablement ce chiffre, qui me paraît trop élevé par comparaison à celui de Paris (10°,74'), et même à celui de Nancy, qui, moins élevé que nous et plus éloigné des Vosges, souffre moins du froid. D'ailleurs, on sait que la moyenne de l'année peut varier dans de certaines limites pendant les années froides et les années chaudes, de même que les diverses circonstances topographiques propres à chaque localité y introduisent de légères modifications, dont il est permis de ne pas tenir compte dans une appréciation générale des conditions hygiéniques d'une contrée.

12. La température assez basse qui règne dans notre contrée, ses brusques variations et son caractère excessif, s'expliquent facilement : 1° par la vaste évaporation d'eau qui se fait à sa surface; 2° par les inégalités de son sol; 3° par l'étendue de son terrain forestier; 4° par son altitude; 5° enfin, par le voisinage des Vosges, dont les sommets, couverts de neige

pendant une partie de l'année, refroidissent les vents du S. et du S.-E., tandis qu'ils nous laissent sans défense contre les vents du N. Il est certain que la température de notre arrondissement s'abaisse d'autant plus qu'on s'avance vers l'E., et que la végétation y retarde dans la même proportion. Ce retard est d'environ cinq jours de Nancy à Lunéville, le double de Lunéville à Blamont (1).

13. *Pression atmosphérique.* — La hauteur *maximum* du baromètre recueillie par M. Simonin au chef-lieu, est de 756^{mm},83; 708^{mm},33 au *minimum*. La moyenne annuelle, 735^{mm},95 (1); ce qui fait pour Lunéville 773^{mm} environ, puisque Nancy est d'une trentaine de mètres moins élevé que Lunéville, et que la colonne barométrique se raccourcit d'un millimètre environ pour 10 à 11^{m} d'élévation.

C'est de septembre à mars qu'ont lieu les *maxima*, et de novembre à avril les *minima*. Les vents ont une influence incontestable sur ces phénomènes. Ainsi, nous voyons constamment la colonne de mercure monter par les vents du N. et du N.-E., baisser par ceux du S. et du S.-O.

14. *Vents.* — C'est, après la latitude et la hauteur, l'élément climatérique qui exerce l'influence la plus considérable sur la température. L'effet qu'ils produisent sur certaines organisations ne prouve-t-il pas qu'ils exercent en outre sur le système nerveux une action spéciale dépendante peut-être d'un état électro-magnétique inconnu ? On comprend, du reste, de quelle immense utilité sont ces grands mouvements atmosphériques dans une contrée surtout où se trouvent, sinon des causes permanentes d'altération (notre arrondissement en est heureuse-

---

(1) D'après les observations du docteur Marchal, il y a eu, dans l'année 1855, une différence de 1° 50 entre la température de Nancy et celle de Lorquin (à l'est de l'arrondissement).

(2) On sait qu'elle est au niveau de la mer de 760^{m}. Elle s'est élevée jusque-là à Lunéville, le 14 décembre 1857.

ment exempt), du moins une assez grande humidité, et une masse considérable d'eau en évaporation. Quoique les vents n'aient ici ni périodicité ni caractères absolument invariables, ils offrent cependant quelques qualités assez constantes, et qu'il importe à tous égards de rappeler.

Notre département est compris dans le grand courant S.-O., qui est dans la région N.-E. le vent dominant. Soufflant de l'Océan, c'est, comme dans toute la France, un vent humide amenant la pluie et les ouragans des solstices. Le N.-E., le plus fréquent après lui, produit au contraire, avec la sérénité du ciel, les froids intenses de l'hiver, la sécheresse dans les autres saisons. Le S. détermine les dégels en hiver, il est le précurseur des orages en été. Le N.-O. (vent des Ardennes) s'accompagne de frimas et retarde la végétation au printemps. L'E., très-variable, incline presque toujours au N., et le N. au N.-O.

15. Voici, d'après M. Simonin, la fréquence moyenne annuelle de chacun de ces vents : Le S.-O., le plus fréquent, souffle 87 5/12; le N.-E. 68 4/12; le S. 54; l'O. 45 7/12; le N. 40 6/12; l'E. 22 7/12; le N.-O. 20 10/12; le S.-E. 20 4/12. — Ces moyennes doivent subir quelques modifications sur plusieurs points par le relief du terrain, notamment dans le voisinage des Vosges. Il n'est guère de localités d'ailleurs où les accidents du sol, les grandes constructions, etc., ne puissent décomposer la direction des courants atmosphériques; mais ces variations locales ne modifient pas la direction générale et le caractère des vents dans une contrée.

16. *Humidité, pluies.* — L'humidité de l'air, qui est, comme on sait, en rapport avec la température, la nature des vents, l'altitude, est assez considérable dans nos contrées. L'hygromètre à cheveu de Saussure marque à Nancy 33° au *minimum*, 62 au *maximum*. Mais ces observations demandent, comme partout, à être complétées et faites avec des instruments

d'une plus grande précision. Les jours de brouillard sont au-dessus de 100, année moyenne.

La moyenne d'eau recueillie au chef-lieu est de huit cent vingt-six millimètres ; la moyenne annuelle des jours de pluie de plus de cent soixante-six (1); celle des jours de neige dépasse vingt-huit ; celle des jours purs ou presque purs, de treize seulement (Simonin). C'est à la fin et au commencement de l'hiver que les pluies sont les plus continues et les plus abondantes. Cependant nous sommes placés avec les provinces du N.-E. dans la zône à pluies d'été.

17. *Electricité, météores divers*. — Les conditions qui favorisent le développement de l'électricité atmosphérique, à savoir les changements fréquents de température, une vaste évaporation, le voisinage des montagnes, etc., existent d'une manière permanente dans nos contrées. Malheureusement nous manquons, comme presque partout, d'observations précises sur ce chapitre encore si obscur de la météorologie, et qu'il serait pourtant si important d'étudier dans ses applications à l'organisation humaine. Les orages, qui sont la manifestation la plus sensible de cet ordre de phénomènes, ont lieu, en moyenne, vingt-deux à vingt-trois fois par an, dans les mois de mai, juin et juillet particulièrement, quoiqu'on puisse entendre le tonnerre dans tous. Il y a annuellement dix jours et demi de grêle, terme moyen ; les grêlons, quelquefois fort gros, occasionnent des dégâts considérables dans les vergers au printemps, en été dans les moissons. Les ouragans se produisent dix-neuf fois et demie par an. Ces chiffres, qui résultent des observations de M. Simonin, varient quelque peu sur les divers points du département, selon la proximité plus ou moins grande des montagnes et des forêts, qui ont une action si puissante,

---

(1) Elle est de 144 à Paris.

comme on le sait, sur la formation ainsi que sur la direction des nuages et des orages.

18. *Saisons.* — Il est facile de déduire des faits que je viens d'exposer le caractère général de nos saisons, que je vais retracer sommairement pour l'instruction de ceux qui viennent se fixer ici, ou y faire, comme notre garnison, un séjour plus ou moins prolongé.

Le froid commence le plus souvent à se faire sentir vers la fin de novembre; mais il est rarement rigoureux avant le solstice. Il persévère en janvier et en février avec des alternatives de relâche. Mars tient de l'hiver et du printemps; les vents du N. et de l'E. y sont assez fréquents (hâles de mars); la sève commence à circuler. Avril, très-variable, offre parfois de beaux jours et des chaleurs précoces, d'où résulte un développement prématuré de la végétation surprise par les gelées de la lune rousse (1) : car c'est alors que nos arbres fruitiers se recouvrent de fleurs. Mai et même juin sont ordinairement pluvieux, avec des jours parfois très-chauds. La trop longue durée de ces pluies est quelquefois préjudiciable aux fourrages qui se récoltent à la fin de ce dernier mois. Juillet et août sont les seuls mois constamment chauds. C'est du 15 juillet au 15 août que la température est le plus élevée, les orages plus fréquents. Septembre et octobre sont généralement beaux. La température du premier de ces mois est encore très-douce; mais à mesure qu'on approche de novembre, les matinées et les soirées deviennent plus froides, les brouillards plus fréquents; les gelées blanches commencent. On jouit parfois de quelques beaux

---

(1) On connaît l'explication scientifique qu'Arago a donnée d'un fait qui, faute d'être éclairci ou rapporté à sa cause véritable, passait pour un préjugé populaire; et l'on sait que les plantes peuvent geler, le thermomètre étant au-dessus de 0, si leur température est inférieure à celle de l'air, ce qui arrive souvent par les nuits sereines d'avril.

jours dans la première semaine de novembre, et la température se maintient assez élevée pour permettre les travaux de la campagne. Mais bientôt des vents violents s'élèvent, les nuits se refroidissent, et la neige commence à tomber (1).

19. L'instabilité de notre température a fourni de tout temps un thème invariable à de nombreuses plaintes. On prétend que les saisons n'ont plus de caractères constants, et que notre climat s'est refroidi. Or, qu'y a-t-il de fondé dans cette opinion?

Je ne dirai rien des changements qui seraient survenus dans l'économie générale du globe, vu que nous ne pouvons former aucune conjecture plausible à cet égard; mais je ne puis passer sous silence une question qui a beaucoup préoccupé l'opinion depuis quelques années, l'influence des déboisements opérés dans la France en général, et dans notre département en particulier, sur le climat qui y règne.

En principe, il n'est pas douteux que les déboisements ne puissent modifier profondément l'état physique d'une contrée; en fait, il faut, pour qu'ils aient ce résultat, qu'ils se pratiquent sur une grande échelle. En outre, les déboisements agissent en bien ou en mal: en bien, dans un pays couvert de forêts et dont on peut assainir le sol ou augmenter par la culture les ressources alimentaires. Telles furent jadis les Gaules, et en particulier notre contrée, dont la température paraît s'être adoucie sous l'influence de la culture, de l'aménagement des cours d'eau, etc. (2). Mais, d'un autre côté, les déboise-

---

(1) La fenaison se fait du 15 au 30 juin; la moisson, du 15 juillet au 15 août; la vendange, du 1ᵉʳ au 30 octobre; la récolte des pommes de terre, en septembre et octobre. Les fruits se cueillent, en général, dans la deuxième quinzaine de septembre.

(2) Ce fait, conforme au témoignage de César et de tous les historiens, a été péremptoirement établi par M. Fuster dans son ouvrage sur les maladies de la France.

ments sont nuisibles en tarissant les sources, en facilitant la désagrégation et l'éboulement des terres sur les pentes ; en laissant certaines localités sans protection contre l'accumulation de l'électricité atmosphérique et contre les inondations, parce qu'au lieu d'arrêter les vents impétueux, de dériver les nuages, et de rendre par un débit lent aux rivières et aux sources les eaux pluviales qu'elles recevaient par une lente infiltration, les hauteurs déboisées les convertissent en eaux torrentielles.

Nous pourrions citer, dit M. Lacroix, plus d'un village souffrant aujourd'hui du déboisement du coteau qui, autrefois, lui servait d'abri ; et il est à remarquer que les cantons les plus maltraités par la grêle sont généralement ceux dont les bois ont été le moins respectés.

20. Toutefois, si l'on réfléchit que le département de la Meurthe comprend encore aujourd'hui 172,000 hectares de forêts, et que les défrichements autorisés depuis cinquante ans ne s'élèvent, en définitive, qu'à 18,000 hect., c'est-à-dire à un dixième environ de notre surface boisée, on est forcé de reconnaître que si des déboisements partiels ont pu nuire à quelques localités, ce qui est incontestable, elles n'ont pu jusqu'à présent modifier le climat de la contrée tout entière. Il serait bien temps, sans doute, de s'arrêter dans une voie qui ne peut que devenir désastreuse, en préparant pour l'avenir deux grandes disettes, selon l'expression de Humboldt, celle d'eau et celle de combustible : mais enfin, si notre climat a subi un changement réel, c'est ailleurs qu'il faut en chercher la cause. La disparition de quelques végétaux naguère cultivés dans les lieux où ils n'existent plus, tel que le châtaignier dans notre département, n'est pas nécessairement la preuve de mutations atmosphériques, car elle peut dépendre, comme l'a fait observer M. Martins, des transformations incessantes dans l'industrie agricole, dans les propriétés, les voies de communication, enfin dans les divers élé-

ments économiques et sociaux d'une contrée. D'ailleurs, le caractère général de notre culture n'a pas changé; on y trouverait donc plutôt des preuves de l'invariabilité de notre constitution atmosphérique.

21. Quant au témoignage des contemporains d'une époque antérieure à la nôtre, il a besoin, pour fournir des éléments de certitude, d'être appuyé sur des données précises, car les vicissitudes dont nous souffrons nous paraissent d'autant plus considérables, qu'elles nous touchent de plus près. Or, que nous apprennent, sous ce rapport, celles de ces observations qui ont toute la rigueur désirable? En comparant les observations faites par l'abbé Vautrin, de 1799 à 1821, avec celles de M. Simonin, de 1841 à 1852, on reconnaît qu'en effet notre climat a éprouvé un changement réel, qui consiste en ce que nos étés sont devenus plus courts et moins chauds, nos hivers moins rigoureux, mais plus prolongés, nos jours de pluie et de brouillard plus nombreux de soixante-cinq et soixante-six, nos jours de gelée de plus de dix-sept, nos jours de neige de plus de quinze; changements auxquels correspond l'abaissement de notre température moyenne de $1°,36$, et celui de notre moyenne barométrique de $6^{mm},42$. Est-ce là une de ces intempéries à longues périodes dont l'histoire de la Lorraine nous offre plus d'un exemple? C'est possible; quoi qu'il en soit, je pense, comme le savant confrère que j'ai dû si fréquemment citer dans une matière où il fait autorité, que la cause de ces vicissitudes n'est pas dans notre pays, mais dans les contrées lointaines que traversent les vents qui arrivent jusqu'à nous (1).

---

(1) Selon M. Babinet, dans la déviation vers le N. des courants d'air chaud qui, dans l'état normal, soufflent de l'O. sur l'Europe occidentale.

§ V. — RÈGNE VÉGÉTAL.

22. Quoique la flore septentrionale, à laquelle appartient la région du N.-E., soit moins riche en espèces qui lui soient propres que la flore méridionale, notre végétation n'en est pas moins très-variée, ce qui tient à ce que les familles les plus nombreuses et les plus importantes sont aussi celles qui sont le plus indifférentes au climat et que l'on trouve dans le plus grand nombre de stations végétales : telles, les labiées, les légumineuses, les composées, les ombellifères, etc. (1).

Les familles qui comptent le plus grand nombre de représentants dans notre arrondissement sont : les *Renonculacées*, les *Crucifères*, les *Alsinées*, les *Légumineuses*, les *Rosacées*, les *Ombellifères*, les *Corymbifères*, les *Cynarocéphales*, les *Chicoracées*, les *Borraginées*, les *Labiées*, les *Orchidées*, les *Liliacées*, les *Cypéracées*, les *Graminées*, les *Fougères*, les *Mousses*, les *Lichens*, les *Champignons*, les *Algues*.

23. De même que la configuration du sol est le résultat de sa constitution géologique, de même sa flore emprunte un caractère distinctif aux terrains sur lesquels elle se distribue. Ainsi, celle du grès bigarré n'est pas celle du muschelkalk, et son caractère est autre dans les marnes et dans l'oolithe, où elle est plus riche. — La végétation de la vaste plaine que traverse notre arrondissement, et qu'arrosent la Meurthe, la Vesouze, la Mortagne et le Sanon, est celle des terrains argilo-calcaires qui la constituent en partie. L'auteur de la flore lorraine n'en sépare pas le lias, dont la végétation est identique, bien

---

(1) Ainsi, parmi les 3,700 phanérogames qui croissent en France, 1,250 se trouvent également au sud et au nord. C'est, dit M. Martins, le fond de la végétation française et même européenne. Il n'y a pas de station proprement dite pour ces plantes.

qu'il appartienne à la formation jurassique : végétation qui tranche par son caractère avec celle des terrains quartzeux et oolithique entre lesquels nous nous trouvons placés. — D'autres végétaux croissent exclusivement sur nos terrains de transport (1). Il en est aussi de propres aux parties humides et marécageuses de notre sol. Enfin, bien que les plantes subalpines ne se montrent guère, en général, qu'à 600^m au-dessus du niveau de la mer, on trouve déjà, dans la partie de notre arrondissement qui avoisine les Vosges, un certain nombre d'espèces appartenant à ce groupe. (Voir *Flore lorraine*, t. 1.)

24. Mais la nature du sol et les conditions topographiques de notre contrée la prédestinaient, pour ainsi dire, aux travaux de l'agriculture. Notre arrondissement, l'un des plus productifs du département, offre différents genres de culture.

Les céréales qui en font en grande partie les frais, y occupent 38,930 hectares ; les prairies naturelles 16,244 hectares ; les prairies artificielles, 4,596 hectares ; les vignes 2,025 hectares ; les houblonnières 54 hectares (2). — Les jardins et vergers 2,162 hectares ; les légumes et les arbres fruitiers y sont l'objet d'une culture intelligente. Les pommes de terre, plus productives dans notre contrée que dans le Midi, occupent 4,023 hectares (Guérard, *Statistique agricole* de l'arrondissement).

En matière d'économie domestique, le chanvre, les graines oléagineuses (colza, navette, lin) y sont

---

(1) Le sol d'alluvion occupe 20,000 hectares environ ; le sol calcaire, 18,000 ; le grès bigarré, 15,000 ; le sol argilo-calcaire, plus de 55,000.

(2) Les vignes produisent 92,819 hectolitres de vin (année ordinaire), dont 14,625 s'exportent. Notre département est le neuvième pour la production vinicole. La quantité de bière fabriquée pour l'arrondissement est de 24,830 hectolitres (Guérard, *Statist.*, 1855).

particulièrement cultivées. Nous avons aussi un assez grand nombre d'espèces médicinales. Enfin, nos forêts s'étendent sur une surface de 34,834 hectares 13 centiares (13,300 hectares de moins qu'avant la première révolution).

Principales espèces végétales qui croissent spontanément dans les environs de Lunéville.

ESPÈCES EMPLOYÉES EN MÉDECINE.

Fougères.
Pteris aquilina.
Aspidium filix fœmina.
Asplenium trichomanes.
A. ruta muraria.
Polypodium vulgare.

Equisétacées.
Equisetum hiemale.
E. limosum.

Joncées.
Calamus aromaticus.

Amentacées.
Salix alba.

Urticées.
Parietaria offic.
Urtica dioica.

Euphorbiacées.
Mercurialis annua.
Euphorbia esula.
E. latyris.
Buxus sempervirens.

Thymélées.
Daphne mezereum.
D. laureola.

Plantaginées.
Plantago major.

Polygonées.
Polygala vulgaris.
Veronica officin.
V. chamœdrys.
V. beccabunga.
Teucrium anagallis.
Euphrasia officin.
Rumex acutus, crispus
R. obtusifolius.

R. aquaticus.

Labiées.
Verbena officin.
Salvia pratensis.
Teucrium scordium.
T. chamœdrys.
T. scorodonia.
Mentha pulegium.
Glecoma hederacea.
Betonica officin.
Thymus serpillum.

Personées.
Digitalis purpurea.

Solanées.
Physalis alkekengi.
Solanum dulcamara.
Verbascum thapsus.
V. nigrum.

Borraginées.
Pulmonaria officin.
Symphitum officin.
Cynoglossum officin.
Borrago officin.

Convolvulacées.
Convolvulus sepium.
C. arvensis.

Gentianées.
Menyanthes trifoliata.
Cheironia centaurium.

Chicoracées.
Centaurea jacea.
C. cyanus.

Corymbifères.
Inula dysenterica.
Tussilago farfara.
Senecio vulg.

Matricaria chamomilla.
Tanacetum vulg.
Artemisia vulg.
Achillœa ptarmica.
A. millefolium.
Arctium lappa.
Valérianées.
Valeriana officin.
Rubiacées.
Galium verum.
Caprifoliacées.
Sambucus nigra.
Ombellifères.
Seseli carvi.
Œnanthe phellandrium.
Crassulacées.
Sedum album.
S. telephium.
Portulacées.
Portulaca oleracea.
Rosacées.
Rosa canina (cynorrhod).
Agrimonia eupatoria.
Alchemilla vulg.
Tormentilla erecta.
Potentilla anserina.
P. reptans.
Geum urbanum.
Rubus fruticosus.
Légumineuses.
Genista tinctoria.
Melilotus officin.
Astragalus glycyphyll.
Frangulacées.
Rhamnus catharticus.
Berbéridées.
Berberis vulg.
Nymphœa lutea.
N. alba.
Papavéracées.
Papaver somniferum.
P. rhœas.
Fumaria officin.
Crucifères.
Sinapis nigra. S. alba.
Erysimum barbarea.
Sisymbrium nasturtium.
S. sophia. S. officin.

Cochlearia officin.
Caryophyllées.
Saponaria officin.
Violacées.
Viola odorata. V. arvensis.
V. tricolor.
Tiliacées.
Tilia microphylla.
T. platyphylla.
Malvacées.
Malva alcœa. M. silvestris.
M. rotundifolia.
Althœa officin.
Hypéricées.
Hypericum perforatum.

ESPÈCES VÉNÉNEUSES.

Renonculacées.
Aconitum napellus.
Anemone nemorosa.
A. pulsatilla.
Ranunculus sceleratus.
R. acris. R. bulbosus.
Delphinum consolida.
Clematis vitalba.
Colchicacées.
Colchicum autumnale.
Narcissées.
Narcissus pseudo-narcissus.
Cucurbitacées.
Bryona dioïca.
Papavéracées.
Chelidonium major.
Crassulacées.
Sedum acre.
Conifères.
Juniperus sabina. J. communis.
Solanées.
Hyosciamus niger.
Solanum nigrum.
Datura stramonium.
Chicoracées.
Lactuca virosa.
Ombellifères.
Cicuta major.
Ethusa cynapium.

Plusieurs espèces de champignons des genres : Agaricus, Boletus, Lycoperdon, Amanita, etc. (1)

ESPÈCES QUI CROISSENT DANS NOS PRÉS.

Graminées.

Alopecurus pratensis. A. geniculus. A. aristâ serrulatâ.
Phleum pratense.
Agrostis vulg. A. stolonifère.
Avena pubescens. A. pratensis.
A. flavescens. A. elatior. A. mollis. A. lanata.
Festuca elatior, F. duriuscula.
F. heterophylla.
Poa pratensis. P. compressa.
P. angustifolia. P. aroides.
P. cristata.
Bromus mollis. B. pratensis.
Dactylis glomerata.
Cynosorus cristatus.
Lolium perenne. L. tenue.
Hordeum secalinum.

Cypéracées.

Carex disticha. C. paniculata.
C. distans.
Eriophorum polystachion.

Joncées.

Luzula campestris. L. albida.
Juncus bulbosus. J. bufonius.

Orchidées.

Orchis morio. O. latifolia.
O. coriophora. O. viridis.

Polygonées.

Rumex acetosa.

Plantaginées.

Plantago media.
P. lanceolata.

Primulacées

Primula officin.

Rhinantacées.

Melampyrum pratensi.
Pedicularis palustris. P. silvatica.
Rhinanthus glabra.

Labiées.

Brunella vulg.

Borraginées.

Myosotis perennis.

Composées.

Achillœa ptarmica.
Bellis perennis.
Chrysanthemum leucanthemum.
Senecio jacobœa.
Carduus lanceolatus. C. palustris.
Centaurea calcitrapa. C. solstitialis.
Arctium lappa.
Tragopogon pratense.
Leontodon autumnale. L. hispidum. L. hirsutum.
Hypochæris radicata.
Crepis biennis.

Ombellifères.

Chœrophyllum sylvestre.
Œnanthe fistulosa. Œ. peucedanifolia.
Hæracleum spondylium.
Daucus carotta.

Rosacées.

Saxifraga granulata.
Alchemilla vulgaris.
Poterium sanguisorba.

Légumineuses.

Anthyllis vulneraria.
Trifolium repens. T. pratense.
T. medium. T. ochroleucum.
T. montanum. T. elegans.
T. arvense. T. filiforme.
Medicago sativa. M. falcata.

---

(1) Nous possédons six espèces de champignons comestibles, mais l'agaric comestible (*agaricus edulis*) est le seul que l'on serve sur nos tables. Quelques personnes mangent cependant le *boletus edulis* (champignon polonais), qui n'est pas sans danger à cause de sa ressemblance avec deux bolets vénéneux.

M. lupulina. M. maculata.
Lotus corniculatus.
Lathyrus pratensis.

Crucifères.
Cardamine pratensis.
Draba verna.

Caryophyllées.
Lychnis flos-cuculi.
Dianthus armeria.

Cistées.
Helianthemum umbellatum.

Géranides.
Geranium molle.

ESPÈCES LES PLUS COMMUNES DANS NOS BOIS.

Quercus racemosa; Q. sessiliflora; Fagus sylvatica; Carpium betulus; Ulmus campestris; Carpinus betulus; Betula alba; Abies excelsa; Fraxinus excelsior; Ligustrum vulgari;
Cratœgus torminalis; C. aria; Viburnum lantana; V. opulus; Cornus sanguinea.

GENRES LES PLUS COMMUNS DANS LES CHAMPS, LES HAIES, LES PATURAGES, ETC.

Adonis; Arabis; Aster; Anagallis; Allium; Brassica; Buplevrum; Cerœstium; Caucalis; Campanula; Chenopodium; Convallaria; Dianthus; Epilobium; Epipactis; Geranium; Gnaphalium; Gentiana; Galeopsis; Hypericum; Hieracium; Lathyrus; Lycopsis; Linaria; Lamium; Lysimachia; Orobanche; Ornithogale; Potamogeton; Polygonum; Ribes; Rubus; Rosa; Selinum; Sium; Stellaria; Sperula; Scrophularia; Stachys; Scirpus; Thlaspi; Vicia.

§ VI. — RÈGNE ANIMAL.

26. La connaissance des animaux qui se trouvent à l'état sauvage dans notre département est beaucoup moins avancée, dit M. Mathieu, que celle des plantes; cette particularité, qui n'est pas uniquement propre à ce pays, s'explique par la difficulté et le prix des préparations zoologiques, la place considérable qu'occupent les préparations de ce genre, et les soins qu'il faut y apporter. Comme d'ailleurs une énumération détaillée m'entraînerait trop loin du but de cet ouvrage, je me bornerai à indiquer les espèces les plus intéressantes dans les différents groupes du règne animal.

Parmi les MAMMIFÈRES à l'état sauvage, le naturaliste que je viens de citer compte douze genres de *carnassiers*, entre lesquels le loup et le renard, le chat sauvage, le blaireau ordinaire, le putois, la marte et la loutre commune, le hérisson d'Europe. Cinq genres de *rongeurs* : l'écureuil, le lapin, le lièvre, etc. Parmi les *pachydermes*, le sanglier d'Europe ; parmi les *ruminants*, le cerf commun, le chevreuil.

26. Dans la classe plus étudiée des Oiseaux, onze genres de *rapaces*, buses, hibous, éperviers, etc. — Dans l'ordre des *passereaux*, trente-six genres : corbeaux, merles, pies-grièches, hirondelles, bruants ; de nombreuses espèces de becs fins et de fringilles qui figurent sur nos tables ; la grive, l'alouette (1), etc. — Dans l'ordre des *grimpeurs*, plusieurs espèces de pics. — Parmi les *gallinacés*, cinquante-neuf genres : faisan commun, gélinotte, perdrix, caille, pigeons, etc. — Dans l'ordre des *échassiers*, vingt-trois genres : pluviers, hérons, vanneaux, cigognes, bécassines, bécasse ordinaire, râles, etc. — Dans l'ordre des *palmipèdes*, treize genres : glèbes, harles, cygnes, sternes, oies, canards, etc.

Dans la classe des Reptiles, plusieurs espèces de couleuvres et de lézards ; la vipère commune, la grenouille, le crapaud, etc.

Dans la classe des Poissons, vingt-neuf genres, parmi lesquels un assez grand nombre d'espèces d'une alimentation savoureuse et saine : perche commune, carpes, barbeau, goujon commun, tanche commune, brème, ables, loches, brochet commun, alose commune. truite (V. la description du département, par M. Lepage).

27. Dans l'embranchement des Mollusques, M. Godron cite vingt-deux genres, parmi lesquels l'escargot (helix pomatia) est la seule espèce comestible.

La classe des Insectes est ici comme partout très-nombreuse. On y a observé plus de quatre cents gen-

---

(1) Les oiseaux de passage ont sensiblement diminué dans notre contrée depuis quelques années, soit que les intempéries des dernières années les aient éloignés, soit qu'elles aient détruit les pontes, soit enfin qu'on en tue davantage. Beaucoup se blessent et périssent en se jetant contre les fils du télégraphe électrique.

res de *coléoptères*. La cantharide est la seule espèce utilisée. — Dans l'ordre des *hyménoptères*, l'abeille ; dans celui des *lépidoptères*, le bombyce du mûrier (ver-à-soie), sont élevés par quelques particuliers.

Dans la classe des ANNÉLIDES, je n'ai à citer que les sangsues ; dans celle des CRUSTACÉS, l'écrevisse.

Enfin, dans l'embranchement des ZOOPHYTES, plusieurs genres d'helminthes, notamment les ascarides vermiculaire et lombricoïde ; les tænias, plus rares ; diverses hydatides assez communes dans la race ovine particulièrement.

28. Nos animaux domestiques sont d'assez chétive apparence ; nos bœufs indigènes d'espèce médiocre. Cependant, on doit à notre Société d'agriculture d'assez notables améliorations, par exemple dans les races ovine et bovine. Nos chevaux, quoique de petite taille, supportent bien la fatigue ; mais ils sont trop parcimonieusement nourris pour les services qu'on leur demande (1). — Le porc, utile à la ville, indispensable à la campagne, est engraissé chez la plupart de nos paysans. La bonne qualité de son lard en fait un objet de consommation et même de commerce assez étendu. Nos bêtes à laine, trop peu abondantes sous le rapport de la production de l'engrais en particulier, fournissent une chair de qualité passable, une laine assez grossière. L'espèce indigène des chèvres, généralement chétive, n'est guère élevée que par les indigents.

En somme, s'il y a amélioration sous le rapport des bêtes de service, le bétail d'engrais particulière-

---

(1) Nos cultivateurs ne se rendent pas assez compte du déchet que subissent les bêtes de service de tout genre par suite de fatigues trop grandes. On a constaté que des vaches et des bœufs engraissés avaient perdu, de Rouen à Paris, de 647 à 1057 grammes par kilomètre parcouru. Un bœuf, après un trajet à pied de 125 kilomètres en dix-sept jours, perdit 120 kilogrammes, soit 7 kilogrammes par jour ou 960 grammes par kilomètre parcouru. Ajoutons que la viande y perd aussi beaucoup en qualité.

ment reste insuffisant, et, de l'aveu des hommes compétents, nous sommes bien en arrière, sous ce rapport, de ce que réclame notre sol pour atteindre un état de fécondité complète. Si la culture des céréales est préférée dans notre département à l'élève des bestiaux que nous échangeons avantageusement dans les Vosges contre nos grains, au moins faut-il, dit M. Chrétien (de Roville), que nos bêtes soient en nombre suffisant pour produire le fumier dont la terre ne peut se passer, et la viande, si rare pour nos classes ouvrières (1). Dans une brochure très-intéressante *sur les réunions territoriales*, un de nos concitoyens démontre au contraire que de la disproportion entre la superficie en prairies et la superficie en culture, il est résulté que la quantité du bétail élevé sur nos sols argilo-calcaires s'est *énormément amoindrie*.

29. La consommation en France, toutes espèces de viandes comprises, est, selon M. Payen, de 76 gr. 7 par jour pour chaque individu. Mais il s'en consomme dans les villes trois fois plus par chaque habitant (255 grammes à Paris), ce qui réduit à bien peu, comme on le voit, la portion commune, laquelle est moindre encore dans notre arrondissement. En effet, notre population consomme annuellement (non compris la population flottante) 4,369,515 kilog. de viande de boucherie (2), ce qui

---

(1) Notre arrondissement renferme, d'après la statistique de M. Guérard, 22,215 bêtes à cornes (soit une tête de gros bétail par 5 hectares); 26,637 bêtes à laine; 2,957 bêtes caprines; 18,906 porcs; 14,766 chevaux, sans ceux de la garnison. On a remarqué que, par une fâcheuse coïncidence, au moment où l'accroissement rapide des grandes agglomérations urbaines par l'émigration intérieure augmentait la consommation, la cherté des céréales et des fourrages avait pour effet de réduire le nombre des élèves.

(2) Y compris brebis et chèvres, et sans tenir compte du gibier et du poisson, qui n'apparaissent que sur les tables aisées où il y a du superflu.

ferait 15 kilog. 95 gr. par individu, ou environ 40 grammes par jour, si la part afférente à chacun ne devait être réduite de ce qu'absorbent en plus les habitants aisés des villes et des campagnes, la population flottante, et notamment nos deux à trois mille hommes de garnison. Il est vrai que je ne fais pas entrer en ligne de compte le porc, qui doublerait presque ce chiffre : mais on sait qu'il est principalement employé dans les classes peu aisées, à l'état de lard, pour faire de la soupe. Il est triste de dire que si chacun était nourri d'une manière conforme aux besoins de la réparation et aux préceptes de l'hygiène, il y aurait pénurie complète de produits animaux sur le marché (1). On nous fait craindre que, soit en raison de l'accroissement de la population, soit en raison des besoins de plus en plus nombreux dans chaque classe, et que ne peut parvenir à satisfaire une production à peu près stationnaire, nous ne finissions, à moins qu'on n'y apporte un remède, par vivre sur notre capital bétail, si nous n'avons déjà commencé. Ce n'est donc pas seulement une crise que nous traversons, a dit un agronome distingué, c'est une révolution économique qui se prépare : puisse-t-on parvenir à en conjurer les périls !

On comprend, du reste, quels liens étroits rattachent à l'hygiène publique et privée cette grave question de l'alimentation, moins étrangère à notre sujet qu'elle ne peut le paraître au premier abord.

§ VII. — DIVISIONS DE L'ARRONDISSEMENT ET TOPOGRAPHIE DU CHEF-LIEU.

30. Notre arrondissement est divisé en six cantons, comprenant 146 communes : ce sont les can-

---

(1) On a remarqué qu'outre nos 26 millions de campagnards qui ne mangent presque que du porc, 8 millions d'enfants mangent à peine de la viande, 2 millions de pauvres peu ou pas.

tons S. et N. de Lunéville, les cantons de Blamont, de Baccarat, de Gerbéviller et de Bayon.

Je réserverai au chef-lieu de l'arrondissement les développements que réclament son importance et l'objet spécial de ce travail.

Les deux cantons dont Lunéville est le chef-lieu sont traversés de l'E. à l'O. par le canal de la Marne au Rhin, par le Sanon au N., par la Vesouze et la Meurthe au S. — Le canton S. repose dans sa partie S. E. sur le muschelkalk, recouvert par le terrain de transport quartzeux connu sous le nom de plaines de Lunéville; de l'autre côté de la Vesouze, du S. au N.-E., se montrent les marnes irisées. — Le canton N. est traversé dans la même direction par le keuper, que recouvrent des alluvions; par des bancs de calcaire, des grès, des dépôts de gypse superposés à des bancs de sel gemme; au N. on rencontre le grès infra-liasique, et le lias à gryphées. Il y a plus de plaines dans ces cantons que dans les autres parties de l'arrondissement. On y trouve des forêts assez considérables. La culture y est variée en blé, avoine, seigle, pommes de terre, légumes secs, houblon, jardins et vergers, vignes, prairies naturelles et artificielles.

LUNÉVILLE (1) s'étend à l'entrée d'une belle plaine, entre la Meurthe au S. et la Vesouze qui la traverse à son extrémité N. La direction la plus générale de ses artères principales est du N. au S. et de l'E. à l'O.; orientation qui laisse un libre accès pour les premières aux vents froids, et pour les secondes aux vents pluvieux si fréquents ici, mais qui, en définitive, est favorable à l'assainissement, en raison des courants continus qui emportent les éma-

---

(1) *Lunæ villa*, parce que, dit-on, Diane avait un temple dans le voisinage, sur la colline de Léomont? Ou, selon l'étymologie du docteur Gaillardot, parce que cette ville est bâtie sur le gypse (*lun* en langue celtique).

nations nuisibles. Au centre et entre les côtés d'un triangle formé par la grande rue et la rue Banaudon, sont les rues étroites et irrégulières de la vieille ville. En dehors et aux extrémités les rues larges et régulières de la ville neuve, dont un bon nombre de jardins et de grandes places augmentent encore la salubrité.

31. Les maisons particulières se distinguent moins par l'élégance que par la solidité; il en est peu où l'on n'ait à se plaindre du peu de hauteur des appartements, de la mauvaise construction des escaliers, de l'étroitesse des allées, corridors et fenêtres; et ce n'est que depuis bien peu de temps qu'on est, sous ce rapport, en progrès. La commission nommée il y a trois ans dans le sein du conseil municipal, pour l'inspection des logements insalubres, ne trouva que quatre logements inhabitables (1). Des mesures ont été prises depuis par la municipalité pour leur assainissement. La malpropreté et l'insalubrité des cours dans les habitations pauvres, l'absence de caniveaux, la détérioration du pavé et des tuyaux pour l'écoulement des eaux ménagères, furent, avec le mauvais état des lieux d'aisance et leur absence dans un certain nombre de maisons, les circonstances qui attirèrent principalement l'attention des commissaires. Ce sont aussi celles qu'a signalées la Commission nommée en dernier lieu. La police municipale fait des efforts pour remédier à cet état de choses, à l'amélioration duquel la position gênée des petits propriétaires apporte trop souvent obstacle. Ainsi, par exemple, l'établissement des fosses d'aisance dans certaines maisons privées de cours exigerait une reconstruction totale et la réunion de plusieurs pro-

---

(1) Ce qui ne veut pas dire, sans doute, que les autres fussen dans de meilleures conditions possibles, et qu'ils eussent, par exemple, 14 mètres cubes par individu et 2,65 de hauteur, comme le demande la commission qui fonctionne à Paris.

priétés en une. En somme, chose consolante à dire, la population ouvrière et même la population pauvre est bien moins mal logée à Lunéville que dans la plupart des cités manufacturières.

32. Des édifices ou bâtiments publics destinés à recevoir une population agglomérée, les principaux sont les quatre casernes de cavalerie connues sous les noms de quartiers *des Carmes*, *des Cadets*, *du Château* et *de l'Orangerie*. Leur importance, au point de vue des intérêts de l'armée et de la ville, m'oblige à entrer ici dans quelques développements.

La caserne dite *des Carmes*, située au N. de la ville, sur la place de ce nom, a la forme d'un quadrilatère irrégulier. Sa façade principale est tournée vers l'E. Un corps de bâtiment qui fait retour sur le faubourg de Nancy est situé au S. Le rez-de-chaussée comprend le corps-de-garde, les cuisines, la cantine, les salles de police et quelques chambres suffisamment élevées et aérées, mais dont une est assez humide, quoique située sur des caves voûtées, pour que le cuir s'y recouvre de moisissures au bout de deux à trois jours. Les salles de police bituminées ou planchéiées sont froides, la quatrième surtout, et la première par suite du voisinage du porche d'entrée. J'y ai vu, par une température extérieure de $+1°$, des hommes blottis sous des couvertures, et ne pouvant, m'ont-ils dit, rester debout en raison de la température qui devait y être à ce moment de 5 à 6 au-dessus de zéro tout au plus. Les deux cellules qui servent de prison sont profondes, élevées, mais très-étroites, et ne reçoivent le jour que par une petite fenêtre grillée, non vitrée, placée très-haut au-dessus de la porte et donnant sur un étroit corridor en communication avec le corps-de-garde. Au premier étage sont l'infirmerie et des chambres de sous-officiers et de soldats. Ces chambres, hautes d'environ $3^m,45$ en moyenne, cubent de 14 à 16^m par lit; l'air s'y renouvelle facilement. Elles sont plafonnées, les planchers sont vieux. On se plaint, dans quelques parties de l'infirmerie, de l'odeur qu'exhalent les lieux. Quant au deuxième étage de ce quartier, je n'avance rien qui ne soit parfaitement connu de l'autorité militaire, en disant qu'il laisse tout à désirer : hauteur insuffisante (2^m à $2^m,10$ en moyenne) (1), petites fenêtres, escaliers dégradés, vieux planchers dans les interstices desquels s'accumulent toutes sortes de détritus fétides (observation qui s'applique d'ailleurs du plus au moins à tous nos casernements), tout y est dans de mauvaises conditions. A la vérité, cet étage est déclaré hors casernement ; mais, quand notre garnison atteint 3,000 hommes, on en met là plutôt que de les loger en ville. J'ai même trouvé dans deux chambres deux à trois lits *occupés* en surplus de ce que comporte leur cubage réglementaire, qui n'est cependant que de $13^m,500$ à 14^m.

Espérons que le gouvernement, si favorable au développement de notre bel établissement militaire, fera là ce qu'il a fait faire avec succès aux *Cadets*. — L'une des latrines de ce casernement répand une odeur très-forte dans le passage resserré et très-fréquenté où elle est placée, et où le sol est sans cesse imprégné d'urine. — Les hommes casernés aux Carmes boivent l'eau de la fontaine située sur la place de ce nom et qui provient de Chanteheux (n° 3), celles que fournissent les fontaines intérieures étant très-chargées de chaux et désagréables au goût (Voir les analyses précédentes, n° 1). — Les écuries de ce casernement sont bonnes. Au N. s'élève le grand manège.

33. La caserne dite *des Cadets*, occupant dans la rue entre les ponts une position parallèle à celle de la caserne des Carmes, a, par conséquent, sa façade principale à l'E. Ce quartier est, à certains égards, dans de meilleures conditions que le précédent. Le rez-de-chaussée occupé de même n'est pas humide,

---

(1) Le conseil de salubrité de la Seine en demande 5.

à l'exception de la grande salle située au N. du corps de bâtiment principal, dont le pignon donne sur la Vesouze. Les salles du premier, où se trouve l'infirmerie, et même celles du second, quoique moins hautes, sont convenables au point de vue de l'espace et de l'aération. Elles sont plafonnées, ont environ $3^m,30$ de hauteur en moyenne, et cubent ainsi 14 à 16^m au minimum. Les latrines de l'infirmerie se composent de deux fosses mobiles qu'il serait à propos de remplacer, comme cela a été déjà proposé, par un conduit qui descendrait du premier étage dans un canal qui se trouve à proximité dans la cour. Les latrines communes sont trop éloignées; mais, ce qui est bien pire pour le voisinage, c'est que les matières fécales tombent sur un talus de la Vesouze qui reste à découvert pendant la plus grande partie de l'année. — Les écuries sont bonnes, à l'exception de l'une d'entre elles qu'il faut évacuer pendant les débordements de cette rivière. — M. le général Reyau faisait naguère emporter tous les jours les fumiers; on les laisse séjourner maintenant dans l'intérieur des cours pour en tirer un parti plus lucratif, ce qui peut n'offrir aucun inconvénient quand ces fumiers sont éloignés des bâtiments occupés, comme à l'Orangerie par exemple; mais ce qui en a dans le cas contraire, c'est-à-dire aux Carmes et aux Cadets.

Les hommes casernés aux Cadets boivent l'eau des deux fontaines qui se trouvent dans les cours (Sources de Chanteheux, n° 3).

34. J'ai peu de chose à dire du casernement *du Château*, qui est de tous le plus irréprochable au point de vue hygiénique. Les deux ailes affectées à cette destination sont dirigées parallèlement de l'E. à l'O., et séparées par une vaste cour en pente. Les écuries occupant le rez-de-chaussée, on monte par deux perrons élevés aux deux étages habités par la troupe. Les chambres en sont spacieuses, éclairées, aérées et élevées (près de 4^m), surtout au premier, où les hommes ont plus de 16^m cubes d'air. Il y a des plafonds

partout. Les escaliers sont en bon état. L'infirmerie est au premier étage de l'aile S., et comprend quatre salles spacieuses. Malheureusement il n'y a de latrines que dans l'aile N., ce qui oblige les hommes logés à l'aile opposée de traverser la cour. On comprend les graves inconvénients qui en résultent, surtout en hiver et pendant la nuit. — Les salles de police situées près du corps-de-garde, en contre-bas du sol, sont froides et sombres. La prison, où l'on descend par quarante-deux marches, offre la température constante des caves, et n'est pas, sous ce rapport, dans des conditions plus défavorables que les salles de police dont j'ai déjà parlé, au contraire; elle n'est pas non plus beaucoup plus sombre, seulement l'air s'y renouvelle difficilement, inconvénient atténué du reste par l'élévation de la voûte.

Le bâtiment dit *des Remises*, qui sert d'annexe au casernement du Château, ne m'a rien offert de particulier à noter. Comme dans les autres parties de ce quartier, les chambrées et les écuries sont dans de bonnes conditions, à l'exception de cinq chambres basses et en assez mauvais état dans le bâtiment B. Les hommes casernés au Château boivent l'eau de la fontaine qui se trouve sur la place contiguë (Sources de Chanteheux, n° 3).

35. — La caserne dite *de l'Orangerie*, située au N.-E. de la ville, se compose d'un corps de bâtiment principal ayant la forme d'un parallélogramme dirigé du N. au S., et qui s'élève à l'extrémité d'une très-vaste cour renfermant un manége, et entourée d'écuries au S., à l'O. et au N. Celles qui se trouvent du côté N. ont au-dessus d'elles des chambres de soldats. Du même côté se trouve aussi un bâtiment comprenant au rez-de-chaussée les salles de police, au premier l'infirmerie. Quoique cette partie du casernement ne soit pas la plus belle, elle ne donne lieu, au point de vue de l'hygiène, à aucune observation bien importante. Il n'en est pas de même du bâtiment principal, où le trop grand nombre d'ouvertures en-

tretient une aération excessive contre laquelle il a fallu se défendre en bouchant 55 archivoltes avec des planches. On pourrait, sans inconvénient, supprimer définitivement toutes ces ouvertures dans ce bâtiment, si bien caractérisé par le sobriquet de *Lanterne* que lui ont donné ses habitants, et que son emplacement entre des jardins et une vaste cour balayée par les vents contribue, avec son orientation, à rendre encore plus froid. Au reste, les chambres spacieuses, élevées (3^m,50 au minimum), sont convenables sous tous les rapports, quoique non plafonnées, et cubent 15 à 16^m au moins. Je ne parlerai pas du petit bâtiment Z, escalier B, au N.-E. de la cour, et qui est condamné par le génie; mais puisqu'il est reconnu comme essentiellement défectueux et insalubre, pourquoi continue-t-on à l'habiter (février 1857)? Un dernier mot sur les lieux d'aisance qui, situés au N., forcent les hommes à traverser la vaste cour qui les sépare du casernement.

Les troupes casernées à l'Orangerie boivent l'eau des trois puits qui s'y trouvent. Cette eau, qui filtre à travers un terrain sablonneux, dissout les légumes et n'est pas de mauvaise qualité.

Qu'il me soit permis, en terminant, de réclamer contre l'insalubrité de la plupart des salles de police.

36. *L'Hôpital Saint-Jacques*, où l'on traite les militaires de la garnison et les indigents, est situé au S.-O. de la ville, entre de vastes cours et de grands jardins en communication avec la campagne. Il se compose de divers corps de bâtiments irrégulièrement disposés par suite de la construction successive de plusieurs d'entre eux, ou de leur adjonction ultérieure à l'édifice moins considérable qui constituait primitivement l'hôpital. Celui-ci forme un quadrilatère autour duquel règne intérieurement aux deux étages une galerie ouverte sur un petit jardin, et qui peut servir de promenoir aux malades pendant le mauvais temps. Une cloison vitrée mobile qui la défendrait en hiver contre le froid ajouterait beaucoup

à son utilité. Ce bâtiment renferme, outre l'officine, la cuisine et quelques pièces affectées à différents services, les salles des fiévreux militaires et celles des malades civils des deux sexes.

Les femmes sont traitées dans deux salles contiguës : la première a l'inconvénient de servir de passage aux gens de service et de ne pouvoir être ventilée sans danger pour quelques malades : elle cube $25^m,60$ par lit. La seconde, qui n'en compte que $18^m,13$, est exempt du premier de ces inconvénients, et a moins aussi à souffrir du second. Les maladies externes sont dans l'une et dans l'autre pièce réunies aux maladies internes, ce qui est regrettable, surtout quand il y règne des affections contagieuses, ou que des malades en proie au délire, à de vives souffrances, empêchent par leurs cris ou leurs plaintes leurs voisines de prendre du repos. Ainsi j'ai vu, il y a quatre ans, la variole se communiquer de proche en proche à plusieurs femmes qui étaient dans nos salles pour d'autres maladies (1).

37. Des deux salles affectées au service des hommes, l'une, au rez-de-chaussée, est ordinairement réservée aux maladies externes. Elle contient douze lits et n'a que trois fenêtres, dont l'une, prenant jour sur la galerie, ne s'ouvre jamais. Cette salle où la ventilation est, à mon avis, insuffisante, a aussi l'inconvénient d'être fréquemment traversée pour les besoins du service. Elle cube du reste $22^m,86$ d'air par lit. La deuxième salle, située au deuxième étage, et maintenant réservée aux maladies internes, offre

---

(1) Il y aurait possibilité de remédier à cet état de choses en séparant par une cloison les six derniers lits de la deuxième salle, et en affectant la petite pièce qui en résulterait à la destination que j'indique plus haut. Il y aurait lieu, le cas échéant, de rétablir la porte de communication qui existait jadis entre la galerie extérieure et cette deuxième salle ; ce qui aurait, en même temps, l'avantage de rendre le passage par la première moins fréquent.

une disposition analogue ; mais elle est moins assujettie au second inconvénient, et a une fenêtre de plus. Malheureusement presque toutes ces fenêtres touchent au chevet des lits, qui sont d'ailleurs trop rapprochés. Cette pièce cube néanmoins 21^m,48 par malade. Une troisième salle voisine, plus petite et percée seulement de deux fenêtres donnant au N. sur la cour, est réservée pour les cas exceptionnels, choléra, etc. On y place même, en cas de besoin, des militaires. Elle cube 17^m,56 par lit. La distance entre les lits dans ces différentes salles est de 40 à 60 centimètres.

L'hôpital contient deux cents lits militaires montés. Il pourrait, au besoin, en fournir trois cents, mais en diminuant l'intervalle réglementaire de 0^m,65 qui doit se trouver entre eux, et le cubage d'air par lit. Il n'y en a eu que cent vingt et un occupés, en moyenne, dans les quatre dernières années.

Les salles 7, 8 et 9, situées au premier étage du bâtiment dont je viens de parler, et ouvertes sur les galeries, sont exclusivement réservées aux fiévreux militaires. — La salle 8 renferme trente et un lits, et cube 19^m,41 par homme. Les nombreuses fenêtres dont elle est percée au N. et au S. donnent partie sur un jardin, partie sur la campagne. Malheureusement il en est de notre hôpital, sous le rapport de l'élévation et de la ventilation des salles, comme de tous les édifices construits à une époque où l'on ne se rendait pas un compte assez exact de l'effet délétère des agglomérations d'individus dans un même local, et des meilleurs procédés de renouvellement de l'air. Ainsi, les croisées contiguës à une partie des lits, et dont il faut ouvrir les impostes pour aérer les salles, laissent, ce qui est bien grave, une partie des malades exposés à l'action directe de l'air, dans toutes les saisons (1). — La salle 7, contiguë à la précédente,

---

(1) Les moyens les moins dispendieux, sinon les meilleurs,

mais plus petite, ne contenant que dix-sept lits, et percée seulement de quatre fenêtres au S. et à l'E., est à peu près dans les mêmes conditions. Elle cube 20^m,37 par lit, et donne aussi sur de vastes jardins. Enfin, la petite salle n° 9, de dix lits seulement, est plus particulièrement réservée aux maladies contagieuses. Elle cube 20^m,5, est parquetée et garnie de lits en fer; réforme qui s'étendra sans doute aux autres parties de l'hôpital, quand ses ressources financières le permettront.—La distance entre les lits dans ces différentes salles est de 50 à 60 centimètres et plus ; leur hauteur de 3^m,25.

Les lieux sont placés à l'extrémité d'un long corridor situé dans la salle 7, et séparés par trois portes de la salle où ce corridor s'ouvre.

38. Les maladies externes de la garnison (blessés, vénériens et galeux) sont traitées dans un corps de bâtiment séparé du précédent par une grande cour, et dont l'axe principal est dirigé du N. au S. Le rez-de-chaussée comprend trois salles occupées par quarante lits. Leurs fenêtres, percées à l'E., donnent sur un des jardins de l'hôpital ; elles ont 3^m,60 de hauteur, et cubent plus de 20^m. Au premier étage règnent deux salles spacieuses quoique peu élevées (2^m,95) ; l'une cube 18^m,50, l'autre 18^m,17 par lit. Dans chacune d'elles se trouvent quarante lits. Elles

---

de remédier à ce vice de construction seraient : soit des ouvertures en entonnoir établies au milieu du plafond, et communiquant avec un tuyau conique qui s'élève au-dessus du plafond ; soit préférablement des tuyaux coudés de 1 mètre et demi à 2 mètres placés dans l'épaisseur des murs extérieurs, et appelant l'air par leur orifice externe, tandis que l'orifice interne, garni d'un modérateur, répand l'air neuf dans le local. A défaut de ces améliorations plus ou moins coûteuses, il serait du moins possible d'établir un système d'impostes moins nuisible à nos malades que celui qui existe aujourd'hui, dans les salles de fiévreux surtout (voir l'intéressant Mémoire publié sur ce sujet par M. Boudin, dans le *Recueil des Mémoires de médecine militaire*, t. v).

sont percées de fenêtres situées les unes vis-à-vis des autres à l'O. et à l'E.; celles-ci donnent sur le même jardin. Les chambres d'officiers, situées au S. de ce bâtiment, sont convenables. Les réflexions que j'ai faites tout à l'heure s'appliquent également à toute cette partie de l'établissement. Cependant, les malades de ce service ont moins à souffrir que des fiévreux, qui ne quittent pas leurs lits et sont souvent en transpiration, d'une ventilation vicieuse.

Nous avons un cabinet de dissection, mais il nous manque encore une salle d'opérations, chose extrêmement regrettable. — Les bains se donnent aux malades qu'on peut déplacer dans un bâtiment récemment construit par les soins de M. le maire de Lunéville, président de la commission des hospices, et qui ne laisse rien à désirer pour l'aménagement intérieur des salles, le chauffage et les différents détails du service ; seulement il est trop éloigné du service des fiévreux. On y prend des bains simples ou médicamenteux à vapeurs sèches ou humides, et des douches. Il y a quelques perfectionnements à apporter dans l'administration de ces dernières. Il serait bien désirable que les personnes affligées de rhumatismes pussent venir, moyennant redevance, y prendre les bains médicamenteux et par encaissement qu'on ne trouve pas en ville, et que l'on y affectât un cabinet pour les malades secourus par le bureau de bienfaisance.

L'hôpital est desservi par les sœurs de Saint-Charles.

Deux chirurgiens et un médecin seulement se partagent le service des malades civils et militaires (1). La pharmacie est tenue par des sœurs, mais

---

(1) Il y a un médecin-adjoint, mais auquel il n'est alloué aucune indemnité, ce qui ne m'a pas permis de réclamer son concours dans certaines années où j'ai eu seul à supporter les fatigues et la responsabilité d'un service qui comptait 80 malades

une partie des préparations officinales est achetée au-dehors. Le régime alimentaire est sain et substantiel, le pain de bonne qualité. L'eau de la source propre à l'établissement a une saveur peu agréable due aux conduits en bois qu'elle traverse, mais sa composition chimique est très-bonne. (Voy. l'analyse.) Les malades ont une vaste cour pour se promener. — La mortalité dans les trois dernières années s'est élevée, pour le service civil, à 1 sur 12,93, en raison des épidémies de choléra, de typhus et de fièvre typhoïde qui ont régné en 1854 et 1855. Elle n'était que de 1 sur 25,93 dans les années précédentes. Elle est à Paris de 11,46 pour tous les hôpitaux réunis, et de 7 4/10 pour 100 dans notre département, de 1833 à 1841. Et cependant il y a à tenir compte de la mortalité considérable des vieillards de l'asile, qui viennent y finir leurs jours (1 sur 5,88 pour ces mêmes années), et des habitudes des habitants, qui, secourus chez eux dans leurs maladies aiguës, ne viennent plus guère à l'hôpital qu'à la fin des maladies chroniques qui les emportent. — La durée du séjour a été en moyenne de seize à vingt-six jours dans les trois dernières années; elle est plus courte pour les hommes que pour les femmes.

L'hôpital de Lunéville avait acquis naguère pour la lithotomie une réputation que lui attira la haute habileté des opérateurs qui l'y pratiquaient. Les succès obtenus dans cette opération par mon célèbre aïeul Nicolas Saucerotte sont inscrits, du reste, dans les annales de la science. La lithotomie se pratique encore avec succès par MM. les chirurgiens actuels, mais le nombre des calculeux a beaucoup diminué dans le pays. (Voy. la 2me partie de ce travail.)

En somme, la position éminemment salubre de

---

militaires et plus, et 30 à 40 malades civils. J'espère qu'on m'excusera de constater, cette fois au moins, ma part de services à l'œuvre commune : *suum cuique.*

cet établissement, la dimension de ses salles, l'ordre et la propreté qui y règnent, les soins assidus qu'y reçoivent les malades, sont une large compensation aux quelques inconvénients que je signalais tout à l'heure, et justifient les éloges que lui ont accordé à différentes reprises MM. les inspecteurs du service de santé militaire.

Je ne quitterai pas ce sujet, d'un si haut intérêt à plusieurs titres, sans former un double vœu (1) : 1° Que M. le Ministre de la guerre veuille bien, dans ses rapports avec notre administration hospitalière, tenir compte de la disproportion qui existe entre le prix des journées militaires dans notre hôpital et l'accroissement du prix de toutes choses (2); 2° Que ceux de nos concitoyens qui sont à même de laisser à nos établissements de bienfaisance des témoignages de leur libéralité, se souviennent, à l'occasion, des utiles améliorations qu'il y aurait à faire dans cet établissement, que ses sages administrateurs ne peuvent que difficilement, avec les ressources bornées dont ils disposent, maintenir, pendant des années comme celles que nous traversons, au rang important qu'il occupe dans notre cité (3).

---

(1) Les médecins de l'hôpital n'étant jamais consultés sur les améliorations à introduire dans la condition des malades, j'ai dû consigner ici les réflexions que m'avait inspirées une pratique de vingt années dans l'établissement.

(2) La journée militaire, qui était de 1 fr. 10 c. lorsque l'hôpital payait le blé 12 à 13 fr. l'hectolitre, n'est, aujourd'hui qu'on le paie le double, augmentée que de 10 c. (1 fr. 20 c.); ainsi du reste. Il en est résulté un déficit considérable, et que le petit nombre de malades actuels ne saurait combler.

(3) La création d'une salle de quatre lits pour les femmes indigentes en couches serait, à mon avis, l'une de celles qui honorerait le plus son fondateur. Je ne connais guère de misère plus poignante que celle d'une malheureuse mère sans linge, sans feu, couchant sur une paillasse, et trouvant à peine dans ses mamelles taries le lait nécessaire à la subsistance de son nouveau-né !

39. Lunéville possède encore un établissement hospitalier où les vieillards indigents ou infirmes des deux sexes sont entretenus au nombre de 100. C'est, pour le vénérable pasteur qui l'a fondé, pour ceux de nos concitoyens qui l'ont soutenu de leurs dons (1) et de leurs cotisations annuelles, un titre impérissable à la reconnaissance publique. Grâce à leur générosité, et surtout aux libéralités de feu le curé Renard, la maison des vieillards, récemment reconstruite dans les meilleures conditions de salubrité et de bien-être, est aujourd'hui un établissement modèle que nous envierait plus d'une grande cité. — A cette maison est annexée celle des orphelins, où sont élevés, jusqu'à l'âge de 16 ans révolus, cent enfants des deux sexes. Ce sont les sœurs de Saint-Charles qui dirigent ce double établissement, sous le contrôle de la commission des hospices. C'est dire que les enfants comme les vieillards y reçoivent les meilleurs soins, et que la tenue de la maison, sa gestion économique, sont dans les meilleures mains. Mes observations ne porteront que sur un point : la trop faible ration de viande accordée, non pas tant peut-être aux vieillards, qui en ont moins besoin, qu'aux enfants pour lesquels c'est une condition de vigueur et de santé futures (2). Je ne suis pas le seul praticien à Lunéville qui ait été frappé de la fréquence des scrofules parmi ces enfants. La plupart, peut-être, en apportent le germe en naissant ; mais un régime trop végétal ne peut qu'augmenter cette prédisposition. Une alimentation meilleure, dit le docteur Morel, et dans laquelle la viande doit

---

(1) M. Letac, élevé comme orphelin dans cette maison, lui légua à sa mort 80,000 fr. Rien n'y rappelle le souvenir de ce bienfait.

(2) 60 grammes de viande cuite une fois par semaine, et autant de lard un autre jour ; pain, 500 grammes. Le reste en légumes frais ou secs, fromage et laitage.

entrer en plus grande quantité, est indispensable pour arrêter la dégénérescence dont les classes ouvrières et nécessiteuses sont atteintes. (*Loc. cit.*) — Je sais tout ce qu'exige d'économie sévère et intelligente, eu égard surtout aux résultats obtenus, la modicité des ressources de l'établissement; mais je ferai observer qu'en élevant des générations d'êtres maladifs qui encombrent plus tard les hôpitaux et les bureaux de bienfaisance, on grève l'avenir de charges bien autrement pesantes pour la cité, que ne le serait une légère amélioration dans le régime alimentaire des orphelins. Puisse, si cela ne peut se faire dans des années aussi difficiles que celles que nous avons traversées, mon appel être entendu de ces nobles cœurs toujours en quête du bien qu'ils peuvent faire, et qu'on semble obliger quand on leur indique un service à rendre (1)!

40. Un bureau de bienfaisance dirigé par des sœurs de Saint-Charles sous le contrôle d'une commission, et auquel est attaché un médecin, distribue des vêtements, du bois, des soupes et des médicaments. L'ouvroir Sainte-Marie a à peu près la même destination; plusieurs associations charitables lui viennent en aide. Enfin trois salles d'asile, bien tenues (2), complètent ce réseau d'institutions bien-

---

(1) Pendant que je plaide la cause de nos orphelins, je demande à ajouter un mot en faveur des vieillards, qu'un peu de feu dans leurs vastes dortoirs, *durant les mois les plus rigoureux* de l'année, soulagerait beaucoup; ce serait une donation spéciale de 3 à 4,000 fr., une fois payés, à affecter à cet objet. Ils n'ont passé, en moyenne, que 280 jours dans l'établissement pendant les quatre dernières années : c'est bien peu, car ils ne sont pas tous dans l'âge le plus avancé.

(2) L'une, trop basse et mal aérée, occupe une petite maison dont la démolition aurait l'avantage de permettre une surveillance plus complète et une communication plus directe entre les diverses parties de l'hôpital. Mais la suppression du mur d'enceinte obvierait en partie à cet inconvénient, et l'on pourrait éta-

faisantes, dont les résultats seraient plus sensibles si Lunéville n'était le rendez-vous des indigents des environs, attirés par son renom de charité : ajoutons encore sans les misères que laissent à leur suite, par compensation à l'argent qu'elles apportent, les nombreuses garnisons (1).

41. Nos écoles communales primaires, l'école mutuelle surtout, sont dans des conditions convenables de salubrité. Les salles des frères et celles des sœurs de la doctrine chrétienne pourraient être plus élevées, mais du moins on peut y renouveler facilement l'air entre les classes. Une seule salle, située dans l'école des sœurs, au rez-de-chaussée à l'angle de la maison, est très-humide; une ou deux fenêtres de plus au S. et à l'E. en diminueraient l'insalu-

---

blir là une maison de santé qui manque à Lunéville, et qui serait pour l'hôpital d'un certain revenu.

(1) Malgré les sacrifices que s'impose la charité publique et privée, le nombre des individus recevant ici les secours du bureau de bienfaisance augmente plutôt qu'il ne diminue; il est de 1 sur 12, ce qu'il était en 1835 à Paris, où il n'est plus aujourd'hui que de 1 sur 16. On ne peut se dissimuler que l'assistance fonctionnant d'une manière périodique et régulière a le grave inconvénient de s'offrir aux yeux des classes ouvrières comme un revenu sur lequel elles peuvent compter, et de leur désapprendre le sentiment de la responsabilité et de la prévoyance qui devrait constituer leur meilleure ressource. « La société fait des pauvres si, trop facile dans ses secours, elle présente l'appât d'une prime au vice, à la paresse, au manque de courage..... Partout l'accroissement du nombre des indigents est d'autant plus rapide que la charité, soit publique, soit privée, se montre plus large et plus active. » (*Dictionnaire d'économie politique.*) Quelle conclusion à tirer de là, si ce n'est que la charité doit être *préventive* plutôt que *subventive*; que cette dernière doit s'exercer *individuellement* et non sur des catégories d'individus; qu'enfin, elle doit moins songer à leur épargner les privations présentes qu'à modifier les conditions morales et matérielles dans lesquelles ils vivent, et qui constituent l'assistance à titre héréditaire dans les familles indigentes.

brité. Il serait moins facile de faire disparaître l'odeur que répandent les lieux d'aisance dans la petite cour d'entrée des frères. La seule amélioration possible serait l'établissement d'un tuyau d'appel perçant les étages, et s'élevant dans la direction du tuyau de chute jusqu'au faîte de la maison.

Les écoles et la salle d'asile, récemment construites dans la rue de Viller par M. le curé de Saint-Maur, sont très-bien disposées. On ne saurait trop éveiller la sollicitude de l'administration sur ce point, quand on réfléchit à l'influence de ces établissements sur l'avenir des jeunes générations qu'on y élève.

42. Le *Collége*, situé à l'E. entre deux places et une vaste cour servant aux récréations, ne saurait être sous ce rapport dans de meilleures conditions de salubrité. La distribution intérieure des classes, des salles d'études, des dortoirs, du réfectoire, etc., est généralement convenable, à l'exception d'une classe, la 3me, placée au N. entre un mur trop rapproché qui y entretient de l'humidité et les lieux qui y répandent de l'odeur. Il serait nécessaire de creuser dans l'intervalle qui sépare ce mur de ce corps de bâtiment une fosse recouverte de planches pour y déposer les différents détritus du jardin et de la maison. Ce n'est pas la seule salle, au reste, qui présente le même inconvénient. On se plaint parfois aussi de l'insuffisance du chauffage au commencement et à la fin de la mauvaise saison. — Du régime intérieur je n'ai rien à dire, le pensionnat étant une entreprise particulière ; qu'il me suffise de constater qu'à divers titres la réputation de l'établissement se maintient, sous la direction d'un chef habile secondé par des professeurs éprouvés, à la hauteur où elle est depuis longtemps placée.

L'*église paroissiale de Saint-Jacques* est froide et humide. Nos confrères sont souvent appelés à soigner des maladies qui y ont pris naissance. Le pasteur éclairé qui est à sa tête, et qui s'est déjà préoccupé de cette question, sait aussi bien que personne que des fenêtres mieux closes, un plancher ou des paillassons, quelques tuyaux de chaleur sous le sol, seraient les seuls remèdes à apporter à cet état de choses; et si cela ne s'est pas encore fait, c'est par insuffisance de ressources. L'église de Saint-Maur est mieux partagée à ce point de vue. — Le cimetière, par sa situation au N.-O. de la ville, et à distance suffisante des habitations, ne peut influer défavorablement sur la santé publique (1).

43. L'*abattoir*, situé au N.-O. de la ville, sur un canal de dérivation de la Vesouze, est, sous ce rapport, dans une position convenable. Des travaux y ont été exécutés, pour faciliter l'écoulement insuffisant des eaux au dehors; il y reste peu de chose à faire. La surveillance de cet important établissement est aujourd'hui confiée à un de nos vétérinaires les plus distingués.

Je ne dirai rien de l'ancienne maison d'arrêt et de la vieille caserne de la gendarmerie, puisque, cédant aux réclamations incessantes et si bien fondées de nos magistrats, l'administration s'est enfin décidée à construire au S.-O. de la ville, dans une position très-salubre, un édifice affecté à cette double destination. Il ne me reste plus qu'à déplorer l'état de notre salle de spectacle, d'où l'absence de chauffage en hiver, de ventilation en été, un éclairage vicieux et la privation de toute espèce de confort, éloignent artistes et public, nonobstant l'intérêt dont seraient pour la ville et sa nombreuse garnison des représentations théâtrales organisées au moins pour la mauvaise saison (2).

---

(1) Le transport *à bras* des morts, proscrit à Paris (décret de l'an IX), et depuis dans toutes les grandes villes par mesure d'ordre et de salubrité, est encore en usage ici.

(2) Les chemins de fer et d'autres causes encore ayant fait perdre aux petites localités le bon marché relatif qui constituait leur principal avantage, elles doivent s'attendre à voir d'ici à quelques années les habitants aisés que ne retiennent pas leurs

44. Lunéville va être pourvu, grâce aux intelligentes libéralités d'un de nos plus honorables concitoyens, M. Germain Charier, auquel on doit déjà la nouvelle installation de notre bibliothèque, d'une belle *halle aux grains*, dont la nécessité était bien reconnue depuis longtemps; mais nous n'avons pas encore de *marché couvert*. C'est un des établissements qu'il est le plus désirable de voir s'élever, non-seulement en raison des facilités qui en résulteraient pour l'approvisionnement à toute heure, et les facilités de l'arrivage, mais surtout en vue d'alléger les souffrances de pauvres gens exposés dès avant le jour, les pieds dans l'eau ou dans la neige, à toutes les rigueurs de la mauvaise saison. De pareilles choses ne sont plus de notre temps. La construction d'un *marché couvert* serait, d'ailleurs, l'une de ces dépenses productives auxquelles notre ville devra nécessairement finir par avoir recours si elle ne veut être dépassée dans la voie du progrès général, et puisqu'il lui faut bien subvenir à des dépenses inévitablement croissantes, par suite de la révolution économique qui s'accomplit (1).

45. La construction des trottoirs, due à l'administration vigilante et éclairée de M. Parmentier, est une amélioration de la plus haute importance dans une ville où le mauvais état des petits pavés et les obstacles apportés à la circulation par les caves et escaliers en saillie rendaient le parcours de la voie publique aussi fatigant que dangereux. Ajoutons que, mieux éclairées depuis l'établissement récent du gaz,

---

fonctions émigrer de plus en plus vers les grandes villes, si elles ne songent à leur procurer, autant qu'il dépend d'elles, quelques-unes des distractions qu'on demande à la richesse. Élevons des asiles à l'infortune, c'est ce qui presse le plus sans doute, mais n'éloignons pas la main qui les fonde ou qui les soutient.

(1). La ville de Nancy tire, m'a-t-on assuré, un revenu de 12 p. 100 du marché couvert qu'elle a construit, nonobstant le luxe qu'elle y a mis et qui ne serait certainement pas de rigueur ici.

nos rues n'ont pas moins gagné sous le rapport de la propreté. Il ne reste plus qu'à établir, sur un nombre suffisant de points, des lieux où il serait obligatoire de se rendre pour satisfaire aux besoins naturels. La décence et l'hygiène y gagneraient également. En attendant qu'il soit possible de réaliser cette amélioration, on pourrait obliger les cafetiers et les cabaretiers à construire, à portée de leur établissement, des cuvettes destinées à mettre, au moins dans leur voisinage, nos trottoirs à l'abri des flots d'urine qui les infectent.

46. Un système bien entendu d'égouts est une des conditions les plus importantes de la salubrité d'une ville. Trois égouts principaux, auxquels se rendent, de différents quartiers et par de nombreux embranchements, les canaux secondaires, aboutissent, en se dirigeant du S. au N., au canal des Bosquets. L'un part de la rue de ce nom, un deuxième de la place du Théâtre, un troisième de la place du Château. Ce dernier débouche près du premier pont dans une rigole qui rejoint le canal, mais qui, n'étant pas suffisamment creusée, reste le plus souvent à sec et laisse échapper des émanations infectes dont se plaignent beaucoup les riverains. L'égout qui, de la rue du Cimetière, se dirige vers la Vesouze et débouche près du deuxième pont, soulève aussi des réclamations du même genre. Mais celui qui appelle le plus instamment la sollicitude de l'autorité, c'est le canal dit du Besset, qui, partant du faubourg d'Einville, et recevant non-seulement les eaux, mais même les immondices des maisons particulières, passe à ciel découvert derrière le grand manège et à l'O. de la caserne dite des Carmes, où il répand, par les vents d'O. et pendant les chaleurs qui le convertissent en un véritable cloaque, des émanations aussi nuisibles qu'incommodes, notamment dans les chambrées situées au S.-O. de ce quartier (1). Je ne

---

(1) M. le commandant du génie Humbert avait proposé de

parlerai pas du canal fangeux et infect, sans radier et sans couverture, qui longe le chemin de Ménil, puisque cette partie de la ville va subir (c'est du moins à espérer) une transformation complète, par suite de la construction d'une maison d'arrêt. Il ne me reste rien à dire non plus, au point de vue qui m'occupe ici, des autres égouts situés au S. de la ville et débouchant dans la Meurthe, si ce n'est peut-être à mentionner l'odeur malsaine que répandent quelques-uns des regards situés dans l'intérieur de la ville, tels que ceux de la rue Hargaut, des places du Château, Saint-Jacques, etc.; inconvénients dus soit à une pente trop faible, soit à l'absence de soupapes, soit à l'engorgement des canaux par le sable dont on surcharge le pavé, par l'absence d'eau pour les laver, par les immondices qu'y versent un certain nombre de maisons particulières, enfin par le mauvais état des murs de soutènement, une partie de nos égouts datant des ducs de Lorraine. Des regards plus nombreux auraient, en aérant les conduits, l'avantage de diviser les miasmes. Espérons qu'on trouvera un jour le moyen d'utiilser, sans trop de dépense, cette énorme quantité d'engrais perdu pour l'agriculture, qui en aurait si besoin. Il y a aussi des réformes à introduire dans le transport des vidanges, qui s'opère toujours ici suivant l'ancien système, sans pompe d'épuisement et sans la désinfection préalable.

47. Lunéville a douze fontaines alimentées par des sources qui viennent du nord, de l'est et du sud-est. Les premières se rendent des coteaux du nord, où elles se rassemblent dans un bouge commun, pour se rendre aux fontaines qui se trouvent à l'intérieur du quartier des Carmes. Elles déposent dans les conduits qu'elles traversent des concrétions considéra-

---

recouvrir ce canal; c'était une dépense d'environ 1,000 francs. Il est fâcheux que cette subvention n'ait pas été accordée.

bles dues aux terrains gypseux d'où elles proviennent. Les hommes n'en boivent pas ; nous croyons qu'elles ne conviennent pas plus aux chevaux. D'autres sources se dirigent de la forêt de Mondon vers le village de Chanteheux, à l'extrémité du champ de manœuvres, en filtrant à travers un sol sablonneux ; et, se réunissant dans trois bouges, elles se rendent aux fontaines des Cadets, des Carmes, de la place et de la rue du Château, de la Grande-Rue. Le filet d'eau qui coule dans les bosquets commence à quelque distance de là. Quant aux fontaines situées dans la partie sud de la ville, elles ont leur prise d'eau dans les pâquis situés au sud-est, et s'y rassemblent, à travers les terrains argileux et les alluvions sableuses qui les recouvrent, dans cinq bouges d'où elles arrivent au faubourg d'Alsace, à la place Neuve, à l'hôpital, au faubourg de Viller. Ces différentes sources se troublent quelquefois quand il a beaucoup plu, en raison du sol argilo-calcaire qu'elles traversent. Quelques-unes traversent des conduits en bois qui leur communiquent une saveur assez désagréable ; mais les tuyaux qu'on renouvelle aujourd'hui sont en fonte ou en terre vernie à l'intérieur.

Le nombre de nos fontaines est trop restreint, et le volume peu considérable d'eau qu'elles débitent est tout-à-fait insuffisant au point de vue de l'hygiène publique et de la salubrité. Nous croyons savoir qu'il est dans la pensée de notre administration locale d'améliorer cet état de choses dans un avenir prochain ; mais il n'en est pas moins regrettable qu'on ait fait, au sein du conseil municipal, un accueil peu favorable à la proposition d'un de nos plus honorables concitoyens, qui offrait, il y a quelques années, d'amener dans l'intérieur de Lunéville l'eau de la Meurthe pour l'appliquer aux besoins de l'hygiène publique et privée (1). On peut dire que la sécurité,

---

(1) Depuis on a proposé, je crois, d'amener l'eau des pâquis, qui se trouve parfois en trop plein dans les bouges, en raison des

la salubrité et l'assainissement des villes consiste en très-grande partie dans l'approvisionnement abondant et continu d'eau avec un écoulement facile, puisque, sans parler de l'éventualité des incendies, l'arrosement et le nettoyage des rues, des usines, des hôpitaux, des écoles, des établissements publics et des maisons particulières, ceux des égouts qui ont besoin d'être traversés de temps en temps par une masse d'eau suffisante pour chasser les dépôts consistants ne peuvent se faire convenablement qu'à cette condition (1); puisque c'est, enfin, le seul moyen d'organiser les *bains et les lavoirs publics*, qui sont comme le complément obligé de cet ensemble de mesures (2).

---

contre-pentes et des imperfections de nos conduites d'eau. L'eau serait plus pure que celle qui nous viendrait de la Meurthe; mais elle arriverait en quantité beaucoup moindre. Ce serait simplement de l'eau potable en plus; mais enfin ce serait un progrès sur ce qui existe.

(1) Il n'y aurait guère d'autres moyens de remédier aux miasmes fétides qui s'élèvent fréquemment de nos ruisseaux que des bornes-fontaines placées au point culminant du ruisseau qui entoure chaque îlot de maisons, avec un regard d'égout à la partie déclive pour recevoir ces eaux.

(2) Nous voyons, dans le compte-rendu des séances du Congrès international de bienfaisance qui a eu lieu en Belgique (1855), que plus de cent villes en Angleterre ont déjà établi un système d'assainissement qui consiste à amener l'eau pure dans les maisons au moyen de tuyaux toujours remplis à haute pression, et, au moyen d'autres tuyaux à la ramener dans les champs chargée de principes fertilisants, que l'on précipite même avec un lait de chaux pour en fabriquer des briquettes qui constituent un excellent engrais. Ce système, qui fait disparaître égouts, citernes, etc., ne coûte pas plus de 5 centimes par jour pour une maison, selon M. Ward. Quant à la dépense résultant de la distribution des eaux d'égouts sur le sol, elle ne dépasse pas, selon cet économiste, celle du drainage. M. Ward assure que la mortalité a diminué d'une manière sensible dans les villes où existe ce système d'assainissement, qui est appliqué à Paris aux maisons construites depuis 1849.

Qu'on me permette d'entrer dans quelques développements au sujet de ces utiles établissements, dont l'importance n'est pas assez généralement appréciée, et qu'on regarde peut-être à tort comme onéreux pour les villes.

48. On sait que la loi du 3 février 1851 a affecté un crédit en faveur des communes qui contribueraient pour les deux tiers à la création d'un établissement de *bains et de lavoirs publics*. « Donner à l'artisan, est-il dit dans le rapport qui la précède, de l'eau chaude pour se laver, du linge sec et propre pour se vêtir, en assainissant en même temps son habitation, c'est avoir réalisé l'une des plus grandes améliorations que l'on puisse désirer dans l'intérêt de la santé publique. » On a calculé qu'en évaluant seulement à 10 kilogrammes le poids du linge lavé (ce linge retenant une quantité d'eau égale à son poids), il faudrait, pour enlever les 10 litres d'eau dont il est imprégné, plusieurs centaines de mètres cubes d'air ; d'où il résulte que cette eau n'abandonne le linge mal séché que pour se déposer sur les murs, s'imprégner dans tous les coins de l'habitation, et jusque dans la paillasse sur laquelle s'étend le pauvre. « C'est peut-être là, dit le même rapporteur, une des causes les plus actives de ces scrofules invétérés qui sont la plaie vive de nos populations indigentes. » Les établissements de bains et de lavoirs publics fondés depuis longtemps en Angleterre y exercent l'influence la plus heureuse sur la santé et le bien-être des classes ouvrières. « Avec un peu de bon vouloir de la part des municipalités pour les concessions d'eaux et de terrain, il serait facile d'organiser ces établissements sans entraîner aucune dépense annuelle, et même en réalisant des bénéfices (1). » (*Ibid.*)

---

(1) D'abord il n'est pas de maison un peu aisée qui ne prendrait avec empressement un abonnement pour recevoir de l'eau en quantité suffisante. Ensuite, en établissant, par exemple, deux classes de baignoires, les unes à 20, les autres à 40 centimes,

49. La population fixe de Lunéville est de 11,969 habitants, elle n'a pas augmenté depuis vingt-cinq ans; sa population flottante est de 3,332 (en 1856). Le nombre des maisons étant de 270, cela fait 9 habitants environ par maison, ce qui est aussi la moyenne générale des villes en France, non compris Paris qui a plus de 36 habitants par maison. Cette population compte 400 familles ou, en nombre rond, 1,200 individus recevant les secours de la charité publique. Mettons en regard de cette plaie vive de nos sociétés le nombre des établissements qui contribuent pour une si grande part à la produire ou à l'entretenir : il y a, à Lunéville, 183 établissements où l'on débite des spiritueux à un titre quelconque ! 70 cabarets, 66 débits d'épiciers, 30 cafés, etc. Certes, si quelque chose a lieu d'étonner, c'est qu'on accorde encore de nouvelles autorisations. On sait ce que le Ministre des finances y gagne; mais il ne serait pas moins important de mettre en balance ce que le Ministre de l'intérieur et les communes y perdent.— Les filles inscrites, au nombre de soixante à soixante-dix seulement, sont visitées tous les dix jours. Cette partie de la police soulève de la part des autorités militaires des plaintes fréquentes qui ne me paraissent pas complètement justifiées. Je ne crois pas que les choses se passent beaucoup mieux ailleurs. Ainsi,

---

les frais seraient certainement couverts en province, si, comme l'affirme le docteur Tardieu, le prix de revient des bains dans le centre de Paris n'était, *tout compris*, en 1852, que de 47 centimes, et de 20 centimes seulement à la Salpêtrière, où il n'y a ni loyer, ni personnel à compter, mais les frais de chauffage et d'entretien du matériel seulement. Quant aux lavoirs, la Société des lavoirs publics, qui n'est pas en perte, à ce que je sache, livre de l'eau chaude à raison de 5 centimes le seau. Un paquet de cinq chemises ou l'équivalent coûte 10 centimes au couloir ou cuvier; 5 centimes l'heure (après la lessive), 30 à 40 centimes la journée. Or, le blanchissage d'un ouvrier ne peut guère être estimé ici à moins de 60 à 70 centimes par mois, sans compter les draps.

d'après M. Simonin, les mêmes abus existent à Nancy, sans qu'il y soit plus facile qu'ici d'atteindre le mal à sa source.

Notre industrie consiste, sauf la faïencerie, la ganterie et la broderie, en un commerce de détail et de consommation qui n'a pas, en général, une grande importance. Nous n'avons que deux catégories d'établissements insalubres de la première classe : une fabrique de poudrette hors la ville, et quelques triperies à l'intérieur ; plusieurs établissements de deuxième classe (chandeliers, chamoiseurs, fabricants de plâtre), et un plus grand nombre de la troisième (fabriques de glucose, de fécule, brasseries, gazomètre).

Comme toutes les localités habituées à trouver dans la présence d'une garnison le gain assez régulier bien qu'aléatoire dont elles tirent leur principale ressource, notre ville se montre trop fréquemment dépourvue de cet esprit d'initiative et de progrès qui se développe sous l'aiguillon de la nécessité et force les populations à tirer de leur propre sein les germes de leur prospérité. Il ne faut donc pas s'étonner que la population y reste stationnaire au milieu de l'accroissement général (1) : là où le travail est stationnaire, la population l'est aussi.

---

(1) Cet accroissement a été en France de 17 p. 100, dans l'année 1856, pour les villes de 10,000 habitants et au-dessus, et de 6 millions dans les cinq dernières années, dont 600,000 pour Paris et sa banlieue !

SECONDE PARTIE.

GÉOGRAPHIE MÉDICALE.

§ I. — PHYSIOLOGIE.

1. *Constitution physique*. — L'habitant de nos cantons est, en général, doué d'une complexion robuste. La constitution sanguine ou lymphatico-sanguine y est commune; mais, d'une part, les déplacements si fréquents de nos jours ont dû introduire de nombreuses variétés de tempéraments dans la population indigène; d'une autre, notre climat est trop inconstant pour produire une prédominance bien marquée de certains appareils sur d'autres. C'est, en effet, sous l'influence des températures constantes, à caractères invariables, que se développent les tempéraments propres à certaines contrées. Les nuances organiques varient même sur les divers points de l'arrondissement, suivant la configuration du sol, son altitude, l'abondance des eaux, comme elles varient suivant la position sociale, le degré d'aisance ou de misère. Ainsi, on rencontre assez fréquemment ici le tempérament lymphatique avec tendance aux scrofules chez les individus mal logés, mal nourris, et qui ont le plus à souffrir de l'humidité de notre atmosphère. — La puberté arrive, terme moyen, pour les filles, de 13 à 16 ans, de 17 à 18 pour les garçons; la stérilité vers 45 ans, assez souvent plus tard. La taille moyenne des hommes, qui a baissé dans le département comme dans le reste de la France, n'y est plus que de 1^m,65 pour les dix années qui viennent de s'écouler (1). Un vingtième du

---

(1) Taille moyenne pour la France. Le département de la Meurthe vient cependant le cinquième sous ce rapport dans les tableaux de recrutement de 1831 à 1849 à partir des plus favorisés. Le minimum de la taille exigée pour servir, qui est au-

contingent appelé sous les drapeaux a été réformé dans notre arrondissement pour défaut de taille. On en a exempté presqu'autant pour faiblesse de complexion (1). Des études trop longues, ou du moins commencées trop tôt chez les garçons, une vie trop sédentaire, une éducation trop molle dans l'un et l'autre sexe, et où les exercices du corps ne tiennent qu'une place tout-à-fait insuffisante, telles sont les causes principales de l'amoindrissement physique des races dans les classes aisées (2). Dans les classes nécessiteuses c'est un travail épuisant commencé trop tôt, joint à une réparation insuffisante, et (dans les villes surtout) à une dépravation précoce; conditions qui, à la campagne, trouvent du moins une compensation dans la vie en plein air, loin des influences physiquement et moralement délétères de l'atelier.

---

jourd'hui de 1ᵐ,56, était, comme nous l'apprend M. Boudin (*Hygiène comparée des armées de terre et de mer*, Paris, 1848), de 1ᵐ,62 sous Louis XIV. Il est vrai que l'armée étant moins nombreuse, on pouvait être plus difficile sur le choix des hommes. — Ce rabougrissement de la taille, sensible surtout dans les localités industrielles, est, dit M. Morel, un des signes caractéristiques de l'étiolement de la race et de la déviation morbide de son type normal.

(1) La proportion en France est de 1 dixième.

(2) Les études classiques durent aujourd'hui dix ans, à partir de ce que l'on appelle la neuvième. Or, quand je vois combien, toutes choses égales d'ailleurs, deux années d'âge donnent de supériorité à un enfant sur ses condisciples sous le rapport du jugement et de la force d'attention, je reste convaincu que l'on pourrait gagner deux ans sur ces trois premières années, c'est-à-dire qu'un enfant qui commencerait sérieusement le latin à onze ans serait en état, au bout d'un an, d'entrer en sixième. Jusque-là il ferait un peu plus de français, ce qui ne serait pas un mal, et l'on s'occuperait surtout de lui assurer par des exercices corporels bien dirigés, dans des établissements situés autant que possible en pleine campagne, une constitution vigoureuse, ce qui vaudrait bien le peu de latin qu'il aurait pu apprendre dans l'intervalle.

2. *Mouvement de la population*. — La population de notre arrondissement étant de 83,614 habitants, et sa superficie en kilomètres carrés de 6,094, c'est en population spécifique 69,15 par kilomètre carré, ou par 100 hectares. La moyenne pour la France est de 68. La population de l'arrondissement était, en 1821, de 74,116 habitants; c'est donc, pour trente-cinq années, un accroissement de 9,498, ou de 1 sur 7,69. Toutefois, le recensement du département accuse, pour 1856, un chiffre inférieur de 26,000, et pour notre arrondissement de 5,774, à celui de 1851 (1).

Le nombre annuel des *mariages* dans l'arrondissement a varié, dans ces dix dernières années, de 523, minimum (en 1847), à 708 (en 1845), et à Lunéville, pour ces douze dernières années, de 83 (en 1856) à 117 (en 1851). Il y a eu annuellement en moyenne un mariage pour cent trente habitants. La moyenne était pour toute la France de un sur cent vingt-huit; mais il y a eu une diminution de dix et onze mille en 1854 et 1855, sous l'influence de la cherté. En 1847, cette diminution a été, sous l'influence de la même cause, de 7 à 8 pour 100.

Le nombre des *naissances* pour l'arrondissement

---

(1) Cette diminution, qui nous est commune du plus au moins avec 52 départements, a été attribuée aux épidémies de 1854-1855 qui ont enlevé 5 à 6,000 individus; à l'élévation du contingent pour la guerre, à l'émigration intérieure ou extérieure, enfin à la réduction du nombre des mariages pendant la crise alimentaire. Au reste, les recherches des économistes prouvent que non-seulement la population ne croît pas suivant une progression géométrique, mais qu'elle subit des phases tantôt croissantes et tantôt décroissantes. Ainsi, il est démontré que toute augmentation dans la masse des subsistances augmente la population, et que toute diminution la diminue. (Voir dans la *Démographie*, par M. Guillard, les phases diverses de la population française depuis 1771.)

a varié dans ces mêmes années de 1,931 (en 1847) à 2,307 (en 1845); et à Lunéville de 254 (en 1855) à 329 (en 1851). La moyenne annuelle pour Lunéville est de 1 naissance pour 40 individus, et de 3 1/4 par mariage. En France, la proportion a été, de 1846 à 1850, de 10 naissances pour 327, et de 3,20 enfants par mariage (1). Le maximum des naissances a lieu ici en mars, le minimum en juin.

Le nombre des *enfants naturels* a varié pour le même laps de temps de 105 à 173 pour l'arrondissement: en moyenne, 145. Il n'était, il y a 30 ans, que de 1 sur 17; en 1855, il était de 1 sur 14. Il est de 1 sur 13 pour toute la France. Mais ce chiffre varie beaucoup d'un département à l'autre, et, dans le même département, d'une localité à une autre. A Nancy, par exemple, il est, comme à Paris, de plus du tiers, selon M. le docteur Simonin (2).

Les *décès*, qui sont en France de un sur trente et un dans les chefs-lieux d'arrondissement, et de un sur cinquante dans le reste de la population, ont été à Lunéville, dans les dix dernières années, de un sur cinquante-cinq, mais sans y comprendre la garnison, dont la mortalité est en France double de celle de la population civile du même âge. Notre département est au nombre des cinquante-neuf où la vie moyenne est entre 30 et 40 (3).

---

(1) Les recherches statistiques prouvent que la fécondité, plus faible en France que dans les autres contrées de l'Europe, y va en décroissant depuis 1772. Il est démontré d'ailleurs que la fécondité générale et surtout la fécondité légitime diminuent en raison directe de la prospérité matérielle, et que ce sont les contrées les plus affligées par le paupérisme qui produisent le plus d'enfants.

(2) Toute question de moralité à part, les entraves qu'apporte au mariage le renchérissement de la vie doivent être comptés pour quelque chose dans le nombre toujours croissant des naissances illégitimes.

(3) Il y en a douze où elle est au-dessous de 30, et quinze où elle est au-dessus de 40. Dans les années qui précèdent 1847, la

Les *décès* de ces dernières années ont excédé les naissances à Lunéville de 1/4; mais il faut remarquer que, non-seulement notre garnison, mais encore les individus décédés hors de la commune, figurent sur ces relevés. Au reste, cette prépondérance des décès sur les naissances s'observe en France depuis 1854 : j'en ai indiqué ailleurs les causes.

C'est en mars que nous avons le plus de décès dans la population civile, en juin que nous en avons le moins. Toutefois, il n'en est pas de même dans la garnison, comme je le montrerai plus loin. — Ici, comme ailleurs, la première année est la plus périlleuse, quoique sa mortalité ait considérablement diminué depuis le XVIII° siècle (1). — L'époque de la puberté n'offre pas une mortalité plus grande que celle des autres époques de la vie; mais il n'en est pas de même de l'âge de retour ou de la période comprise entre la 40° et la 51° année. — Quant à la longévité ou à la durée absolue de la vie, elle paraît avoir sensiblement décru dans notre contrée, puisque mon aïeul N. Saucerotte comptait huit centenaires dans l'espace de vingt-sept ans pour la ville de Lunéville seulement, tandis qu'il n'y en a eu que trois dans tout l'arrondissement pendant ces vingt-sept dernières années. La prolongation de la vie moyenne ne serait donc due qu'à une moindre mortalité, dans l'enfance particulièrement, par suite des progrès de l'hygiène, du bien-être, de la vaccine, etc.

---

vie moyenne croissait en France d'un an sur trois. Depuis 1854 et les mauvaises récoltes des dernières années, l'accroissement s'est arrêté.

(1) Il mourait, dans le siècle dernier, plus d'enfants dans la première année qu'il n'en meurt aujourd'hui dans les dix premières; accroissement qui serait plus sensible encore sans le chiffre assez considérable, dans notre département, des enfants morts-nés et des enfants naturels, dont la mortalité est, toutes choses égales d'ailleurs, plus grande que celle des enfants légitimes.

4. Voici le relevé des *causes des décès* pour 1855, d'après les bulletins fournis à l'administration, et sous toutes réserves de l'exactitude des renseignements qu'ils renferment : Choléra, 607; fièvres typhoïdes, 250; phthisies, 181; hydropisies par diverses causes, 83 (péritonites, épanchements pleurétiques, et surtout maladies du cœur); pleuropneumonies et pleurésies, 121; catarrhes pulmonaires, 42; fièvres cérébrales ou phlegmasies cérébrales, 46, (probablement pour un certain nombre : fièvres typhoïdes à forme cérébrale, éclampsies, etc.); apoplexies, 75 (y compris sans doute toutes les formes de congestions cérébrales, et les morts subites par suite de syncopes et maladies ou rupture du cœur et des gros vaisseaux) (1); croups, 48 (il est probable que plusieurs espèces pathologiques ont été confondues sous le même nom); diarrhées, 34 (en raison sans doute des épidémies typhoïdes et cholériques de cette année); dyssenteries, 21; maladies organiques du cœur, 21 (plus un certain nombre d'apoplexies et d'hydropisies); scrofules (sans autre désignation), 16; suette, 11; varioles, 10; aliénations, 5 (hors des maisons spéciales). Enfin, sur ce relevé, il y a 148 décès par causes inconnues, et 402 attribués à la vieillesse, faute sans doute de renseignements suffisants sur les maladies chroniques qui ont amené la fin de ces vieillards.

Les 728 maladies traitées pendant ces cinq dernières années dans notre Société de secours mutuels, se décomposent ainsi : affections rhumatismales et névralgiques, 108; de l'appareil respiratoire, 138; de l'appareil digestif, 405 (y compris des cholérines en 1854); fièvres continues, 28; fièvres intermittentes,

---

(1) La fréquence que l'on attribue à l'apoplexie en Lorraine ne tient-elle pas à celle des maladies de cœur, qui trouvent elles-mêmes dans les affections rhumatismales, si répandues ici, une cause commune de développement et d'aggravation ?

11. — La moyenne des journées de maladie a été de 24,80, la mortalité de 1 sur 26 ; le nombre des malades un peu moins de 1 sur 2 (consultations comprises).

5. Le nombre des hommes réformés dans notre arrondissement, de 1846 à 1855 inclusivement, pour maladies, difformités, défaut de taille, etc., s'élève à 916 sur 4,258 déclarés aptes au service, ce qui fait un exempté sur 4,64. La moyenne en France est de plus d'un cinquième. Sur ce nombre, 204 ont été exemptés pour défaut de taille, 172 pour faiblesse de complexion (dans ce nombre se trouvaient probablement des phthisies ou des maladies de cœur à leur début) ; 80 ou 90 pour difformités diverses, 80 pour hernies, 37 pour goîtres, 30 pour varices, autant pour scrofules (1), presque autant pour cicatrices adhérentes, 10 pour idioties, autant pour rachitisme, et seulement 4 pour phthisies et 4 pour maladies du cœur, ce qui me confirme dans l'opinion que j'émettais tout-à-l'heure à propos des cas désignés sous le nom de complexions trop faibles (2). Quand je vois, en effet, combien d'hommes entrent dans nos hôpitaux, combien nous en faisons réformer pour l'un ou l'autre cas, je suis convaincu que la plupart de ces maladies, d'une appréciation si difficile au début, échappent aux conseils de révision.

Les autres affections, qui ne figurent plus que pour quelques unités en nombre très-variable d'une

---

(1) Il y a en France un scrofuleux sur 100 individus de l'âge de vingt ans, et, selon M. Malgaigne, 1 hernieux pour 20.

(2) Le département de la Meurthe vient le huitième pour le nombre des exemptés (à partir des moins maltraités) par faiblesse de complexion, le onzième pour l'épilepsie, le seizième pour les maladies de poitrine, le vingt-unième pour les scrofules, le trente-neuvième pour les hernies, le soixante-onzième pour le goître (Voir les recherches de M. Boudin, *Traité de géographie et de statistique médicales*, et la Thèse de M. Devot).

année à l'autre, sont des varicocèles et des hydrocèles, de mauvaises dents, des vices de la vue, la surdité, l'épilepsie (rare).

Il serait bien à désirer que dans chaque département on s'occupât de ces recherches qui, étendues à tout le pays, fourniraient des matériaux précieux pour la connaissance des lois qui président à la distribution géographique des maladies et à la statistique médicale de la France. Les conseils d'hygiène y puiseraient aussi d'importants renseignements.

6. L'instruction primaire est dans une situation aussi prospère dans notre arrondissement que dans le reste du département. Nous comptons 219 écoles publiques, 15 écoles libres, et 13 salles d'asile. Le nombre total des enfants qui fréquentent ces établissements est de 13,734. C'est un rapport de 1 sur 6 à la population. Le nombre des mariés ne sachant pas signer était, en 1855, dans l'arrondissement, de 26 sur 558 (1). Bien qu'ils aiment les lettres et les arts, les Lorrains ont plutôt l'esprit tourné vers les sciences exactes. Le collège de Lunéville a fourni, depuis 1835, 23 élèves à l'École Polytechnique. L'*Histoire des Victoires et Conquêtes* dit assez haut que non-seulement l'instinct de la guerre, mais que la capacité militaire est aussi l'apanage des enfants de la Meurthe. Ainsi la petite ville de Phalsbourg, notre voisine, a fourni à elle seule dix-sept généraux à la République et à l'Empire.

7. Dans les statistiques morales publiées il y a quelques années, notre département était le 67º pour le nombre des accusés devant les Cours d'assises à partir des plus chargés; le 30º pour le nombre des crimes; le 7º pour les délits (en raison du grand

---

(1) Celui des conscrits ne sachant pas lire était, pour 1851, de 80 pour 1000 dans le département. Il était encore de plus du tiers en France. Près du tiers des hommes et des femmes mariés en 1853 ne savaient ni lire ni écrire ! (Legoyt, *Statistique de la France*.)

nombre des délits forestiers). Depuis 1851, notre situation morale s'est beaucoup améliorée sous ces divers rapports. Le nombre des crimes graves contre les personnes a sensiblement diminué, comme dans toute la France, et celui des crimes contre les propriétés plus encore. Ainsi, le dernier rapport du Ministre de la justice, pour 1855, ne compte, dans notre département, qu'un accusé pour 9,572 habitants (1). De même que dans les autres départements, les viols, les attentats à la pudeur et les infanticides (2) sont restés proportionnellement les crimes les plus fréquents. Le tribunal correctionnel de Lunéville n'a jugé que 172 délits en 1856 (non compris les délits forestiers).—Le nombre des suicides a varié pendant les douze dernières années de 6 à 17, il y en a eu en tout 129; soit 1 suicide pour 8,629 habitants (3); 1/4 de femmes. L'âge des suicidés a varié de 18 ans à 91 (ce dernier par dégoût de la vie). Relativement aux causes, l'aliénation figure pour 29 cas; l'inconduite pour 25; la misère pour 18; la crainte des poursuites judiciaires pour un assez grand nombre. La strangulation et la submersion ont été les moyens les plus fréquemment employés.

§ II. — HYGIÈNE.

8. *De l'hygiène considérée sous le rapport de l'alimentation en usage dans le pays.* — Si les maladies,

---

(1) Le département de la Seine, le plus chargé, comptait, en 1854, un accusé sur 1,701 individus; le département du Nord, le moins chargé, un accusé pour 13,244.

(2) Les infanticides, qui ne sont ordinairement commis que par les filles-mères, sont d'autant plus fréquents que le nombre des enfants illégitimes s'accroît davantage.

(3) Ils sont, en France, où ils ont doublé depuis vingt ans, d'un peu plus de 1 sur 10,000. En 1855, ils ont augmenté de 110, et offraient un total de 3,810.

malgré les caractères communs qui les rapprochent, portent toutes avec elles un certificat d'origine, l'état opposé à la maladie, c'est-à-dire le jeu naturel et régulier des fonctions. a aussi des conditions diverses en rapport avec la diversité du sol, de la température, des mœurs, etc. Etudier à ce point de vue l'action des modificateurs naturels sur l'économie, c'est compléter l'étude de la topographie.

Le régime alimentaire d'une population ne saurait être insalubre dans une contrée fertile, fournissant abondamment les céréales et les productions les plus nécessaires à l'entretien de la vie. La Lorraine n'a, en effet, qu'à puiser dans son propre sein pour se suffire à elle-même : aucune contrée ne pourrait plus facilement se passer de ses voisins.

Le règne végétal et le règne animal fournissent à l'envi aux personnes aisées des aliments non moins variés que sains. La viande de boucherie qu'on peut se procurer de bonne qualité lorsqu'on la choisit, plusieurs espèces de volailles, de gibier et de poissons pris dans des étangs ou dans des rivières, des légumes abondants, des œufs, du laitage, des fécules sous différentes formes, constituent la base d'une alimentation saine, et dont les qualités réparatrices sont essentielles à l'entretien de la santé dans une contrée où il faut réagir pendant une grande partie de l'année contre l'influence débilitante d'une constitution humide et froide. Aussi croyons-nous qu'on ne doit prescrire ici la diète végétale qu'avec beaucoup de réserve dans les maladies chroniques.

Le pain, celui surtout qu'on mange dans nos villes, est d'une qualité supérieure à celle qu'il offrait il y a un certain nombre d'années. Toutefois, je persiste à croire, nonobstant l'opinion de chimistes fort distingués sans doute, mais qui n'ont pu en juger au point de vue de la pratique médicale, qu'en le débarrassant presque totalement par le blutage du son qu'il contient, on ne lui a pas seulement ôté de sa saveur, mais encore de ses propriétés digestives, et que c'est à cette cause qu'il faut attribuer les constipations si fréquentes aujourd'hui (1). Dans nos campagnes on mêle assez ordinairement le seigle au blé en proportion plus ou moins forte. La cherté du pain dans ces dernières années a nécessairement diminué sa consommation dans les classes pauvres (2). La consommation en blé a été, en 1856, pour chaque habitant de l'arrondissement, de 2 hectolitres 20 (on compte ordinairement 3 hectolitres); en seigle de 8/10 d'hectolitre; en méteil de 1/10 d'hectolitre; et seulement 2/100 d'hectolitre d'orge.

9. La pomme de terre est, après le blé, le végétal dont on fait ici la plus grande consommation. C'est, avec le lait caillé, la base de la nourriture dans nos campagnes, où, à l'exception du lard, la viande est un objet de luxe qui n'apparaît guère sur la table que les jours fériés. — La consommation de ce tubercule n'a pas été de moins de 2 hectolitres par in-

---

(1) Voir le *Bulletin de thérapeutique*, 1855.

(2) Ce n'est là, il faut l'espérer, qu'un résultat accidentel des mauvaises récoltes de nos dernières années, puisqu'en somme la production agricole a à peu près doublé en France depuis cent cinquante ans par les progrès de la culture, bien que la population n'ait augmenté que de 70 pour 100 (Moreau de Jonnès). Toutefois, il n'en est pas de même en Lorraine, où la production du blé est restée stationnaire et s'est même amoindrie sur les plateaux (*Des réunions territoriales*, pages 8-15). Ajoutons que le renchérissement de la vie a rendu très-difficile la position de certaines classes d'ouvriers en province. Aussi affluent-ils vers Paris, où, avec un salaire plus élevé, ils trouvent le pain à bon marché, et, sauf le logement, la vie à peu près au même prix depuis l'exploitation des chemins de fer. Grave sujet de méditation, je ne dirai pas seulement pour les économistes qui n'y peuvent rien, mais pour nos gouvernants, auxquels l'accroissement indéfini des grandes agglomérations urbaines est de nature à créer des obstacles de plus d'un genre, sans compter le préjudice qui en résulte pour l'agriculture, pour la moralité générale, enfin pour notre sécurité politique.

dividu pour 1856. Disons à ce propos qu'il est aujourd'hui démontré par les recherches des économistes et des physiologistes de tous les pays, que la nourriture *exclusive* par la pomme de terre a exercé une influence des plus funestes sur la santé générale de certaines populations européennes, par exemple en Suède, où on lui attribue la recrudescence des scrofules et de maladies endémiques autrefois inconnues dans ce pays. Des épizooties ont aussi été remarquées par suite de l'emploi de pommes de terre crues chez les bestiaux. Ce tubercule les engraisse, mais ne leur donne ni muscles ni forces.

Après la pomme de terre, les légumes secs figurent dans notre statistique alimentaire pour 5/100 d'hectolitre (1). Quant à la viande de boucherie, j'ai dit précédemment que sa consommation était de 40 grammes environ par jour et par individu, et le lard d'un peu moins. — Chaque famille, dans la campagne, engraisse, pour peu qu'elle en ait le moyen, un porc qui est tué et consommé dans l'hiver, à moins que la pénurie de ressources ne force à le vendre. Pour juger combien le régime si peu animalisé de nos ouvriers des villes ou des campagnes est peu favorable au développement de leurs forces, il suffit de comparer leur travail à celui des Belges ou des Anglais, qui consomment 660 grammes de viande par jour. Sur les chantiers du chemin de fer de l'Est, où nous voyions ces derniers gagner 4 fr. par jour à la tâche, nos ouvriers gagnaient 1 fr. 50 c. (2).

---

(1) Ces chiffres sont assez en rapport avec la moyenne générale des subsistances, qui est en France (céréales, pommes de terre et légumes secs) de 5 à 6 hectolitres. (*Statistique de l'agriculture en France*, par Moreau de Jonnès.)

(2) M. Longet rapporte des faits du même genre. Les ingénieurs du chemin de fer de Rouen ayant remarqué que les ouvriers français ne faisaient que moitié de l'ouvrage exécuté par les anglais, mirent les premiers au régime des seconds, et, dès

10. Le vin du pays, récolté dans les bons vignobles et conservé quelques années, constitue une boisson saine et agréable; mais il n'en est plus de même des vins nouveaux, acides et en tout point très-médiocres, que boivent les classes peu aisées de la population. D'ailleurs, pour tirer quelque profit des boissons spiritueuses, il faut en faire un usage réglé et bien entendu ; or, il n'en est presque jamais ainsi. La plupart des ouvriers, au lieu de boire du vin à leurs repas et avant d'aller au travail, préfèrent consommer en un seul jour au cabaret le produit de leur travail, sauf à s'abreuver d'eau le reste de la semaine. Enfin, ce qui est plus fâcheux encore, l'eau-de-vie, et quelle eau-de-vie ! a remplacé dans ces dernières années le vin devenu trop cher, et l'ivrognerie est toujours, comme par le passé, le fléau des familles et de la société.

11. La bière légère que l'on fabrique et que l'on consomme dans notre arrondissement est une boisson légèrement tonique, favorable aux personnes qui ont les bronches irritables, et que le vin surexcite trop. Je la conseille souvent avec succès, et je l'ai même introduite dans notre régime hospitalier pour un certain nombre de malades. Néanmoins, depuis qu'on remplace l'orge par la glucose, et même en partie le houblon par le buis, elle est moins facilement digérée par certains estomacs, et en définitive moins salubre.

Il est, par malheur, des sophistications plus dan-

---

ce moment, l'égalité s'établit dans le travail. Même observation avait déjà été faite, en 1825, aux carrières de Charenton. (*Traité de physiologie*, t. I.) Pritchard fait remarquer que les nations qui ne se nourrissent que de végétaux sont moins vigoureuses que les autres. Les Hindous ont les jambes et les bras plus longs et moins musculeux que les Européens; la poignée de leurs sabres est trop petite pour des mains anglaises. Dans le même climat, les Musulmans qui mangent de la viande sont infiniment supérieurs aux Hindous (*Hist. natur. de l'Homme*.)

gereuses encore, ce sont celles qui, à l'insu des consommateurs, introduisent dans nos aliments et jusque dans nos remèdes des substances de nature à en altérer complètement l'action, ou même à exercer une action nuisible sur nos organes : fraudes infâmes, dont la déplorable extension appelle une réforme dans notre code pénal, et qui devraient conduire non pas en police correctionnelle, mais aux bagnes les empoisonneurs publics qui s'en rendent coupables (1).

12. *De l'hygiène sous le rapport des habitations et des professions exercées dans le pays.* — Si la plupart des professions impliquent des infractions fréquentes aux préceptes de l'hygiène, toutes ne sont pas cependant funestes au même degré, et nous avons la satisfaction de pouvoir dire que notre arrondissement n'offre pas de ces industries homicides dans l'exercice desquelles l'artisan trouve une source de maux cruels.

La nature du sol et de ses productions décide, en général, de la vocation de ses habitants. Le nôtre, fertile en grains, devait attirer vers les utiles travaux de la terre le plus grand nombre de nos concitoyens, d'autant plus que notre arrondissement ne renferme pas de ces centres populeux où s'élaborent les grands travaux de l'industrie manufacturière. Or, c'est dans la vie des champs que se trouvent ces organisations robustes qui fournissent à nos armées ses meilleurs soldats. C'est en se recrutant dans les campagnes que la population de nos villes lutte contre les causes d'abâtardissement qui l'énervent. Plusieurs cir-

---

(1) Dans les relevés de la médecine cantonale et de notre société de secours mutuels, j'ai trouvé pour ces dernières années de nombreux cas de *cancers d'estomac*. Il est probable que ces sophistications, jointes à la mauvaise qualité des denrées, n'ont pas été étrangères à l'accroissement du nombre des individus atteints de cette maladie. Cet accroissement a été également signalé à Rouen par le docteur Leudet.

constances viennent, malheureusement, amoindrir pour nos paysans le bénéfice du travail à l'air libre; ce sont : 1° les grandes fatigues, qui les usent d'autant plus vite que leur régime alimentaire, d'où la viande et le vin sont, comme je l'ai dit, à peu près bannis, n'est pas en rapport avec leur dépense de forces; 2° les mauvaises conditions de leurs habitations, aggravées par leur ignorance des plus simples notions de l'hygiène, non moins que par leur insouciance pour tout ce qui s'y rapporte.

13. La plupart de ces maisons ne sont habitées qu'au rez-de-chaussée, qui est quelquefois sans cave et en contre-bas du sol, obscur et humide, chaque chambre ne recevant ordinairement le jour que par une petite fenêtre qu'on n'ouvre jamais. Une seule chambre est chauffée, c'est le *poêle*, communiquant avec la cuisine, et séparé par un étroit corridor des étables et des écuries. Le plancher (qui manque chez les plus pauvres) est ordinairement recouvert de plusieurs couches de détritus organiques et inorganiques qui y répandent une odeur nauséabonde, car il n'est guère d'usage de les enlever; et, quoique cette pièce serve à tout, qu'elle soit communément petite et basse, on se garde bien, en hiver surtout, d'y renouveler l'air. Quant aux autres chambres nécessaires pour les familles plus nombreuses, situées ordinairement derrière la précédente elles sont encore plus insalubres. Que l'on ajoute à cela la malpropreté ordinaire des écuries, des étables contiguës et des cours, les miasmes qui se dégagent des mares croupissantes et des amas de matières organiques en décomposition sous les fenêtres même des habitations, et l'on comprendra comment nos campagnards ne retirent pas de la vie des champs tous les avantages qu'ils pourraient s'en promettre, comment ils sont si souvent visités par la fièvre typhoïde, comment enfin cette maladie y prend si fréquemment un caractère épidémique et contagieux.

14. L'hygiène publique, et notamment l'état de la voirie rurale, appellent aussi toute l'attention de l'administration. Faciliter par des cassis l'écoulement des eaux dans les rues, rendre l'alignement obligatoire pour les nouvelles constructions (car il est des villages qui manquent, à proprement parler, de voie publique); faire exécuter la loi sur les logements insalubres dans les maisons louées surtout, les plus mal tenues de toutes; ne pas souffrir que les détritus de matières organiques et les liquides qui en découlent stagnent devant les portes ou sous les fenêtres des habitations; surveiller l'aménagement des fontaines, qui, par une économie mal entendue, sont souvent laissées en mauvais état; éloigner les espèces d'abreuvoirs que l'on voit au milieu d'un certain nombre de villages, où ils répandent une odeur infecte, en été surtout; veiller à ce que les morts soient inhumés à la profondeur voulue par les règlements de police, et à ce que les cadavres d'animaux soient enfouis : voilà, de l'avis de tous les hommes compétents, quelques-unes des mesures les plus urgentes à prendre pour l'assainissement des communes rurales. La surveillance de ces mesures pourrait être confiée, comme l'a déjà proposé le conseil d'hygiène de Château-Salins, et comme cela a lieu en Belgique, aux conducteurs des ponts-et-chaussées ou aux agents-voyers, que les amendes prélevées sur les contrevenants suffiraient à indemniser de ce surcroît de besogne; ou même aux commissaires de police cantonaux.

15. L'industrie qui occupe le plus d'individus dans notre arrondissement, c'est la broderie, ressource de presque toutes les jeunes filles de la classe ouvrière à Lunéville. Celles qui sont prédisposées aux maladies du système lymphatique trouvent dans ce genre d'occupation une aggravation à ce fâcheux état de santé; d'où les dérangements de la menstruation, la chlorose, les ophthalmies, les dilatations du cœur, la phthisie pulmonaire. C'est bien pis encore pour les enfants condamnés par la cupidité des parents à res-

ter courbés toute la journée sur un métier, à cet âge où l'activité physique est si nécessaire à l'évolution organique, où il importe tant de jeter les bases d'une bonne constitution et de préparer pour l'avenir des générations saines et robustes. Mais ce qui me semble fâcheux par-dessus tout, c'est qu'étendue des villes aux campagnes, cette industrie y porte avec elle des maux dont naguère la vie agricole mettait jusqu'à un certain point à l'abri.

Comme je n'ai à étudier ici ces questions qu'au point de vue hygiénique, je laisse aux économistes le soin de s'accorder sur la question de savoir si l'argent que cette industrie verse dans les campagnes y compense la perte des bras qui en résulte pour l'agriculture. Seulement, je ne puis m'empêcher de déplorer, avec M. le président Lézaud, l'abandon des écoles rurales en vue du misérable lucre que produit le travail de pauvres enfants condamnés ainsi à un éternel abrutissement. Où s'arrêtera, si la législation n'intervient pas, cette coupable exploitation qui menace aujourd'hui de s'étendre aux deux sexes ?

Je ne pourrais, sans entrer dans des détails qui appartiennent aux ouvrages spéciaux, parler des inconvénients qui s'attachent à l'exercice de plusieurs de nos industries en particulier. Nous ne possédons pas d'ailleurs, à l'exception de la cristallerie de Baccarat, d'usine assez considérable dans l'arrondissement pour fournir matière à des considérations spéciales à chacune d'elles ; je me contenterai de rappeler à nos industriels que la première de toutes les conditions de salubrité dans leurs ateliers consiste dans le renouvellement facile et continu de l'air. La cristallerie de Baccarat leur offre, sous ce rapport, un modèle utile à suivre.

16. *De l'hygiène considérée sous le rapport du climat.* — Dans une contrée comme la nôtre, dont les causes à peu près uniques d'insalubrité consistent dans la variabilité de la température et dans l'humi-

dité de l'air, on comprend combien il importe surtout d'observer les règles hygiéniques relatives à l'action des modificateurs naturels sur la peau et sur la muqueuse pulmonaire ; or, le moyen le plus efficace à opposer aux vicissitudes atmosphériques, c'est le *robur physicum*, ou cette force de réaction vitale qui soustrait l'homme aux causes extérieures susceptibles d'enrayer le jeu des organes. Bien que cette force de résistance vitale ne soit pas départie originellement à tous au même degré, tous nous pouvons l'acquérir, ou tout au moins faire de sensibles progrès en ce sens à l'aide d'habitudes viriles contractées de bonne heure, et dont, par malheur, nos mœurs actuelles tendent de plus en plus à nous écarter. Une des pratiques les plus propres, avec la gymnastique, à produire ce résultat, c'est, à mon avis, l'hydrothérapie employée au point de vue hygiénique, c'est-à-dire l'emploi journalier et *bien dirigé* des aspersions et des frictions générales à l'eau froide, des bains de pied et des bains frais ou froids en toute saison.

17. Quant aux personnes que des infirmités ou que leur âge mettent dans la nécessité de se défendre soigneusement contre les variations de notre climat, on ne saurait trop les prémunir contre le danger d'échanger trop tôt au printemps, trop tard en automne, les vêtements d'hiver pour les vêtements d'été. L'usage de la laine sur la peau et des doubles chaussures est, en pareil cas, de première nécessité. On prétend qu'à l'abri de ce tissu dont ils se revêtaient exclusivement, certains ordres religieux étaient autrefois exempts jusqu'à un certain point des affections catarrhales qu'engendre l'humidité atmosphérique. Il importe enfin, surtout au printemps et en automne, de se couvrir plus chaudement le matin et le soir que dans le milieu du jour. L'importance de ces précautions est si fréquemment méconnue, leur infraction est une cause si fréquente de maladies, que je n'ai pu les laisser passer sous silence, quelque simples qu'elles paraissent.

18. Quelle est, en somme, l'influence générale de notre climat sur la santé des indigènes, sur celle des étrangers, et particulièrement sur celle des militaires qui viennent l'habiter? Il ne faut pas demander à la Lorraine cette efficacité préservatrice dont d'autres contrées plus favorisées jouissent contre certaines maladies. On doit même convenir que les personnes prédisposées aux affections pulmonaires, catarrhales, rhumatismales, y trouvent plutôt une aggravation qu'un soulagement à leurs maux. En revanche, notre arrondissement doit à la configuration et à la fertilité de son sol facilement balayé par les vents, à l'absence de causes locales d'insalubrité tenant soit à la nature du terrain, soit à celle des eaux, soit enfin aux grands travaux industriels, une salubrité relative, ou, si l'on veut, une sorte d'immunité sensible surtout à Lunéville, en raison sans doute du peu de densité de sa population (1).

19. *De l'hygiène considérée dans ses rapports avec la santé publique et avec les préjugés répandus dans le pays.* — De toutes les institutions que l'on doit au progrès général des lumières et de l'hygiène publique en particulier, il n'en est pas qui renferment des conséquences aussi fécondes que les *conseils d'hygiène* créés depuis 1849 dans tous les départements. Mais pour porter tous les fruits qu'on peut en attendre, il faut nécessairement que ces conseils soient mis en demeure d'exercer dans toute leur étendue les nombreuses et importantes attributions qui leur ont été dévolues par le législateur. Or, il faut bien dire que, s'il en est ainsi dans les chefs-lieux de département, ces attributions dans les chefs-lieux d'arrondissement restent pour la plupart à l'état de programme. Un avis à donner trois ou quatre fois par an sur l'insalubrité d'une usine qui se crée, voilà à peu près

---

(1) On a constaté que la mortalité se mesurait partout à la densité des populations.

à quoi se réduit notre besogne administrative ; encore cet avis pèse-t-il d'un tel poids dans la balance, que le conseil central est ordinairement appelé à décider si nous ne nous sommes pas trompés en affirmant que tel individu peut, sans inconvénient pour la santé publique, établir un four à chaux ou une usine à plâtre !.... Faut-il donc s'étonner que le zèle des quelques membres actifs que peut renfermer un conseil, vienne s'éteindre dans l'indifférence du plus grand nombre, et que convaincus d'avance de l'inutilité probable de leurs efforts, ils laissent aller les choses à leur cours naturel sans troubler le paisible règne de la routine ?

20. Je demande seulement de rappeler *pour mémoire* les attributions légales généralement fort peu connues des conseils d'hygiène. 1° Assainissement des localités et des habitations ; 2° mesures préventives en cas d'épidémies, endémies, épizooties ; 3° police médicale de la voirie ; 4° organisation et distribution des secours médicaux aux indigents ; 5° salubrité des ateliers, écoles, hôpitaux, asiles, établissements de bienfaisance, *casernes* ; 6° qualités des aliments, boissons, médicaments mis en vente ; 7° travaux d'utilité publique, égouts, marchés, cimetières, prisons, constructions d'édifices, etc. ; 8° autorisation pour les établissements insalubres ; 9° questions relatives aux enfants trouvés et aux progrès généraux de l'hygiène publique ; 10° réunion et coordination des documents relatifs à la mortalité, à ses causes, etc.

Un dernier mot à ce sujet. On ne fait pas grand'chose, même en hygiène, sans argent ; et la stérilité des résultats tient en partie ici à ce qu'il n'y a pas de fonds pour exécuter les améliorations demandées par les conseils. Il serait donc bien désirable que le conseil général mît à la disposition de l'administration, comme cela s'est déjà fait ailleurs, une somme annuelle pour les dépenses les plus nécessaires en ce qui touche l'assainissement des localités, ou pour être distribuée en primes aux communes qui auraient concouru le plus efficacement à l'amélioration de la santé publique. Il faudrait ensuite que le conseil d'arrondissement eût au moins un correspondant dans chaque chef-lieu de canton. Enfin, il serait de la plus haute importance d'étendre les attributions de l'inspecteur de la médecine cantonale, assisté au besoin d'un adjoint, à tout ce qui concerne la salubrité générale et l'amélioration de l'hygiène publique, dans nos campagnes surtout, où presque tout est à faire sous ce rapport, et où l'on ne peut rien attendre du zèle et des lumières de l'administration municipale, qui, sur ce point du moins, font presque partout défaut; ou plutôt pourquoi n'adjoindrait-on pas à ce fonctionnaire un sous-inspecteur dans chaque arrondissement, pour des tournées périodiques qui *seules* peuvent assurer le succès des mesures à prendre, et l'exécution intelligente des prescriptions de l'autorité (1)?

21. Un des plus utiles compléments que puisse recevoir l'institution des conseils d'hygiène, c'est

---

(1) C'est ce qui existe déjà à Paris, où il y a un inspecteur de la salubrité publique, en Belgique et en Angleterre, où des médecins sanitaires revêtus d'un caractère public, choisis parmi des hommes d'une haute compétence, et largement rétribués, sont chargés d'étudier *sur les lieux* et de faire connaître à l'administration, dans des rapports hebdomadaires, toutes les questions relatives à l'hygiène publique, aux épidémies, à la météorologie, à la mortalité, etc.; questions dont les membres des conseils d'hygiène ne peuvent s'occuper que momentanément, pendant les rares loisirs que leur laissent leurs propres affaires, et auxquelles les médecins des circonscriptions rurales ne peuvent non plus donner le temps qu'elles réclament. On l'a dit avec raison, ce qui manque en France aux progrès de la statistique et de l'hygiène publique, ces deux sciences qui se complètent l'une par l'autre, c'est un personnel suffisant et suffisamment rémunéré. On peut ajouter que la partie de la médecine dont la société a le plus à attendre, c'est-à-dire l'amélioration physique de l'espèce, est loin d'occuper une place relative à son importance.

celui de la *médecine cantonale*, qui, grâce à la ferme et intelligente initiative de M. Albert Lenglé, préfet de la Meurthe, a triomphé des difficultés que présentent toujours des créations de ce genre. Dès la première année, la médecine cantonale a répondu aux espérances de son fondateur, secondé par M. le docteur Edmond Simonin, inspecteur du service. 4,600 indigents ont reçu les secours médicaux et ont été en six mois l'objet de 15 à 16 mille visites ou consultations (1).

Espérons que les heureux résultats que les communes rurales peuvent, à divers titres, retirer de cette institution, seront de mieux en mieux appréciés avec le temps par ceux qu'elle intéresse à un si haut degré. Espérons qu'elle aura, entre autres avantages, celui de soustraire, jusqu'à un certain point, les malades des campagnes aux embûches des empiriques qui les exploitent, ou aux conseils plus dangereux peut-être, parce qu'ils semblent n'être inspirés que par un esprit de charité, de tous ceux qui, à quelque titre que ce soit, ne craignent pas d'assumer la plus redoutable responsabilité au mépris de la loi qui prononce leur incompétence (2).

---

(1) Il y a, en ce moment, dans le département, 48 circonscriptions médicales comprenant chacune de 10 à 20 communes ; 10 dans notre arrondissement. Le nombre total des médecins est, pour ce dernier, de 24, dont 5 officiers de santé ; de 10 pharmaciens (5 à Lunéville), et de 86 sages-femmes. C'est suffisant pour les besoins de la population ; mais il faudrait qu'il y eût, dans chaque commune, un dépôt de quelques médicaments à administrer dans les cas urgents : ce serait une bien faible dépense.

(2) Une répression plus efficace de ces abus ne pourrait venir que d'une aggravation de la pénalité, qui est aujourd'hui dérisoire. Il est curieux de relire l'ordonnance de Louis XIV concernant la pratique de la médecine, pour voir combien la législation actuelle, qui punit de quinze francs l'exercice illégal de la médecine (c'est-à-dire, en bien des cas, l'homicide involontaire), est inférieure à celle d'un temps que nous regardons comme arriéré

Il reste à rendre les dépenses relatives à la médecine rurale et à l'hygiène publique obligatoires, comme celles qui concernent l'instruction primaire, et à mettre les médecins cantonaux à même de provoquer les mesures d'hygiène publique ou privée dont ils sont appelés tous les jours à constater l'urgence, en leur tenant compte, si l'on veut les voir s'y appliquer avec suite, de la perte de temps qui en résulterait pour eux. Que de fois, en effet, leur intervention ne serait-elle pas nécessaire pour faire disparaître ces foyers d'infection où s'élaborent les épidémies de fièvres typhoïdes et arrêter les progrès de la contagion en écrasant le germe dans l'œuf! Combien ne serait-il pas utile qu'ils pussent veiller à la salubrité de la voirie, des écoles, des cimetières; constater la réalité des décès douteux et empêcher les inhumations précipitées, etc. (1)! Mais, pour la

---

par comparaison au nôtre. Voici un extrait des art. 26 et 27 de ce remarquable édit : « Art. 26. Nul ne pourra, sous *quelque*
« *prétexte que ce soit*, exercer la médecine ni donner aucun re-
« mède, *même gratuitement*, s'il n'a obtenu le degré de licen-
« cié, etc. — Art. 27. Voulons que tous religieux, mendiants ou
« non mendiants, soient et demeurent compris dans cette pro-
« hibition; et, en cas de contravention de la part de ceux qui ne
« sont pas mendiants, voulons que l'amende ci-dessus pronon-
« cée de *500 livres* soit payée *par le monastère* où ils font leur
« demeure ; et à l'égard des mendiants, ils seront renfermés,
« pendant un an, dans une des maisons de leur ordre, éloignée
« de vingt lieues au moins du lieu où ils auront pratiqué la mé-
« decine. »

(1) La vérification des décès ne se fait pas même à Lunéville. Dans un Mémoire sur cette question inséré l'an dernier dans le registre des délibérations de notre Conseil d'hygiène, j'ai pris les conclusions suivantes : 1° la vérification des décès et celle de *leurs causes*, toutes deux si importantes au point de vue de la science et de la sécurité publique, pourraient, dès à présent, être inscrites en principe dans la législation ; 2° il serait désirable de voir réviser les art. 77 et 78 du Code, concernant le délai fixé pour l'inhumation ; 3° *même, en l'absence de toute réforme*, les infractions

réalisation de ces utiles mesures, il ne suffit pas des bonnes intentions de l'administration, et l'hygiène publique ne peut faire de sérieux progrès là où l'hygiène privée n'est ni comprise, ni pratiquée. Diminuer la misère en diminuant les maladies, et diminuer les maladies en éclairant les populations ignorantes sur les circonstances qui les produisent et les aggravent, telle est, à mon sens, la seule marche à suivre pour arriver à des améliorations durables (1).

Indépendamment du rôle important qu'elle est appelée à jouer dans l'Etat, en assurant la santé publique, l'une des sources les plus fécondes de la richesse générale, l'hygiène a sur les individus une influence moralisatrice plus grande qu'on ne le croit communément. Aux pratiques hygiéniques se rattachent ces habitudes d'ordre, de propreté, de tempérance, ces goûts d'intérieur qui assurent le bonheur des familles (2). En suivant maison par maison la

---

commises journellement contre les dispositions légales en vigueur appellent toute l'attention de l'administration. L'établissement de ce service ne coûterait rien à la ville, la visite des médecins-vérificateurs pouvant être taxée et laissée par l'administration à la charge des familles, comme cela se fait dans plusieurs localités. Seulement cette taxe devrait être suffisante pour indemniser les fonctionnaires des visites gratuites qu'ils seraient tenus de faire aux individus morts dans l'indigence.

(1) Aussi avouerai-je n'avoir jamais rien compris à la suppression des *notions élémentaires* d'hygiène dans les écoles primaires, naguères inscrites dans la loi Carnot. Faut-il supposer que les hauts fonctionnaires qui ont rédigé la loi nouvelle ne se seraient pas rendus un compte exact de l'importance de cet enseignement ? Espérons que cela sera compris en haut lieu, quand une voix plus autorisée que la mienne s'élèvera en faveur de cette salutaire restitution.

(2) Sans faire positivement de la propreté, ce respect de soi-même, une vertu, à l'exemple de Volney, je crois que cette qualité est de celles qui y mènent, et qui ne vont pas sans beaucoup d'autres. Je voudrais voir nos sociétés de secours mutuels ac-

statistique de la mortalité à Paris, par M. Trébuchet, on voit que là où existent ces habitudes, la santé se maintient, même dans les classes les plus pauvres, et que le contraire arrive là où règnent le désordre et l'intempérance. Dans l'ordre physique de même que dans l'ordre moral, les erreurs se donnent la main comme les vérités. L'on ne gagne presque jamais rien à combattre les préjugés en face, et l'on ne fait pas plus d'hygiène que de morale domestique par voie administrative ou coërcitive. Instruire les hommes de leurs devoirs comme de leurs véritables intérêts, tel est le moyen le plus court; car, on l'a dit avec raison, l'erreur occupe dans l'esprit une place qu'y tiendrait à moins de frais la vérité.

§ III. — *Pathologie.*

22. *De la constitution médicale propre à notre contrée.* — Ce mot de constitution médicale, que des localisateurs absorbés dans la contemplation des tissus voulurent un jour rayer du vocabulaire médical, n'en exprime pas moins une de ces grandes lois pathogéniques dont il ne s'agit plus aujourd'hui de discuter l'existence, mais la valeur. Toutefois, pour ne pas nous égarer dans ce point de doctrine au-delà des limites d'une observation rigoureuse, commençons par étudier ce qu'elle renferme de moins incontestable, je veux dire l'action des saisons sur la production de certaines formes morbides déterminées.

---

corder, comme cela se fait en Belgique, des primes d'encouragement aux ménages d'ouvriers qui, au sein même de la pauvreté, se distinguent par leur bonne tenue. Et pourquoi ne ferait-on pas de l'état contraire un cas de non-participation à l'assistance publique? Pourquoi même l'administration ne refuserait-elle pas des subsides aux communes qui déclinent les améliorations que réclame la santé publique?

La constitution médicale des saisons n'est pas en rapport avec la division astronomique de l'année.

Ici, comme à Paris, elle commence un mois plus tôt. C'est d'ailleurs la constitution atmosphérique régnante qui est l'arbitre des changements qui s'opèrent dans le caractère des affections dominantes. Or, de même que l'on voit souvent la température propre à une saison se prolonger au-delà de ses limites naturelles, il n'est pas rare non plus de voir une maladie, propre à une saison, envahir une partie de la saison suivante. C'est ce qui faisait dire à Hippocrate « que les maladies actuellement régnantes ne peuvent être bien connues que par l'étude de la saison précédente; et que ce n'est aussi que par l'observation des maladies actuelles que l'on peut connaître celles qui paraîtront plus tard. » En général, la physionomie des affections régnantes est peu tranchée au début, la transition des unes aux autres insensible. Aussi est-il sage de ne juger une constitution qu'à son *maximum* de développement. Ainsi les maladies du commencement de l'automne sont encore celles que produit la chaleur de l'été; les maladies du printemps, celles qu'engendre le froid humide de nos hivers à leur déclin. Mais, de même que pour les climats extrêmes, plus une saison est tranchée, plus sa constitution se dessine franchement. Aussi Hippocrate, qu'il faut toujours citer dans cette matière où il n'a été surpassé par personne, mettait-il un soin particulier à distinguer les saisons régulières des saisons irrégulières, ayant remarqué que dans le premier cas il y a beaucoup moins de maladies que dans le second. « *In ipsis temporibus magnæ mutationes pariunt morbos.* » C'est qu'une saison régulière détruit, par une influence opposée, la prédisposition née dans la saison précédente, tandis que rien ne fait plus obstacle à l'apparition des maladies préparées par cette saison, si celle qui la suit n'a pas son caractère, et que leur influence successive ne puisse plus se contre-balancer.

23. La variabilité extrême de notre printemps explique l'origine de la plupart des affections qui apparaissent pendant cette saison de transition, l'une de celles qui comptent ici le plus de malades. Le froid humide y développe tout le cortège des affections catarrhales : coryzas, angines, grippes, bronchites, coqueluches, rhumatismes ; le refroidissement subit de l'air, après des chaleurs précoces, des pleurites, des pneumonies, qui sont souvent le résultat d'une extension d'une bronchite capillaire au parenchyme du poumon. Il est certain que les phlegmasies pulmonaires sont moins fréquentes sous l'influence d'un froid élevé et soutenu. Dans l'ordre des exanthèmes, l'érysipèle, la rougeole, la variole ; dans l'ordre des fièvres, les intermittentes, la synoque, la fièvre typhoïde, se montrent fréquemment. Enfin, les affections chroniques, aggravées par l'hiver, ont une issue promptement fatale ; on sait combien de tuberculeux succombent alors.

De même que les affections thoraciques dominent au printemps, les affections abdominales occupent plus particulièrement la scène pendant l'été. La fièvre typhoïde y est une des maladies les plus fréquentes, bien qu'on la retrouve dans toutes les saisons. Dans les étés secs et chauds, elle affecte la forme bilieuse ; dans les étés humides, la forme muqueuse. Les maladies aiguës du cerveau, les congestions cérébrales, suite de l'exposition prolongée à un soleil ardent, se montrent plus fréquemment, surtout chez nos cavaliers.

24. Je disais tout à l'heure que l'influence d'une constitution médicale se fait sentir, même après que la cause qui lui a donné naissance a cessé d'agir. Cela nous explique comment, lorsqu'aux chaudes journées d'août et même de septembre succèdent les fraîches soirées d'automne, c'est le tube intestinal qui en ressent d'abord le contre-coup et qui subit le premier les conséquences de la suppression de la perspiration cutatée ; d'où les diarrhées et la dyssen-

terie communes dans notre contrée en septembre et en octobre. C'est aussi à ces alternatives de température, ou à l'humidité atmosphérique en excès, qu'il faut attribuer les fièvres intermittentes de l'automne comme celles du printemps. Ce sont, en effet, les professions qui exposent aux vicissitudes météorologiques qui en comptent le plus. Quant aux intermittentes paludéennes, nous n'en observons dans notre arrondissement que dans des circonstances exceptionnelles, telles que les travaux de terrassement du canal de la Marne au Rhin.

Mais je n'ai présenté qu'une partie des caractères nosologiques propres à la saison qui nous occupe. Semblable, en effet, à cette divinité aux deux visages qu'on adorait à Rome, la constitution médicale d'automne emprunte à la fois ses traits à celle qui finit et à celle qui commence. Je viens d'énumérer les affections qui sont le reliquat de la constitution estivale, il me reste à mentionner maintenant les affections rhumatismales, catarrhales, tuberculeuses, qui se développent sous l'influence des intempéries qui marquent la fin de l'automne. L'air humide et froid qu'on respire souvent à cette époque de l'année agit d'une manière d'autant plus funeste que la transition a été plus brusque. Les perturbations fréquentes dans la pression atmosphérique (c'est l'époque de l'année où les oscillations barométriques sont les plus grandes) occasionnent les apoplexies, ou les morts subites par suite de maladies du cœur (1). Les individus atteints d'asthme éprouvent des accès fréquents sous l'influence des brouillards. Les scro-

---

(1) Hippocrate et Baglivi signalent tous deux la fréquence des accidents de ce genre à la suite des intempéries atmosphériques. Duhamel avait remarqué, en 1747, qu'un nombre considérable de morts subites avait eu lieu, le baromètre ayant baissé, en moins de deux jours, d'un pouce quatre lignes (*Mémoires de l'Académie des Sciences*).

fules reprennent un certain degré d'acuité. Enfin, les vieillards auxquels un état profond de débilité ne permet pas de réagir contre les vicissitudes atmosphériques, atteignent avec peine l'hiver.

25. Pour assigner avec précision le caractère propre à la constitution médicale de nos hivers, il nous faut distinguer celles de ces saisons pendant lesquelles règnent des pluies presque continuelles, de celles qui présentent des froids soutenus. Dans le premier cas, les maladies que l'on observe diffèrent peu de celles que je viens d'énumérer, et qui marquent la fin de l'automne. Les affections rhumatismales et névralgiques, les fièvres typhoïdes à forme muqueuse, les grippes et les pneumonies catarrhales redeviennent prédominantes. Les épanchements séreux viennent compliquer les maladies du cœur. — Au contraire, qu'un froid sec règne pendant quelques jours, vous voyez ces maladies prendre un caractère franchement inflammatoire : ce ne sont plus des affections rhumatoïdes, des hydropisies et tout le cortège des affections catarrhales, mais des congestions actives, des rhumatismes articulaires, des pleuro-pneumonies franches, des esquinancies, etc. Autant d'ailleurs un hiver humide est désastreux pour la santé, autant cette saison est salubre quand règnent des froids modérés et soutenus. Aussi un tel hiver, par malheur assez rare ici, est-il sans contredit, après l'été, la saison la plus favorable à l'exercice des fonctions vitales, au moins pour les classes aisées qui peuvent se défendre contre la rigueur de la température et développer sous l'influence d'une alimentation réparatrice une suffisante quantité de chaleur (1).

---

(1) On a observé que les maladies avaient été peu nombreuses en Europe, pendant les hivers des dix premières années du xviiie siècle, qui furent très-froids. La même observation a été faite à Marseille par Raymond, à Strasbourg par Fodéré. Les

26. Existe-t-il, outre la constitution mensuelle ou saisonnière, une constitution *stationnaire* embrassant un certain nombre d'années pendant la durée desquelles on observe un caractère uniforme dans les maladies régnantes? et le despotisme de cette constitution va-t-il jusqu'à universaliser les méthodes thérapeutiques? Il est certain qu'en interrogeant l'histoire de la médecine, on voit, dans tel ou tel siècle, prédominer certaines formes pathologiques; et l'on serait tenté de croire qu'en suivant l'espèce humaine dans ses phases diverses, on lui trouverait ses périodes morbides, comme on trouve dans la vie de l'individu des époques critiques et des maladies propres à chaque âge. C'est ainsi que l'on a cru pouvoir expliquer de nos jours le succès de la doctrine physiologique par la constitution inflammatoire qui aurait régné pendant quinze à seize ans, et à laquelle aurait succédé la constitution catarrhale ou asthénique qu'on nous représente comme prédominante depuis lors en France. Cette hypothèse (car c'est, je crois, le nom qui lui convient) a quelque chose de séduisant; elle absout la médecine de la mobilité doctrinale et des variations thérapeutiques qu'on lui a souvent reprochées. Mais elle est d'une démonstration difficile, et soulève des objections de plus d'un genre. Je ne dirai pas, avec M. Ferrus, que l'on conçoit difficilement deux constitutions atmosphériques, l'une mensuelle, l'autre annuelle, produisant dans le même temps des maladies différentes, car des maladies différentes par le siège peuvent offrir le même caractère ou le même génie. Mais si la constitution médicale d'une époque expli-

---

années pluvieuses sont, au contraire, les plus fécondes en malades. M. Boudin constate que les scrofules trouvent, en Suède, leur limite septentrionale par 62° nord, et qu'elles manquent complètement aussi en Islande (t. II, p. 229). La phthisie pulmonaire est aussi à peu près ignorée dans ces contrées (*Ibid.*, t. I, introduction).

quait toujours les doctrines que cette époque voit surgir, comment verrait-on s'élever en même temps des écoles rivales dont les dogmes se combattent directement? Qui ne sait d'ailleurs que tout le changement s'est souvent passé dans la langue médicale? Si les fièvres ataxique et adynamique de Pinel s'appelèrent, sous Broussais, des gastro-entérites, et depuis des fièvres typhoïdes, l'affection a-t-elle pour cela changé de nature? Est-ce que la rougeur et la sécheresse de la langue, la sensibilité épigastrique et celle de la fosse iliaque n'existent plus aujourd'hui comme au temps du célèbre réformateur? Est-ce que les gastralgies, que nous traitons à cette heure par le vin de Bordeaux et les viandes rôties, n'étaient pas alors combattues, à titre de gastrites chroniques, par les sangsues et l'eau de gomme? Cependant, si nous circonscrivons le débat à la contrée dont je me suis proposé d'étudier ici le caractère, il nous faut reconnaître que si les températures extrêmes, et particulièrement un froid soutenu, y développent parfois le type inflammatoire, ce type ne s'y observe plus guère à l'état de constitution stationnaire. Notre climat rend d'ailleurs suffisamment compte de la prédominance de la constitution catarrhale. La fréquence des vents d'ouest, les pluies constantes dans certaines saisons, fréquentes dans les autres, les oscillations continuelles de la température, enfin le froid humide dont nous souffrons pendant une grande partie de l'année, sont autant de conditions favorables au développement de cette constitution par la perturbation qu'elle apporte dans les fonctions cutanées. Que la peau cesse, en effet, de réagir sous l'influence de cette température essentiellement débilitante, que la perspiration cutanée s'arrête, et les muqueuses s'engorgent, des congestions viscérales se forment, les humeurs de l'économie s'altèrent; de là le cortège des affections catarrhales, muqueuses, rhumatismales, avec le caractère asthénique qui leur est propre; de là la préférence que l'on est souvent obligé de donner aux toniques sur les antiphlogistiques, depuis trois ou quatre années surtout, que nos hivers sont presque constamment froids et humides, nos étés courts, pluvieux et sans chaleurs soutenues, avant 1857; nos récoltes insuffisantes en vin et en céréales. S'il m'était permis d'invoquer ici, à l'appui de cette manière de voir, le témoignage de mon expérience personnelle, je dirais que partisan convaincu de l'utilité des émissions sanguines, je me trouve moins fréquemment qu'autrefois dans la nécessité d'y recourir (1).

27. *Endémies, épidémies.* — Si l'on veut préciser les mots pour éviter la confusion dans les choses, on réservera le nom d'endémiques à des maladies : 1° qui se trouvent à tel point sous la dépendance de certaines localités, qu'on peut, en quelque sorte, les y circonscrire : telles les fièvres intermittentes dans le bassin de la Seille; 2° dont les causes productives sont assez immuables pour ne pas disparaître pendant une longue période de temps (tels les goîtres de Rosières); 3° dont les symptômes présentent chez tous les individus un air de famille, si l'on peut s'exprimer ainsi. Or, on ne retrouve, à quelques exceptions près, ces caractères dans aucune des maladies répandues soit à Lunéville, soit dans l'arrondissement. Les

---

(1) A qui en conclurait que je me suis laissé entraîner, à mon insu, par la réaction qui s'est opérée contre l'école physiologique, et en particulier contre les saignées dont cette école fit tant abus, je répondrais que m'étant élevé contre cet abus dans ma thèse inaugurale, à l'époque où les idées de Broussais conservaient encore tout leur prestige, je ne puis être suspect de céder aujourd'hui, en les employant avec plus de réserve, à un entraînement systématique. Ce n'est pas la première fois, d'ailleurs, que se présentent de pareilles circonstances. Valentin, qui exerçait à Nancy, assure que, pendant quatorze ans, il n'y a pas rencontré un seul cas de pneumonie exigeant la saignée générale (*Mémoire sur les fluxions de poitrine*, 1815). Jadelot, qui écrivait en 1776, lui trouvait le plus souvent ici le caractère bilieux ou *putride*.

affections catharrales, rhumatismales, la fièvre typhoïde, les scrofules, la phthisie, les maladies de cœur, qui sont les plus fréquentes qu'on y observe, sont communes à tout le N.-E. On peut donc dire qu'elles appartiennent plutôt à la constitution la plus fréquente dans notre climat qu'elles ne constituent des endémies proprement dites. Certaines localités sont, sans doute, dans des conditions plus défavorables que d'autres.

Ainsi, j'ai rappelé précédemment l'influence des calcaires magnésiens et argileux sur la dégénérescence crétineuse. Là où le sous-sol argileux est un obstacle à la filtration des eaux, ces eaux en s'évaporant entraînent des miasmes provenant des débris organiques qui y fermentent par la chaleur. Il n'est pas étonnant, non plus, que des villages placés dans des fonds où le soleil ne traverse qu'insuffisamment un air humide et non renouvelé, comptent proportionnellement plus de scrofuleux que d'autres; mais là même l'assainissement du sol, un plus grand degré de bien-être, le progrès général en matière d'hygiène publique ou privée, ont diminué l'étendue du mal. Ainsi, depuis les travaux d'assainissement du sol, les fièvres intermittentes et les scrofules sont devenues infiniment plus rares dans la vallée de la Seille. Ainsi la petite ville de Rosières, située sur les limites de notre arrondissement, quoiqu'adossée à un coteau formé de marnes irisées, voit disparaître de jour en jour le goitre, qui y était encore endémique au commencement de ce siècle. Cette affection, très-commune aussi au siècle dernier dans l'un de nos faubourgs (Viller), en a disparu de nos jours. La même amélioration s'est opérée à Gerbéviller et dans quelques communes des cantons de Blamont et de Bayon que je signalais dans la première édition de cet ouvrage. Cependant, en 1852, on comptait encore à Clayeures 92 goitreux sur une population de 494 habitants (1).

---

(1) M. Delcominète a constaté que l'eau, à Clayeures, offre

et à Villacourt 175 sur 1,022, soit un sixième de la population. Là, comme dans beaucoup de localités à goitre, l'eau coule sur des calcaires magnésiens; mais on sait qu'on trouve des sources de même nature dans des localités où cette affection est entièrement inconnue ou en décroissance, ainsi que je le disais, par les progrès de la civilisation et de l'hygiène publique. Il y a donc là une influence qui prime celle du sol. C'est ainsi que des travaux d'assèchement l'ont fait presque disparaître des quartiers marécageux de la Robertsau, aux portes de Strasbourg. Il est certain aussi que c'est dans les communes les plus pauvres, dans les quartiers les plus mal habités, que le goitre est le plus commun. La fréquence de cette affection chez les femmes tiendrait-elle à l'habitude d'avoir le cou nu, et à la suppression de la perspiration cutanée qui s'ensuit?

Le nombre des *calculeux*, autrefois considérable dans les départements qui composent l'ancienne Lorraine, puisqu'il avait motivé une fondation du roi Stanislas à l'hôpital de Lunéville, a diminué dans cet établissement des *treize quinzièmes* depuis le commencement de ce siècle. Il est vrai que la lithotomie, qui naguère se pratiquait exclusivement ici, se pratique maintenant dans les hôpitaux de Bar, de Nancy, etc.; mais elle est bien loin d'y être assez commune pour compenser cette énorme diminution. D'après un auteur allemand cité par M. Boudin (1), les calculeux de la Franconie, rares dans le grès bigarré, seraient très-communs dans le muschelkalk à sa jonction avec le terrain keuprique. Ces observations sont assez conformes avec ce que nous voyons ici.

---

une composition à peu près identique à celle de notre source des Vignes, c'est-à-dire qu'elle est très-chargée de sels de chaux, et qu'elle ne donne pas les réactions caractéristiques de l'iode.

(1) *Traité de géographie et de statistique médicales*, tom. 1, pag. 80.

Cela tiendrait-il à la quantité considérable de chaux que les plantes absorbent dans les terrains calcaires? Cependant la diminution des calculeux prouve qu'il y a dans l'étiologie de cette affection des circonstances hygiéniques plus puissantes que la nature du sol, qui n'agirait tout au plus, comme pour le goître, que comme cause prédisposante. — Sur vingt-sept calculeux admis à notre hôpital depuis 1828, huit seulement appartenaient à la localité, deux sont morts avant l'opération, deux après, vingt-trois ont guéri. Mon aïeul Nicolas Saucerotte en perdait un sur vingt par la méthode d'Hawkins modifiée; un sur dix par le grand appareil (*Mélanges de chirurgie*).

28. Les mêmes observations sont applicables *aux épidémies*, moins meurtrières ici comme ailleurs sous l'influence d'une civilisation plus avancée et d'une plus large répartition du bien-être dans les diverses classes de la société (1).

Les dernières calamités de ce genre dont nous ayons eu à souffrir ici sont le typhus de 1813-1814, des désastres duquel nous avons été ici les témoins plutôt que les victimes, et les épidémies cholériques de 1832-1855, épidémies dont Lunéville fut à peu près exempt, mais qui sévirent à des degrés divers sur plusieurs points de notre arrondissement.

29. Le choléra-morbus épidémique de 1832 atteignit 73 communes dans le département de la Meur-

---

(1). Il y eut cinq grandes épidémies en Lorraine dans le xvi⁰ siècle, deux dans le xviI⁰, dont l'une, suite de famine, dura sept ans, c'était un typhus; le xviII⁰ siècle en compte trois. Nous en avons déjà eu six, il est vrai, dans ce siècle : quatre épidémies cholériques, et deux catarrhales graves, sans compter les épidémies moins étendues de fièvres typhoïdes. On eût pu, sans doute, espérer mieux des progrès de la science moderne; mais enfin le choléra n'a pas pris naissance au milieu de nous, et nous ne voyons plus de ces affreux désastres qui, en 1642, avaient rendu les villages déserts et enfanté, dit un historien de Lunéville, des exemples d'atrocité inouïe.

the, et 9 à 10 dans notre arrondissement. L'épidémie y dura de mai à octobre, et enleva 203 individus. Lunéville fut épargné, bien que le fléau sévît avec beaucoup d'intensité dans plusieurs communes environnantes au N., au S. et à l'O. — Le fléau reparut en 1849 à Nancy, d'où il se répandit, de mai à décembre, dans 45 communes du département et 13 de l'arrondissement, dont 2 précédemment atteintes. Il fit 209 victimes; les décès furent proportionnellement plus nombreux qu'en 1832. Lunéville, qui cette fois fut atteint, n'eut que 105 cas, 57 guérirent. Sur les 48 décès 33 appartenaient au faubourg de Viller, habité par une population pauvre. Le plus grand nombre des individus atteints étaient exposés à l'humidité ou avaient été obligés de travailler dans l'eau. La garnison fut épargnée. La plupart des cas dits foudroyants furent précédés d'une diarrhée négligée; cependant, pour quelques-uns, l'attaque avait été réellement instantanée. Un de nos confrères succomba à une attaque de choléra algide; mais cette affection était survenue à la suite d'une dyssenterie grave. Dans un certain nombre de cas, surtout à la campagne, le caractère contagieux du mal ne fut pas douteux. Ces deux épidémies furent précédées d'un hiver très-doux. Celle de 1854, développée en été, s'étendit à 15 communes de l'arrondissement, et se fit à peine apercevoir à Lunéville, où elle n'enleva que 8 individus, la plupart âgés, atteints de maladies chroniques, débilités par la misère ou par des écarts de régime, et 5 hommes du 5e de lanciers, où elle se montra exclusivement. Dans les communes rurales, le choléra régna concurremment avec la fièvre typhoïde, la suette et la dyssenterie. C'est ce qui arriva aussi dans l'été de 1855, où l'épidémie s'étendit à 20 communes et fit 442 victimes sur une population de 25,567 individus. 21 individus, dont 1 militaire seulement, succombèrent à Lunéville. Il serait impossible d'assigner exactement, d'après les rapports venus des communes rurales, la proportion des malades aux morts dans toutes ces épidémies, les cholérines y étant confondues avec les choléras ; confusion encore augmentée par les dyssenteries et les fièvres typhoïdes qui ont régné concurremment. Il est certain néanmoins que les populations rurales comptèrent plus de victimes que celles des villes. La proportion paraît avoir été de 1 sur 35 à la campagne, tandis qu'elle n'a été que de 1 sur 147 dans les villes. En résumé, les conditions de santé individuelles et d'hygiène privée et publique ont eu une part plus grande dans la production ou dans la préservation de cette maladie que la constitution même des localités (1); et, comme l'a dit M. V. Parisot, celles-ci n'ont pas offert plus de prédisposition à être toujours la victime du choléra quand elles ont été une fois atteintes, qu'à en être préservées pour toujours, parce qu'elles l'auraient été une ou deux fois. — On peut en dire autant de la fièvre typhoïde. — Ici, comme ailleurs, on a remarqué que la mortalité par les autres affections diminuait pendant ces épidémies et à leur suite, ce qui vient probablement de ce qu'elles font leur proie des individus les plus faibles et les plus souffreteux. Quant au traitement, on fit la médecine des symptômes; aucune médication ne parut réussir à l'exclusion d'une autre. Un de mes collègues, appelé au début de la maladie, pratiquait d'ordinaire une saignée et disait s'en trouver bien, médication qui avait été déjà préconisée par Toussaint de Saint-Nicolas en 1832, et M. de Schacken (de Nancy). L'eau froide bue abondamment m'a réussi dans quelques cas, l'ipéca dans d'autres ; et j'ai observé avec plusieurs praticiens que les malades qui

---

(1) Il n'y a point de rapport évident de causalité à établir entre l'explosion du choléra sur plusieurs points de notre arrondissement et la nature du sol *dans ces mêmes points*. Ainsi, Lunéville a été à peu près épargné, quoiqu'élevé sur un terrain d'alluvion qu'on regarde comme favorable au développement de cette épidémie. Toutefois, le fléau s'est généralement arrêté à la limite des terrains primordiaux qui forment le sol des Vosges.

avaient des déjections abondantes guérissaient, toutes choses égales d'ailleurs, en plus grand nombre que les autres.

Parallèle des épidémies cholériques dans l'arrondissement.

ANNÉES.	DATE de l'invasion.	DURÉE.	COMMUNES atteintes.	NOMBRE de malades.	NOMBRE DE DÉCÈS	
					dans l'arrondissement.	à Lunéville.
1832	mai	6 mois	10	Renseignements inexacts par suite de la variation du cholera avec la cholérine, etc.	203	1 décès civil.
1849	mai	8 mois.	13		209	48 décès, pas de militaires.
1854	août*	3 mois	15		195	13 décès, 5 militaires.
1855	août	4 mois	20		486	34 décès, 1 militaire.

* Bayon seul en mars.

30. Si la fièvre typhoïde fait, sur un nombre donné de malades, proportionnellement moins de victimes que le choléra, le triple caractère d'épidémicité, de contagiosité et de quasi-endémicité qu'elle revêt fréquemment dans notre contrée, l'a rendue bien plus funeste encore à nos populations. Il est des années, comme en 1858, où, dominant en quelque sorte notre pathologie, elle imprime son cachet à la plupart des affections intercurrentes, notamment aux pneumonies, aux dyssenteries qui se développent en même temps qu'elle. Maintenant, peut-on en conclure rigoureusement qu'elle soit plus fréquente qu'autrefois? Cette opinion, née d'abord dans le public extra-médical de la variété des noms donnés naguère à des maladies que l'on regarde maintenant comme une seule et même affection, a trouvé parmi les médecins quelques partisans qui n'ont pas craint d'avancer que la cause en était à la vaccine. Sans se faire une arme d'une opinion très-hypothétique et en opposition avec un certain nombre de faits, on peut dire qu'en ce qui concerne la fréquence de la fièvre

typhoïde, la question n'est pas résolue, et qu'elle ne le sera pas tant qu'on ne lui aura pas donné pour base la statistique, c'est-à-dire tant qu'on n'aura pas prouvé par des chiffres que le nombre des cas observés a ou n'a pas augmenté d'une manière sensible dans une longue série d'années. M. Simonin père a cherché à démontrer l'identité de la fièvre typhoïde avec les épidémies qui régnaient si fréquemment naguère en Lorraine, on peut ajouter même en France, comme le prouve, entre autres, un mémoire de Maret inséré dans les Actes de l'Académie de Dijon. Mais notre savant confrère est-il bien certain qu'il ne s'agissait pas du typhus que nous avons vu régner en 1854 dans nos prisons et dans nos hôpitaux, et qui est le résultat ordinaire des années de disette, autrefois beaucoup plus communes qu'aujourd'hui ? Pour circonscrire la question aux faits venus à ma connaissance, je dirai :

1º Que la fièvre typhoïde a été observée dans ces dernières années sous le mode épidémique à longue durée ou quasi-endémique, dans des localités où elle était naguère sporadique, peu connue ou plus rare. C'est ce qui a été constaté notamment dans le canton de Baccarat par les médecins qui y exercent.

2º Que de 1828, année où cette fièvre sévit sur notre garnison sous la forme ataxique jusqu'en 1841, on ne l'y vit que sous la forme sporadique, tandis que de 1841 à 1856 elle régna trois fois dans notre hôpital sous le mode épidémique. Il est vrai qu'une extension momentanée s'expliquerait jusqu'à un certain point par les intempéries des dernières années et par la cherté des subsistances, deux causes de débilitation dans les classes pauvres surtout (1).

---

(1) Je pourrais dire aussi dans l'armée. Ainsi, M. Boudin a constaté que la disette de 1847 avait fait monter la mortalité de l'année de 24 décès sur 1,000 habitants à 29. Le nombre des admissions dans les hôpitaux augmenta, par suite de la même circonstance, de 600,000 en France.

31. L'étude *des causes* qui donnent naissance à cette formidable affection est, de toutes les questions à l'ordre du jour, l'une de celles qui doivent exciter le plus vivement la sollicitude des praticiens; et si bien des éléments restent encore enveloppés d'une profonde obscurité, cependant de l'analyse des circonstances au milieu desquelles cette maladie prend naissance, on peut tirer déjà des inductions d'une incontestable valeur, si ce n'est pour l'explication d'un certain nombre de fièvres sporadiques naissant spontanément dans les conditions d'hygiène les plus favorables, au moins pour celles de ces fièvres qui sévissent sous les modes épidémique, endémique et contagieux. Voici pour ces différentes circonstances celles au sein desquelles la fièvre typhoïde prend le plus souvent naissance, dans nos campagnes particulièrement, et auxquelles on ne peut par conséquent refuser une influence directe sur la production et sur l'extension de cette maladie.

1° *L'agglomération des individus dans un espace insuffisant pour les contenir*, et dont, pour l'ordinaire, l'air n'est presque jamais renouvelé. Ainsi il n'est pas rare de voir dans nos habitations urbaines ou rurales des chambres basses, humides, mal éclairées, et à peine suffisantes pour une ou deux personnes, renfermer deux ou trois lits destinés à recevoir trois ou quatre individus, et quelquefois plus. Si du moins l'air s'y renouvelait fréquemment! Mais loin de là: l'étroitesse des fenêtres, la nécessité de se garantir contre les intempéries, et par-dessus tout l'ignorance et l'imprévoyante insouciance de ceux qui habitent ces tristes réduits, en augmentent encore les inconvénients. Il est impossible de ne pas voir là une des causes les plus fréquentes de la fièvre typhoïde, si l'on se rappelle l'influence directe de l'air confiné sur la production des épidémies de typhus qui se développent dans les prisons. Et n'est-ce pas à cette cause, bien plus encore qu'à l'acclimatation, que sont dues les fièvres typhoïdes, endémiques, pour ainsi dire, dans ces étroits garnis où s'entassent les jeunes ouvriers qui viennent chercher de l'ouvrage à Paris ? Nous verrons plus loin quelle est aussi sa part dans le développement des fièvres typhoïdes des garnisons.

2° Si les émanations gazeuses des corps vivants peuvent acquérir, par suite de leur fermentation putride dans un local clos, des propriétés délétères, à plus forte raison doit-il en être ainsi de toutes les matières en décomposition, solides ou liquides, animales ou végétales, qui peuvent se trouver à portée des habitations. Il n'est pas, en effet, de praticien qui n'ait à citer des faits à l'appui : il n'en est pas qui, dans les trop nombreuses épidémies de fièvres typhoïdes qui ravagent nos communes rurales, n'ait eu une large part à faire dans leur étiologie au voisinage d'eaux croupissantes ou de ruisseaux fangeux; aux amas, je ne dirai pas seulement de fumiers, mais, ce qui est bien autrement dangereux, de paille pourrie et d'immondices de toute sorte que nos paysans jettent pour en faire de l'engrais dans le purin, dans les ruisseaux ou dans les mares qui se trouvent presque toujours sous leurs fenêtres. Dans les communes urbaines où la police de la voirie ne tolère pas ces abus, c'est dans les cours intérieures, souvent étroites, humides, sombres, sans renouvellement d'air, encombrées d'immondices, et où les eaux ménagères ne trouvent pas un écoulement suffisant (1), que se réunissent ces causes d'insalubrité.

Je citerai comme exemple de ce genre d'infection la fièvre typhoïde qui a éclaté il y a trois ans dans un faubourg de Lunéville, où elle s'est presqu'exclusivement cantonnée ; affection qui m'a paru avoir sa

---

(1) On a constaté, à Londres, que les cas de fièvre typhoïde étaient plus fréquents dans les parties de la ville où l'écoulement des eaux manquait.

source dans de vastes amas de boues de ville et d'immondices qu'on avait répandus sur les nombreux jardins situés au S.-O. des habitations ; peut-être aussi dans l'état de malpropreté où quelques jardiniers tenaient leurs cours où se trouvaient des étables à porcs, des fumiers en décomposition, des mares croupissantes, etc. Cette maladie, qui acquit un tel caractère de malignité et de contagiosité qu'il y eut des maisons presqu'entièrement veuves de leurs habitants, se développa par petits foyers d'infection circonscrits. Les maisons du voisinage qui se trouvaient dans de meilleures conditions d'hygiène furent épargnées.

3° Mais ce n'est pas seulement aux miasmes absorbés par la surface pulmonaire qu'on peut rapporter la production des fièvres typhoïdes; des substances alimentaires ayant éprouvé un commencement de décomposition, ont le même effet, comme le prouvent les faits publiés par le docteur Liégey (de Rambervillers) dans l'*Union Médicale* ; comme cela s'est vu également à Deneuvre, ainsi que me l'apprend un praticien de la localité, M. H. Saucerotte, dans les circonstances que voici : On fit avec du sang de porc qui avait été abandonné pendant quelque temps dans un baquet et qui avait déjà subi un commencement d'altération, des boudins qui, à quelques jours de là, développèrent chez tous ceux qui en avaient mangé une fièvre typhoïde. Cette fièvre, contractée par les parents qui vinrent soigner ces premiers malades, se répandit dans une partie de la commune où elle régna pendant quelque temps. Déjà l'on connaissait depuis longtemps les accidents produits par certaines préparations de charcuterie ou par des viandes fumées et mal conservées. De semblables faits doivent être pris en grande considération dans l'étiologie de la fièvre typhoïde, à une époque où les maladies régnantes prennent si facilement un caractère grave, où la cherté des subsistances pousse les indigents à se nourrir de tout ce qui leur tombe sous la main. Le lard rance, par exemple, qui constitue fréquemment la base de leur nourriture animale, ne pourrait-il avoir été, dans quelques cas, le point de départ de ces affections ?

4° Enfin, et comme cause générale, je signalerai avec quelques observateurs la relation des épidémies en général, et en particulier des épidémies de fièvres typhoïdes, avec *les perturbations atmosphériques*. C'est dans les plus mauvaises années, en effet, qu'on les a vu sévir dans la plupart de nos départements, de 1769 à 1772, de 1814 à 1816, et enfin de 1853 à 1856, à la suite de pluies désastreuses suivies de disette et d'altérations dans les substances alimentaires; d'où aussi un accroissement considérable dans la mortalité générale.

Relativement à la contagion de la fièvre typhoïde, que je constatais dès 1834, dans la première édition de cet ouvrage, personne, en province du moins, ne songe à en nier la possibilité ; et, pour me servir des expressions d'un confrère qui l'a beaucoup observée, le docteur Éby, le médecin des campagnes en suit le développement avec la même facilité et la même certitude qu'un chasseur aidé d'une bonne meute suit le gibier. Les conditions étiologiques dans lesquelles cette fièvre prend naissance, et notamment le séjour dans un air non renouvelé, l'absence de toute précaution et de tout soin de propreté, expliquent assez, du reste, ce mode de propagation.

32. Lunéville a aussi payé son tribut au *typhus des prisons*, qui lui a été apporté en novembre 1854, par les convois de prisonniers qu'on transportait d'une maison de détention dans une autre. Ces convois, se renouvelant régulièrement deux fois par mois, nous amenaient chaque fois de nouveaux malades, et prolongèrent ainsi pendant huit mois une affection dont nous eussions pu, sans cette circonstance, être débarrassés beaucoup plus tôt. Cette fièvre, qui offrait les symptômes des ataxo-adynamiques les plus graves, et qui paraît avoir eu pour

cause l'agglomération et le défaut de renouvellement de l'air, était contagieuse à un tel degré, que de treize personnes successivement attachées à mes salles à titre de sœurs hospitalières, infirmiers, infirmières ou servants, pas une n'y échappa; une religieuse et une servante y succombèrent. J'en fus seul exempt (1). Cette pyrexie n'avait pas d'ailleurs le même degré de gravité chez tous; quelques-uns se rétablirent après avoir offert les symptômes les plus graves. Sur quatre-vingts et quelques malades, j'en perdis un peu moins de 1/8. La fièvre typhoïde contagieuse qui régnait à la même époque dans le faubourg d'Alsace et à l'hôpital était bien plus meurtrière.

33. Les quelques affections que nous voyons encore régner épidémiquement à Lunéville ou dans l'arrondissement, sont celles qui se montrent partout ailleurs sous la même forme : la grippe, qui est rarement grave, mais fréquente à la fin des hivers humides, et qui se complique quelquefois alors de pneumonies catarrhales, prenant, comme en 1842, un caractère épidémique; la coqueluche, la rougeole, ordinairement bénigne, mais que j'ai vu, en 1835, accompagnée de diphthérites graves; la variole, la scarlatine, beaucoup moins commune; la suette, qui s'est montrée avec quelques épidémies de fièvre typhoïde et de choléra dans plusieurs communes rurales; enfin la dyssenterie, qui s'est développée dans les mêmes circonstances.

D'autres affections apparaissent ici sur un nombre plus ou moins considérable de malades à la fois, sans mériter pour cela le titre d'épidémiques. On peut ranger dans cette catégorie la phthisie; l'angine ton-

---

(1) M. le professeur Marchal, de Strasbourg, moins heureux, succomba à cette même fièvre. C'est là le champ de bataille de la profession. Notons seulement combien on tient peu compte au médecin d'hôpital, dans l'appréciation de ses services, des chances de cette nature qu'il affronte assez fréquemment.

sillaire et pharyngée, très-commune au printemps ; le rhumatisme, et les névralgies qui ont tant d'affinité avec lui (1) ; le croup, qui en 1848 et 1855 a sévi ici sur un certain nombre d'enfants (2), mais qui en définitive est rare à Lunéville, où l'on observe plus souvent l'œdème de la glotte ou la laryngite striduleuse fréquemment confondue avec le premier ; la méningite tuberculeuse ; l'apoplexie ; les maladies du cœur, et les hydropisies qui en sont la conséquence dernière ; la fièvre intermittente sous ses différents types, assez commune dans certaines années, bien qu'on ne puisse l'attribuer à une intoxication paludéenne dont les causes n'existent pas habituellement ici. Faut-il la rapporter, conformément à l'opinion de quelques auteurs, aux terrains d'alluvion sur lesquels Lunéville est bâti ? Les alternatives fréquentes de température me semblent jouer ici un rôle plus important. Cependant nous avons eu un exemple remarquable de l'influence des émanations telluriques, à la suite des travaux de terrassement exécutés au nord de l'arrondissement pour le canal de la Marne au Rhin : la fièvre intermittente, qui y était autrefois à peine connue, y a sévi sur la moitié des populations, et n'a disparu ou diminué de fréquence qu'un ou deux ans après la mise en eau du canal. Là, pas plus qu'à Lunéville, on n'a pu, selon le docteur Eby, constater l'antagonisme de la fièvre typhoïde et de la

---

(1) J'ai démontré, en 1827, dans un Mémoire inséré parmi les travaux de la *Société anatomique*, que le rhumatisme musculaire n'est autre chose qu'une variété de névralgie, dans laquelle l'affection, au lieu d'être localisée dans un tronc nerveux, s'étend à ses divisions et à ses terminaisons ; opinion qui a été *depuis* reproduite par MM. Cruveilhier et Roche, mais sans que ces éminents confrères aient fait mention du travail où elle était exposée pour la première fois.

(2) J'ai obtenu d'excellents résultats, à cette époque, des vomitifs employés coup sur coup (voyez *Gazette médicale* de l'année 1848).

fièvre périodique. Il est même certain qu'en temps ordinaire on les voit souvent ici se compliquer au début et au déclin.

34. *Maladies des animaux.* La pathologie comparée ne jette pas seulement de vives lueurs sur la pathologie humaine, elle se rattache intimement aux plus importantes questions d'hygiène publique; à ce double titre, il n'est pas sans intérêt d'en esquisser ici les principaux traits. Comme dans l'espèce humaine, les maladies les plus fréquentes chez les animaux résultent ici de l'humidité froide et des intempéries de l'atmosphère; telles sont particulièrement les affections thoraciques. D'autres proviennent de l'humidité des pâturages ou de l'altération des fourrages, soit par les débordements, soit par la nature du sol, quand ces fourrages viennent des terrains marécageux qui se trouvent dans l'arrondissement limitrophe de Château-Salins (1).

Les gastro-entérites typhoïdes avec ulcération des intestins et participation des méninges rachidienne et encéphalique, sont communes parmi nos mammifères. M. Deban ne pense pas qu'elles soient contagieuses, bien qu'elles s'étendent souvent sur un grand nombre de sujets à la fois. Ce praticien expérimenté n'a pas non plus constaté de coïncidence entre ces épizooties et les épidémies de fièvre typhoïde chez l'homme.

Une maladie fréquemment observée depuis quelques années, surtout chez les chevaux, l'hydrohémie, affection jusqu'à présent incurable, paraît provenir de fatigues trop grandes et disproportionnées avec la réparation.

---

(1) Voir dans l'ouvrage de M. Delafond, sur *la maladie du sang des bêtes à cornes*, l'influence de la composition du sol sur la nature des plantes, et partant sur les maladies des animaux. M. Morel (*loc. cit.*) cite, d'après Korth, un fait curieux de ce genre : L'expérience a appris aux bergers espagnols que dans les sels calcaires on peut retrancher aux mérinos le sel qu'il faut allier à leur nourriture dans les pacages des deux Castilles.

La péripneumonie contagieuse, spéciale à l'espèce bovine, a fait beaucoup de victimes depuis quelque temps. M. Dehan s'est assuré par des expériences qu'on pouvait manger la viande de ces animaux.

Une affection d'un autre genre, considérée par les uns comme une espèce de choléra, par les autres comme une maladie charbonneuse résultant d'une altération septique du sang, a fait périr il y a quatre ans un grand nombre de poules. Quant à la cause du *tournis* chez les moutons (hydatides du cerveau) et de cette cachexie séreuse ou hydatique à la suite de laquelle des milliers de zoophytes s'engendrent dans tous les tissus, elle paraît se rattacher à l'emploi de pâturages humides.

35. Une maladie d'autant plus redoutable que, contagieuse à un haut degré, elle peut se communiquer même à l'homme, *la morve*, devient, grâce aux progrès de l'hygiène, aussi rare qu'elle était fréquente autrefois. On abattait naguère plus de cent chevaux morveux dans un an à Lunéville; aujourd'hui on n'en perd peut-être pas le dixième. Cependant il serait difficile, en ce qui concerne la garnison, de donner un chiffre exact à cet égard, s'il est vrai que, pour des motifs que je n'ai pas à apprécier ici, des chevaux morts de la morve figurent *par ordre* sur certains états officiels comme ayant succombé à d'autres maladies (1).

Il est fâcheux que les progrès de l'hygiène hippique, très-réels dans notre cavalerie, soient beaucoup moins sensibles dans nos campagnes, non-seulement sous

---

(1) De 1843 à 1853, il mourait dans l'armée 1 cheval sur 23. Or, en 1856, le 5e de lanciers en a perdu 1 sur 200 environ; le 7e de lanciers, 1 1/2 sur 100; le 3e et le 11e de chasseurs 1 sur 300, en nombre rond. Le 6e de lanciers, qui, de 1848 à 1856 inclusivement, en avait perdu 206, n'en a pas encore perdu un seul dans les six premiers mois de 1857. N'est-ce pas le cas de dire avec certain personnage de Beaumarchais : « Qui diable est-ce qu'on a trompé donc ici ? »

le rapport du régime alimentaire qui, par ses qualités appauvrissantes, constitue, ainsi que le dit fort bien le docteur Bagré, une prédisposition permanente aux maladies, mais encore par la construction vicieuse et la mauvaise tenue de beaucoup d'étables et écuries, mal ventilées, privées de pente pour l'écoulement des urines, et infectées par une litière en fermentation. Il serait bien désirable, à ces divers points de vue, de voir s'étendre à tous nos départements l'institution des *vétérinaires cantonaux*, déjà en vigueur dans la Moselle.

APPENDICE.

DE L'ÉTAT SANITAIRE DE LA DIVISION ACTIVE DE CAVALERIE DE LUNÉVILLE.

36. En parcourant les pages précédentes, on pourra, je le crois, se former une idée assez exacte du milieu dans lequel notre garnison est appelée à vivre. On peut dire qu'en somme elle s'y trouve dans des conditions moyennes de salubrité dont l'ensemble est plutôt favorable que désavantageux à la santé des troupes. Sans doute, les variations brusques de notre température, le froid humide dont nous souffrons souvent dans cette contrée, y occasionnent fréquemment des affections des voies respiratoires, chez des hommes surtout qui y sont aussi continuellement exposés que nos cavaliers; mais ces affections nous sont communes avec toute la région du N.-E. La fièvre typhoïde ne nous épargne pas, mais elle ne produit pas plus de ravages à Lunéville que dans les parties de la France réputées les plus salubres. La méningite cérébro-spinale, qui n'y a fait qu'une courte apparition, y avait été importée; et si nous avons en plus grand nombre des maladies rares dans les climats méridionaux, en revanche les affections propres à ces climats n'ont pas en général ici la gravité qu'elles présentent là. Ainsi, la dyssenterie, quoiqu'assez commune dans notre garnison, n'y entraîne pas la même mortalité. Quant aux affections endémiques à proprement parler, j'ai dit que nous n'en avions point. Enfin, nous n'avons à enregistrer dans les modernes annales de Lunéville aucune grande épidémie. Le choléra nous enveloppait de toutes parts, qu'il effleurait à peine un de nos quartiers. J'étais donc fondé à dire, et cela ressort évidemment de tous les faits exposés dans cet ouvrage, qu'abstraction faite des

conditions particulières dans lesquelles se trouve le soldat, le séjour de Lunéville est salubre, et n'a rien par lui-même que de favorable à la santé des troupes. Il est donc probable que la moyenne des entrées à l'hôpital, ainsi que celle des décès, y seraient bien inférieures à la moyenne générale, si d'autres circonstances étrangères à la population civile ne venaient compenser défavorablement les conditions de salubrité communes. Ces circonstances, que je vais examiner, sont, les unes relatives à *l'habitation*, les autres au régime alimentaire.

37. Nos casernes, bien qu'elles ne puissent être proposées comme des établissements modèles, sont cependant, comme nous l'avons vu, assez bonnes, et préférables à coup sûr à beaucoup d'autres. Il serait difficile, si l'on en excepte les quelques parties signalées comme notoirement défavorables à la santé des troupes, de se prononcer sur leur degré de salubrité relative *à priori*, ou d'après les données générales que fournit l'étude des lieux. Ainsi, on pourrait considérer l'Orangerie comme plus favorable que les autres au développement des phlegmasies pulmonaires. Eh bien ! mes relevés m'apprennent que dans les années où (comme pendant l'hiver de 1853-1854) la constitution médicale engendre un grand nombre de ces maladies, on les retrouve partout dans des proportions à peu près égales. J'en dirai autant des fièvres typhoïdes et intermittentes, ainsi que des dyssenteries, que j'ai vu sévir successivement ou simultanément sur chaque casernement.

Voici la proportion des fiévreux fournie par notre dernière garnison du 1er mars 1856 au 1er mars 1857, chaque régiment se composant d'un nombre égal d'hommes (800 en moyenne) : 11me chasseurs (aux Carmes), 111 malades; 3me chasseurs, aux Cadets (1 escadron aux Carmes), 86; 7me lanciers, au Château (1 escadron à l'Orangerie), 68; 5me lanciers à l'Orangerie, 115.

Mais il est une circonstance de nature à modifier complètement le degré de salubrité de ces établissements, c'est l'*agglomération*, par suite de laquelle les affections deviennent épidémiques, même contagieuses, de sporadiques qu'elles étaient. Veut-on avoir une preuve de son influence sur le développement des maladies ? En faisant le relevé des militaires morts à notre hôpital pendant les seize dernières années, j'ai trouvé que dans celles où notre garnison dépassait en moyenne deux mille hommes, la moyenne des décès a été de 1 sur 66; tandis que sur sept années où cette garnison a été inférieure à ce chiffre de deux mille, nous n'avons eu que 1 décès sur 96 (1).

Notre casernement peut loger, il est vrai, deux mille huit cents hommes, et l'on n'a guère dépassé ce nombre dans les années précitées ; mais le chiffre de quatorze à seize mètres cubes par cavalier, qui est réglementaire, et celui d'un certain nombre de nos chambrées, est trop faible; et, de l'avis des hommes les plus compétents, ce ne

---

(1) M. Guillard est arrivé à des conclusions identiques en faisant le relevé de la mortalité comparée des maisons centrales de détention en France. Des dix maisons dont la mortalité est au-dessous de la moyenne, sept sont également au-dessous pour le nombre des détenus, et des neuf qui sont au-dessus, cinq offrent la même corrélation dans leur population (*Démogra.*, p. 311). Il est constant, au reste, que la mortalité dans ces établissements est supérieure à celle des bagnes. On se rappelle aussi que de 1843 à 1847 on vit sévir des fièvres typhoïdes meurtrières sur la garnison de Saint-Cloud, chaque fois que, par suite du séjour du roi dans cette résidence, cette garnison était portée de 500 à 1,200 habitants. Enfin, dans une même ville, on voit les divers quartiers produire, selon la densité de leur population, des proportions différentes de mortalité générale et de décès par fièvre typhoïde et par phthisie. C'est ce qui a été constaté, notamment, à Londres et à Paris (voyez les recherches de M. Boudin).

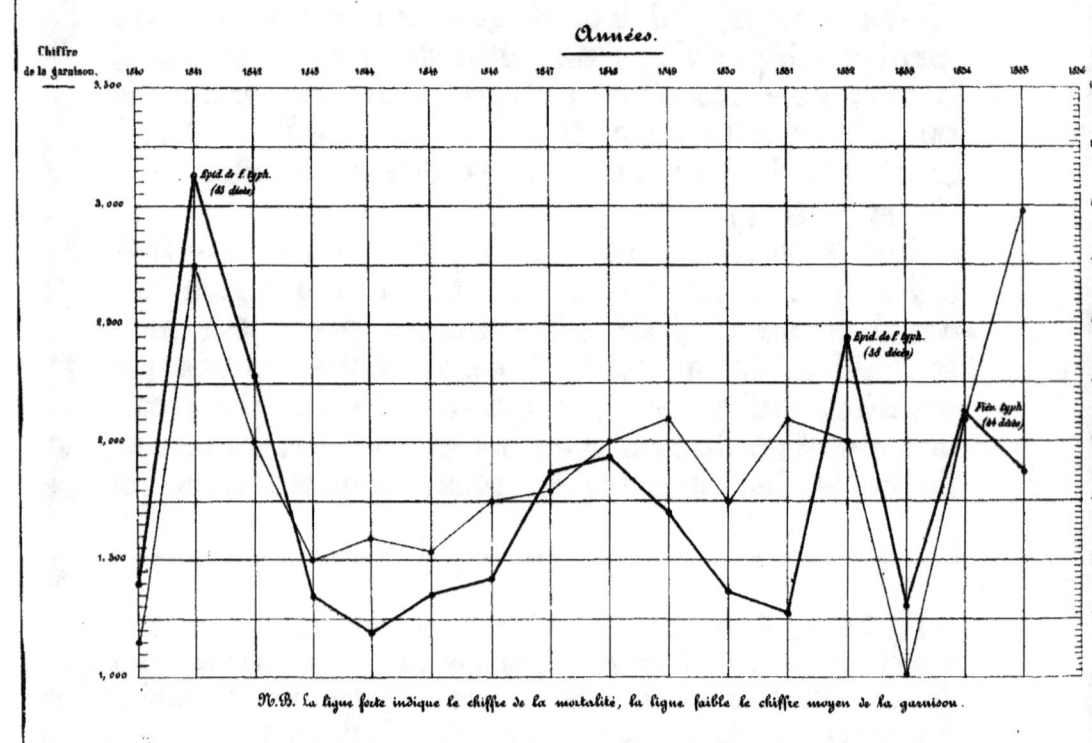

serait pas trop de 20 mètres par homme. Quoi qu'il en soit, il ressort évidemment des chiffres précédents que la première chose à faire pour diminuer le nombre des malades dans nos quartiers, c'est d'y disséminer le plus possible les hommes. Je suis heureux de me trouver d'accord à cet égard avec l'opinion du Conseil de santé, et avec celle de M. Boudin, dont la vaste expérience et le profond savoir ont tant d'autorité en pareille matière.

Le tableau ci-joint offre les deux courbes superposées du chiffre de la garnison et de celui de la mortalité. On voit que leurs inflexions se suivent assez régulièrement pendant toute cette période, sauf pour cette dernière année (1856), où l'abaissement de la mortalité est une conséquence de l'accroissement des décès dans les années antérieures. On sait, en effet, qu'après une année de mortalité exceptionnelle, il y a toujours un ralentissement très-sensible du nombre des décès. Ici, cette influence a été assez forte pour primer celle qui naît de l'agglomération. Elle correspond à l'abaissement de la mortalité dans la population civile, lequel a été ici des deux cinquièmes de 1855 à 1856.

38. Maintenant, le travail imposé aux hommes de la garnison a-t-il été pour quelque chose dans l'accroissement du chiffre des malades? On sait que Lunéville est une école de manœuvre, où la division de cavalerie est soumise, par conséquent, à des fatigues exceptionnelles. Or, bien que les habitudes actives et les exercices en plein air soient considérés avec raison comme plus salutaires à la santé du soldat que la vie oisive et confinée, il est certain cependant que le nombre de nos malades et que la mortalité augmentent beaucoup ici d'août en octobre, c'est-à-dire à l'époque des grandes manœuvres. Sans rechercher si le régime alimentaire du soldat est ce qu'il devrait être sous le rapport de la variété, de la qualité et de la quantité de viande; s'il est rationnel de voir un carabinier à la même ration qu'un chas-

seur (1), questions déjà traitées et résolues négativement par MM. Baudens, Boudin, etc. (2), je me bornerai à signaler comme une des causes principales du grand nombre de maladies qui éclatent alors, et surtout du caractère adynamique qu'elles présentent, la nécessité où se trouvent nos cavaliers de manœuvrer à jeun, c'est-à-dire n'ayant pas mangé depuis la veille à quatre heures, ce qui est, comme l'a justement remarqué M. Baudens, entièrement opposé aux habitudes qu'ils ont prises avant d'entrer au service, et ce qui doit être surtout d'un effet énervant chez les hommes dont la croissance n'est pas achevée. Si l'on ajoute à cette cause de débilitation l'action d'un soleil déjà ardent, à l'heure où l'on quitte le champ de manœuvres, l'habitude incorrigible où est le soldat de se mettre en chemise et de boire de l'eau froide à longs traits quand il rentre en sueur au quartier, on aura l'étiologie de la plupart des maladies qu'il contracte alors : phlegmasies pulmonaires, congestions cérébrales, dyssenteries, fièvres typhoïdes ; maladies que l'on retrouve chez les habitants de nos campagnes, sous l'influence des mêmes causes, à l'époque des travaux de la moisson. — Mais comment se fait-il que sur un même nombre d'hommes habitant la même ville, le même casernement, soumis aux mêmes exercices, à la même alimentation, traités dans le même hôpital par le même

---

(1) Conformité qui n'existe pas dans le régime des chevaux de différentes tailles.

(2) La ration de la troupe est en viande de 250 grammes ; mais il faut se rappeler que la viande désossée perd un quart, et par la cuisson une moitié ; reste donc 94 grammes de viande ou 47 grammes par repas : soit 91 kilogrammes 250 par an. La consommation de l'homme moyen de tout âge est, il est vrai, en France, de 40 kilogrammes 620, seulement, mais le régime est bien plus varié ; la plupart des ouvriers y joignaient, avant ces dernières années, l'usage du vin ; enfin on comprend dans cette moyenne les enfants et les vieillards.

médecin, il y ait une différence de mortalité telle, qu'en certaines années nous ayons perdu huit fois autant d'hommes qu'en d'autres? Il faut bien ici reconnaître, outre l'influence de l'agglomération et du régime, des circonstances exceptionnelles nées de la constitution médicale : mais n'est-ce pas alors ou jamais le cas d'apporter à l'hygiène du soldat des modifications dont l'expérience a constaté la nécessité ? un espacement plus grand, des moyens d'aération dans les chambrées *pendant la nuit*, les modifications reconnues nécessaires dans le régime alimentaire, des moyens d'ablution plus faciles et plus complets, une surveillance plus sévère de la propreté des casernes, et particulièrement des lieux d'aisance et des pissotières ; un mode de chauffage mieux entendu (les hommes sortant ordinairement d'un corps-de-garde chauffé à outrance pour aller faire une faction) ; enfin, dans beaucoup de cas, l'envoi plus prompt des hommes à l'hôpital avec les précautions nécessaires (1).

39. Puisque j'en suis sur ce chapitre, je ne puis m'empêcher de m'élever contre le règlement inhumain qui défend le port du manteau aux hommes qu'on y envoie à pied. On a supposé, sans doute, que ceux qui n'y étaient pas portés n'étaient pas assez malades pour que cette précaution fût bien nécessaire ; mais je puis affirmer, en ce qui me concerne, que tous les ans on nous envoie dans la saison la plus rigoureuse, à pied et sans manteau (sous la conduite d'un brigadier portant le sien), des hommes atteints de maladies fébriles à dif-

---

(1) J'ai vu des fièvres typhoïdes emporter des hommes après un séjour de six, cinq, quatre jours à l'hôpital ; plus d'une fois au bout d'un jour. J'ai vu aussi des pneumonies se terminer fatalement après cinq, quatre, trois et une fois après *deux* jours de traitement. Ces faits, heureusement assez rares, le seraient encore plus, si l'on réservait les infirmeries régimentaires aux maladies externes exclusivement.

férents degrés. On a bien souvent lieu de regretter que quelques notions d'hygiène militaire n'entrent pas dans le cadre de l'enseignement que l'on donne à MM. les officiers. Qu'il me soit permis aussi, à moi observateur désintéressé dans la question, de regretter que les exigences plus ou moins bien entendues de la hiérarchie placent MM. les médecins militaires dans une dépendance qui ne leur permet pas en toute occasion d'élever la voix là où ils auraient caractère pour se faire écouter, et que cet amoindrissement de leur autorité morale vienne paralyser si souvent leurs meilleures intentions. Celui à qui il serait permis de tout dire sur l'influence du commandement dans ses rapports avec la santé des hommes, donnerait l'explication de bien des faits attribués au casernement, au climat, à la constitution médicale, etc. M. Baudens en offrait, il y a quelque temps, un exemple curieux pris dans la guerre de Crimée. Mais, sans parler de faits qui frappent tous les yeux parce qu'ils constituent des infractions flagrantes à l'hygiène, que de choses à dire sur l'influence qu'ont sur l'état sanitaire d'un régiment la contrainte, le découragement, la dépression morale ou l'espèce de terreur née de la dureté ou de la sévérité parfois inintelligente du commandement!

40. On a prouvé que les jeunes soldats tombent plus souvent malades que les hommes rompus aux fatigues du service (1). Les déplacements de garnison sont aussi l'occasion d'un accroissement sensible dans le nombre des malades, soit en raison de l'acclimatement, soit parce que ces déplacements se font malheureusement aux époques de l'année où l'on contracte le

---

(1) Le général Préval a fait voir que, de la première année de service à la sixième, la différence des pertes est de 75 à 20 pour 1,000 (pertes générales). On sait que l'âge de vingt à vingt-cinq ans est regardé comme critique pour l'homme.

plus facilement des maladies par suite des transitions brusques de la température (2). Toutes ces circonstances sont fréquemment réunies dans notre division, où il y a un mouvement continuel, non-seulement, comme ailleurs, par suite des congés de libération et de l'arrivée des jeunes soldats, mais encore par celle des hommes qu'on tire sans cesse des dépôts qui ne séjournent pas à Lunéville. Je citerai comme exemple des conditions fâcheuses où s'est trouvée parfois notre garnison, l'hiver de 1841. L'effectif de l'armée ayant été augmenté tout à coup à cette époque par des craintes de guerre, tout manqua à la fois ; nos recrues venues du Midi durent coucher dans des sacs, et conserver pendant quelque temps, par un froid rigoureux, les pantalons de toile avec lesquels elles étaient arrivées. Les pneumonies typhoïdes abondèrent ; je perdis dix-sept phthisiques. Les varioles et les rougeoles qu'on observa alors prirent un caractère ataxique. Mes salles étaient tellement encombrées, qu'il fallut placer des hommes sur des matelas posés à terre. Or, comment faire entrer en ligne de compte, dans l'appréciation de la salubrité d'une garnison et de la mortalité d'un hôpital, de telles éventualités, et comment s'étonner que notre mortalité puisse descendre de 1 sur 84 (en 1851) à 1 sur 31,33, et même, en 1852 (année exceptionnelle il est vrai), à 1 sur 19,4 (épidémie de fièvre typhoïde) ? Il est même à remarquer que de la comparaison des maladies régnantes et de la mortalité à Lunéville avec celle de la garnison dans les années où cette dernière a été le plus maltraitée, il ressort qu'il n'y a pas de rapport nécessaire de causalité (voyez le tableau ci-joint), et

---

(2) Il est d'ailleurs des affections, les fièvres intermittentes, par exemple, qui se manifestent longtemps encore après que l'individu a quitté le foyer de leur endémicité. C'est ainsi que je donne actuellement des soins à des hommes du 2me de dragons atteints, pendant leur séjour à Thionville, d'héméralopie épidémique, maladie inconnue ici.

TABLEAU comparé des décès causés de 1852 à 1856 par les affections les plus communes à Lunéville et dans la garnison.

ANNÉES		Fièvre typhoïde sous toutes les formes	Phthisie	Phlegmasie pulmonaire	Hydropisie par causes diverses	Maladies du cœur	Apoplexie et congestion cérébrale	Phlegmasie cérébrale	Variole	Dyssenterie	Phlegmasie gastro-intestin.	Péritonite	Chiffre de la Garnison
1852	L. 29...	30	35	17	17	15	11	6	6	11	1		h. 2,000
	G. 23...	4	2	n.	2	1	n.	n.	6	n.	n.		
1853	L. 11...	18	4	5	10	4	6	n	13	3	1		1,090
	G. 4...	2	n.	2	1	1	n.	3	1	n.	n.		
1854	L. 16...	36	39	12	20	23	11	1	7	12	3		2,180
	G. 13...	3	13	n.	3	1	3	1	5	1	n.		
1855	L. 61...	25	31	27	32	32	13	1	10	8	5		3,030
	G. 10...	5	13	n.	n.	h.	3	1	n.	h.	n.		
1856	L. 25...	50	16	16	8	15	21	1	4	7	5		3,500
	G. 6...	3	1	n.	2	h.	h.	1	n.	h.	2		

OBSERVATIONS. — Le chiffre de la population civile étant en nombre rond de 12,000 pour chacune de ces années, en le comparant au chiffre de la garnison, on peut voir dans quelle proportion les maladies qui figurent dans ce tableau ont été dans l'une et l'autre population. Or, de cette comparaison il résulte : 1° que le chiffre des décès par les mêmes affections et pour un même nombre d'individus, n'est pas, toutes choses égales d'ailleurs, dans le même rapport dans la population civile et dans la garnison ; 2° que les maladies qui sévissent plus particulièrement sur les individus de 20 à 30 ans (fièvre typhoïde, pneumonie), ont été proportionnellement plus nombreuses dans la garnison, si l'on en excepte cependant la phthisie, qui, même en tenant compte des hommes réformés, s'est montrée plus fréquente dans la ville. Le chiffre relativement élevé des phlegmasies cérébrales dans la population civile tient à la fréquence de la méningite tuberculeuse chez les enfants ; celui des hydropisies, à la fréquence des maladies du cœur dont elles sont le dénouement à un âge plus ou moins avancé.

qu'il faut, par conséquent, toute part faite à la constitution médicale, chercher les causes d'une partie des maladies qui ont atteint nos soldats, dans les conditions d'hygiène au milieu desquelles ils se sont trouvés. Or, si l'on récapitule ces conditions, si souvent défavorables aux différents points de vue que j'ai examinés précédemment, on ne s'étonnera pas que notre mortalité moyenne ait été, comme je l'ai constaté de 1835 à 1856 (inclus), de 19 par 1000 pour tous les services (1). Que si, pour obtenir par la comparaison de termes de même valeur des moyennes plus vraies, nous ne tenons pas compte de quatre années exceptionnelles où nous avons traversé des épidémies de fièvres typhoïdes, la mortalité descend à 16,6 p. 1000. Elle est de 18,2 pour les quatre dernières années, 1854 et 1855 ayant fourni un nombre considérable de fièvres typhoïdes, etc.; mais elle tombe à 13,6 en 1856, où nous nous sommes trouvés dans des conditions plus normales, et j'espère bien que nous ne nous élèverons plus dorénavant au-dessus de ce chiffre dans les années ordinaires (2). Quant à la durée du séjour, on comprend qu'elle varie beaucoup d'une année à l'autre par suite des mêmes circonstances qui font extrêmement varier le nombre des malades et la mortalité. Elle est de trente-deux jours pour ces quatre dernières années pour tous les services; de 27,3 seulement dans le service des fiévreux; elle n'a pas dépassé ce chiffre en 1855 (tous services compris) (3).

---

(1) De 1842 à 1848, elle est pour l'armée de l'intérieur de 19,5; en 1848, de 21,3. Dans ces dernières années, elle s'est élevée, si mes renseignements sont exacts, à 20 pour 1000.

(2) La division de dragons en garnison ici depuis avril 1857 ne nous a donné en six mois que 4 décès sur 340 hommes, soit 8,5 pour 1000. Jamais, au reste, nous n'avons eu aussi peu de malades que cette année, qui a été très-favorable aussi à la population civile.

(3) Les officiers sont compris dans ces divers relevés, mais

Le nombre des hommes réformés a été dans ces quatre années de 25 sur 5,261 admissions; soit un réformé pour 210 malades. Les congés de convalescence, de 280 sur le même chiffre d'hommes, soit un congé pour 1,878 malades.

41. N'ayant eu, à quelques exceptions près, à traiter que des cavaliers, je n'ai pu constater d'opposition bien tranchée sous le rapport de l'arme entre les maladies qui s'offraient à mon observation. Les chiffres d'ailleurs m'eussent fait défaut en raison même du peu de fixité dans le nombre des hommes présents sous le drapeau. Une circonstance m'a cependant frappé, c'est la proportion plus considérable d'hommes atteints de lésions organiques du cœur dans la grosse cavalerie. Ainsi, sur dix-sept hypertrophies cardiaques à tous les degrés, depuis le plus léger dont on ne s'occupe guère, jusqu'au plus avancé nécessitant la réforme, seize appartenaient à deux régiments de cuirassiers, une seule à l'un des deux régiments de hussards qui se trouvaient en même temps à Lunéville (1839-1840). Il m'a semblé aussi que la phthisie pulmonaire était moins fréquente dans la cavalerie qu'elle ne paraît l'être dans l'infanterie : mais je manque de termes exacts de comparaison.

Voici par ordre de fréquence, et sous les réserves que je ferai tout-à-l'heure, les maladies qui ont occasionné le décès des militaires morts dans les salles des fiévreux de 1826 à 1855 inclusivement : fièvres typhoïdes, 272; phthisies, bronchites et pneumonies aiguës ou chroniques, 100 ; pleurésies ou épanchements pleurétiques et hydropisies de poitrine par lésions organiques du cœur, 86; dyssenteries, 41; gastro-entérites et colites aiguës ou chroniques, 31; phlegmasies cérébrales, 26 ; méningites cérébro-

---

leur petit nombre (2 à 3 en moyenne) ne change pas sensiblement ces résultats.

spinales épidémiques, 23; varioles, 21; apoplexies et congestions cérébrales, 19; péritonites aiguës et chroniques, ascites, 10; choléra, 7; maladies diverses figurant pour quelques unités (angines, scarlatines, fièvres pernicieuses, asphyxies suite d'ivresse, scorbut, péricardites, infection purulente, morves, etc., 41. — Total : 675 (1).

Voici les mois, rangés d'après le chiffre décroissant des décès : septembre, août, octobre, juillet, novembre, mai, mars, juin, avril, janvier, février, décembre (2). Le chiffre des admissions est à peu près dans le même rapport, si ce n'est qu'il anticipe un peu sur l'ordre précédent, les malades morts au commencement du mois étant ordinairement entrés dans le mois précédent.

42. Rangées dans leur ordre de fréquence, les maladies que j'ai eu à traiter dans les salles des fiévreux pendant ces quatre dernières années (1853-1856) (3) sont : bronchites et laryngites aiguës et chro-

---

(1) N'ayant pris le service qu'à dater de 1838, je n'ai pu classer les décès des dix premières années qu'approximativement. Ainsi, les fièvres typhoïdes sont désignées par mon prédécesseur sous les noms de fièvre ataxique, adynamique, gastro-entérites, etc. Les pneumonies chroniques n'y sont pas distinguées des phthisies tuberculeuses, ni les épanchements pleurétiques rapportés à leurs diverses causes. Les cas de morve ont dû aussi passer inaperçus jusqu'aux travaux de M. Rayer.

(2) Benoiston de Châteauneuf est arrivé, comme on sait, au même résultat. Dans la population civile, c'est au printemps et en hiver qu'on compte le plus de malades.

(3) A l'exception des dermatoses que l'on reçoit dans le service des blessés, des cholérines et de quelques autres maladies qui y ont été traitées, les salles des fiévreux étant occupées. En outre, quelques affections ne figurent pas ici dans leur ordre de fréquence absolue, ce sont celles que l'on traite dans l'un ou l'autre service alternativement (adénites, otites, etc.). Enfin, nos relevés contenant un certain nombre d'omissions, je n'ai pu, pour ces différents motifs, donner ici le chiffre rigoureusement exact de chacune de ces affections.

niques ; fièvres continues et typhoïdes sous toutes les formes ; fièvres intermittentes, diarrhées, pleuropneumonies aiguës et chroniques ; rhumatismes articulaire et musculaire; angines ; stomatites, phthisies ; maladies du cœur ; ictère ; névralgies ; pleurodynies ; embarras gastrique ; congestion cérébrale et apoplexie ; gastro-entérites ; érysipèles ; varioloïdes ; affections cholériques ; hémoptysies ; céphalalgies ; variole ; scarlatine ; sciatique ; gastrite ; rougeole ; anasarque et albuminurie ; gastralgies ; péritonites et ascites ; coliques ; méningites ; parotides ; adénites ; péricardite ; épistaxis ; constipation ; emphysème pulmonaire ; pneumatose ; otites ; miliaire ; myélite ; hépatite ; épilepsie et éclampsie ; anémie ; hypochondrie ; ivresse ; splénite ; manie ; anthrax ; morve (deux cas, un troisième en 1857) ; infection purulente ; hématurie ; hémacélinose, A quoi il faut ajouter un certain nombre de nostalgies, les hommes fatigués ou admis comme convalescents, et les maladies simulées. Je ne m'arrêterai que sur celles de ces maladies qui, par leur gravité ou par leur fréquence, ont le plus d'influence sur la mortalité de notre garnison.

43. De toutes les maladies qui ont sévi sur les militaires en traitement dans notre hôpital, *la fièvre typhoïde* est celle qui s'y est montrée le plus fréquemment, celle qui a fait le plus grand nombre de victimes. Cependant le nombre n'en est pas excessif si on le compare à ce qui se passe ailleurs ; il est même assez restreint, si l'on fait abstraction des années où cette terrible affection a régné épidémiquement dans notre garnison. Ainsi, dans une période de trente ans (1826-1855), deux cent soixante-douze militaires environ ont succombé dans notre hôpital à la fièvre typhoïde, ce qui ferait en moyenne 9 1/15 décès par an. Mais il est des années où elle ne nous a enlevé qu'un ou deux hommes (1850-1851), tandis que ce chiffre s'est élevé, par suite du caractère épidémique de la maladie, en 1844 à qua-

rante; en 1842 à trente-six; en 1852 à trente-trois. Que si l'on retranche des deux cent soixante-douze décès occasionnés par cette maladie, les cent trente-sept cas résultant des épidémies précitées, il ne restera que cent trente-cinq décès pour ces trente années, soit en moyenne 4,56. La mortalité a été dans les quatre dernières années de 1 sur 7 à 8. Le nombre des cas pour ces mêmes années de deux cent cinquante au moins (1) sur cinq mille deux cent soixante-une admissions (dans tous les services), soit 1 malade pour 21 (proportion exceptionnelle due au grand nombre de fièvres typhoïdes qui ont régné en 1854 et 1855). Il est constant, en effet, que la mortalité est d'autant plus grande, toute proportion gardée, que le nombre des malades est plus considérable.

44. Comme causes prédisposantes de la fièvre typhoïde dans l'armée, on peut d'abord assigner *l'âge*, puisqu'il est reconnu par de nombreux relevés statistiques que c'est de 18 à 30 ans qu'on est le plus exposé à contracter cette maladie. Ajoutons que, d'après les relevés de M. Marc d'Espine, les hommes y sont plus prédisposés que les femmes.

Sans parler des infractions nombreuses à l'hygiène, conséquence inévitable de la profession militaire, l'acclimatement, la nostalgie exercent (particulièrement sur les recrues) une influence non moins favorable aux développements de cette affection.

M. Simonin père signale l'été comme la saison la plus féconde ici en fièvres typhoïdes; c'est en septembre et octobre que nous avons eu le plus grand nombre de décès par cette maladie. Le léger déplacement de notre maximum tient soit à l'époque des manœuvres, soit aux plus grandes concentrations de

---

(1) Je dis au moins, en raison d'un certain nombre d'omissions qui se trouvent dans notre relevé de maladies.

troupes qui avaient lieu à Lunéville à la fin de l'été, avant qu'il n'y eût une division permanente de cavalerie.

Quant aux causes locales, accidentelles, inhérentes soit à l'hygiène des régiments, soit aux casernements qu'ils occupaient, elles ne m'ont paru jouer, à part l'agglomération, qu'un rôle secondaire. Nous avons vu, en effet, les différents corps de la garnison payer tour à tour leur tribut non-seulement aux fièvres typhoïdes intercurrentes, mais même à celles qui régnaient d'une manière épidémique. Leur production tient donc essentiellement à des conditions météorologiques inaccessibles à nos instruments de précision, quelque opinion que l'on se forme d'ailleurs de leur nature, altération des qualités électriques de l'atmosphère, miasmes ou principes toxiques en suspension dans l'air ambiant, etc.

Mais que des miasmes restent à l'état de dissémination, et ils produiront tout au plus des affections sporadiques ; qu'ils viennent au contraire à tomber sur de grandes agglomérations d'hommes, on leur verra acquérir, par une sorte de cohobation, une force de reproduction centuple. Ainsi, dans aucune des années où elle sévit épidémiquement sur la garnison, la fièvre typhoïde ne régnait épidémiquement dans la ville. — C'est dans ces circonstances aussi que cette affection peut revêtir un caractère contagieux. Il faut avouer cependant qu'il est rare de voir cette affection se communiquer d'un malade à un autre dans nos hôpitaux ; immunité qui tient probablement à l'état de maladie, ou peut-être à l'antagonisme de certaines affections. Je l'ai vu plus souvent, en effet, se transmettre des malades aux servants ; mais il faut remarquer que le fait est ici plus facile à saisir.

45. La forme de la maladie m'a presque toujours paru en rapport avec la constitution atmosphérique régnante. Ainsi, en hiver, les formes inflammatoire, pectorale, abdominale : au printemps la forme mu-

queuse ; en été et en automne les formes bilieuse, ataxo-adynamique ou cérébrale, ont été les plus communes. Dans cette dernière saison il n'est pas rare de voir la fièvre typhoïde se compliquer de dyssenterie : complication très-fréquente dans les épidémies rurales. L'épidémie de 1844, qui a sévi pendant un hiver rigoureux, offrait la forme pectorale. Celle de l'année suivante, qui régna pendant une partie de l'été, fut abdominale. Celle de 1852 (été et automne) participait du caractère des ataxo-adynamiques et n'offrait pas les phénomènes de réaction inflammatoire présentés par les deux premières. La mortalité de Lunéville s'élevait dans ce moment, c'est-à-dire de juillet en septembre, à un chiffre qu'elle n'avait pas atteint depuis nombre d'années. Ainsi nous avons compté trente décès dans une semaine où Nancy, ville d'une population triple, n'en perdait que treize. Mais, chose remarquable, ces décès étaient dus à des causes très-variées, et la fièvre typhoïde n'était pas beaucoup plus commune alors qu'elle ne l'est d'ordinaire à cette époque; seulement les maladies présentaient toutes un caractère asthénique. Enfin l'épidémie typhoïde était constatée de septembre à décembre dans les sept arrondissements militaires de la France par MM. les inspecteurs du service de santé; elle se montra à Strasbourg, à Nancy, où elle s'étendit, en septembre, de la ville à la garnison de cavalerie.

En ce qui concerne le traitement, « mettre l'organisme en état de lutter contre les conséquences de l'infection miasmatique, soit en maintenant dans de justes limites la réaction, c'est-à-dire l'insurrection des forces vitales contre les principes de destruction qui le menacent, soit en le soutenant dans ses défaillances contre ces principes, » voilà les vues qui m'ont guidé sur le terrain de la pratique.

48. *La dyssenterie* vient dans notre garnison au cinquième ou sixième rang dans l'ordre de fréquence. Cependant elle n'a occasionné que quarante et un

décès dans l'espace de trente ans. Cent trente cas environ se sont présentés dans mon service de 1853 à la fin de 1856; cinq ou un vingt-sixième ont succombé. C'est pendant les mois d'août, septembre et octobre que cette maladie se montre presque exclusivement, lorsqu'à des journées chaudes succèdent des nuits froides et humides sous l'influence desquelles se condensent et retombent les miasmes dégagés par un soleil ardent. C'est là en effet, et non dans l'abus des fruits, bon tout au plus à expliquer quelques cas sporadiques, qu'il faut chercher la vraie cause du développement de cette affection sous la forme épidémique qu'elle revêt si fréquemment ici. Comme pour la fièvre typhoïde, avec laquelle la dyssenterie marche souvent de pair, l'agglomération d'un grand nombre d'individus dans un air confiné décuple la puissance du miasme, et généralise l'aptitude à contracter la maladie. La dyssenterie n'a pas ordinairement dans notre contrée la gravité qu'elle revêt si souvent dans les pays chauds ; ce n'est guère que dans les épidémies qu'on la voit mortelle, ou chez ceux qui portaient une phlegmasie chronique de la muqueuse, ou enfin dans le cas de complication typhoïde, lorsque le sang dissous et ayant perdu sa faculté de se coaguler, filtre à travers les mailles d'un tissu dépourvu de tonicité. — Dans la forme inflammatoire, plus commune il y a quelques années qu'aujourd'hui, les saignées générale et locale m'ont toujours, quoi qu'on en pense, été d'une incontestable utilité. Quand les symptômes de réaction ne sont pas aussi prononcés, que la constitution générale est asthénique, comme en 1855, que le malade est en proie à de vives tranchées, à un ténesme très-douloureux avec peu ou pas de fièvre, les opiacés et la diète sèche m'ont toujours réussi. J'insiste spécialement sur le bon effet qu'a, sinon la privation absolue, du moins une grande réserve dans l'usage des boissons et des bouillons, auxquels je préfère, dès qu'ils peuvent être permis, des potages épaissis par la farine de riz ou par une fécule quelconque. Enfin, dans les cas assez nombreux où l'indication des émissions sanguines ou bien celle des opiacés ne prime pas les autres, rien ne m'a réussi, surtout quand il existe des symptômes de saburres, comme l'ipéca (*radix antidysenterica*) donné à dose vomitive soit au début, pour rompre le ténesme et couper court aux évacuations, soit à la fin pour arrêter des selles muqueuses qui menacent de se prolonger indéfiniment.

Je n'ai rien à ajouter à ce que j'ai dit précédemment du choléra à Lunéville et dans l'arrondissement. Quant à la méningite cérébro-spinale, importée ici à la fin de 1848 par le 9e de hussards qui venait de Lille où elle régnait, elle y a offert les symptômes qu'elle a présentés partout ailleurs. Dans un premier rapport sur cette petite épidémie, où j'insistais sur la nécessité de secourir promptement les hommes atteints ou menacés, je constatais à l'appui de ma réclamation les faits suivants : sur seize hommes traités dans la période prodromique, je n'eus aucun décès. Sur quinze hommes traités dans les vingt-quatre premières heures, j'eus douze guérisons, trois décès; sur huit hommes traités à un plus long intervalle du début, trois guérisons, cinq morts. Quand j'ai pu traiter les hommes au début, les saignées coup sur coup m'ont mieux réussi que les autres médicaments auxquels j'avais commencé par avoir recours (opiacés, révulsifs, etc.).

47. Quoique nous n'observions pas, à Lunéville, de fièvres par infection paludéenne, les intermittentes y sont cependant assez communes dans certaines années. Ainsi j'en ai eu deux cent cinquante environ à traiter à l'hôpital pendant les quatre dernières années, sur cinq mille deux cent soixante et une admissions, soit un cas sur deux cent dix admis; dans d'autres, au contraire, elles sont très-rares. Cent vingt cas se sont offerts dans mon service pendant la seule année 1839; mais cette proportion inaccou-

tumée tenait aux travaux de creusement et de curage exécutés dans le canal de dérivation de la Vesouze qui longe l'aile nord du château. Les habitants de ce quartier en furent également incommodés. A part ces circonstances exceptionnelles, il est impossible, dans l'état actuel de la science, de donner l'explication de ces faits, qui ont sans doute leur raison d'être dans certaines conditions atmosphériques, dont les plus probables me paraissent être un excès d'humidité relative, ou de fréquentes modifications dans l'électricité atmosphérique par suite de l'évaporation ou de la condensation des vapeurs atmosphériques. (Voir les travaux de M. Becquerel.) L'antagonisme signalé par M. Boudin entre la fièvre typhoïde et les fièvres périodiques n'a pu se vérifier ici, ces dernières n'ayant pas une origine paludéenne. Ainsi, en 1841, j'ai observé les unes et les autres en proportion assez considérable. Néanmoins, il faut dire que les unes étaient généralement en moindre quantité dans les années où les autres étaient plus fréquentes ; mais il doit en être de même pour toutes les maladies, une population donnée ne fournissant jamais, hors le temps d'épidémie, qu'un nombre limité de malades. Ainsi en 1839, où j'eus à traiter cent vingt fièvres intermittentes, je n'observai qu'une quinzaine de fièvres typhoïdes. Les fièvres intermittentes, généralement simples, cédaient le plus souvent à des doses assez faibles de sulfate de quinine (40 à 60 centigrammes) donnés deux heures avant l'accès. En administrant une faible dose du septième au huitième jour, époque à laquelle elles récidivent volontiers, je préviens communément les rechutes : aussi longtemps du moins que les hommes restent à l'hôpital, car, une fois de retour au quartier, on les voit reprendre assez souvent des accès par suite de l'humidité et des transitions continuelles de température auxquelles ils sont soumis dans notre climat.

48. Les phthisiques que l'hôpital a perdus de 1826

à 1855 (6,66 par an en moyenne) sont loin de donner une idée exacte de la proportion des hommes qui y ont été traités pour cette fatale maladie. La moyenne générale paraît être en France de 114 sur 1000, et de *moitié* pour les décès de 15 à 30 ans (*Annales d'hygiène*, t. 50). Elle n'aurait pas été du tiers ici, puisque les phthisiques ne figurent que pour deux cents dans nos six cent soixante-douze décès. Mais si l'on tient compte des hommes décédés dans leurs foyers, je crois que l'on peut arriver à la formidable proportion que je citais tout-à-l'heure, si on ne la dépasse. Quant à la thérapeutique, je ne puis que déplorer avec mes confrères l'impuissance du traitement pharmaceutique quand il n'a pas pour auxiliaire toutes les ressources de l'hygiène, et l'action funeste qu'exerce sur la marche de cette maladie l'influence hyposthénisante de l'hôpital. Et comment en serait-il autrement, quand on sait l'effet qu'ont sur le développement de la tuberculisation pulmonaire le défaut d'air renouvelé, les miasmes provenant de toute agglomération d'individus malades, les affections tristes, la vie sédentaire ? Qui ne connaît l'influence de l'inaction et l'absence d'exercice à l'air libre sur les prisonniers, sur les enfants enfermés dans nos ateliers, sur nos animaux domestiques ? S'il était possible de conserver dans des salles d'infirmerie vastes, bien exposées et maintenues à une température égale, les phthisiques qu'on ne peut envoyer utilement dans leurs foyers, en ne leur permettant que les exercices *actifs*, comme l'équitation, et en leur accordant du vin et une augmentation dans la ration de viande, un vêtement de flanelle, des chaussettes en laine et des sabots garnis de peaux, peut-être parviendrait-on, en s'y prenant à temps, à en sauver un certain nombre. Par malheur, chez les hommes qui n'en sont encore qu'à la première période, la maladie est le plus souvent méconnue et abandonnée à elle-même, soit que les malades ne se plaignent pas, soit qu'on n'ait pas jugé à propos de les soumettre à un traitement rigoureux ou à les envoyer en congé pour une affection qui ne se révèle encore que par quelques signes équivoques. Et cependant, plus tard, sera-t-il encore temps ? C'est donc une réforme radicale qu'il s'agirait d'opérer dans le traitement de cette maladie. Il faudrait renoncer aux vieilles traditions, si l'on ne veut adopter en principe une résignation fataliste indigne d'une époque comme la nôtre. Pourquoi ne désignerait-on pas quelques garnisons réputées par leur salubrité pour recevoir les hommes qui offrent des chances de guérison ? Quoi qu'on ait dit du grand nombre de phthisiques qu'on observe dans quelques contrées chaudes, il n'en est pas moins certain que la transition d'un climat froid dans un climat chaud (quand la maladie n'est pas trop avancée) est presque toujours favorable, et l'inverse nuisible. D'ailleurs, un pays chaud serait toujours utile en pareil cas, n'eût-il d'autre avantage que de permettre l'exercice en plein air, même pendant la mauvaise saison. Enfin, puisqu'il résulte des recherches de la statistique que la profession militaire fournit un nombre de phthisiques supérieur à la moyenne générale, il y aurait lieu d'étudier à ce point de vue les modifications à introduire dans l'hygiène du soldat. Au moins pourrait-on, en tout état de cause, s'assurer si l'homme qui tousse depuis quelque temps, ou qui a eu des hémoptysies, ne descend pas de parents phthisiques, et si, par sa conformation et son tempérament, il n'offre pas une prédisposition à la tuberculisation.

49. Les phlegmasies pulmonaires à tous les degrés et sous toutes les formes doivent être les plus communes dans un climat dont l'humidité froide est le vice principal. C'est effectivement ce que l'on observe ici dans la population militaire comme dans la partie de la population civile qui est le plus exposée par ses travaux aux intempéries des saisons. Ici, comme pour la phthisie, notre nécrologe doit s'augmenter

de tous les hommes qui sont allés mourir chez eux des suites de leur maladie passée à l'état chronique. Eh bien ! je suis forcé de dire que ce nombre pourrait être infiniment plus restreint, si les hommes étaient toujours envoyés dans les quarante-huit heures qui suivent le début d'une pneumonie ou d'une pleurésie. Personne n'ignore, en effet, que ces affections, quelque graves qu'elles soient, font en définitive peu de victimes quand elles sont prises à temps, dégagées de l'élément typhoïque et franchement inflammatoires, comme cela arrive le plus souvent chez nos soldats. Tous les jours nous voyons céder en un septenaire des pneumonies attaquées énergiquement dès le début. Si donc nous sommes obligés de garder quatre ou cinq mois à l'hôpital, quelquefois même d'envoyer mourir chez eux des hommes atteints de pneumonies hépatisées, ou d'épanchements pleurétiques irrésolubles, c'est que le plus souvent, je le dis avec une irrésistible conviction, ces hommes nous sont arrivés trop tard (1). Aussi ces cas sont-ils beaucoup plus rares dans les régiments où les hommes ne sont pas gardés en *observation* à l'infirmerie, mais envoyés d'urgence à l'hôpital, surtout aux époques de l'année où règnent les bronchites et les grippes, qui passent si facilement à la pneumonie. Ce serait, d'ailleurs, une erreur de croire que ces phlegmasies, la pleurésie surtout, se manifestent toujours par des signes non équivoques. Dans un mémoire publié il y a quelques années par la *Gazette médi-*

---

(1) Cette différence dans le résultat final des phlegmasies pulmonaires, selon qu'elles ont été traitées rationnellement ou abandonnées à elles-mêmes, est, à mes yeux, une preuve suffisante de ce qu'il faut attendre de la méthode expectante qu'on préconise aujourd'hui dans ces maladies. Si l'on peut citer des chiffres à l'appui, c'est qu'on ne traite ainsi que les cas légers ou moyens, tandis qu'on réserve la médecine agissante pour les cas graves, souvent rebelles, en effet, à tout traitement.

cale, et depuis dans un travail sur le traitement de la pneumonie, j'ai appelé l'attention des médecins sur les formes latentes de ces affections, qui peuvent arriver à un degré de développement incroyable, sans s'être révélées par aucun de leurs symptômes objectifs.

NOTICE MÉDICO-CHIRURGICALE

SUR

L'ARMÉE D'ORIENT;

PAR M. QUESNOY,

Médecin-major au 1ᵉʳ régiment de voltigeurs de la garde.

Dans les derniers jours de mars 1854, les premiers bâtiments portant des troupes françaises étaient en face de Gallipoli, où devaient se réunir les armées alliées.

La première impression que l'on éprouve en entrant dans cette ville aux blancs minarets est peu agréable; on sent une détestable odeur qui provient des immondices de toutes sortes que le mouvement de la mer accumule à la côte; c'est déjà la confirmation de ce que racontent les voyageurs de la malpropreté des villes d'Orient.

Cette ville, que nous trouvons aujourd'hui presque misérable, paraît cependant avoir eu un passé digne de l'histoire. Elle eut pour fondateur Lysimaque, un des lieutenants d'Alexandre, qui lui laissa son nom de Lysimaki. Les Grecs, et plus tard les Génois, y ont laissé des fortifications et des établissements solides dont les restes subsistent; enfin les Turcs, considérant avec raison cette position, au point le plus rétréci des Dardanelles, comme la plus favorable pour pénétrer en Europe, s'en emparèrent, et son port devint le berceau de la marine ottomane.

Aujourd'hui, Gallipoli est, comme toutes les villes turques, un amas de maisons mal bâties, mal distribuées, de rues sales, étroites et mal pavées, dans lesquelles se presse une population indolente et apathique. Elle est bâtie sur une colline peu élevée qui vient mourir en pente douce dans la mer. A distance, elle offre un amphithéâtre de maisons aux toits rouges, dominés par des bouquets de verdure au-dessus desquels s'élancent de hauts minarets terminés par des aiguilles hardies. Au sommet de la colline s'étend, à l'ouest, un plateau sur lequel sont les dernières maisons de la ville. Des ruines dominent toutes les constructions récentes. Ce sont : les forts et la ville génoise, qui contrastent par leur architecture et la solidité des matériaux avec toutes les constructions chétives et délabrées de la ville turque. Comme effet général, cette ville, vue de la mer, ne manque ni de pittoresque ni d'harmonie; mais cette impression favorable tombe bientôt devant les détails.

Les maisons ont une grande uniformité de construction. Sur un rez-de-chaussée en pierres maintenues entre elles au moyen de terre délayée et de longues poutrelles de bois destinées à prévenir les ébranlements causés par les fréquents tremblements de terre, s'élève un rez-de-chaussée en saillie sur la rue et soutenu par des poutres qui s'arc-boutent contre la muraille. Cet étage, généralement en briques ou en pisé à l'intérieur, est recouvert à l'extérieur par des lamelles de bois imbriquées les unes sur les autres. Quelques fenêtres grillées prennent jour sur la rue et permettent aux habitants de voir sans être vus. Ce sont les seules ouvertures des maisons; le rez-de-chaussée est presque toujours dépourvu de fenêtres. Une seule porte donne accès dans l'intérieur. Les pièces du bas sont affectées aux magasins, aux écuries; l'étage supérieur sert de logement à la famille. Les rues marchandes sont plus animées : au rez-de-chaussée s'ouvrent des boutiques où s'étalent les objets de consommation peu nombreux et peu variés des gens du pays : des poissons salés, des viandes desséchées, des pipes, du tabac, et une foule de menues pièces de quincaillerie. Dans ces boutiques trône un marchand indolent, assis à la manière des tailleurs, et qui a souvent grande peine à se remuer pour saisir derrière lui les objets qui lui sont demandés. Les Grecs sont beaucoup plus actifs, plus industrieux; leurs magasins sont mieux approvisionnés; aussi ont-ils accaparé presque tout le commerce du pays.

A mesure que les troupes arrivent, elles sont dirigées sur des camps convenablement disposés. Ce sont: au début, les camps de la Grande-Rivière, riches en bois, en eaux, et situés sur des croupes élevées qui bordent les Dardanelles; le camp de Boulaïr, moins heureusement placé sous le rapport du bois et de l'eau, mais dans une position commandée par les travaux qui doivent être exécutés dans cette partie rétrécie de la presqu'île. Plus tard, par l'accroissement successif des armées alliées, tous les environs de Gallipoli se couvrent de tentes; les collines, les vallées, les jardins n'offrent bientôt plus qu'un vaste camp sur une étendue de plusieurs lieues de circonférence.

En quelques jours le sol turc change d'aspect: les chemins creux et inabordables se transforment en routes carrossables; les fontaines sont entourées de bassins, d'abreuvoirs; la pelle et la pioche entament partout le sol pour rendre les communications plus faciles; le mouvement, l'activité, la vie sont partout, et déjà, au grand étonnement des populations, les environs de Gallipoli ont pris cette physionomie particulière que donne la présence d'une armée active avec ses mille besoins.

La nécessité de placer les camps dans les meilleures conditions hygiéniques avait été la première préoccupation; aussi voyons-nous un bon état sanitaire, résultat des heureuses dispositions prises partout.

A Gallipoli, on s'occupait en même temps de transformer la ville: les immondices accumulées disparaissaient; les rues de grande communication s'élargissaient, les magasins s'emplissaient, les hôpitaux s'organisaient. M. le sous-intendant militaire Bouché avait choisi pour premier hôpital une grande maison à pièces nombreuses mais étroites; et, quelque impropre qu'elle fût à l'usage auquel on la destinait, il fallait bien l'adopter : la ville n'en offrait pas de meilleure. — Immédiatement, des matelas furent faits sur place; on organisa une cuisine, une pharmacie, et bientôt on fut en mesure de recevoir des malades. Cette première installation fut longue, parce que nous manquions de tout au moment du débarquement, bien que le matériel nécessaire à l'établissement de deux hôpitaux de 500 malades eût été embarqué en même temps que les premières troupes; celles-ci arrivèrent à Gallipoli avec les bateaux à vapeur bien avant les navires à voiles qui portaient le matériel; aussi dut-on se procurer sur place les objets de literie, et à Constantinople les médicaments nécessaires avant l'arrivée des approvisionnements. Ce retard n'eut cependant rien de fâcheux, vu le bon état des troupes au moment du débarquement et jusqu'au commencement des travaux de terrassement.

Tout remuement de terre amène inévitablement des maladies, et c'est à ce genre de travaux que les premières troupes furent employées. Dans le but de se mettre en défense dans la presqu'île de Gallipoli, on fit creuser à Boulaïr un fossé large et profond qui, partant des Dardanelles, s'étendait jusqu'au golfe de Paros; et, quoique les travailleurs appartinssent pour le plus grand nombre à des régiments d'Afrique, habitués à ces travaux, ils n'en durent pas moins payer le tribut à la maladie. Nous eûmes alors des fièvres rémittentes et intermittentes avec des phénomènes saburraux et des bronchites nombreuses; car la température était encore à cette époque (avril) très-basse, et les variations atmosphériques fort nombreuses. A des journées très-chaudes succédaient des nuits froides, contre lesquelles nos soldats n'avaient pas l'attention de se prémunir, malgré les conseils : aussi les affections de poitrine furent-elles nombreuses, mais heureusement peu graves (1).

Une complication inattendue se manifesta en ce moment ; une épidémie de variole s'était déclarée à bord d'un de nos vaisseaux, et l'on débarqua à Gallipoli, dans notre hôpital improvisé, un certain nombre de varioleux qui exigeaient pour eux seuls une place que l'exiguïté de notre local ne permettait pas de leur donner. Cette affection ne se limita pas aux hommes qui se trouvaient embarqués à bord du vaisseau, elle se répandit dans nos camps, quoique les militaires soupçonnés de recéler un principe de contagion eussent été autant que possible isolés, et nous comptâmes bientôt, tant en ville que dans les camps, une centaine de varioleux. On ouvrit alors un nouvel hôpital, tant pour ceux-ci que pour les autres fiévreux, dont le nombre augmentait avec le développement des travaux de terrassement. Ce second hôpital fut installé dans la maison qu'habitait le général Canrobert, et qu'il avait cédée à cet effet, vu la disposition favorable des pièces qui la composaient.

Je passe sur tous les embarras de ces installations, sur les difficultés qui se multipliaient de la part de l'administration turque, et qu'il fallait lever souvent, pour ne pas dire toujours, d'autorité, non pas qu'elle refusât, mais parce que, peu habituée à voir marcher les choses avec célérité, elle était toujours disposée à remettre au lendemain ce qui ne souffrait aucun retard.

Dans le courant d'avril, nous avions donc déjà deux hôpitaux installés et une réserve qui nous rassurait sur les besoins ultérieurs ; mais on ne cessa

---

(1) Jusqu'à la fin d'avril, le thermomètre descendit presque chaque nuit au-dessous de 0 ; le 2 mai, à six heures du matin, il marquait 2°.

pas, cependant, de travailler à se créer de nouvelles ressources, indépendamment de celles qui nous étaient envoyées de France. C'était agir sagement. On ne saurait être trop large dans l'installation des hôpitaux en campagne; mieux vaut plus que moins. L'expérience est venue confirmer encore dans cette circonstance ce qui avait été maintes fois constaté en Afrique, dans les armées occupées à des travaux de terrassement, que les hôpitaux doivent être établis dans la prévision d'un malade sur dix hommes, indépendamment de toutes les éventualités de guerre. A Gallipoli, nous n'eûmes pas, il est vrai, ce chiffre, mais nous l'aurions atteint par la continuation des travaux. Nous avons vu, du reste, dans le cours de la campagne, que la proportion de un sur dix est le nombre minimum sur lequel on doit se baser.

Bientôt nos hôpitaux ne suffirent plus, et l'on chercha un emplacement convenable pour un hôpital de convalescents, afin de ne pas créer d'encombrement dans nos établissements naissants. On prit Nagara dans les Dardanelles, sur la terre d'Asie.

Ce n'est point une ville, pas même un village, c'est un fort sur une pointe de terre qui s'avance dans la mer. Il y avait quelques constructions rectangulaires qui se prêtaient assez bien à l'établissement d'un hôpital; tout de suite on les utilisa. — Le besoin force souvent à tirer parti de ce qui se présente ; dans ce cas il n'y a rien à dire : mais il est probable que, si l'on avait eu le choix, on ne se serait pas arrêté à un lieu resserré sur une langue de terre et dans le voisinage d'eaux stagnantes. Tel qu'il était, cet hôpital pouvait recevoir le trop-plein de Gallipoli ; il était ainsi d'une grande ressource. Plus tard, on fut obligé d'élever de nouvelles constructions en planches, et on prit malheureusement la cour intérieure, qui seule aérait les bâtiments en pierre des quatre faces ; c'était ajouter de nouveaux désavantages à ceux qui existaient déjà. L'air est la première condition d'un établissement hospitalier, et il importe de ne faire passer avant elle aucune autre considération. C'est pour ces raisons que Nagara n'a jamais pu être qu'un hôpital secondaire.

Notre armée se constituait ainsi peu à peu : les arrivages se faisaient lentement ; on était obligé de remorquer de l'entrée des Dardanelles à Gallipoli les bâtiments à voiles que les vents contraires retenaient ; mais déjà la plus grande partie des trois divisions était au camp.

Les environs de Gallipoli, quelques jours avant tristes et silencieux, avaient la physionomie la plus animée : on ne voyait que tentes blanches, que mouvement, qu'agitation ; on n'entendait que chants et cris de joie. C'était vraiment un beau spectacle que celui de ces hommes, pleins d'énergie et d'espérance, portés si loin de la patrie, et n'en conservant pas moins leur foi en l'avenir et leur confiance en eux-mêmes. Leur moral était excellent ; ils n'avaient qu'un désir, celui d'en venir bientôt à l'œuvre ; la plus franche gaieté présidait à tout, au travail comme à l'exercice, et l'on était en droit de fonder les plus belles espérances sur des troupes qui se croyaient sûres du succès, et montraient par leur énergie et leur dévouement qu'elles pouvaient tout entreprendre. Ces conditions morales sont la clef de voûte de tout bon état sanitaire, et on ne saurait trop en tenir compte dans l'examen des causes qui affaiblissent quelquefois si rapidement les armées.

A côté de nous était l'armée anglaise, composée d'hommes forts et robustes, presque tous grands de taille et larges d'épaules, parfaitement proportionnés et offrant une force de résistance en rapport avec le développement de leur système musculaire. Ils n'ont pas, comme nos soldats, les allures vives et dégagées, la physionomie mobile et souriante ; ils sont plus sérieux, plus graves, plus compassés, et on sent qu'il y a en eux une grande puissance et une forte volonté. L'examen physique leur donne incontestablement une supériorité marquée sur nos soldats ;

mais ceux-ci y suppléent par leur adresse et leur activité. Mais peu importent aux alliés ces caractères distinctifs des deux peuples ; la plus franche gaieté, la meilleure sympathie les unit ; ils se serrent fraternellement la main, et vident aux succès de leurs armes quelques bouteilles de vin du pays (1).

Les conditions climatologiques dans lesquelles se trouvait l'armée à Gallipoli étaient parfaites. Les en-

---

(1) Il n'est pas sans intérêt, pour apprécier plus tard les différences produites par les mêmes effets sur deux armées qui doivent être soumises aux mêmes conditions atmosphériques, aux mêmes travaux, aux mêmes fatigues, de constater les dispositions physiques, les aptitudes de chacune d'elles. M. de Warren, dans son ouvrage sur l'Inde anglaise, comparant à ce point de vue les soldats des deux nations, s'exprime ainsi : « Si nous comparons le soldat d'infanterie anglaise sous les armes avec celui de tout autre pays, nous sommes obligé de reconnaître son immense supériorité physique. C'est le mieux nourri, le mieux soigné, le mieux armé et le mieux exercé. Comparé au soldat français, sa taille moyenne est beaucoup supérieure, ses membres sont plus gros et plus forts, son poids est d'un tiers plus considérable, sa force est gigantesque et toujours en proportion de son poids. Prenez au hasard, sur une ligne d'avant-postes, la première sentinelle française et le premier factionnaire anglais que vous rencontrerez; supposez l'un et l'autre dans les mêmes conditions d'instruction ; il y a deux à parier contre un que vous trouverez les résultats suivants : le Français sera admirable de feu et de vivacité ; sa physionomie pétillera d'intelligence; vous admirerez sa taille simple et dégagée, son air éminemment martial, rehaussé peut-être encore d'une barbe et d'une moustache épaisses. L'Anglais sera le plus bel être de la création ; il ne lui manquera que le feu de Prométhée pour illuminer sa superbe figure, quelques cheveux de plus pour diminuer la fadeur de sa peau trop blanche ; ses membres sont ceux d'un géant : s'il parvient à saisir son agile adversaire, il lui fera subir le sort d'Anthée, il l'étouffera dans ses bras nerveux. Je préférerais le premier pour assaillir une brèche ou pour une guerre de montagnes, partout où il faudra de l'élan ; mais, dans une lutte en plaine à la baïonnette, je préférerais, je crois, l'infanterie anglaise, surtout au commencement d'une campagne. »

virons de la ville n'offrent aucune cause directe de maladies particulières à cette localité; on n'y voit pas d'eaux stagnantes, le paysage est varié; partout une belle végétation couvre le sol, et, sans les travaux et les remuements de terre obligés, nous aurions probablement été exempts de quelques maladies qui ont signalé notre entrée en campagne.

Celles-ci, du reste, étaient presque insignifiantes, et cédaient facilement au repos et à quelques soins appropriés. Les affections des voies respiratoires seules ont montré de la tenacité par la persistance des variations atmosphériques.

Le régime alimentaire établi sur les bases consacrées par l'expérience en Afrique était parfaitement suffisant. Il se composait : de pain de repas 750 grammes, ou de biscuit 550 grammes, et d'une addition de 250 grammes de pain ou de 185 grammes de biscuit pour la soupe; de viande fraîche 250 grammes, en bœuf salé 250 grammes, en lard salé 200 grammes; de vin 25 centilitres, ou de café 16 grammes, et sucre 21 grammes. A cette ration était ajouté un supplément de vin par journée pour les travailleurs, et une gratification en espèces.

Les premiers mois de notre entrée en campagne furent employés à organiser l'armée, qui, selon les prévisions, devait rester longtemps sur la défensive dans la presqu'île de Gallipoli, et à y établir les moyens de défense qui devaient la mettre à l'abri des invasions. Il y avait beaucoup à faire, il faut le reconnaître; mais l'intelligence et l'activité multiplient les moyens, et, grâce à l'heureuse impulsion imprimée par le général Canrobert, qui présidait à tout, les choses indispensables étaient faites avec une grande promptitude.

Vers la fin de mai, les trois premières divisions étaient à peu près organisées, et chacune d'elles ayant reçu des ordres pour le départ de Gallipoli par des directions différentes, les ambulances furent définitivement constituées avec les éléments déjà réunis.

Le personnel était au complet, et le matériel, quoique incomplet, pouvait suffire pour le moment à tous les besoins.

Pour ce qui nous occupe, un exposé détaillé de la composition de nos ambulances me paraît indispensable. Le *Panama* avait amené d'Afrique le matériel nécessaire pour une division de 10,000 hommes, c'est-à-dire 8 cantines de chirurgie, contenant chacune 338 pansements ; 4 cantines de pharmacie pour les médicaments ; 4 cantines d'administration pour le matériel ; 18 cantines de réserve pour le service de santé ; 22 pour le service d'administration, et 26 pour les officiers de santé et d'administration ; 24 litières et 250 paires de cacolets. Les tentes, les couvertures, les brancards étaient déjà réunis en assez grand nombre : nous avions, de plus, déjà reçu des caissons d'ambulance portant chacun environ 2,000 pansements.

Le 28 mai, la division du prince Napoléon quitta Gallipoli pour se rendre par terre à Constantinople, par Rodosto, en longeant la mer de Marmara. — On put faire, dans cette marche, l'expérience de l'influence de l'habitude sur l'aptitude des hommes à supporter les fatigues des routes. Les régiments venus d'Afrique, les zouaves, le 22e léger, faisaient comme une promenade les étapes journalières, tandis que le régiment d'infanterie de marine laissait beaucoup d'hommes en retard ; et cela se comprend : l'éducation militaire de cette arme doit être différente de celle de l'armée de terre, et les hommes ne peuvent pas être également aptes à supporter tous les genres de fatigue. Ce fait seul suffit pour démontrer une fois de plus la nécessité d'entretenir constamment les troupes dans des dispositions qui leur permettent d'entrer immédiatement en campagne ; et, de tous les exercices tendant à ce but, les marches militaires bien ordonnées sont sans contredit les meilleures.

La deuxième division se rendit à Andrinople. Cette ville présente, à tous les points de vue, les ressources nécessaires pour l'installation d'une division. Un hôpital y fut créé avant l'arrivée de la division, mais on n'y laissa que très-peu de malades des beaux régiments qui la composaient. Plus tard, une partie de la cavalerie vint s'y établir, jusqu'au moment où elle fut appelée en Crimée.

Le 31 mai, la première division s'embarquait à Gallipoli pour Varna, où elle arrivait le 2 juin, enthousiasmée par le bruit du canon de Silistrie et l'espérance de voir bientôt ces légions russes qui s'épuisaient en vains efforts devant les retranchements héroïquement défendus de la ville assiégée.

Varna.

A Varna, comme à Gallipoli, tout était à faire, tout était à transformer. Le premier soin du général Canrobert fut de visiter la caserne dont on devait faire un hôpital. De nombreuses corvées en enlevaient les immondices accumulées pour le mettre en état de recevoir les malades; des manutentions furent créées, des fours construits, le port reçut des débarcadères; la ville, morne et indolente comme toutes les villes turques, devint le siège d'une activité incessante, et en peu de temps la plus grande partie des choses nécessaires fut faite. — Les premières troupes arrivées étaient campées dans le voisinage de la ville, près des fortifications; la division anglaise devait occuper Dewna, à quelques lieues de Varna.

Varna a une double physionomie : la partie centrale, avec des rues spacieuses, quoique mal pavées, ressemble à une ville; les extrémités n'offrent que l'aspect d'un village. Les maisons au seul rez-de-chaussée sont en torchis et couvertes en chaume; autour d'elles règne une haie sèche enduite de bouse de vache pour abriter les troupeaux pendant la nuit. C'est au milieu du résidu de ces animaux que vit, dans de misérables huttes, une population compacte et malheureuse, trop insouciante pour éloigner d'elle tout ce qui doit avec le temps devenir la cause de nombreuses maladies. La ville est traversée par un réseau de petites rues étroites et malpropres. Le premier étage des maisons surplombe le rez-de-chaussée, et prive ainsi les habitants de la lumière et de l'air; aussi y règne-t-il une humidité constante produite par l'eau des fontaines qui se répand librement dans les rues et y entretient des cloaques. Joignez à cette disposition vicieuse des constructions tout ce que la malpropreté peut engendrer : fumiers, immondices à chaque pas, bouchers qui abattent au milieu des rues et forcent les passants à franchir des ruisseaux de sang, débris d'animaux devant les maisons, et vous aurez une faible idée de l'aspect repoussant de Varna. Les environs de la ville sont beaux, mais la plus grande partie de la plaine est envahie par un grand lac qui communique avec le port par une rivière. Autour du lac sont des marécages qui deviennent chaque année la cause de nombreuses fièvres qui frappent les habitants de la basse ville.

Varna avait subi une transformation presque complète : des fours fonctionnaient fournissant à l'armée le pain de chaque jour, les magasins s'emplissaient; le port regorgeait de navires qui nous apportaient tous les objets nécessaires pour une campagne; les troupes arrivaient par mer, et l'on attendait la deuxième division qui devait traverser les Balkans, venant d'Andrinople. L'hôpital augmenta chaque jour son matériel, fait en partie sur place; l'activité était partout; les rues étaient sillonnées par des voitures de transport allant du débarcadère au camp, et à chaque heure une marche militaire annonçait l'arrivée d'un régiment nouveau.

Bientôt l'effectif de l'armée fut trop considérable pour bivouaquer autour de la ville, et l'on songea à transporter nos camps sur les hauteurs qui la dominent au nord. L'armée anglaise s'était installée à quelques lieues de la ville, près de Dewna, et y resta.

Au nord de Varna sont des plateaux élevés de 250 mètres environ; l'armée russe y avait campé en 1828. Le général Canrobert, dès son arrivée, avait pensé pouvoir y établir les divisions, et avait d'avance tracé leur emplacement dans les conditions les plus favorables.

De la ville, plusieurs routes conduisent au sommet du plateau; elles serpentent par des rampes, souvent peu ménagées, dans de magnifiques jardins, plantés de vignes et d'arbres fruitiers. Vu de la vallée, le paysage est fort beau : ce ne sont que jardins étagés; les arbres se suspendent aux crevasses des roches, reliés entre eux par des lierres et des vignes grimpantes; une large échancrure reçoit les eaux des fontaines de la partie supérieure et les porte en cascades au lac de Dewna. A côté de cette ville nauséabonde, ce charmant paysage réjouit et console.

Le plateau s'étend de l'est à l'ouest sur une longueur de trois kilomètres environ. Sa configuration générale est assez régulière, mais il offre des ondulations peu profondes, au fond desquelles sont de jolies fontaines. Près de là sont des bois-taillis fort épais qui fournissent à tous les besoins de l'armée. C'est sur ce plateau que sont réunies les divisions à mesure qu'elles arrivent. Dans une pareille position, il était difficile de tomber malade, à moins d'imprudences réitérées, et malheureusement nos soldats en commettaient malgré toutes les observations, même malgré les ordres. J'extrais de mes notes ce qui suit : « La plus grande partie, pour ne pas dire la totalité des maladies observées, sont des coliques avec ou sans diarrhée, produites plutôt par l'imprudence des hommes que par toute autre cause : ainsi on ne peut pas obtenir des soldats qu'ils ne mangent pas de fruits verts, cueillis dans les jardins; qu'ils ne boivent pas à la fois de grandes quantités d'eau, et celle qu'ils prennent aux fontaines est si fraîche et si agréable, qu'ils en boivent, même par plaisir, pendant les chaleurs du jour, et surtout quand ils sont en sueur.

« Les variations atmosphériques jouent aussi un grand rôle dans la production des maladies que je signale : en effet, la température est excessivement variable : de 20, 25 et même 30 degrés centigrades dans le milieu de la journée, le thermomètre tombe vers le soir à 12 et quelquefois à 10 ; alors les hommes éprouvent de la jouissance à rester en plein air et souvent à s'y endormir sans vêtements de drap, malgré les ordres qui prescrivent le pantalon de drap et la capote après le coucher du soleil. Alors la chemise se mouille par la rosée du soir, toujours si forte, qu'elle perle sur les feuilles, et pendant la nuit ils sont pris de coliques ou de diarrhée. Les indigènes rient de cette imprudence, eux qui ne sortent le soir que quand ils y sont forcés, et toujours couverts de vêtements imperméables.

« C'est par ces cholérines que nous préludions à la catastrophe qui devait nous frapper quelques jours plus tard ; cependant, notre état sanitaire était toujours bon, comme le prouvent les statistiques officielles, établies de dix jours en dix jours, des malades entrés à l'hôpital :

DATES.	NOMBRE de malades.	
3 juin.............	3	Sur l'effectif de l'armée, qui, de
13 id.............	50	6.000 hommes le 3 juin, s'est
23 id.............	125	élevé, en un mois, à plus de
30 id.............	260	50.000.
10 juillet.........	604	

« En juin, il y a eu 3 décès, du 1er au 10 juillet il y en avait 4. »

Tel était à cette époque l'état sanitaire de l'armée

à Varna ; mais nous devions bientôt être frappés par un fléau implacable qui porte dans tous les esprits l'effroi et la consternation, et contre lequel la science est encore malheureusement impuissante. Déjà on avait entendu dire que le choléra était à Malte, au Pirée ; mais on savait que les villes du midi de la France, Arles, Avignon, Marseille, et tous les points où se trouvaient les régiments de la cinquième division qu'on embarquait pour Gallipoli, étaient frappés par l'épidémie, et on concevait des inquiétudes sérieuses. En effet, les bâtiments, après avoir jeté beaucoup de cadavres à la mer pendant la traversée, débarquaient à Gallipoli des cholériques, et le fléau se répandait dans la ville. En peu de jours nos hôpitaux furent insuffisants ; non-seulement la ville mais les camps furent envahis : la maladie frappait indistinctement jeunes et vieux, malades et bien portants ; les coups étaient terribles, foudroyants. Partout on prenait les mesures hygiéniques que commande la science. Mais que pouvaient-elles contre ces bourbiers séculaires que chaque ville turque entretient dans son sein ? A Gallipoli, le duc d'Elchingen et le général Carbuccia tombèrent des premiers victimes de l'épidémie, et en même temps succombaient plusieurs de nos médecins de l'hôpital militaire. Au Pirée, le fléau étendait ses ravages sur la garnison d'occupation ; il était plus terrible, plus meurtrier encore qu'à Gallipoli.

Les quatre premières divisions étaient au camp de Franka. Chaque jour les ordres les plus formels étaient donnés pour commander aux hommes la prudence et les forcer à certaines pratiques hygiéniques ; le chiffre des cholériques n'en allait pas moins augmentant. C'était trois par jour d'abord ; puis dix, douze, et bientôt un plus grand nombre. La saison devenait très-chaude, et l'on craignait, avec raison, que l'épidémie, faisant des progrès, ne s'abattît avec violence sur les 50,000 hommes agglomérés. Varna était plus que jamais un foyer d'infection.

qu'augmentaient encore les émanations du lac de Dewna dont les bords se desséchaient ; et les fruits verts des jardins étaient une source où nos soldats puisaient le germe de la maladie. Toutes ces raisons justifiaient pleinement la pensée qui disséminait l'armée pour disséminer en même temps les causes de maladies. Les divisions furent donc séparées et envoyées, les deux premières dans la Dobroudcha, et la troisième à Bazardjsek.

Nous allons suivre la première division, à laquelle nous appartenons, dans la courte mais bien malheureuse campagne de la Dobroudcha.

Le général Canrobert avait quitté à Franka sa division le 19 juillet, pour faire partie de la commission chargée d'explorer les côtes de la Crimée et y reconnaître un point de débarquement. Le général Espinasse avait été investi du commandement en son absence. Dès le 19, des ordres de préparatifs de départ avaient été donnés ; les troupes devaient avoir dans les sacs quatre jours de vivres, quinze jours de vivres d'ordinaire, et des arabas devaient transporter le complément de vivres de toutes espèces pour dix jours. Le 21 au matin, la première division se mettait en route ; les deuxième et troisième divisions devaient partir les 22 et 23. Nos troupes partaient gaiement ; elles voyaient dans ce déplacement le premier acte des opérations de guerre ; des bruits avaient circulé qui annonçaient la présence d'une division russe dans la Dobroudcha, du côté de Baba-Dagh, et les bachi-bouzouks, qui venaient d'être organisés sous le nom de spahis d'Orient, devaient être employés pour la première fois dans cette opération. Notre première journée de marche, quoique dans un beau pays bien boisé, avait été fatigante : le soleil était ardent, et, au milieu des chemins étroits qui serpentent dans les bois, nos voitures du pays, conduites par des Bulgares, produisaient souvent des encombrements qui amenaient de longues stations plus ennuyeuses et plus fatigantes que les marches. Nous fîmes une grande halte fort longue sur le bord d'un ravin où coulait une belle fontaine, et de l'autre côté du ravin nous nous installions au bivouac à Kaplaki. Nous avions eu en route des traînards ; mais, en arrivant au bivouac, nous n'avions que deux malades à l'ambulance. Cependant, à la nuit, la température ayant beaucoup baissé, on apporta à l'ambulance plusieurs malades qui présentaient des phénomènes choleriformes avec crampes et refroidissement. Chez tous la réaction se fit dans la nuit ; et le lendemain matin, pour se conformer aux ordres de se débarrasser des malades autant que possible, et dans leur propre intérêt du reste, ils étaient évacués sur l'hôpital de Varna.

Pendant la seconde journée, nous parcourûmes encore un pays boisé, et vers dix heures du matin nous arrivions au Tekké, charmant village dans une vallée où aboutissent les eaux du versant nord des plateaux que nous venions de quitter.

Le terrain se prêtait assez mal pour un campement régulier ; nous reçûmes l'ordre de nous installer provisoirement, comme pour une grande halte ; cependant, plus tard, les soldats allumèrent les feux de bivouac et dressèrent les marmites. Pendant ce temps, le général Espinasse était allé reconnaître un terrain plus favorable pour un bivouac, et à son retour nous nous remîmes en route. Des compagnies renversèrent les marmites, la soupe étant à moitié cuite ; d'autres les emportèrent pleines, pensant le bivouac peu éloigné, et soldats et voitures furent bientôt au pied d'un escarpement fort rapide qu'il fallait franchir, et où l'encombrement, à l'entrée du seul chemin qu'il fallait suivre, amenait des retards interminables. Enfin, les voitures se groupent sur le côté pour laisser passer l'artillerie et les régiments de la division ; quelques bataillons restent seuls à l'arrière-garde pour escorter le convoi.

Nous avons franchi la rampe rapide et sinueuse qui nous conduit au plateau, et de là nous sommes frappés d'un spectacle inattendu qui n'a d'analogie qu'au Sahara, quand on le découvre de quelque point élevé des montagnes qui le bordent. Derrière nous était un pays boisé et agréablement accidenté, qu'une riche vallée avec ses ruisseaux brillants rendait encore plus pittoresque. Devant nous s'étendait une plaine immense qui n'avait pour limite à l'horizon qu'une ligne de bleu foncé se détachant sur le ciel. La chaleur du jour faisait encore tremblotter devant nos yeux ces espèces de vibrations visibles, ce rayonnement sensible de la terre dans l'espace, que l'on observe, en été, dans toutes les plaines étendues et surtout en Afrique. De hautes herbes avaient été fauchées, et la colonne cheminait lentement. Nous arrivâmes à la nuit à Tchatat-Tchesme, où coulent de belles eaux sur le flanc et au fond d'un ravin qui conduit à la mer près de Baltchick. Notre deuxième étape était marquée là.

La Dobroudcha est un pays désert et inculte, dit M. Doussault, et il pourrait ajouter qu'il est l'expression de la misère et de la désolation. On ne peut rien imaginer de plus triste que ces steppes immenses où ne surgissent de terre, de loin en loin, que quelques arbres chétifs et rabougris. Pas une source, pas un ruisseau pour vivifier ce pays déshérité; des puits seuls fournissent une eau jaunâtre et malsaine aux rares habitants de cette contrée. Le sol est couvert de hautes herbes puantes, qui ne sont jamais fauchées et pourrissent sur place d'année en année. A de longs intervalles, quelques maisons aux toits de chaume apparaissent, et on en voit sortir des habitants malingres et rachitiques, qui regardent passer avec une curiosité presque inquiète la colonne qui s'avance dans cette sauvage immensité. Là, pas de blé, pas de culture, même autour des habitations; quelques choux, quelques citrouilles et concombres paraissent être tout ce qui suffit aux besoins des habitants; mais ils ont des troupeaux, et à côté des moutons paisibles il n'est pas rare de voir des troupeaux de chevaux sauvages qui regardent étonnés et fuient en bondissant à notre approche.

Bientôt vient la région des marais : peu étendus d'abord et limités au voisinage de la mer, ils s'élargissent et envahissent tout le pays. En été, ils se dessèchent. C'est alors que les émanations sont si puantes, que le séjour dans leur voisinage devient impossible, et que les habitants, pour se soustraire à leur influence, conduisent les troupeaux sur les points élevés qui limitent la Dobroudcha à l'ouest; et cependant il y a encore là des villes : Kavarna, Mangalia, Kustendjé; mais quelles villes! et cependant Rome entretenait là des légions pour disputer aux Daces ces plaines empestées; et cependant Trajan y faisait creuser le fossé et élever le rempart que nous retrouvons! La Dobroudcha d'alors était loin de celle que nous offre l'insouciance et l'inertie des Turcs.

La nuit était survenue, et les arabas du convoi n'avaient pu franchir encore la rampe rapide du plateau; le lendemain, cependant, nous devions nous mettre en route au point du jour pour éviter les grandes chaleurs. A trois heures, on sonne la diane, une partie de la division s'est mise en route; le départ général devait avoir lieu à 4 heures, il est remis à 6, puis à 8. Enfin, nous voyons défiler devant nous les trois régiments de spahis d'Orient, qui prennent les devants, et nous quittons notre bivouac vers midi. Notre marche est lente et pénible à travers ce pays brûlant : les hautes herbes ne sont plus fauchées : elles forment un réseau inextricable au milieu duquel la colonne a peine à se frayer un passage. Aucune route ne sillonne le sol; les herbes couchées indiquent seules les lieux de passage des rares voyageurs de ce pays. La nuit nous surprend en marche, et le soleil ne laissait plus trace de sa présence à l'horizon quand nous arrivâmes à Kavarna. Froides ruines, maisons délabrées, rues désertes, habitants craintifs et à demi sauvages, voilà Kavarna; bâti sur le sommet d'une falaise, au pied de laquelle une petite anse peut loger quelques bateaux à vapeur, de rares cultures se cachent dans un ravin où sourdent des fontaines qui vont à la mer après un court trajet.

La journée avait été longue et fatigante, non pas longue par la distance à parcourir, qui n'est que de 16 à 17 kilomètres; mais la diane avait été battue à trois heures, et depuis ce moment les tentes étaient pliées. Cependant le chiffre des malades à l'ambulance n'augmentait pas dans des proportions inaccoutumées. Nous avons eu quelques cas nouveaux de choléra, tous légers; mais les diarrhées étaient nombreuses. Le lendemain, nous quittâmes Kavarna de bonne heure; la route était toujours aussi encombrée; nous ne rencontrâmes que quelques puits profonds, dont nos soldats dédaignaient l'eau, tant elle était mauvaise, et nous nous arrêtâmes pour la grande halte à Tchablar, beau village où sont groupés des arbres, espèce d'oasis au milieu du désert, que nos soldats saluaient de loin avec enthousiasme. Là, les habitants n'avaient rien de la sauvagerie de leurs rares voisins, déshérités des bienfaits de la nature. Au milieu de leurs maisons bien bâties, de leurs jardins cultivés, des beaux arbres qui les isolent du vide immense qui règne autour d'eux, ils semblaient plus humanisés, et nous apportèrent des œufs, des poules qui leur furent convenablement payés. On ne laissa à Tchablar que l'infanterie, pour ne pas vider les puits du village. Les chevaux et le convoi continuèrent jusqu'à Sattelmeuch, où la colonne devait bivouaquer. C'est ici que commence la Dobroudcha malsaine, si je puis dire.

Nous étions près d'un petit bois, sur les bords d'un marais fangeux communiquant avec la mer; le camp était en fer-à-cheval autour du lac. Près de nous le terrain se relevait un peu, il était moins humide; mais nous nous serions éloignés de l'eau et du bois, choses indispensables, et on avait sans doute en vue de ménager les pas du soldat.

Le lendemain, notre étape était marquée à Mangalia, distant de 25 kilomètres environ. Toute la route est tracée par des marais que nous longeons, marais encaissés; cependant, la colonne suit des crêtes qui séparent les bas-fonds et sur lesquelles on a essayé quelques cultures. Après une journée brûlante, elle s'établit au bivouac le long d'un grand marais qui enveloppe Mangalia, où les bachi-bouzouks étaient déjà campés.

Mangalia est plus ruiné, plus désert que Kavarna; les habitants ont fui; l'herbe, les ronces, poussent dans les rues; on sent que l'on approche des lieux habités par les Cosaques russes, visités par les pillards bachi-bouzouks, et qu'ils ont poussé jusque-là leurs reconnaissances dévastatrices. L'eau du lac marécageux est saumâtre; mais personne n'est plus ingénieux que le soldat français pour découvrir ce qui lui manque; le voilà déjà cherchant partout, et bientôt, digne émule de l'abbé Paramelle, il aura trouvé autour du lac assez de petites sources, produites par les infiltrations, pour n'avoir pas besoin de recourir à l'eau saumâtre.

Le lendemain nous devions séjourner à Mangalia; les bachi-bouzouks avaient, dès le matin, pris les devants. On fit dans la journée une distribution de vivres pour remplacer dans le sac les vivres consommés. La colonne du général Bosquet arrivait ce jour-là à Mangalia, et à quatre heures du soir nous nous mîmes en route pour aller camper à une lieue environ de la ville. Malheureusement, notre nouveau bivouac, par suite de la conformation du terrain, se prêtait peu à une installation convenable : de hautes herbes puantes couvraient le sol humide; de nombreuses sources fournissaient une eau sulfureuse qui se répandait dans les bas-fonds marécageux. Notre camp fut installé sur une ligne longue de plusieurs kilomètres, et chacun s'organisa comme il put pour passer la nuit dans ce bivouac accidenté.

Notre court trajet de Mangalia au camp avait été

fort intéressant. A la surface du sol s'élèvent de nombreux *tumuli* que la tradition et l'histoire même disent être les lieux de sépulture des anciens habitants du pays. Quoique répandus sur toute la surface des steppes, ils sont multipliés dans le voisinage des villes, surtout dans celles dont l'antiquité est bien reconnue, comme Mangalia et Torni, exil d'Ovide, près des ruines de laquelle nous campons. Si cette multiplicité de tombeaux dans le voisinage des villes habitées justifie les assertions de l'histoire, elle peut aussi faire présumer que dans tous les temps la Dobroudcha a fait de nombreuses victimes.

Le 27, la deuxième division séjournait à Mangalia et la première continuait sa marche sur Kustendjé. La route ou plutôt la direction à suivre est toujours aussi encombrée d'herbes sauvages dans lesquelles hommes et chevaux disparaissent. Notre horizon est découvert comme celui de la mer; à notre droite, des mares d'eau croupie sont les résultats des infiltrations qui se font jour dans les parties basses du terrain. Une série de collines peu élevées se dessine au loin; c'est Orgloukoï, où nous devons établir notre bivouac.

Vers onze heures les tentes étaient dressées, et, malgré la chaleur, les hommes se livraient dans les camps à leurs occupations. C'était la première fois, depuis notre départ, que la distance à parcourir se prêtait à cette combinaison, qui fait arriver les troupes de bonne heure au bivouac. Quand il peut en être ainsi, les hommes ont le temps nécessaire pour faire à leur aise tout ce qu'exigent les soins de propreté qu'on leur prescrit; ils lavent leur linge, préparent avec plus de soin leur repas du soir, et jouissent d'un repos assez long pour être réparateur. En Afrique, le maréchal Bugeaud disposait presque toujours ses étapes pour arriver au bivouac avant le déjeuner; et il a toujours eu à se louer des résultats de cette mesure.

Dans la Dobroudcha, il n'y a pas de bivouac sans

marais ; comme les jours précédents, nous en avons un près de nous ; son eau a une odeur désagréable que lui communiquent les herbes putréfiées qu'elle traverse ; mais nous n'avons pas à choisir.

Ce marais conservait les traces du passage des hordes à demi-sauvages qui sont les éclaireurs des colonnes russes. Plusieurs cadavres humains jetés sur les bords servaient de proie à des bandes de vautours que notre présence n'effrayait pas.

Nous avions vu jusque-là des villes abandonnées, des maisons brûlées ; nous trouvions à Orgloukoï les premières traces de cette guerre de pillage qui proclame le meurtre comme un moyen, et ne laisse pas même aux victimes les honneurs de la sépulture.

Le 28, nous devions arriver à Kustendjé ; des villages ruinés, brûlés, autour desquels des bandes de chevaux sauvages viennent hennir, comme pour appeler les habitants absents, nous montrent leurs débris encore fumants, tristes images de la guerre. La chaleur était accablante ; le ciel, chargé de gros nuages noirs, s'appesantissait sur nous et nous suffoquait ; on sentait l'approche d'un orage qu'on désirait pour rafraîchir l'atmosphère.

Nous nous arrêtâmes à Acidoulou pour la grande halte ; le village était abandonné, mais les vingt puits avaient été respectés, et ils pouvaient fournir l'eau nécessaire à la division.

C'est au moment de nous remettre en route qu'éclata ce violent orage qui, comme nous l'avons su plus tard, fut général dans ces contrées et marqua le début de l'invasion du choléra. L'après-midi fut encore très-chaud : les hommes séchèrent sur eux leurs vêtements trempés, et le soir, après avoir traversé le rempart de Trajan, nous arrivions au camp de Pallas, à une lieue de Kustendjé.

Depuis quelques jours, nous avions reçu des cholériques à l'ambulance ; aucun n'avait succombé. A notre arrivée au camp, nous enregistrions notre premier décès, un jeune employé du trésor, malade depuis deux jours.

Le bivouac fut immédiatement établi sur un emplacement assez vaste où se montraient encore des ruines de la domination romaine, et l'ambulance fut reléguée à une des extrémités. — Cette mesure, en temps d'épidémie, est commandée par la prudence ; mais elle a un effet fâcheux sur l'esprit des soldats, chez qui l'idée de contagion s'éveille aussitôt. Ne vaut-il pas mieux les familiariser avec le danger en les persuadant que le mal ne se communique pas? Dès le soir même nous apprîmes que les zouaves avaient quitté Kustendjé la veille, laissant dans cette ville un de leurs médecins, M. Arondel, avec un certain nombre de cholériques : des ordres venaient d'être donnés pour qu'une partie de la division, sans sacs, mais avec deux jours de vivres dans une petite poche en toile, se mît en route le soir même de notre arrivée avec une section d'ambulance. Les hommes étaient déjà rangés prêts à partir; mais le contre-ordre fut donné, et le lendemain seulement toute la division, sans sacs, moins un bataillon resté au camp de Pallas, se porta par une marche de nuit sur Kargualeck. La pluie nous surprit au moment du départ et dura plusieurs heures. Pendant toute cette route, nous longions des marais puants, desséchés dans presque toute leur étendue; à chaque instant des accidents de terrain, qui ne permettaient pas à la colonne de se déployer sur un grand front, amenaient des retards ; l'impatience s'en mêlait : nos soldats, croyant marcher au combat, auraient voulu dévorer l'espace. Les malheureux! ils ne marchaient qu'au-devant du fléau qui déjà avait frappé les zouaves et les bachi-bouzouks.

Vers une heure du matin, nous arrivâmes au bivouac, où chacun s'installa comme il put jusqu'au jour, qui ne se fit pas longtemps attendre. Le soleil levant nous fit voir un bien triste tableau : devant nous était un petit village abandonné et à demi ruiné dans lequel on avait entassé tous les malades de la journée et de la nuit ; M. Maupon, seul médecin qui accompagnait les zouaves, était debout depuis la veille, et il ne pouvait se multiplier pour se porter partout où on l'appelait. M. Perrin, que nous avons perdu depuis par le typhus, donnait ses soins aux bachi-bouzouks, dont le service médical lui avait été confié. De nombreux malades encombraient les misérables maisons du village ; il n'y avait plus à douter, nous étions envahis et déjà débordés par le choléra. C'était le 30 juillet.

Dès le matin, les bachi-bouzouks prirent le devant pour regagner Kustendjé, emportant les malades sur leurs chevaux ; les zouaves rentrèrent dans la division, et bientôt le fléau se répandit sur tous les régiments. Nous transportâmes l'ambulance sur un petit tertre à l'extrémité du camp; mais que pouvions-nous contre cette invasion de malades ? Nous n'avions presque pas de médicaments; les moyens de transport manquaient ; notre présence seule au milieu de ces malheureux pouvait relever un peu le courage des moins abattus et leur rendre l'espérance.

Des ordres avaient été donnés pour n'emmener dans cette course que les mulets de cacolets et les arabas strictement nécessaires, afin de ne pas arrêter la marche de la colonne; on ne pouvait pas, en effet, s'attendre à une pareille calamité; aussi, quand il fallut partir, notre embarras s'accroissait à chaque instant par l'arrivée successive de nouveaux cholériques. Tout compte fait, nous n'avions de moyens de transport que pour soixante-quinze à quatre-vingts malades, et notre chiffre dépassait cent cinquante au moment du départ. Alors, chose admirable et qui montre tout le dévouement qu'on peut attendre du soldat français, les chasseurs du 9ᵉ bataillon, qui était d'arrière-garde, vinrent tous, spontanément, armés de leurs petites tentes-abris et de bâtons qu'ils s'étaient procurés en détruisant les clôtures du village, et improvisèrent ainsi des brancards sur lesquels deux hommes transportaient leurs camarades malades.

La colonne était en marche depuis longtemps, l'ambulance avait été laissée seule avec ce bataillon, et, sans le dévouement de ces braves soldats, nous n'aurions pas pu enlever nos malades.

Quelle marche pénible que celle de notre pauvre division à travers ces marais desséchés d'où s'exhalait le souffle de la mort! Quel lugubre tableau que ces fosses creusées à chaque pas, que ces figures cadavéreuses d'où s'échappait le râle de l'agonie! Un mort n'a pas plutôt quitté sa place sur les chariots, que dix malades sont là qui attendent pour être transportés! Et cependant il faut avancer; il faut au plus tôt quitter ces lieux empestés : attendre, c'est assurer de nouvelles victimes à l'épidémie. L'ambulance cheminait ainsi lentement. La division avait déjà gagné le camp de Pallas, les voitures d'artillerie et les arabas restés au camp avaient été envoyés à notre rencontre pour emporter les hommes que les soldats portaient à bras depuis le départ, et avec cet aide nous arrivâmes à notre bivouac, établi par prudence sur deux mamelons à quelques kilomètres des camps. Les zouaves, qui avaient été jusque-là plus maltraités, bivouaquaient à côté de l'ambulance. Nous ne pûmes connaître le chiffre des cholériques de cette première journée; c'était à l'ambulance un va-et-vient continuel. Le soir nos tertres étaient remplis, et pendant la nuit les malades furent plus nombreux que pendant le jour.

Le lendemain, 31 juillet, l'ambulance et les zouaves regagnèrent le camp.

Nous transportâmes notre ambulance au camp de Pallas, et la section restée pendant notre absence à Kustendjé vint la rejoindre. Pendant la journée, je fus chargé de recueillir les hommes indisposés et fatigués qui auraient pu devenir la proie de l'épidémie, et de les conduire à bord du *Pluton*, qui se trouvait dans le port. C'était chercher à soustraire ainsi à la maladie des hommes qui en auraient indubitablement été victimes; mais nous sûmes plus tard que nos espérances ne se réalisèrent pas, et que pendant la traversée l'épidémie éclata à bord du vapeur et y fit de grands ravages. Je ne chercherai pas à retracer le tableau de ces jours de grande calamité; aucune plume, aucun pinceau ne pourrait rendre l'aspect de notre camp. La mort planait sur nos rangs, mais la mort froide, terrible, avec toute sa laideur. Il n'y avait pas, comme au jour du combat, cet enthousiasme qui fait qu'on brave tous les dangers et qu'on affronte les coups mortels pour recevoir avec orgueil une mort glorieuse. Les soldats s'entre-aidaient, se consolaient; mais les figures étaient ternes, silencieuses, et semblaient dire : « Ici, il ne peut y avoir de lutte; le courage du plus fort est abattu d'un souffle, il faut tout attendre de Dieu. »

Dans nos camps on voyait un homme, déjà frappé, soutenu par deux de ses camarades, courir pour se réchauffer et produire une réaction; d'autres, couchés devant de grands feux, se faisant frictionner. Notre bivouac était un vaste hôpital, et chaque homme valide une sœur de charité faisant preuve d'un dévouement sans bornes. La nuit avait été terrible, le sommeil avait à peine passé sur notre camp, tant les cris des agonisants étaient nombreux. Cependant, dès le matin, un rayon d'espoir se répand sur la figure de tous; on vient d'apprendre que le général Canrobert était arrivé pendant la nuit... De retour de son exploration des côtes de la Crimée, il avait voulu rejoindre à la hâte sa division.

Déjà, avant de mettre pied à terre, le général avait été informé de l'état de sa division, et il avait écrit à Varna pour demander que des bateaux à vapeur fussent envoyés à Kustendjé et Mangalia, et que des vivres fussent portés dans cette ville. Il demandait en même temps des vivres supplémentaires, du vin, de l'eau-de-vie, du café, du tabac, dont les soldats manquaient, et des médicaments.

Le régiment de zouaves avait établi son bivouac sur les hauteurs près de Kustendjé : ne pouvant pas transférer l'ambulance dans les maisons de la ville, on disposa immédiatement des tentes entre elle et le bivouac des zouaves pour y déposer tous les malades du camp. — L'important était de quitter au plus vite le lieu où nous avions rencontré le fléau ; les soldats appelaient ce moment de tous leurs vœux.

Toute la matinée et une partie de l'après-midi furent consacrées au transport de nos malades à l'ambulance : cacolets, arabas, chevaux, voitures d'artillerie, tout fut employé à cette opération. On détacha de l'ambulance une section avec MM. les docteurs Andrieux, Ving et Bailly, et vers six heures la division quitta le camp de Pallas pour rétrograder sur Varna. Les bateaux à vapeur demandés par le général Canrobert devaient venir prendre à Kustendjé le régiment de zouaves et l'ambulance.

Quitter le bivouac à cette heure, c'était satisfaire au désir général. — Notre marche fut lente et pénible ; à chaque instant de nouveaux malades demandaient une place dans les voitures. La nuit vint bientôt, nuit terrible. Dans les hautes herbes, nos pauvres soldats se reposaient un moment, espérant rejoindre ou attendre l'arrière-garde, et beaucoup, ne trouvant plus même la force d'appeler à eux, se sont endormis là du sommeil de la mort. Vers onze heures, nous arrivâmes à Acidoulou, où, après bien des difficultés, nous nous établîmes au bivouac.

L'épidémie continuait de frapper avec la même intensité : pendant la nuit, le mouvement du camp à l'ambulance fut incessant, et, le lendemain, non-seulement nos tentes étaient remplies, mais de nombreux malades attendaient des places vides. Nos moyens de transport étaient encore insuffisants, et cependant il fallait partir. Le général ordonna alors, comme Bonaparte l'avait fait en Egypte, que tous les chevaux de main, les siens, ceux des généraux et de tous les officiers, toutes les bêtes de somme et les voitures d'artillerie, transporteraient des malades, et vers midi, tout ayant été mis en réquisition, on partit. Les plus malades étaient dans des voitures, et ceux qui avaient conservé quelque force étaient à cheval, maintenus par deux de leurs camarades. Plus d'une tombe fut creusée dans cette marche de quelques heures, et le mal ne se ralentissait pas. La plupart des infirmiers de l'ambulance avaient succombé; des infirmiers auxiliaires étaient venus les remplacer, tous volontairement; mais, comme il fallait en augmenter le nombre en raison des malades, le général ordonna une mesure efficace et bonne à adopter en pareille circonstance : il prescrivit à chaque régiment d'envoyer à l'ambulance des hommes de bonne volonté, sous la surveillance d'un sous-officier, pour soigner ses propres malades. Nous groupâmes alors à l'ambulance les malades par régiment, et ils étaient soignés par leurs camarades.

Nous passâmes la nuit à Orgloukoï. — Le lendemain, quand il fallut partir, tous les moyens de transport dont disposait la colonne étant employés, il restait encore de nombreux malades sur le terrain, et l'on comptait pour les enlever sur l'arrivée d'un escadron turc, qui devait, dans la journée même, apporter des vivres de Mangalia : la colonne se mit en route, mais les Turcs ne purent pas enlever nos malades, et force fut de les laisser à Orgloukoï, gardés par le 7ᵉ de ligne. — C'était heureusement à Mangalia que nous devions rencontrer les bateaux à vapeur; nous n'aurions en effet pas pu faire une nouvelle étape dans ces conditions, puisque nous étions déjà obligés de laisser en arrière une partie de nos malades faute de moyens de transport. Pendant la nuit, les cacolets et les arabas retournèrent au bivouac, et ramenèrent à Mangalia le lendemain matin le reste de la colonne.

C'est à Mangalia que nous attendait le plus affreux spectacle : autour de cette ville, que les habitants, rassurés par notre présence, étaient de nouveau venus occuper, les bachi-bouzouks avaient établi la veille leur bivouac, et avaient laissé les restes affreux de leur passage. Pour ne pas creuser les fosses de leurs camarades morts, ils les avaient jetés dans les puits; d'autres gisaient sans sépulture et exhalaient déjà une épouvantable odeur. C'est là que la division devait attendre l'arrivée des bateaux à vapeur. Le choléra allait augmentant d'intensité; plus de cent cinquante hommes étaient morts à Orgloukoï la nuit précédente; à l'ambulance, nous en avions perdu à peu près autant. Les inquiétudes étaient sérieuses; mais il fallait montrer partout un visage rassuré. Nous établîmes l'ambulance à l'extrémité du camp près de la mer, afin de rendre l'embarquement des malades plus facile, et on entreprit la construction d'un débarcadère au moyen de voitures d'artillerie. — Le personnel médical de l'ambulance était réduit à 4.

Les journées des 3, 4, 5 et 6 furent terribles; les malades étaient si nombreux, qu'il était presque impossible de les voir tous; des régiments qui jusque-là n'avaient pas été éprouvés furent atteints à leur tour; de tous les coins du camp on envoyait des cholériques, et les officiers, qui avaient été épargnés jusqu'à ce moment, commencèrent à payer leur tribut au fléau. A l'ambulance, c'était comme une avalanche qui venait s'abattre, et, malheureusement, peu en sortaient. Les atteintes étaient si fortes, si profondes, que quelques heures suffisaient pour faire d'un soldat vigoureux un cadavre méconnaissable. Je me rappelle encore avec effroi un homme occupé à creuser la fosse commune au moment du passage du général Canrobert que j'accompagnais; quelques heures après, nous vîmes ce même homme descendu dans la fosse qu'il venait de creuser.

Enfin le 5, avant la nuit, les bâtiments attendus arrivèrent; ils nous apportaient du vin, de l'eau-de-vie, du tabac. On fit de suite des distributions supplémentaires; on prescrivit le vin chaud, le punch dans les compagnies, et, dans chaque régiment, les médecins désignèrent pour être embarqués les hommes fatigués, souffreteux, qui, dans les conditions où nous étions, pouvaient servir d'aliment à la continuation de l'épidémie.

Le lendemain, dès le matin, on transporta à bord des bâtiments plus de 2,000 cholériques ou malingres. Les cholériques furent mis à bord de la *Calypso*, et les hommes fatigués à bord des autres bâtiments. On ne peut rien imaginer de plus triste que le spectacle de ces cholériques déposés sur la plage, en attendant leur embarquement : tous se dépouillaient de leurs vêtements, et, croyant éteindre la chaleur qui les dévorait, se traînaient jusque dans la mer. On avait peine à les retenir, et beaucoup se jetaient à l'eau tout habillés. Un violent orage survint, avec des rafales de vent du sud-est qui nous gênèrent beaucoup dans l'embarquement. J'accompagnais un des chalands qui se rendait à bord de la *Calypso*; le vent était si fort, que nous avions peine à avancer, et nous restâmes une heure et demie exposés à une pluie torrentielle. En arrivant à bord, 17 des malheureux qui se trouvaient dans le chaland étaient morts; un grand nombre mourut peu d'instants après notre arrivée.

Cet orage marqua, pour ainsi dire, la décroissance de l'épidémie. Nous avions, il est vrai, purgé la colonne de tous les hommes fatigués; mais il nous a paru, à partir de ce jour, que les nouveaux cas étaient moins nombreux et surtout moins graves.

Le 7, vers midi, notre division, considérablement réduite, quittait Mangalia et venait bivouaquer à Kartaligueul, près d'un lac. Nous avions encore eu, dans ce court trajet, bon nombre de cholériques; mais, comme nous l'avons dit, les atteintes étaient moins graves. M. Waghette, médecin aide-major de l'ambulance, frappé pendant cette journée, nous donna pendant quelques jours de sérieuses craintes; mais nous fûmes assez heureux pour le voir triompher de la maladie.

Le 8, nous bivouaquâmes à Tchablare, le 9 à Kavarna. Nos moyens de transport avaient suffi pendant ces deux jours. La décroissance de l'épidémie était manifeste, et, pour ne conserver en route aucun malade, nous évacuâmes à bord du *Vauban*, mouillé à Kavarna, tout ce que nous avions de malades. Le général Espinasse, le colonel de Senneville, le commandant d'état-major de La Barre, le capitaine Piépape, officier d'ordonnance du général Espinasse, étaient de ce nombre; les deux derniers moururent dans la journée. Enfin, le 10, nous dressions nos tentes à Tchatal-Tcherme, près de Baltchick; et, dès ce jour, nous pûmes nous croire sauvés. Quelques malades étaient envoyés à l'ambulance avec des affections autres que le choléra, et en sortaient guéris.

La division était partie le 21 juillet forte de 10,500 hommes, y compris les zouaves envoyés à Kustendjé par mer, et, le 10 août, on ne comptait à Baltchick que 4,300 hommes moins les zouaves. Le reste était mort ou évacué de différents points sur Varna. Après huit jours de repos à Baltchick, pendant lesquels nous vîmes disparaître les dernières traces de l'épidémie, nous regagnâmes Varna, et le 20 nous étions de retour au bivouac de Franka.

A la fin d'août, l'épidémie avait cessé, les malades étaient successivement entrés à leurs divisions; on put alors compter exactement les pertes : la première division, la plus maltraitée, avait vu disparaître plus de 2,000 hommes, du 21 juillet au 2 août, et 41 officiers.

L'armée anglaise, qui n'avait pas quitté son bivouac sur les bords du lac Dewna, eut aussi à subir l'influence cholérique; elle fut, il est vrai, moins éprouvée que les divisions françaises de la Dobroudcha, mais autant que celles qui étaient à Franka. Son bivouac se trouvait dans des conditions de salubrité qui laissaient beaucoup à désirer. L'action des bords marécageux du lac se faisait vivement sentir, et je ne m'étonnerais pas qu'elle y eût puisé les principes des affections intermittentes qui l'ont poursuivie pendant tout l'hiver.

Aucun point habité par nos troupes n'avait donc pu échapper à l'épidémie. Nous avons déjà dit les ravages qu'elle avait faits au Pirée, à Gallipoli; elle s'était manifestée partout à peu près à la même époque, mais partout aussi elle disparut presque en même temps. La flotte elle-même n'avait plus de malades à la fin d'août, et l'on put dès lors concevoir l'espérance d'embarquer sans crainte les troupes le 1er septembre.

Embarquer des troupes à peine sorties de cette épidémie meurtrière, n'était-ce pas courir au-devant d'une nouvelle épidémie plus terrible encore par l'agglomération forcée ? Telle était la crainte générale dès que l'ordre du jour apprit à l'armée la détermination qui avait été prise. Il y avait en effet, dans cette pensée, de quoi éveiller toutes les appréhensions. Le principe morbide n'avait pas disparu; chaque jour amenait encore quelques cas bénins, il est vrai, mais qui pourraient prendre de la gravité dans un milieu chargé de miasmes, et se répandre après sur les masses.

Cette situation était la plus grande préoccupation du chef; aussi des ordres furent-ils donnés pour faire choix dans les compagnies des hommes qui offraient le plus de garantie de bonne santé, et former ainsi une armée véritablement d'élite dans les conditions de santé les plus rassurantes. Devant la nécessité des opérations, c'était faire tout ce que commandait la plus sage prudence. Ainsi constituées, les deuxième, troisième et quatrième divisions se mirent en route pour s'embarquer à Baltchik; la première devait être embarquée à Varna.

CAMPAGNE DE CRIMÉE.

Le premier septembre, la première division s'embarquait à Varna à bord de petits vapeurs qui devaient dans la journée même la transporter à Baltchik, où étaient mouillés les vaisseaux de l'escadre. Cette opération fut rapide, et le lendemain les deuxième, troisième et quatrième divisions étaient embarquées avec la même rapidité. L'escadre resta plusieurs jours en rade de Baltchik, et le 5 elle prit définitivement la mer, voguant lentement, louvoyant, jusqu'à ce que la flotte anglaise et le convoi l'eussent ralliée. On avait pris à bord de chaque bâtiment toutes les mesures hygiéniques possibles, et les sabords étaient constamment ouverts quand le temps le permettait. Heureusement, nous eûmes une traversée qui donna toutes les facilités d'aération. Évidemment, nous devions à cette circonstance le bon état sanitaire des troupes pendant le trajet. Mais quelques bâtiments furent moins favorisés, et nous sûmes au débarquement que plusieurs avaient été fort maltraités par le choléra; cependant c'était peu de chose, eu égard à ce qu'on était en droit de redouter.

Enfin, le jour tant désiré est arrivé : le 14 septembre, l'armée débarque à Oldfort.

Quand il s'agit d'un débarquement sur une terre ennemie, la raison stratégique passe avant toute autre considération, et, si nous nous occupons ici de la plage sur laquelle notre armée a planté son drapeau, c'est que les conditions défavorables qu'elle offrait au point de vue de la salubrité ont produit des effets qu'il est nécessaire de signaler.

Oldfort est situé sur une plage basse, avec des dépressions en forme de cuvettes qui s'emplissent quand la mer bat le rivage et laisse des eaux stagnantes; il n'y a, dans le voisinage, aucune eau potable jusqu'à six ou sept kilomètres dans l'est. Cette privation est la plus grande qui puisse être imposée à une armée au bivouac ; le manque d'eau amène de mauvais repas, de la souffrance, et par suite des maladies quand cette situation se prolonge.

Dès notre arrivée, après avoir constaté l'absence de sources, les hommes se mirent à creuser, espérant trouver dans les bas fonds des infiltrations ; mais l'eau qu'ils rencontrèrent était jaunâtre ; bue froide, elle était supportable ; mais après l'ébullition elle contractait une amertume que rien ne corrigeait, et produisait immédiatement des nausées et la diarrhée. Pendant cinq jours l'armée fut ainsi privée d'eau et presque de nourriture réparatrice par l'impossibilité de préparer convenablement les aliments. Nous vîmes alors de nouveaux cas de choléra peu nombreux, mais capables de faire craindre qu'une nouvelle épidémie ne s'abattît sur notre petite armée. Les officiers étaient frappés en plus grand nombre qu'ils ne l'avaient encore été, probablement à cause du genre de vie plus rude qui leur était imposé par la nécessité de ne pas se charger des bagages pour le débarquement.

L'armée anglaise se trouvait dans des conditions plus défavorables encore ; elle n'avait pas de tentes, et pendant les premières nuits, qui furent pluvieuses, les hommes restèrent sur la terre humide, sans aucun abri : aussi, de ce moment, le choléra reparut dans les rangs et y fit plus de victimes que dans l'armée française. Cette circonstance nous permit de constater par comparaison l'excellence de nos moyens de campement, acquis par l'expérience d'Afrique. Quelque part qu'ils se trouvent, nos soldats ont avec eux leur tente-abri. Une fois au bivouac, ils sont garantis de la pluie et du soleil, et pendant la nuit ils dorment dans une température peu variable. L'armée anglaise, au contraire, n'avait que de grandes tentes coniques, dont les hommes ne jouissent que quand on peut disposer d'un matériel considérable et d'équipages nombreux.

Nous passâmes ainsi à Oldford cinq mauvais jours,

et le 19 nous quittions avec joie ce bivouac, persuadés que nous trouverions dans la Boulganac de l'eau potable, du bois, et une meilleure installation. Le pays que nous parcourons est légèrement ondulé; les steppes et les marécages ont cessé, et de beaux champs de blé emmeulés sur place indiquent que la culture est la grande occupation des habitants.

Les villages que nous rencontrons sont en flammes; à notre approche, les Cosaques allumaient ces incendies, espérant ainsi nous priver de toutes ressources. Une petite escarmouche de cavalerie vint compléter notre journée, et nous attendions la grande action du lendemain.

Nous n'avons pas à raconter les émouvants détails de la bataille de l'Alma : chacun sait la défense opiniâtre des Russes, l'énergique courage, l'élan impétueux de nos soldats; le calme intrépide et imposant de nos alliés. Sans sortir des bornes de notre rôle de chroniqueur médical, nous ne ferons qu'indiquer les phases de cette première journée.

Le 20, à six heures du matin, la division Bosquet, renforcée de huit bataillons turcs, se dirige à droite, en longeant la mer, pour tourner l'aile gauche de la position occupée par les Russes sur la rive gauche de l'Alma ; une partie de l'armée anglaise, à notre gauche, doit aussi faire un mouvement tournant sur la droite de l'ennemi. Les première, troisième et quatrième divisions françaises et une partie de l'armée anglaise attendent le moment de commencer l'attaque de front. Après bien des retards, on se met en marche vers les 10 heures.

Le terrain qui nous sépare de l'Alma est ondulé; à droite, il s'étend jusqu'à la mer; à gauche, la vallée se prolonge en se rétrécissant. Devant nous est un rideau d'arbres touffus et une série de jardins entrecoupés de murs en pierres sèches. Ces jardins vignobles sont creusés, autour de chaque pied de vigne, de trous profonds qui rendent la marche difficile, et au-delà on trouve l'Alma avec ses berges de trois à quatre mètres de hauteur, taillées à pic. Les deux rives sont constituées par un grès friable, que les eaux détachent chaque hiver. Il n'y a pas de rampe qui rende le passage de la rivière facile; un seul pont établit des communications entre les deux rives; mais il se trouve en avant d'un village en flammes; il est étroit et parfaitement défendu par de fortes batteries russes. Au-delà de la rivière, le terrain est très-accidenté et comme déchiré par les eaux qui viennent des parties supérieures. Enfin, ce sol tourmenté est dominé par un plateau qui tombe presque perpendiculairement sur la rive gauche de l'Alma. Quelques ravins aux pentes rapides permettent seuls de le gravir.

Vers onze heures, les trois divisions du centre font leur mouvement en avant. La division Bosquet, qui avait fait une halte en attendant que l'armée anglaise fût à sa hauteur, continue sa route et arrive sur l'Alma sans avoir rencontré l'ennemi; elle passe la rivière près d'un petit village, dans un point où les rampes sont faciles pour l'artillerie, et vient prendre position sur le plateau, où l'accueille une vive canonnade.

Dans le bas, des tirailleurs russes, soutenus par des bataillons, s'étaient abrités derrière des retranchements en pierres sèches que protégeaient les bois, les broussailles et les jardins, et de là ils dirigeaient sur nos tirailleurs une vive fusillade. La lutte était engagée sur toute la ligne: des hauteurs, les Russes portaient sur nos groupes le feu de leur artillerie. Aussitôt les tirailleurs se précipitèrent à la baïonnette sur les retranchements et en délogèrent les Russes, qui se replièrent en toute hâte et en désordre sur l'Alma, protégés par le feu de leurs batteries et de leurs bataillons, qui avaient pris position sur des points favorables. En ce moment l'élan fut donné à toutes les troupes: le général Canrobert à droite, S. A. le Prince Napoléon à gauche, portèrent leurs divisions en avant. Elles traversèrent la rivière, escaladèrent les hauteurs sous un feu bien nourri, et bientôt les crêtes furent couronnées. Les Russes cédaient du terrain, en le défendant toutefois énergiquement. Devant nous était un télégraphe autour duquel se groupaient tous les efforts de l'ennemi; le terrain, légèrement relevé, se prêtait à la défense; il fallait enlever cette nouvelle position et faire flotter nos couleurs sur cette tour en construction. La canonnade et la fusillade étaient des plus vives, et cependant, sous cette grêle de projectiles, nos soldats s'avançaient en bon ordre. Enfin, notre drapeau nous apprit que nous étions maîtres de la position. Il flottait sur la tour, où venait de l'arborer un sergent-major des zouaves qui paya de sa vie ce trait de bravoure.

Les Russes étaient repoussés des positions qu'ils occupaient sur leur gauche, mais ils tenaient encore sur leur droite, attaquée par l'armée anglaise. Deux fortes batteries établies sur les hauteurs commandaient le terrain à pentes douces sur lequel gravissaient en ordre les bataillons anglais. Chaque décharge éclaircissait leurs rangs, mais ils n'en restaient pas moins compactes et alignés. Enfin, une de nos batteries, mise en position sur une hauteur qui prenait en flanc les batteries russes, contribua à leur retraite, et bientôt les deux armées occupèrent toutes les hauteurs que les Russes avaient fortifiées avec tant de soin, et au pied desquelles ils croyaient nous arrêter longtemps.

L'effet moral produit par cette victoire fut prodigieux; l'élan de nos troupes, la rapidité de leur attaque avaient frappé l'ennemi d'une sorte d'épouvante; la retraite était une déroute; mais malheureusement le manque de cavalerie nous empêcha de couronner cette victoire et de la rendre complète.

Dans cette journée, 100,000 hommes se sont trouvés en présence. Les Russes avaient des positions admirables pour la défense, une artillerie nombreuse et bien servie, et des bataillons assurés du succès;

nous avions, nous, le coup d'œil de nos chefs, leur bravoure, l'ardeur de nos soldats et la ferme volonté de sortir victorieux de cette première rencontre.

Nous avons eu des généraux blessés, des officiers supérieurs tués, d'autres blessés; mais, en somme, les pertes ont été moindres que ne le comportait l'importance de l'action. Les Russes, dans leur mouvement rétrograde, ont été forcés de nous abandonner leurs morts, leurs blessés, et ont couvert le terrain de sacs et d'armes.

Le maréchal de Saint-Arnaud, malgré son état de souffrance, a assisté à toutes les phases de la bataille et en a réglé les dispositions. L'armée conserve toujours un religieux souvenir de ce chef, qui a employé les derniers jours de sa vie d'une manière si glorieuse pour lui et si pleine de dévouement pour le pays.

Dès les premiers coups de fusil échangés entre les tirailleurs russes et français, les ambulances s'arrêtèrent et disposèrent leur matériel dans des emplacements choisis en arrière des troupes de réserve; une section de chacune d'elles fut détachée pour se porter sur le théâtre de l'action, et constituer ainsi une ambulance légère, d'une extrême mobilité dans tous les terrains, grâce aux mulets de cacolets. Le rôle de ces ambulances est de relever sur le champ de bataille les hommes qui tombent, de leur donner des soins immédiats quand la nature de la blessure l'exige, et de les transporter aussitôt dans le lieu où est établie l'ambulance générale de chaque division.

De tout temps ces ambulances ont été l'objet de l'attention des chefs et des chirurgiens; on a voulu leur donner le plus de mobilité et de célérité possible, et l'expérience nous a prouvé que nous avions, en cela, atteint la perfection. Au moment où une affaire s'engage, un certain nombre de mulets de cacolets et litières, conduits par un sous-officier du train des équipages, se détache de l'ambulance avec quelques médecins désignés, et se porte le plus près possible du théâtre de l'action : un homme tombe-t-il dans les rangs, il est relevé par ses camarades, qui le portent en arrière où un cacolet vient le prendre, et, si la rapidité d'un mouvement en avant empêche les hommes de sortir des rangs, le blessé reste un moment sur le terrain où il est bientôt relevé. Le médecin du corps a dans son sac d'ambulance, porté par un soldat qui marche à ses côtés, tout ce qu'il faut pour un premier pansement, et si le blessé n'a pas été pansé par lui, les médecins qui accompagnent les moyens de transport donnent immédiatement les premiers soins. Ces ambulances légères offrent plus de mobilité que les voitures en usage sous l'Empire, et elles peuvent passer dans tous les terrains, quelque accidentés qu'ils soient.

Pendant toute la journée, les blessés furent concentrés dans les ambulances, à l'endroit même où elles avaient été établies au début de l'action. Tous les pansements étaient faits immédiatement, ainsi que les opérations jugées nécessaires sur le champ, et, quand on fut maître du terrain, on choisit des maisons où on pût abriter les blessés.

La première division, à laquelle j'appartenais, avait eu à supporter la plus grande partie des pertes de la journée, et cependant la rapidité de l'enlèvement des blessés sur le champ de bataille avait été telle, qu'à la nuit il n'en restait plus un seul à enlever, et que nous avions déjà recueilli un grand nombre de blessés russes.

Toute la nuit fut employée à soigner nos braves soldats, qui avaient payé de leur sang le succès de cette journée; pas un cri, presque pas une plainte ne sortait de leur bouche; tout entiers au bonheur d'avoir vaincu, ils ne paraissaient pas même s'apercevoir de leurs blessures; les plus impatients se contentaient de dire : Sera-ce bientôt mon tour? Tous les chirurgiens, en effet, ont remarqué cette résignation du soldat dans les circonstances heureuses; après la victoire, il ne se plaint pas; après un insuccès, il s'inquiète, il gémit, il regrette d'avoir perdu son sang en vain. A l'ambulance on voit tout ce qu'il y a de dévouement, de vrai patriotisme dans le cœur du soldat, qui offre sa vie souvent sans autre compensation que la conscience d'un devoir bien rempli!

Pour agir sûrement et rapidement, voici comment on procède aux pansements et aux opérations. A mesure que les blessés arrivent, on les déshabille et on les place à la suite les uns des autres, et, à moins qu'il y ait quelque indication d'agir sur-le-champ, chacun est pansé à son tour. Les cas qui offrent quelque indécision sont réservés et signalés au médecin-chef, qui prononce ou réunit ses aides en consultation. Les opérations, à moins qu'elles ne soient urgentes, sont réservées pour être faites après les autres pansements et quand les médecins ne sont plus exposés à être dérangés par l'arrivée successive des blessés. C'est en agissant ainsi méthodiquement que la nuit nous avait suffi pour panser tous nos blessés, et le lendemain, dès le matin, nous étions en mesure de les diriger sur la plage, où ils devaient être embarqués pour Constantinople (1).

Nous eûmes à l'Alma, pour la première fois, l'occasion de constater les différences que produisent dans la forme et la nature des blessures par armes à feu les balles cylindro-coniques, les balles Nesler, et tous ces projectiles de formes différentes que lancent les armes de précision. Nous nous réservons de signaler toutes les particularités qui nous ont frappé.

Si les balles cylindro-coniques ont fait une révolution dans les règles générales du tir, elles en ont fait une aussi dans la nature des lésions qu'elles produisent, et il faut malheureusement reconnaître

---

(1) Les dispositions que je signale étaient appliquées à l'ambulance de la première division; elles avaient été prescrites par M. le docteur Thomas, médecin-chef, à qui je suis heureux d'adresser ici tous mes remerciments pour les sages conseils qu'il a bien voulu nous donner.

qu'elles ont le double avantage de frapper plus sûrement et de blesser plus violemment.

Les lois de la guerre entre peuples civilisés imposent des obligations qu'il est doux de remplir ; celles entre autres de donner des soins aux blessés ennemis. Les blessés russes reçurent dans les ambulances les mêmes soins que nos soldats, et ce n'était pas sans émotion que nous voyions ces hommes, tout à l'heure ennemis, se consoler réciproquement et partager le même pain et la même gourde. Sur le lit de douleur, ils étaient devenus frères ; les uns et les autres avaient exposé avec le même courage leur vie pour le pays.

Les Russes, très-respectueux, très-soumis, nous témoignaient par toutes sortes de manifestations leur reconnaissance pour les soins qu'ils recevaient : ils nous baisaient les mains, et, les portant sur leur cœur, ils nous disaient leur reconnaissance beaucoup plus éloquemment par le geste qu'ils n'auraient pu le faire par la parole. Nous avons remarqué chez beaucoup de blessés des bandes et des compresses roulées autour des bras et des jambes ; nous crûmes d'abord que des pansements avaient déjà été faits sur ces parties ; mais ils nous montrèrent que chacun d'eux avait en réserve ces objets nécessaires à un premier pansement, pour le cas où on manquerait de linge au moment de l'action, et nous vîmes plus tard, par l'inspection des sacs laissés sur le terrain, que chaque homme était muni de ces pièces de pansement.

Cette mesure serait, à notre avis, bonne à imiter ; on trouverait ainsi pour le besoin une réserve considérable qu'on serait quelquefois heureux de réunir.

Malgré la rapidité obligée de tout ce qui concernait les actes de l'ambulance pour évacuer le lendemain, selon les ordres, les blessés sur Constantinople, nous pûmes faire tout ce qui était nécessaire. Toutes les opérations indiquées comme devant être immédiates, étaient pratiquées, et tous les appareils à fractures appliqués; les réserves de nos caissons en appareils, préparés à l'avance, avaient suffi. Les pertes de l'armée étaient de 1,339, et la première division à elle seule en comptait 892, dont 60 à 70 blessures légères, et 80 tués.

Le lendemain, dès le matin, je fus envoyé pour diriger sur le rivage l'embarquement des blessés à bord des bâtiments à vapeur chargés de les transporter. Cette opération se fit facilement et rapidement, grâce toujours à nos mulets de cacolets et litières : des convois allaient successivement des ambulances à la plage; les hommes blessés légèrement parcouraient à pied la faible distance qui les séparait du point d'arrivée, et en peu d'heures tous étaient réunis pour être embarqués. Les embarcations accostaient le rivage, et comme à bord tout avait été disposé à l'avance pour recevoir et loger les blessés, l'embarquement ne souffrit aucun retard et se fit sans fatigue pour nos malheureux soldats.

A la fin de la journée, les ambulances étaient à peu près vides; elles n'avaient gardé que quelques blessures légères qui devaient guérir en peu de temps, et chacune d'elles quitta le lieu où elle s'était établie le jour de la bataille, pour prendre sa place sur le plateau au centre des divisions.

Il n'est plus nécessaire de faire connaître nos litières et nos cacolets, ces compagnons de nos guerrrs d'Afrique, successivement perfectionnés par l'expérience. On sait qu'ils ont atteint tout le parfait désirable, et qu'ils laissent derrière eux tous les différents moyens qui ont été tour à tour inventés pour les ambulances légères. A l'Alma, nous avons pu constater que rien n'est au-dessus de ces transports, et ce n'est pas sans orgueil que nous montrions que si l'élan, l'entrain, la rapidité sont le caractère distinctif de nos soldats, nous avons, pour relever ceux qui tombent, des moyens sûrs et rapides, et que le sang de nos soldats ne rougit pas longtemps le sol du combat. Cette supériorité n'a pas tardé à frapper l'attention de nos alliés, peuple essentiellement observateur; aussi, après cette expérience, ne tardèrent-ils pas à doter leurs ambulances des mêmes moyens de transport dont ils avaient constaté l'efficacité.

Les ambulances anglaises ont été, il faut le dire, un peu prises au dépourvu; leurs voitures un peu lourdes et de forme vicieuse pour le transport des blessés, étaient restées à Varna pour être expédiées plus tard; le personnel médical pouvait être suffisant, mais il était sans action sur les blessés disséminés sur le champ de bataille, et qu'on ne réunissait que lentement au moyen de brancards portés par les tambours et les musiciens, employés en cette circonstance comme infirmiers; aussi la journée se passa sans qu'on pût même réunir une faible partie des blessés, et le lendemain ils étaient enlevés du terrain de la bataille, où ils avaient passé la nuit, par les soins des matelots, qui avaient constitué des brancards au moyen de hamacs fixés sur deux rames. Deux hommes et souvent quatre transportaient ainsi un blessé à plus d'une lieue, et, comme les victimes étaient nombreuses, cette opération fut fort longue; des blessés passèrent ainsi deux nuits sur le champ de bataille, et la plus grande partie ne reçut de soins chirurgicaux qu'à bord des bâtiments qui devaient les transporter à Constantinople.

Le jour même de l'évacuation de nos blessés, nos ambulances purent heureusement mettre à la disposition de l'armée anglaise leur matériel, et abréger ainsi considérablement le temps nécessaire à l'embarquement des blessés.

Le 23, nous quittâmes notre bivouac pour nous diriger sur la Katcha. Le choléra n'avait pas cessé, depuis notre séjour à Oldfort, de faire des progrès, et, quelque lents qu'ils fussent, ils n'en donnaient pas moins de très-sérieuses inquiétudes; les officiers étaient surtout frappés : nous perdîmes dans la journée le colonel Tarbourriech, du 3e zouaves, le docteur Michel, du 7e léger, et le lendemain notre camarade Bailly, de l'ambulance, était aussi frappé par la maladie. Nous mêlions ainsi aux glorieuses victimes de la bataille d'autres victimes de la terrible affection qui ne cessait de nous accabler. Mais l'armée anglaise était plus éprouvée que la nôtre.

De l'Alma à la Katcha, le pays est légèrement ondulé et riche en culture; quelques beaux villages ont été abandonnés; mais, dans leur retraite précipitée, les Russes n'ont pas eu le temps de les incendier comme ils l'ont fait des autres. La vallée de la Katcha est large, bien boisée, et d'un aspect ravissant; ses nombreux jardins, riches en fruits de toutes espèces, font la joie de nos soldats, qui arrivent à propos pour commencer les vendanges; et, après avoir traversé sans obstacle la rivière sur plusieurs points, nous nous installons au bivouac sur le terrain boisé de sa rive gauche, et nous évacuons à bord des bâtiments les malades qui restent aux ambulances. Le lendemain, après une journée fatigante, nous avions traversé la vallée du Belbec et n'étions plus qu'à quelques kilomètres des forts élevés sur la rive droite du port de Sébastopol. Notre marche en avant se faisait ainsi sans obstacle; l'ennemi fuyait devant nous sans nous disputer aucun des passages difficiles. Mais le choléra nous accompagnait avec une nouvelle force, et, indépendamment des cas qui se déclaraient dans les régiments, quelques cas s'étaient développés dans les ambulances mêmes; aussi, pour ne pas fatiguer les hommes, faisait-on des haltes fréquentes.

Notre journée du 25 fut terrible par les lenteurs apportées dans la marche à cause des difficultés du terrain : l'armée opérait son mouvement de flanc sur la gauche de Sébastopol, et avait à traverser un pays boisé, difficile, où les accidents de terrain sur le seul sentier frayé produisaient dans la marche du convoi des retards interminables; aussi, prête à partir dès 9 heures du matin, l'armée ne se mit en route qu'au milieu du jour, et le lendemain matin l'arrière-garde était à peine arrivée au bivouac. Pour comble de malheur, l'armée ne trouva en chemin aucun filet d'eau; le plateau boisé sur lequel nous campions en était également dépourvu; les quelques puits du village de Mackensie furent promptement épuisés, et nos hommes attendirent le jour dans ce camp, qu'ils avaient justement appelé le *Camp de la Soif*.

De toutes les privations, celle de l'eau est la plus terrible; rien n'est possible au bivouac sans eau, et le lendemain la figure de tous trahit une sorte de prostration qui indiquait que des récidives amèneraient bientôt des catastrophes.

Dans cette nuit, les atteintes plus violentes du choléra, qui depuis la veille avait frappé le maréchal Saint-Arnaud, le forcèrent à remettre son commandement. Ce terrible fléau, qui marchait avec nous depuis plusieurs mois, devait nous porter son plus terrible coup au moment où nous étions à peine engagés dans la grande lutte qui allait s'ouvrir.

Il nous tardait de quitter Mackensie pour venir camper sur les bords de la Tchernaïa, dont les eaux scintillaient au fond de la vallée qui se déroulait à nos pieds; hommes et animaux avaient besoin de se revivifier, et nous atteignîmes le lendemain Balaklava, où l'armée anglaise nous avait précédés.

De notre bivouac de la Tchernaïa nous évacuâmes sur Balaklava, où se trouvaient des bateaux à vapeur, tous les cholériques encore fort nombreux qui peuplaient nos ambulances; la journée de Mackensie en avait produit un grand nombre. Notre faible armée se réduisait ainsi chaque jour par les maladies, et si le découragement ne se manifestait pas encore au milieu de toutes les pénibles épreuves de ce début, l'espérance, les illusions avaient déjà beaucoup baissé; chacun se demandait quand viendrait le jour qui verrait finir cette lutte sans gloire de l'énergie contre la maladie. — Les Anglais étaient encore plus maltraités que nous; je me souviens qu'un officier anglais conduisant un convoi de poudre sur des arabas, me demanda sa route pendant la nuit de Mackensie; il commandait un détachement de 25 hommes, sur lesquels 5, morts dans la journée, étaient couchés dans les voitures, 8 autres étaient malades. De pareilles situations laissent dans l'esprit des impressions que rien n'efface jamais.

Pendant que toute l'armée se concentre autour de Balaklava et fait des reconnaissances sur le plateau de Chersonèse, suivons à Constantinople les bâtiments qui transportent nos malades.

Dans la prévision des grands évènements de guerre qui devaient s'accomplir, M. le directeur du service de santé avait demandé à Constantinople que les grands établissements destinés à l'armée ottomane fussent mis à la disposition de l'armée française pour être transformés en hôpitaux. Déjà, avant son arrivée, quelques casernes, situées sur les plateaux qui enveloppent Constantinople, avaient été cédées pour cet usage, et on avait, dès le mois de juin, créé l'hôpital de Maltépé et le dépôt de convalescents de Daoud-Pacha. Mais on sentit bientôt l'insuffisance de ces premiers établissements, et à la fin de septembre six grands hôpitaux pouvaient répondre à tous les besoins. Ils étaient pourvus de tout le matériel nécessaire.

C'est dans ces différents hôpitaux que furent placés, après la bataille d'Alma, les blessés envoyés de Crimée, dont le nombre dépassait mille; ils furent répartis suivant l'importance des hôpitaux. Péra et Dolma-Baktché en reçurent le plus grand nombre.

A cette époque, ces établissements neufs, qui réunissaient toutes les conditions hygiéniques désirables, donnaient au service chirurgical toutes chances de succès dans les opérations. Aussi voyons-nous les plus beaux résultats couronner les soins assidus et empressés des médecins. Au 9 octobre, le nombre total des morts n'avait pas dépassé cinquante, c'est-à-dire moins de un décès sur dix-neuf blessés. Sur quatre-vingt-dix opérations pratiquées, on ne comptait que onze décès. Parmi vingt-huit amputés sur le champ de bataille de l'Alma et transportés à Constantinople, six seulement avaient succombé (1). Ces résultats sont certainement fort beaux, et prouvent combien l'action morale favorable qui suit une victoire, le bon état de santé, l'énergie des hommes qui n'ont pas encore été éprouvés par de longues fatigues, ont d'influence sur les conséquences des opérations chirurgicales auxquelles ils sont soumis. Malheureusement, au chiffre des blessés se mêlait un grand nombre de cholériques, et on avait à craindre que, malgré les précautions exigées par la prudence et rigoureusement mises en pratique, la maladie ne s'emparât des blessés épuisés par la suppuration et le séjour dans les hôpitaux ; par bonheur, la science fut plus forte que le mal.

Sous les tentes, où l'aération est complète et continue, on a perdu un tiers des malades, tandis qu'on en a perdu deux tiers dans les hôpitaux. En Crimée, comme à Constantinople, cette sage mesure, sanctionnée par l'expérience, a toujours été appliquée.

Constantinople est donc devenu notre grand centre d'évacuation, et chaque semaine nous verrons le navire lui porter nos blessés, nos malades, et de nouveaux établissements hospitaliers se développer en raison des besoins. M. Michel Lévy a eu l'honneur de les voir tous créés par ses soins, et de diriger l'organisation d'un service qui, en campagne, est le premier et l'essentiel après les opérations de la guerre.

Retournons en Crimée, où les armées alliées ont établi leurs bivouacs sur le plateau de Chersonèse, et jetons un coup d'œil sur ce pays, qui doit avoir

---

(1) *Revue scientifique et administrative des armées de terre et de mer*

une si grande influence dans l'avenir sur la santé de nos braves soldats.

De toutes les conditions hygiéniques dans lesquelles se trouve une armée, celles qui naissent du sol sont les plus dignes d'attention, parce qu'elles sont permanentes, peu susceptibles de modifications rapides si elles sont défavorables, et que leur action amène souvent des complications fâcheuses contre lesquelles la science a peine à lutter. A ce titre, il est important de connaître le plateau de Chersonèse et le pays qui l'avoisine, pour apprécier l'influence que le sol peut exercer sur l'état sanitaire des troupes.

Le plateau que nous occupons a une forme irrégulière ; il est bordé d'un côté par la mer, depuis Balaklava jusqu'à l'entrée du port de Sébastopol, et de là, jusqu'à l'embouchure de la Tchernaïa, il a pour limite toute la longueur de la grande rade. A l'est, la vallée de la Tchernaïa s'étend au pied des falaises abruptes du plateau, et, au sud, la plaine de Balaklava se relie avec lui par des pentes quelquefois assez douces, mais plus souvent heurtées et hérissées de pointes de rochers. Ainsi isolé au-dessus de tout ce qui l'entoure, ce plateau est balayé par tous les vents. Sa configuration générale est très-mouvementée, surtout dans la partie qui avoisine la mer. Au centre du plateau naissent des ravins qui se dirigent tous vers le nord et ne tardent pas à pénétrer à une grande profondeur, bordés par des pans de rochers taillés à pic et infranchissables dans la plus grande partie de leur longueur. L'aspect de ces ravins resserrés, tortueux, aux flancs garnis d'une innombrable quantité de grottes, a quelque chose de particulier qui impressionne ; l'absence de végétation, ces amas de pierres grosses et petites détachées de la montagne, la rudesse et l'âpreté des lignes, la monotonie et la tristesse qui les enveloppent, donnent l'idée de ces pays déshérités des bienfaits de la nature et voués à l'oubli. Ils aboutissent à la mer et à la rade, où ils portent les eaux des sources qui se font jour dans les différentes parties de leur longueur.

A la tête de chaque ravin est une source principale, abondante, d'une eau limpide et très-agréable à boire; elle donne naissance à un ruisseau qui va se grossissant par l'addition de sources secondaires assez nombreuses sur cet étroit plateau, bordé de tous côtés par des dépressions profondes. On pouvait craindre de ne pas trouver assez d'eau pour les besoins d'une armée; mais la nature du sol se prête admirablement à la conservation de toutes les eaux pluviales et à leur filtration lente à travers les couches perméables, à divers degrés, du terrain. Le sol à la surface est sablonneux; il absorbe beaucoup; puis vient un tuf peu compacte qui se laisse facilement entamer par la pioche et qui absorbe tout ce que lui porte le terrain sablonneux; il en résulte que, même après les grandes pluies, on ne voit pas se former ces torrents rapides qui coulent sur les terres argileuses; le sol absorbe la presque totalité des eaux pluviales et les rend avec une parfaite régularité. Les sources ne tarissent pas, au moins les principales, et elles conservent pendant toute l'année un volume d'eau à peu près égal. C'est grâce à cette heureuse disposition dans la composition du sol que nous devons de n'avoir jamais manqué d'eau pour les besoins des hommes.

L'aspect général du plateau au moment de notre arrivée ne manquait pas d'originalité : un grand nombre de maisons de campagne, de fermes, étaient semées sur toute sa surface, et autour des sources on avait ménagé des ombrages frais sous des oasis de beaux arbres; là étaient les jardins de luxe, les cultures variées pour les besoins des habitants de la ville. On avait utilisé tout ce que le terrain, dans son aridité, consentait à accorder. Les parties privées d'eau étaient couvertes de broussailles, de bois taillis et, dans quelques points, d'arbres de haute futaie.

Dans ces conditions, le plateau de Chersonèse se présentait avec les meilleures garanties de salubrité;

mais il n'en était pas de même des vallées qui le bordent et dont l'action se propageait jusqu'à nous. La vallée de la Tchernaïa est marécageuse dans la plus grande partie de sa longueur. Sa partie basse, à l'endroit où la rivière se jette dans le fond de la rade, est pendant toute l'année couverte de joncs, de roseaux qui croissent dans un mélange d'eau salée et d'eau douce où se pétrifient d'innombrables animalcules. En hiver, elle est, ainsi que la plaine de Balaklava, à peu près submergée, et laisse en été une surface considérable de marais qu'ont augmentée, pendant notre séjour, les eaux du canal de dérivation et de l'aqueduc que nous avons détournées à notre arrivée. L'action de ces eaux stagnantes s'est fait sentir dès les premières chaleurs; mais nous savions déjà par les habitants du pays que leur voisinage est pernicieux dans la saison chaude, et que pas un d'eux ne reste à cette époque de l'année dans les localités exposées au vent de ces marais. Ils appellent les fièvres qu'on y contracte, fièvres de la Tchernaïa, comme ils appellent fièvres de Crimée celles que l'on contracte dans les environs d'Eupatoria et de Pérécop.

Nous aurons occasion, en signalant les différentes phases de l'état sanitaire de notre armée, de revenir sur les effets particuliers des émanations marécageuses de la Tchernaïa.

Dès notre arrivée sur le plateau, les camps furent formés sur les points les plus élevés et les mieux ventilés; l'espace ne manquait pas. Les troisième et quatrième divisions occupèrent les crêtes de gauche en face de la ville, et les première et deuxième s'établirent en observation sur le bord du plateau, du côté de la plaine de Balaklava. Les soldats n'avaient d'autre gîte que leurs petites tentes de campagne; mais la saison était assez belle pour qu'ils pussent sans danger rester sous ce mince abri.

Les ambulances furent établies dans le voisinage des divisions, et autant que possible près des sources.

Elles étaient munies de grandes tentes de campement faites pour seize hommes.

M. Scrive, médecin en chef, surveilla leur installation et ordonna les dispositions à prendre dans chacune d'elles pour assurer un service facile et rapide.

Ouverture des travaux. — Ici commence pour notre armée, déjà réduite par les maladies, une vie de fatigue et de misère, une vie d'activité et le dévouement ; ici commencent ces rudes travaux de chaque jour, de chaque nuit, qui, pendant onze mois, ont exigé toute l'énergie qu'il est possible de déployer. Depuis le 9, la tranchée est ouverte, la pelle résonne sur les durs rochers que recouvre à peine un peu de terre, et on va cheminer ainsi péniblement jusqu'au cœur de la ville assiégée. Heureusement le choléra a dit à peu près son dernier mot ; il ne frappe plus que quelques hommes affaiblis ; ses atteintes ont cessé d'être graves, et il ne se présente que comme terminaison des affections intestinales qui ont déjà une longue durée.

Chaque jour nos ambulances reçoivent quelques blessés, car chaque jour les Russes tentent des sorties et des attaques sur nos ouvrages, et nous arrivons ainsi à l'ouverture de feu du 17 octobre. Vers 6 heures du matin, toutes nos batteries tonnent à la fois contre les bastions du Mât, du Centre et de la Quarantaine. La place riposte par le feu de ses formidables pièces, les coups se succèdent avec toute la rapidité possible, et déjà la ville et nos batteries sont enveloppées d'un nuage de fumée qui se condense et se soutient dans l'air immobile. Les énormes masses de fer ennemi viennent en ricochant s'accumuler dans le fond d'un ravin, qui a pris depuis le nom de *Ravin des boulets*, et déjà il est facile de prévoir que la ville a des ressources considérables contre lesquelles nos faibles moyens seront sans action. Enfin, après plusieurs heures de cette canonnade précipitée, une bombe vient faire explosion dans le magasin à poudre d'une de nos batteries et y produit d'affreux ravages. La plus grande partie des hommes qui la servaient sont tués ou mutilés ; tous avaient d'horribles brûlures. Toutes ces brûlures ont été traitées dans nos ambulances par la seule application de coton cardé, avec l'attention toutefois d'observer les phénomènes généraux de réaction qui les accompagnent ordinairement. Toutes ont guéri sans laisser de cicatrices profondes et vicieuses.

La nécessité de pourvoir immédiatement aux premiers soins à donner aux blessés avait suggéré à M. Scrive l'idée d'établir une ambulance de tranchée aussi rapprochée que possible du théâtre de l'action. M. l'intendant de Séganville fit disposer à cet effet une des maisons situées dans le voisinage du Clocheton, résidence du major de tranchée. On y transporta donc tout le matériel nécessaire pour une installation provisoire, et plus tard elle devint le point où étaient concentrés tous les blessés des tranchées ; ils y recevaient les premiers soins, et on y pratiquait toutes les opérations immédiatement nécessaires.

Primitivement, il n'existait que les quatre murs d'une maison ruinée avec une cour fermée où stationnaient les mulets de cacolets, et une chambre close où se pratiquaient les opérations ; plus tard on y transporta des baraques garnies de lits de camp sur lesquels étaient couchés les blessés jusqu'à ce qu'ils fussent pansés et dirigés sur l'ambulance de leurs divisions respectives. Nous eûmes ainsi, pendant toute la durée du siège, une ambulance avancée où nos blessés trouvaient presque sur-le-champ tous les soins qu'exigeait leur état ; dans les moments d'action, les cacolets en réserve à l'ambulance se rendaient à la tranchée et apportaient promptement tous les blessés. Les soldats qui étaient trop mutilés et dans l'impossibilité d'être transportés sur un siège étaient portés sur des brancards en réserve dans les tranchées.

Quels tristes tableaux a souvent offert cette ambulance *du Clocheton* (c'est sous ce nom qu'elle était désignée) ! On pouvait y compter tout ce que nous coûtait chaque pas en avant ! On y apportait tous ceux qui tombaient, morts et blessés, et le modeste cimetière du Ravin est aujourd'hui la sépulture de tous ces braves que les coups avaient mortellement frappés.

Par sa position, l'ambulance du Clocheton a rendu de très-grands services.

Quoique les bataillons de garde dans les tranchées eussent tous leur chirurgien, il était impossible de faire convenablement, dans ces espaces resserrés, tout ce que comporte un service chirurgical ; pendant la nuit on ne pouvait pas y entretenir de lumière ; et, comme les ambulances des divisions étaient éloignées du théâtre de l'action, il fallait un point intermédiaire où l'on pût réunir tous les blessés et pourvoir immédiatement aux soins qu'exigeait leur état.

Les blessés étaient couchés sur des lits de camp, les uns à côté des autres, et pansés successivement par ordre d'arrivée, à moins que quelque circonstance pressante n'exigeât qu'on fît autrement. Les opérations jugées immédiatement nécessaires étaient faites dans cette ambulance, et comme les combats qui nous fournissaient le plus de blessés avaient toujours lieu pendant la nuit, nous opérions à la lumière et dans des conditions d'installation très-peu favorables. La chirurgie des batailles ne ressemble en rien, pour les dispositions qui facilitent les mouvements de l'opérateur, à la chirurgie des hôpitaux, où tout est disposé à l'avance pour la plus grande commodité. Ici, quand nos blessés à opérer sont couchés sur deux cantines ou sur une litière, nous trouvons l'installation parfaite ; le plus souvent, ils sont couchés à terre, et l'opérateur et les aides agissent à genoux ; mais la nécessité rend ingénieux, et, quand on doit séjourner quelque temps, on organise toujours une installation qui permet d'agir plus commodément.

Le personnel de l'ambulance du Clocheton était fourni alternativement par chacune des divisions du corps de siège et de l'ambulance du quartier-général, et y passait vingt-quatre heures. C'était là un des meilleurs champs d'étude et d'observation pour les jeunes chirurgiens, car il n'était pas rare, dans les grandes actions de nuit, d'y recevoir plusieurs centaines de blessés, et d'avoir à pratiquer de quinze à vingt grandes opérations, sans compter les extractions de projectiles de toute nature. L'ambulance du Clocheton est restée jusqu'à la fin des opérations le premier lieu de secours pour nos blessés du corps au siège.

L'ouverture du feu du 17 octobre avait peuplé nos ambulances; nos blessés étaient généralement sous des tentes; mais déjà, pressentant que le siége aurait une durée longue, on s'était mis en mesure de dresser à l'ambulance du quartier-général une grande baraque, dont les matériaux préparés à l'avance avaient été embarqués avec le matériel de siége. Des lits formés de planches posées sur des tréteaux et garnies de matelas, de draps et de couvertures neuves, avaient aussi été embarqués, et il fallut peu de temps pour organiser une ambulance dans de bonnes conditions. Dans cette baraque furent logés les blessés; les fiévreux, parmi lesquels on comptait toujours quelques cholériques, occupaient les tentes par catégories de maladies.

Jusque-là, l'ambulance du quartier-général et les ambulances des corps de siége avaient seules reçu des blessés; le corps d'observation n'avait encore eu aucune occasion de faire face à l'ennemi; mais le 25 octobre, de grand matin, une division russe se présentait dans la plaine de Balaklava, enlevait des redoutes défendues par des troupes turques, et menaçait Balaklava. On connaît l'attitude héroïque des soldats écossais arrêtant une charge de cavalerie russe, l'attaque brillante de la cavalerie anglaise et la tentative hardie de cette cavalerie pour reprendre possession des canons que les Russes venaient d'enlever des redoutes; tentative qui peut être citée comme des plus remarquables parmi les actions de courage, mais qui devait échouer devant les difficultés, devant le nombre, et surtout devant la grêle de mitraille qui tombait de trois côtés à la fois sur les cavaliers. Nos chasseurs d'Afrique avaient pris part à cette action, et, dans leur attaque vigoureuse d'une batterie russe, avaient eu une vingtaine de tués ou blessés.

C'est par ces tentatives que les Russes préludaient à l'attaque des lignes anglaises sur le plateau d'Inkermann.

Inkermann. — La journée du 5 novembre fut un des brillants épisodes de la campagne de Crimée. Je fus assez heureux pour assister aux différentes phases de cette bataille, et je me sens encore électrisé par le souvenir. — Pendant la nuit, les Russes avaient amené sur des positions favorables une forte artillerie de position, avaient concentré toutes leurs troupes, renforcées du corps de Dannenberg arrivé la veille, et dès le matin, à la faveur du brouillard épais, ces masses s'étaient ruées sur les avants-postes anglais, fort espacés et gardés par de faibles détachements. On entendait au loin une fusillade des plus nourries, qui faisait supposer une attaque sérieuse; aussi les divisions françaises du corps d'observation se rapprochèrent vite du théâtre de l'action.

Il était huit heures quand le général Canrobert se rendit sur le terrain, après avoir donné des ordres chemin faisant. Depuis deux heures, l'armée anglaise faisait face à tout, malgré des pertes considérables, et il était à craindre qu'elle ne pût pas résister au nombre. Les magnifiques soldats de la garde étaient inébranlables; leurs rangs s'éclaircissaient, mais ils continuaient la lutte. Enfin, le général Bourbaki était arrivé pour les soutenir, et, avec deux bataillons (6ᵉ de ligne et 7ᵉ léger), avait repris des positions dominantes sur la ligne des crêtes. La brigade d'Autemarre vient au pas de course avec les zouaves et les tirailleurs algériens. Le nombre des combattants est loin d'être égal de part et d'autre. L'ennemi est au moins cinq contre un ; mais les soldats ne comptent pas, se précipitent à la baïonnette sur les bataillons et les carrés russes, et y jettent un moment la perturbation. L'ennemi veut les tourner, mais il échoue dans son mouvement. Le général Bosquet suit tous les incidents de cette situation, et trois fois de suite, par son ordre, nos vaillants soldats font à la baïonnette des retours offensifs, et par leur impétuosité repoussent l'infanterie russe.

Cependant, de leurs bonnes positions, les canons ennemis entretenaient un feu meurtrier qu'il fallait éteindre. Notre artillerie est bientôt en batterie, et engage un véritable duel au canon. Pendant plusieurs heures, nous n'entendons que le sifflement des boulets, que l'explosion des obus. Les projectiles tombent comme la grêle. On suit dans l'espace ces sinistres masses de fer, qui s'en vont ricochant comme des balles élastiques, et roulent sur le sol pendant quelques secondes avant de devenir inoffensives. Les projectiles creux, remplissant l'air d'un bruit métallique, envoient au loin leurs éclats meurtriers.

Enfin, ces terribles détonations sont moins répétées ; le succès se prononce en notre faveur, et l'armée russe se replie sur la vallée d'Inkermann. Nous la poursuivons de notre artillerie, et bientôt sa retraite dans le chemin sinueux du ravin se change en déroute sur le pont d'Inkermann ; le tumulte est à son comble, c'est à qui passera le premier. Le pont n'est pas assez large pour laisser passer les fuyards, et de cette armée qui est venue nous attaquer avec l'espérance d'un succès facile, il ne reste plus autour de nous que les morts et les blessés qui couvrent le terrain de la bataille.

Je ne crois pas que dans aucune guerre, — et c'est l'opinion de vieux généraux qui ont vu beaucoup de champs de bataille, — on ait vu autant de cadavres sur un espace aussi rétréci ; il semblait que la mort eût fauché des bataillons entiers ; c'était horrible à voir ; et si, dans ce moment, chacun n'eût été sous l'influence de cette excitation et de cette sorte d'oubli de la mort qui naît de l'exposition au danger, personne n'eût pu jeter les yeux sans horreur sur cette terre imprégnée de sang. Nos chevaux tremblaient et refusaient d'avancer : leurs narines se dilataient comme à l'approche d'une bête féroce. L'effroi se manifestait dans tous leurs mouvements.

Les plus grandes pertes éprouvées par l'ennemi sont dues à la baïonnette. Partout où il a été abordé avec cette arme, le sol était littéralement couvert de cadavres.

Dès le début de la bataille, nos ambulances légères avaient suivi les divisions et choisi des emplacements favorables pour leur installation. L'ambulance de la deuxième division s'était établie près du moulin d'Inkermann, et des mulets de cacolets se tenaient à portée des troupes engagées. Les premiers soins étaient donnés par les médecins des régiments, quand il était possible ; mais dans aucun cas les blessés n'avaient à attendre longtemps pour être pansés, et, de l'ambulance improvisée, ils étaient successivement dirigés sur l'ambulance de la division ou sur les voisines, pour ne pas produire d'encombrement.

Pour plus de rapidité dans les opérations, les médecins de l'ambulance de la première division, qui n'était pas engagée, vinrent se joindre à ceux de la deuxième division, et, à la fin de la journée, non-seulement il ne restait pas un blessé sur le champ de bataille, mais tous étaient pansés, les opérations nécessaires étaient faites, et ceux qui avaient des blessures graves étaient couchés dans les lits de l'ambulance du quartier-général.

Dans aucune circonstance peut-être les ambulances n'avaient pu déployer autant de célérité. On n'avait pu concentrer sur un même point toutes les ressources dont on disposait sur plusieurs, et, en multipliant les voyages de mulets de cacolets, on enlevait les blessés immédiatement après leur chute.

A la fin de la journée, le général Canrobert vint visiter l'ambulance de la deuxième division, et remercier, avec sa bienveillance ordinaire, les blessés de la belle part qu'ils avaient prise au succès de la bataille.

Nous eûmes dans cette action des blessures fort graves. Les Russes avaient des pièces de position et une nombreuse artillerie de campagne qui, à petite distance, lançaient une grêle de mitraille; les mutilations étaient quelquefois horribles : des membres enlevés, des déchirures effrayantes. Les décharges d'artillerie produisaient toujours dans les masses des lésions mortelles; mais il y avait aussi beaucoup de blessures légères produites par la baïonnette dans les rencontres avec cette arme, qui furent plusieurs fois répétées pendant le combat.

On a peine à comprendre comment le nombre des victimes entre les deux parties combattantes a pu être aussi disproportionné. 6,000 Russes environ ont été inhumés par nos soins, et, avec la proportion habituelle des morts aux blessés, qui est de 1 sur 3, on peut estimer leurs pertes à 18,000 hommes. Nous ne comptons, nous, que 2,500 hommes hors de combat; mais il est vrai que les pertes des Anglais étaient de 4 à 5,000, dont plus de 100 officiers. En même temps qu'ils nous attaquaient sur la droite, les Russes faisaient à gauche une sortie et tentaient d'enlever de vive force nos tranchées et nos batteries: à la faveur du brouillard, ils arrivèrent par un ravin jusqu'à nos ouvrages ; là, ils furent reçus par les travailleurs et les bataillons de soutien et refoulés vigoureusement vers la ville. La lutte dura plus de deux heures sur ce point, et, comme à Inkermann, la baïonnette décida du succès en notre faveur.

Les ambulances des troisième et quatrième divisions et l'ambulance du Clocheton reçurent les blessés de cette affaire, ainsi que les blessés russes laissés dans nos tranchées.

Le 20 octobre, M. le directeur du service de santé s'était rendu en Crimée.

La cinquième division, qui était venue quelques jours auparavant grossir notre faible armée, avait apporté quelques cas de choléra léger ; mais le mal n'avait pas franchi les limites de la division. Quelques phénomènes cholériformes se présentaient encore dans les ambulances, mais c'était plutôt une forme particulière de terminaison des diarrhées. Ces affections épuisaient peu à peu les malades, et, quand ils n'étaient plus susceptibles d'aucune réaction, la mort était précédée de vomissements, d'évacuations sérieuses qui avaient quelque analogie avec l'état cholérique. C'est pour combattre la tendance à cet état adynamique qu'on administrait, avec succès souvent, les cordiaux et les toniques.

L'exposé de la situation sanitaire de l'armée à cette époque est tout entier dans la correspondance officielle de M. Michel Lévy, qui écrivait à la date du 22 octobre au Ministre de la guerre :

« J'avais à cœur d'apprécier par moi-même la situation sanitaire de l'armée de Crimée ; elle est aussi satisfaisante que le comportent les conditions de la guerre et les influences qui ont agi antérieurement sur nos soldats.

« Les travaux de siège n'ont donné jusqu'à présent que 225 blessés, dont beaucoup ont été grièvement atteints ; j'ignore le nombre exact des morts, mais il est peu considérable. (1).

« Les ambulances divisionnaires sont bien instal-

---

(1) Le journal du corps de siège porte, depuis l'arrivée des troupes devant Sébastopol jusqu'au 25 octobre inclusivement : officiers tués, 4; blessés 35. Troupes : tués, 129; blessés, 994.

Le nombre quotidien des blessés au corps de siège, d'après le relevé des rapports de l'ambulance de tranchée, oscille entre 16 et 22 ; le chiffre des morts ne dépasse guère 8 ou 10.

lées, bien pourvues, bien desservies; il n'y a qu'une voix pour louer les bons offices qu'elles procurent. Celle du quartier-général a pris un utile développement : composée d'un groupe de tentes et d'une baraque pour 115 malades, elle offre, comme celles des divisions et sur une plus grande échelle, des conditions d'aisance et de régularité qu'on est presque étonné de rencontrer à si courte distance d'une ville assiégée.

« En général, toutes les lésions suivent une marche favorable, malgré leur étendue ou leurs complications ; la mortalité sera très-restreinte, grâce au talent des chirurgiens et aux conditions hygiéniques qui entourent les malades.

« Une ambulance a été installée à Kerson, sur la place, pour abriter et soigner les malades et les blessés jusqu'à leur embarquement. Je l'ai visitée hier, et n'y ai trouvé que deux cas sérieux : une fièvre rémittente et un choléra de moyenne intensité.

« L'ambulance de tranchée est formée à tour de rôle par deux aides-majors de chaque ambulance divisionnaire et deux aides-majors du quartier-général ; ils sont dirigés par les chefs des diverses ambulances, qui ont sollicité l'honneur de ce poste plus exposé, ce qui leur a été accordé, sur ma demande, par le général en chef.

« L'installation de l'armée assiégeante est aussi bien entendue que possible ; les hauteurs qu'elle occupe ne présentent aucun foyer d'insalubrité ; les camps sont espacés, les vivres abondants ; le pain et la viande fraîche sont distribués un jour au moins sur trois, et ces aliments sont d'assez bonne qualité ; le vin de distribution est sans contredit le meilleur que l'on puisse se procurer. L'état moral est parfait. L'ardente sollicitude du général en chef pour le bien-être des soldats, la vigilance administrative qui a réuni si promptement, sur cette terre à peine envahie, des subsistances pour une période de trois mois au moins ; l'intelligente activité des médecins, luttent avec efficacité contre les influences nuisibles d'une saison avancée et d'une situation de guerre spéciale. »

« A Varna, dit M. M. Lévy, où j'ai inspecté le 17 de ce mois une fois encore les hôpitaux, on a pu supprimer le dernier hôpital sous tentes (monastère) ; il y avait onze cent cinquante-six malades et un millier de malingres qui attendaient leur évacuation pour France. A Nagaro, quatre-vingt-un malades (10 octobre) ; à Gallipoli, deux cent soixante-huit (même date); à Andrinople, dix (1er octobre); au Pirée, cent quatre-vingts (7 octobre) ; à Constantinople, dix-sept cent vingt-neuf (12 octobre); ce qui, avec les six cent cinquante malades de la Crimée, porte à un total de quatre mille soixante-quatorze le nombre des malades de toute l'armée d'Orient en traitement dans les hôpitaux. »

Telle était à cette époque la situation sanitaire de l'armée, et elle se maintint ainsi longtemps. A la date du 27, il n'y avait dans les ambulances que mille malades, dont cent trente-sept blessés ; mais la bataille d'Inkermann vint augmenter, comme nous l'avons dit, ces chiffres, et donner au service chirurgical une plus grande activité.

Ici commence une période nouvelle avec ses complications fâcheuses, une lutte contre la pluie, la neige, le froid ; l'hiver approche à grands pas, et nous n'avons pas de quoi abriter les soldats contre les torrents d'eau et les couvrir contre le froid : les vêtements sont en mauvais état ; les chaussures sont usées, et déjà le sol du plateau de Chersonèse est profondément défoncé par les pluies incessantes. Ces conditions sont les pires que l'on puisse rencontrer en campagne ; elles agissent sur les masses ; personne n'échappe à leur influence, et, sous leur empire, le nombre des malades augmente chaque jour. Tout semble conspirer contre nous, et l'ouragan déchaîné nous arrive furieux comme pour emporter avec lui tout ce qu'il y a sur le plateau. Le 14 novembre est une date dont se souviendra l'armée de Crimée.

Dès le matin, un bruit lointain se faisait entendre avec des mugissements sourds que chaque minute rendait plus sonores; la pluie tombait à flots, et le vent, qui d'abord ne faisait qu'ébranler nos tentes, devint si furieux, qu'il les enlevait d'une seule pièce ou mettait en lambeaux celles qui résistaient, en emportant au loin les morceaux. Rien ne faisait obstacle à la fureur de l'ouragan : les toitures des maisons étaient enlevées, des barres de fer tordues, des arbres déracinés, et les quelques baraques que nous avions élevées, renversées. Celle de l'ambulance, en raison de ses larges dimensions, fut presque aussitôt abattue, et les débris couvrirent nos pauvres blessés, qui restaient ainsi en plein air exposés à des torrents de grêle et de pluie. Heureusement, et comme par miracle, dans la chute de ces lourdes charpentes nous n'eûmes à déplorer que la mort d'un blessé et quelques contusions sans gravité. C'est alors que le général en chef, préoccupé surtout de la situation des blessés, m'envoya à Kamiesch avec M. le sous-intendant Bouché pour aviser au moyen de les abriter dans les maisons de la plage ou à bord des navires à l'ancre dans le fond du port; mais il n'y fallut pas songer; la mer était si furieuse, que les navires s'entrechoquaient dans le port et que toute communication avec eux était impossible.

Vers le soir l'ouragan était calmé, et de suite on se mit à l'œuvre pour creuser à l'ambulance des fosses rectangulaires couvertes par des planches en forme d'A : c'est dans ces abris que furent logés nos blessés au quartier-général pendant toute la durée de l'hiver. Quelque imparfaits qu'ils fussent, ils étaient encore, dans cette saison, préférables aux tentes.

Quelle était la situation de l'armée, sous le rapport des abris, des vêtements et de la nourriture, au commencement de cet hiver qui s'annonçait par de si violents symptômes? Dans les tranchées, il fallait travailler sans relâche : nous avions non-seulement à avancer dans nos travaux, mais à réparer sans cesse les dégradations que les pluies occasionnaient. L'eau était partout, et dans certains points les gardes de tranchée en avaient jusqu'aux genoux, surtout dans la deuxième parallèle : le sol détrempé était difficile à remuer, la terre s'attachait aux pieds des travailleurs, aux outils dont ils se servaient, et ils dépensaient ainsi dans ces incessants travaux une somme de force considérable ; pendant toute la journée ils gardaient sur eux de légers vêtements trempés, et au bivouac ils n'avaient pas la ressource de pouvoir en changer. Les hommes n'avaient pas d'autre abri que les petites tentes de campagne que l'usure avait rendues très-perméables, et, pour se préserver du froid, rien autre chose qu'une demi-couverture rendue aussi fort légère par l'usage. Des grandes tentes, des vêtements d'hiver, des sabots, des chaussons de laine avaient été demandés en France; mais on ne pouvait pas recevoir sur-le-champ ces choses si nécessaires, et ce ne fut que fort avant dans l'hiver que la plus grande partie de l'armée se trouva pourvue.

La nécessité de pousser activement les travaux exigeait qu'un grand nombre d'hommes fût chaque jour à la tranchée, soit pour le travail, soit pour la garde ; et l'armée était si faible pour ces exigences, que l'état sanitaire s'en ressentit bientôt : les hommes épuisaient leurs forces à ces rudes fatigues; les fièvres, les diarrhées surtout devenaient nombreuses. Heureusement, les ressources en vivres étaient assez abondantes pour que l'on pût mettre la ration quotidienne en rapport avec la nécessité d'une alimentation substantielle et excitante.

Pour améliorer autant que possible la nourriture du soldat, le général Canrobert ordonna des additions à la ration journalière, en rapport avec les ressources de l'administration. A cette époque, la ration se composait de : pain 750 grammes ou biscuit 550 grammes; de viande fraîche 300 grammes, ou bœuf salé 300 grammes, ou lard salé 240 grammes; de riz ou haricots, selon les ressources, 60 grammes; de sel 16 grammes; de café 16 grammes, et de sucre 21 grammes. Plus, de riz ou de haricots à titre de remboursement, une ration par jour. Cette ration était remboursable par les compagnies à raison de 3 centimes 40 millièmes. A cette ration réglementaire pour toute l'armée d'Orient, on joignait, pour la Crimée seulement, un supplément de biscuit par homme et par jour 100 grammes; vin, une ration trois fois par semaine un quart de litre, et quatre fois de l'eau-de-vie un seizième de litre. A chaque travailleur et pour chaque journée de travail à la tranchée une demi-ration de biscuit, soit 275 grammes. La viande fraîche était distribuée tous les trois jours; de plus, le tabac était fourni à titre de remboursement et à raison de 1 fr. 50 c. le kilogramme. Ainsi constituée, la ration journalière était suffisante en quantité; mais son invariabilité, en fatiguant l'estomac, devait lui faire perdre bientôt ses propriétés réparatrices et ouvrir la voie aux affections qui naissent de la débilitation; mais on avait fait tout ce que permettait la situation.

De nouvelles divisions arrivaient de France, et chacune d'elles, une fois installée sur le plateau de Chersonèse, avait à payer une sorte de tribut d'acclimatement, et, chose bizarre! chacun des régiments nouvellement débarqués était frappé par le choléra; ce n'était pas une forme cholérique entée sur une maladie préexistante, c'était un véritable choléra avec tous ses caractères et sa spontanéité d'invasion. Cependant les cas ne dépassaient pas les limites du camp des nouveaux débarqués, et dans les ambulances il est rare que l'affection se soit étendue aux hommes atteints d'autres maladies; pas un régiment, pas un détachement n'échappait à cette influence particulière, et la maladie cessait quand elle avait enlevé un certain nombre d'hommes. Cependant les retours fréquents de cette cruelle affection, qui avait déjà fait tant de victimes dans l'armée, donnaient de sérieuses inquiétudes. M. Scrive, médecin en chef, signalait ses appréhensions à M. le directeur du service de santé dans sa correspondance des premiers jours de décembre.

« Le mauvais temps, écrit-il, continue, et notre état sanitaire s'en ressent ; nous avons de nombreuses entrées aux ambulances ; les maladies ne sont pas extrêmement graves ; cependant les affections cholériques ont reparu avec une certaine intensité depuis les mauvais temps et les arrivages fréquents de nouvelles troupes. Quelques cas de choléra-morbus ont été observés sur des dragons et militaires du 23e léger. »

Le service médical des ambulances était donc plus considérable que le service chirurgical. Chaque jour le feu de la place donnait à l'ambulance de tranchée de quinze à vingt blessés ; mais les affections internes étaient incomparablement plus nombreuses ; les diarrhées, les dyssenteries, les fièvres intermittentes et les affections de poitrine étaient les maladies les plus communes, et, dans les circonstances défavorables où nous nous trouvions, la plus grande partie des affections du tube digestif prenait un fâcheux caractère ; chez ces hommes, pour la plupart débilités, une réaction favorable n'était plus possible, et ils tombaient dans un état adynamique dont il était difficile de les tirer. Mais une complication devait bientôt surgir de la situation même, amener dans nos hôpitaux une population nombreuse et donner un cachet particulier à toutes les maladies. Je veux parler du scorbut et des congélations.

Invasion du scorbut. — Dès la fin de novembre l'apparition du scorbut était facile à prévoir : la fatigue excessive, le séjour prolongé dans les tranchées inondées, une nourriture qui, quoiqu'abondante et de bonne qualité, était invariablement la même depuis le commencement de la campagne, tout devait faire craindre que notre armée ne subît les mêmes épreuves que l'armée turque l'année précédente, et bientôt des symptômes non équivoques vinrent changer nos craintes en réalités. Des hommes se présentaient à la visite des médecins avec des douleurs vagues dans les membres, de la pâleur à la peau, du gonflement aux gencives ; il était évident pour tous que le scorbut commençait à se répandre dans nos rangs, et aucun moyen ne s'offrait de l'arrêter dans sa marche : les conditions au milieu desquelles il se développait étaient impérieuses et ne pouvaient être modifiées. Malheureusement, le mauvais temps continuait, et ce n'était qu'à de rares intervalles qu'un rayon de soleil séchait les habits constamment mouillés de nos soldats.

Dans cette situation, les hommes étaient beaucoup plus accessibles aux causes qui produisent des affections du tube digestif, et celles-ci prenaient un cachet particulier qui participait de l'influence régnante et aggravait les maladies.

Nous reviendrons en détail sur le scorbut de l'armée d'Orient, qui a joué un si grand rôle dans les particularités relatives à l'état sanitaire ; nous ne signalons ici que son apparition pour servir à l'examen des causes qui l'ont fait naître.

Congélations premières. — Les congélations ne devaient pas tarder à être la conséquence du genre de vie auquel étaient soumis nos soldats. Outre que l'influence scorbutique faisait perdre au sang sa richesse, sa vitalité, l'humidité constante, la neige fondue, produisaient un refroidissement excessif des extrémités inférieures ; toutes les articulations du pied devenaient douloureuses : « Je ne me sens pas marcher, » disaient les hommes ; la peau devenait blanche, ridée, et quand, dans la tente ils s'enveloppaient les pieds d'une couverture, la chaleur amenait des douleurs insupportables, et ils étaient forcés de se découvrir et de laisser leurs pieds exposés à l'air hors de la tente ; dans cet état, il n'y avait encore aucune trace de gangrène apparente; mais quand les hommes persistaient à chausser leurs souliers durcis par l'humidité, tous les points comprimés, surtout les articulations, devenaient le siège d'une inflammation qui se terminait par la gangrène. Pendant la période humide de l'hiver, les congélations nous ont toujours offert ces caractères lents dans leur marche ; mais quand, avec le mois de janvier, le thermomètre est descendu chaque jour au-dessous de zéro, les congélations ont été plus rapides et plus générales. Nous reviendrons plus tard sur les phénomènes qu'elles ont offerts selon l'état de l'atmosphère.

Acrodynie. — Signalons seulement, en passant que c'est vers cette époque que l'on a parlé d'acrodynie épidémique dans les hôpitaux de Constantinople. Je ne sais rien de cette affection, qui a été l'objet de beaucoup d'observations contradictoires, même parmi les médecins de Constantinople ; mais en Crimée, jamais l'idée d'épidémie acrodynique n'a surgi ; les douleurs particulières des pieds, jointes à l'état général produit par l'influence scorbutique ou par l'action du froid sur l'économie, constituaient pour les médecins de la Crimée une affection dont la cause était apparente et sensible, puisqu'elle se manifestait toujours dans les mêmes conditions ; elle était, si je puis dire, un premier degré de cette congélation spéciale produite par le froid humide longtemps prolongé. Je regrette de n'avoir pas pu observer à Constantinople les acrodyniques dont on a parlé, et m'assurer que les phénomènes qu'ils offraient étaient différents de ceux que nous observions chaque jour en Crimée, chez les hommes exposés à l'action du froid humide.

Physionomie des ambulances pendant l'hiver. — Ces complications avaient complètement changé la physionomie de nos ambulances. Elles étaient considérablement peuplées de malades de ces deux catégories qui ne laissaient aucun espoir de reprendre bientôt un service actif. C'était chaque jour de grandes pertes que subissait notre armée, dont les travaux et les fatigues augmentaient aussi chaque jour, et, comme nous l'avons dit, les affections de toute nature prenaient un caractère de gravité qu'elles n'avaient pas eu jusque-là : la suppuration des gangrènes, la fétidité de l'haleine des scorbutiques produisaient, malgré les soins d'aération aussi parfaits que le permettait la rigueur du temps, un milieu infect et insalubre dans lequel vivaient nos blessés. Aussi les blessures n'offraient déjà plus cette marche favorable des premiers jours de la campagne ; elles se transformaient promptement, s'ulcéraient, et les guérisons étaient très-lentes ; les chairs devenaient blafardes, et l'on était obligé, dans les pansements, de remplacer le cérat par le styrax ou tout autre excitant.

Chaque jour nous donnait son chiffre moyen de blessés ; mais ce n'était pas l'énergique défense de la place, les masses de fer qu'elle lançait dans nos tranchées qui nous causaient le plus de mal ; la Russie n'était pas notre plus cruel ennemi, mais bien l'hiver et ses rigueurs, qui s'appesantissaient sur l'armée et la frappaient de maux dont elle ne pouvait se garantir.

Conditions sanitaires et physionomie des camps. — Dans les camps, les conditions sanitaires avaient aussi considérablement changé ; le sol était partout détrempé, les soldats vivaient dans la boue, avaient à peine de quoi se vêtir et s'abriter ; le bois était rare, même pour les besoins des cuisines ; le malaise était général.

M. de Bazancourt, témoin oculaire, examinant la situation de l'armée au commencement de l'année 1855, dit :

« Le siège et la défense sont en présence : l'un,

divisé par la force des choses, être multiple qui a deux corps et deux têtes, marche séparément vers la ville; — l'autre, infatigable, résolu et comptant à la fois pour triompher sur les épreuves d'un cruel hiver, sur son inépuisable artillerie et sur son infatigable activité, qu'une seule et même pensée dirige, crée, pour ainsi dire, une nouvelle ville de terre et de fer pour servir de rempart à la ville de pierre. Sur cet aride plateau où sont campées les armées alliées, le froid, les neiges, la pluie continuent à se succéder sans relâche; les grandes tentes ne sont pas encore arrivées en nombre suffisant pour sauvegarder contre ces cruelles éventualités les soldats des deux nations; le bois manque même souvent, car, pour en trouver, il faut creuser le sol et demander à la terre les racines des arbres abattus et tous les débris d'une végétation éteinte et réfugiée dans son sein. — Le service des tranchées, le travail des nuits glacées, le tribut quotidien que l'on paie à la mort, soit qu'elle vienne de Dieu, soit qu'elle vienne des hommes, sont un triste et douloureux spectacle. Les vieux soldats supportent leurs souffrances avec leur moral et leurs résignations accoutumés; mais les jeunes, arrivant de France, sont cruellement éprouvés par cette existence qui laisse si peu d'heures de repos : heureusement que les vides se comblent par des envois successifs qui nous arrivent de Constantinople. La septième et la huitième division sont à peu près débarquées au complet. »

Telle était, au commencement de l'année 1855, la situation générale de l'armée française, et elle ne devait pas s'améliorer promptement; il était évident, d'après les renseignements pris sur le pays, d'après les tables de M. de Humboldt sur la température, que nous n'étions pas encore entrés dans le véritable hiver, et qu'il faudrait redoubler de soins, de vigilance pour prévenir des complications plus fâcheuses qui pourraient compromettre le sort de tous.

Heureusement, les grandes tentes, les vêtements

d'hiver arrivaient; des sabots, des bas de laine étaient distribués à une partie des hommes qui avaient à séjourner dans les terres humides; la paternelle sollicitude de l'Empereur, la sympathie de la France entière, dotaient notre armée de tout ce qui était indispensable et même de ce qui était un bien-être nouveau, et elle puisait ainsi une nouvelle énergie dans ces témoignages bienveillants du chef de l'Etat et dans les manifestations du pays.

Le mois de janvier fut froid, le thermomètre était constamment au-dessous de zéro. Les variations atmosphériques étaient nombreuses, et, quand soufflait le vent du nord, il soulevait des tourbillons de neige qui fatiguaient beaucoup les hommes dans les tranchées et dans les camps. Nous eûmes dans cette période quelques morts par congélation, et chaque jour les ambulances recevaient un grand nombre de congelés à des degrés variables; mais les symptômes étaient plus graves que dans la période de froid humide, et la gangrène survenait très-rapidement. Les malades séjournaient peu dans les ambulances, et on était forcé, pour laisser de la place à ceux qui arrivaient chaque jour, de faire de fréquentes évacuation sur Constantinople.

En décembre, le chiffre des évacués n'était pas de trois mille, en janvier il dépassa six mille, et, malgré ces précautions prises dans le but de prévenir l'infection des abris souterrains et des tentes, on voyait déjà, à la manière dont se comportaient les blessures et au peu de succès des opérations chirurgicales, qu'à l'influence générale se joignait cette complication fâcheuse pour les plaies qui prend naissance dans les milieux chargés de miasmes infectants.

« Le 21 janvier, dit M. Scrive, de nombreux congelés sont encore entrés aux ambulances qu'ils remplissent. Le chiffre général est de 2,500, dont 800 ont succombé. Pas une des opérations faites n'a réussi; il a fallu s'abstenir d'opérer; nos ambu-

lances deviennent insalubres par le grand nombre de malades qui y passent, et qui, malgré les évacuations fréquentes, les encombrent et les infectent de miasmes. »

Le scorbut continuait son œuvre de désorganisation ; il frappait surtout les régiments soumis depuis plus longtemps au régime alimentaire de la campagne et aux fatigues du siège ; il était cependant peu grave, mais sa généralisation faisait de grands vides dans nos rangs, augmentait la part de fatigue de ceux qui restaient, et préparait ainsi une expansion plus grande du mal. Aussi voyons-nous une augmentation très-marquée dans les entrées aux ambulances en janvier : en décembre, elles étaient de six mille ; en janvier, elles dépassent neuf mille sur un effectif porté de soixante-cinq mille à soixante-dix-huit mille hommes.

Mais une complication plus grave, plus terrible, qui devait naître de l'encombrement et de l'infection, va se montrer : c'est le typhus.

Pour la première fois nous voyons dans le courant de février apparaître quelques symptômes particuliers qui, au début, ne caractérisaient aucune affection ; c'était un malaise général, de la prostration, des vertiges, de la fièvre, et un état saburral prononcé. Nous avions vu jusque-là des phénomènes typhoïdes qui, au début, offraient à peu près ces caractères ; mais bientôt la généralisation du mal lui donna un cachet épidémique qui ne laissa aucun doute sur l'existence du typhus. L'ambulance de la première division du deuxième corps offrit les premiers malades frappés de cette affection. Un mot sur son installation et les dispositions dans lesquelles elle se trouvait pour expliquer l'apparition soudaine du typhus dans cette ambulance.

Dès notre arrivée sur le plateau de Chersonèse, la première division, qui faisait partie du corps d'observation, reçut un emplacement vaste et dans de bonnes conditions d'aération ; l'ambulance était nence dans le foyer d'infection. Les malades restaient peu de temps à l'ambulance avant leur évacuation; aussi y en eut-il fort peu d'atteints. Dans cette situation, on déplaça l'ambulance pour la transporter dans des baraques dressées sur un terrain neuf, et aussitôt l'influence typhique disparut. — Ce fait suffit pour démontrer que l'encombrement seul avait fait naître l'épidémie.

Le typhus apparaît dans les ambulances et les camps. — Mais l'ambulance de la première division n'avait pas seule à supporter les atteintes du typhus; les autres ambulances, les camps, le subissaient également, l'ambulance de Kamiesch surtout. Soit que la maladie y eût été portée par les hommes évacués de l'ambulance de la première division, soit qu'elle s'y fût développée spontanément dans des conditions qui rappelaient celles de cette ambulance, elle sévissait à Kamiesch avec violence. Plusieurs médecins, MM. Moreau, Senéaux, Dumont, furent évacués sur Constantinople, et on ne dut qu'aux mesures conseillées par M. Scrive et promptement mises à exécution par l'administration, de prévenir les conséquences fâcheuses qui pouvaient résulter du *statu quo.*

Dans le temps où les soldats s'étaient creusé des trous recouverts de petites tentes-abris ou de grandes tentes turques, l'influence de l'air renfermé, jointe à l'humidité, avait aussi amené un cortège de symptômes caractérisant le typhus, et il fallait au plus vite les soustraire à cette action. Sur les renseignements qui lui furent fournis, le général en chef ordonna aussitôt l'aération des tentes, l'exposition à l'air des objets de couchage qui les garnissaient, et le changement des campements le moins favorablement situés. Ces mesures prescrites au début arrêtèrent dans sa marche le fléau, qui se présentait menaçant et aurait pu nous accabler dans le premier hiver comme dans le second.

Le personnel médical, qui avait fait des pertes regrettables en peu de jours, avait su, par sa conduite dans cette épidémie, par son attitude dans toutes les circonstances de la campagne, par son dévouement à ses devoirs, s'attirer la bienveillante satisfaction du général en chef. exprimée dans les termes les plus honorables par un ordre du 9 mars.

« Depuis le commencement de cette pénible et glorieuse campagne, les officiers de santé des hôpitaux, des ambulances et des divers corps ont rivalisé de zèle et d'activité. Pour donner des soins aux malades ou blessés, et remplir dignement une tâche que les circonstances rendaient laborieuse et périlleuse, ils ont multiplié leurs efforts et ont su pourvoir à toutes les nécessités de la situation. Chaque jour témoin des actes de dévouement du corps de santé, le général en chef lui adresse des remerciments auxquels l'armée tout entière voudra s'associer. »

Nous avions ainsi passé les plus mauvais mois de l'hiver, et nous pouvions espérer voir bientôt, avec le retour d'un temps meilleur et les modifications rendues possibles dans l'installation des camps, une amélioration sensible dans l'état sanitaire des troupes. Déjà le nombre des malades diminuait, quoique l'effectif de l'armée augmentât, et on signalait une marche plus bénigne des maladies en même temps qu'une mortalité beaucoup moindre.

Mais, dans les tranchées, les combats de nuit se multipliaient; l'ennemi, voyant que ni la fureur des éléments, ni sa résistance opiniâtre n'avaient pu empêcher l'exécution des travaux, et que chaque jour on faisait un pas vers lui, s'acharnait à l'enlèvement et à la destruction de nos tranchées et de nos batteries, et presque chaque nuit, favorisé par l'obscurité profonde, il s'abattait sur nos ouvrages avec fureur.

Tous ces combats corps à corps étaient meurtriers. Ils exigeaient un grand nombre de troupes de garde ou de réserve pour être en mesure de résister avantageusement à toutes les attaques, et augmentaient les fatigues des hommes, qui avaient à peine une nuit sur trois.

A dater du mois de janvier, chaque nuit amenait une lutte vigoureuse; celles du 7 janvier, du 10, du 11, celle du 14, plus sérieuse et plus longue que les précédentes, et qui nous coûta dix-neuf tués dont deux officiers, et trente-sept blessés dont trois officiers; celle du 19, celle du 31 et une foule d'autres combats partiels livrés par les avant-postes, tout cela ne laissait à nos soldats ni paix ni trêve. Plongés jusqu'à mi-jambes dans la neige fondue et la boue glacée des tranchées, ils passaient immobiles des journées et des nuits à travailler et à attendre que le fusil vînt remplacer la pioche. A cette date, le chiffre des blessés et des tués dans ces rencontres de nuit était déjà fort considérable: dans le corps de siège seulement, on comptait depuis le commencement du siège: officiers tués vingt-trois, blessés cent soixante et onze, disparus trois; troupes: tués quatre cent soixante-quatre, blessés trois mille trois cent quatre-vingt-douze, disparus cent vingt-huit.

Ouverture des tranchées des attaques de droite. — Le corps d'observation, dont le rôle avait été jusqu'ici moins pénible et moins fatigant, devait aussi prendre sa part des rudes travaux des tranchées qu'il commença en février, de concert avec nos alliés, en avant de Malakoff. De nombreux travailleurs y étaient employés chaque nuit, et c'est de ce côté que se concentraient maintenant toutes les attaques de l'ennemi. Les ambulances du deuxième corps, qui, depuis la bataille d'Inkermann, n'avaient eu que très-peu de blessés, vont se trouver sur un véritable théâtre d'actions de guerre.

Dans la nuit du 23 au 24 février eut lieu une des plus vigoureuses attaques que nous ayions livrées aux ouvrages ennemis, celle du général de Monet sur les batteries blanches, qui ont été appelées plus tard batteries Lavarande. Cette nuit, qui cachait de sa profonde obscurité une véritable scène de carnage, coûta cher aux régiments qui avaient été engagés, et amena dans nos ambulances une population de blessés qui offraient tous les traces d'un combat corps à corps : des coups de baïonnette, des plaies à bout portant; le deuxième zouaves avait eu, à lui seul, cinq officiers tués, treize blessés; soixante-deux soldats ou sous-officiers tués et cent trente-sept blessés. Malheureusement, l'influence particulière de l'hiver, qui avait altéré les conditions de salubrité, se faisait sentir sur nos blessés et mettait des entraves à leur guérison.

Premières gangrènes traumatiques. — M. Scrive dit à cette occasion :

« Nous constatons que depuis quelques jours nos blessures se ressentent des fâcheuses conditions de la santé générale. Les chairs prennent un aspect blafard; les gangrènes traumatiques sont fréquentes; je crains la pourriture d'hôpital, dont je n'ai observé que deux exemples jusqu'à présent, facilement modifiés par l'aération sous tente et l'isolement. »

Malheureusement, ceci pouvait encore s'appliquer aux blessures postérieures à cette époque, et même après la nuit du 23 mars, qui nous a coûté plus de 600 hommes tués ou blessés, nous constations que la gangrène s'emparait rapidement des blessures même légères, et enlevait en peu de temps un grand nombre de blessés.

Enfin, quelques rayons de soleil, qui glissent à travers les nuages devenus plus rares au ciel, nous font espérer le retour des beaux jours; on se sent renaître, on salue le printemps comme les oiseaux dans l'air, comme les végétaux sur le sol. C'est que le soleil, c'est la santé, c'est la vie, et chacun se persuade qu'il doit effacer toute trace du malaise qui pèse sur nous depuis si longtemps.

De nos mois d'hiver, celui qui avait fourni le plus grand nombre d'entrées aux ambulances était le mois de janvier; il en avait donné plus de neuf mille, février huit mille, mars sept mille; en décembre, elles n'avaient été que de six mille, et l'effectif de l'armée s'était considérablement accru : de soixante-cinq mille en décembre, il s'était élevé en mars à quatre-vingt-seize mille.

La mortalité a été à peu près dans les mêmes proportions : en janvier, neuf cent soixante-onze décès; en février, cinq cent quarante-trois; en mars, cinq cent deux. — Le scorbut diminuait un peu; avec la cessation des temps humides le choléra avait cessé ses ravages, les congélations étaient fort restreintes, et la diminution des entrées aux ambulances portait surtout sur ces deux catégories d'affections.

Amélioration générale de l'état sanitaire. — Nous allons entrer dans une phase nouvelle de la campagne. Les justes craintes que l'hiver avait fait naître dans l'esprit de chacun font place à l'espérance de voir s'éloigner bientôt notre plus cruel ennemi; les maladies cesseront de prélever chaque jour sur notre armée un fatal tribut; mais, plus que tout autre, le médecin doit se réjouir. Si les travaux de chaque jour étaient difficiles, la volonté et les efforts triomphaient des difficultés; mais pour le médecin, l'impuissance était absolue : aucun effort, aucune volonté ne lui permettait de lutter contre cet ennemi invisible qui se glisse dans les salles des malades, s'y installe, et en peu de temps les transforme en des foyers de mort, et il n'espérait que dans le retour de jours meilleurs. Cependant, il faut le reconnaître, le mal n'avait pas été aussi grand qu'on aurait pu le craindre au commencement de la mauvaise saison, grâce à la sage prévoyance, à la sollicitude incessante du chef et à ses efforts pour entretenir et fortifier l'excellent moral et la remarquable énergie de ses soldats; et c'est avec des transports de reconnaissance envers le ciel, qu'en sondant les abîmes du passé nous entrevoyions les heureuses modifications qui allaient être apportées dans la santé des troupes par le retour du beau temps.

Situation sanitaire de l'armée anglaise. — L'organisation administrative de l'armée anglaise, au début de la campagne, était défectueuse, et pendant longtemps il en résulta dans les différents services qui sont de son ressort des difficultés inouïes et même des impossibilités dont les hommes étaient toujours victimes. Mais cet état ne devait être que passager, et il ne faudrait pas juger de la situation ordinaire de l'armée anglaise en campagne par celle qui lui était faite momentanément.

L'armée anglaise, dans toutes ses campagnes, a toujours été remarquable par une entente parfaite de tout ce qui regarde le service administratif, et surtout par l'organisation de ses ambulances. Si celles-ci laissaient à désirer au début de la campagne, cela tient à ce que, pendant les longues années de paix, le service du train des équipages avait été successivement réduit, et qu'il n'existait plus au commencement de la guerre; que le personnel médical avait été aussi considérablement diminué, et qu'il était devenu si insuffisant, qu'on fut obligé de prendre, à grands frais, des médecins civils pour les hôpitaux de l'armée d'Orient.

Nous avons pu juger par nous-mêmes en Crimée de ce que pouvaient être, dans toutes les occasions, les ambulances anglaises, et les renseignements qui sont fournis sur cette partie de l'organisation de l'armée anglaise par les personnes les moins portées à l'optimisme, sont unanimes à le reconnaître. M. de Warren, auteur de l'*Inde-anglaise*, s'exprime ainsi à ce sujet : « J'ai dit que le soldat anglais est le mieux soigné; tous les militaires qui se rappellent la guerre d'Espagne sous l'Empire, ou qui voudraient aujourd'hui comparer la guerre d'Afrique avec celle de l'Afghanistan, n'ont qu'une voix pour confirmer ce fait que j'avance. Règle générale, on peut dire que le soldat anglais ne bivouaque jamais ; je n'ai jamais bivouaqué dans l'Inde que trois fois, en vedette ou après une déroute. Il en était généralement de même dans les guerres d'Espagne ; il en est de même dans les guerres de Caboul et de Candehar. Une armée anglaise traîne toujours à sa suite un commissariat immense ; quelque argent qu'il puisse en coûter au gouvernement, les troupes ne doivent souffrir aucune privation. On verra toujours à leur suite un énorme matériel de campement pour protéger les soldats contre les intempéries de l'air, d'amples approvisionnements si le pays n'offre pas de ressources suffisantes, un enchaînement admirable d'hôpitaux et d'ambulances pour recueillir les malades et les blessés. »

L'absence de ces conditions de bien-être ordinaire à l'armée anglaise en campagne devait se faire vivement sentir en Crimée, et amener une situation fâcheuse. Le soldat anglais est, par nature, fort exigeant ; il demande une forte nourriture : si elle lui manque, et si des maladies inhérentes à la saison viennent le frapper, les conséquences sont plus sensibles pour lui que pour les soldats des armées traitées avec moins de ménagement.

L'armée anglaise, forte à son débarquement en Crimée de vingt-sept mille hommes, avait perdu beaucoup de monde par le choléra ; les batailles d'Alma et d'Inkermann lui en avaient enlevé beaucoup aussi, et, après la journée du 5 novembre, elle se trouvait réduite à seize mille hommes seulement ; la maladie continuait à sévir contre eux, et les nouveaux détachements n'arrivaient pas à combler les vides qu'elle laissait dans les rangs. Moins habitués à la vie des camps que nos soldats, ils ne savaient pas comme eux s'organiser pour vivre en commun ; on voyait les hommes faire isolément leur cuisine dans de petites gamelles ; ils mangeaient mal, n'avaient pas souvent tout ce qui était nécessaire à leurs besoins ; et de cet état de privation à l'état de maladie, la distance est bientôt franchie.

Une des raisons qui privaient l'armée anglaise des objets de consommation journalière, était la difficulté d'aller les chercher à Balaklava. Chaque corps de troupe a ordinairement un certain nombre de bêtes de somme ou de chariots affectés au transport de tout ce qui est nécessaire ; en Crimée, les bêtes de somme étaient insuffisantes par la difficulté d'en transporter beaucoup, et surtout par la mortalité ; il en résultait que chaque corps ne fournissait que ce qu'il pouvait se procurer au dépôt central, et qu'il était ainsi beaucoup au-dessous des besoins.

Le soldat anglais exige, comme nous l'avons dit, une nourriture abondante et substantielle ; ce n'est qu'à cette condition qu'il est susceptible de déployer toute la vigueur de sa forte constitution. Les privations l'abattent bien vite, et dans ce cas les maladies prennent bientôt de la gravité, ainsi que nous avons pu le constater pendant toute la durée de l'hiver.

Une particularité de l'affection que présentaient les soldats de l'armée anglaise, est une sorte d'idiotisme qui frappait le plus grand nombre. J'en ai vu pleurer et rire alternativement et sans raison ; ils restaient des heures accroupis sans faire le moindre mouvement ; ils paraissaient n'avoir plus conscience d'eux-mêmes. Les médecins de l'armée anglaise rapprochaient ces symptômes de ceux qui ont été observés en Irlande pendant la famine, et ils appelaient cette affection *maladie des tranchées*. Nous avons cru reconnaître chez beaucoup de ces malades des états typhoïdes et des affections cholériformes qui, comme dans nos ambulances, marquaient la terminaison fatale des diarrhées chroniques dont beaucoup d'hommes étaient atteints. L'effectif se réduisait chaque jour par les maladies, et déjà cette armée était insuffisante pour subvenir à tous les travaux exigés par la situation : ses évacuations étaient fréquentes, et le général en chef mettait à sa disposition les cacolets, les litières et tous les moyens de transport disponibles. Cette situation sanitaire était fort inquiétante : nous étions au plus fort de l'hiver ; les intempéries, les fatigues étaient chaque jour les mêmes, et chaque jour on voyait s'éteindre cette belle et vaillante armée dans des maux que nul ne pouvait lui éviter.

Hôpitaux de Constantinople. — Pendant que se poursuivent en Crimée nos travaux d'approches, que s'arment nos batteries pour la prochaine ouverture du feu, des évacuations fréquentes sur Constantinople accumulent un grand nombre de malades et de blessés, et, pour subvenir aux besoins de la situation, le directeur du service médical poursuit la création de nouveaux hôpitaux.

Les hôpitaux de Constantinople étaient peuplés par les évacuations de la Crimée; le chiffre de ces évacuations donne donc le mouvement des entrées dans les hôpitaux. Dans le mois d'octobre, ce chiffre était de dix-neuf cents malades ; en novembre, de trois mille sept cents ; en décembre, de deux mille neuf cents ; en janvier, de six mille cent ; en février, de sept mille, et en mars de cinq mille quatre cents. Ces malades étaient répartis entre les hôpitaux déjà créés et ceux qui venaient d'être installés : l'Ecole-Militaire, l'Ambassade-Russe (hôpital des officiers dans l'ancien hôtel de l'ambassade de Russie), l'Ecole préparatoire et l'Université.

Mais les anciens hôpitaux, Péra, Dolma-Batché, qui avaient reçu un grand nombre de blessés, de scorbutiques, et, dans ces derniers temps, des affections typhiques mal dessinées au moment de l'embarquement et qui se caractérisaient pendant la traversée, ces anciens hôpitaux, dis-je, avaient déjà subi un commencement d'infection. Cette condition, jointe à l'état général de la santé que nous avons signalé en Crimée, avait produit des maladies infectieuses et apporté dans les blessures des complications fâcheuses qui avaient de la tendance à se généraliser.

Nous avons signalé les gangrènes traumatiques qui se produisaient sous les tentes de nos ambulances; à Constantinople, dans des locaux fermés, elles prirent un plus grand développement et se montrèrent à l'état d'épidémie, surtout à l'hôpital de Péra, où les salles sont spacieuses et où on avait accumulé un grand nombre de blessés. La pourriture d'hôpital à forme pulpeuse vint aussi compliquer les plaies par armes à feu et compromettre tous les succès qu'on était en droit d'espérer. Le grand nombre de blessés, le défaut d'aération suffisante, avaient été des causes de l'apparition de ces complications, et, pour y remédier, on s'empressa de diminuer le nombre des malades.

Le typhus apporté de Crimée ne fit pas de grands ravages : éteint dans sa source, il s'éteignit de même à Constantinople quand on ne reçut plus de la Crimée de nouveaux cas de cette affection. Cependant il avait été suffisant pour immoler, à Constantinople, des victimes dans le personnel des hôpitaux et faire sentir son influence à tous les médecins chargés de soigner les typhiques. Devant ces complications nées des influences qui modifiaient l'état sanitaire en général, et entretenues par l'état d'infection commençante de nos établissements hospitaliers, il devenait nécessaire d'en augmenter considérablement le nombre pour désencombrer nos anciens hôpitaux, et de préparer des locaux pour les besoins ultérieurs. C'était le but que se proposait le directeur du service de santé en provoquant la création de nouveaux établissements qui devaient porter à douze mille le nombre des lits à occuper dans les douze hôpitaux.

A Constantinople comme en Crimée, la cessation du mauvais temps et le retour des chaleurs, en modifiant avantageusement l'état sanitaire de l'armée, firent cesser aussi, en grande partie, les accidents fâcheux qui étaient venus compliquer presque toutes les blessures. En résumé, dans les trois mois meurtriers de l'hiver : janvier, février et mars, Constantinople a eu à traiter vingt-huit mille quatre cent quarante malades, dont onze mille cent soixante-quatorze sont sortis guéris, sept mille six cent dix-neuf ont été évacués sur France, et quatre mille cent trente sont morts. — Dans le même intervalle, les ambulances de la Crimée enregistraient deux mille décès. A cette époque, il ne restait plus que de deux cent cinquante à deux cent soixante typhiques, et environ deux mille scorbutiques. Ces affections graves étaient en pleine décroissance, et déjà, par cette diminution considérable au commencement des beaux jours, on était en droit d'espérer dans un temps très-court un retour complet à la santé.

Les Anglais qui, en Crimée, avaient beaucoup plus perdu que nous, perdaient aussi beaucoup plus à Constantinople. En janvier, quand nous perdions journellement un malade sur deux cent soixante-onze, ils en perdaient un sur quatre-vingt-huit, proportion considérable, et qui, avec les évacuations obligées sur l'Angleterre, amoindrissait rapidement leur armée.

Mesures hygiéniques générales. — Il ne fallait pas compter seulement sur le retour du beau temps pour améliorer la situation, il fallait encore faire disparaître de la surface du sol toutes les immondices, tous les débris que l'hiver n'avait pas permis d'enfouir, et, dans ce but, des mesures d'hygiène générales furent prescrites et leur exécution surveillée avec soin. Le médecin en chef avait fait dans ce but des propositions d'après lesquelles le général en chef avait ordonné des mesures immédiates : elles consistaient à changer l'assiette de tous les camps, à brûler tous les débris épars, à enfouir tous les animaux morts, et à prendre à l'avenir le soin d'inhumer plus profondément les cadavres (1).

***

(1) Le *Moniteur* du 23 mai rend ainsi compte des mesures hygiéniques prises en Crimée et de l'état sanitaire de l'armée :

« La question de la salubrité des camps occupés, depuis près de huit mois, par les troupes de l'armée de Crimée, a constamment éveillé la sollicitude du Ministre de la guerre et du général commandant en chef. L'hiver n'était pas terminé, que déjà, d'après les instructions ministérielles, l'intendance militaire et le service de santé avisaient de concert au moyen de conjurer les dangers que faisaient redouter, pour l'état sanitaire des troupes, le changement de saison et l'occupation prolongée des mêmes emplacements.

« Indépendamment de l'alimentation et de l'hygiène, qui ont été l'objet de soins tout particuliers, des mesures ont été prescrites à l'effet d'assurer l'abandon des habitations souterraines, le déplacement et l'aération des tentes, la propreté des camps et de leurs abords, et partout ces mesures ont été rigoureusement appliquées. Des quantités considérables de sulfate de fer, de chlorure de chaux sont journellement employées, et toutes les précautions sont prises pour en assurer le renouvellement en temps utile. Le service du génie a fait construire des fours à chaux, qui satisfont dans les plus larges proportions à tous les besoins.

« Une incessante surveillance s'exerce sur l'enfouissement des issues et des cadavres d'animaux, et, par une récente circulaire, le général en chef a rappelé les officiers généraux et les chefs de corps à l'exécution des ordres fréquemment donnés à cet égard.

« Aujourd'hui, toutes les troupes habitent de grandes tentes. Chaque corps a une infirmerie sous baraques destinée à recevoir les hommes atteints d'affections légères et à éviter l'encombrement des ambulances. Dans ces dernières, des baraques bien aérées et convenablement placées ont partout remplacé les tentes. Les résultats obtenus prouvent que ces diverses précautions n'ont pas été prises inutilement.

« L'état sanitaire est aussi bon qu'il était possible de l'espérer. Le nombre des hommes entrés aux ambulances, qui avait été de 7,585 pendant le mois de mars, s'est réduit en avril à 5,600, tandis que celui des sorties par guérison s'est élevé de 1,064 à 1,399; et cependant, par suite des opérations du siège, nos ambulances ont reçu pendant le mois d'avril un nombre d'hommes blessés

Ouverture du feu du 9 avril. — Le moment attendu était arrivé : c'était l'ouverture du feu contre les formidables ouvrages que les Russes avaient accumulés pendant les mois d'hiver. Ils avaient travaillé avec une activité incroyable. Nous n'étions pas restés inactifs, et, malgré les difficultés inouïes qui nous entouraient, non-seulement nous avions résisté aux tentatives réitérées de la défense, mais nous avions préparé des moyens d'attaque sur lesquels nous étions en droit de compter. Trois cent cinquante pièces étaient dans nos batteries, approvisionnées les unes à cinq cent cinquante, les autres à neuf cents coups, et nous avions un développement de tranchées de 40 kilomètres.

Le 9 avril, dès le matin, par une pluie abondante, toutes les pièces tonnent à la fois ; la ville riposte vigoureusement. Mais dans ces duels d'artillerie le nombre des blessés n'est jamais considérable : les artilleurs sont protégés par les épaulements et les travaux des batteries, et ils ne craignent que les feux courbes. Mais toute ouverture de feu est suivie de travaux d'approche énergiquement combattus et qui laissent de part et d'autre de nombreuses victimes. C'est ce qui arriva dans la nuit du 10 ; dans celle du 11, où nous eûmes plus de deux cent cinquante hommes hors de combat ; dans la nuit du 13, où nous avions encore plus de deux cents hommes tués ou blessés, dont cinq officiers tués et douze blessés ; dans la nuit du 15, où la lutte fut acharnée sur le point où nos fourneaux venaient de produire les *entonnoirs* ; et dans presque toutes les nuits suivantes, où nous eûmes à perfectionner nos travaux d'approche. Dans tous ces combats,

---

par le feu de l'ennemi plus considérable que celui des mois précédents.

« L'armée de Crimée se trouve donc dans de bonnes conditions pour accomplir la mission qui lui est confiée. »

l'ambulance de tranchée pourvoyait aux soins à donner à chaque homme, et le matin seulement ils étaient envoyés, pansés, à leurs divisions respectives.

En douze jours, pendant lesquels le feu des batteries avait été entretenu de part et d'autre, et dont les nuits étaient employées aux travaux d'approche, nous eûmes plus de quinze cents hommes mis hors de combat. Heureusement nous constations dans les ambulances que l'amélioration dans l'état sanitaire donnait aussi aux blessures une marche plus favorable; on remarquait une tendance plus rapide à la guérison, et les opérations chirurgicales étaient redevenues possibles.

Le mois de mai devait être fécond en épisodes de guerre, il s'ouvrit par un des plus brillants de la campagne. Dans la nuit du 1er au 2 mai eut lieu l'enlèvement d'une place d'armes qui fut vivement disputée, et dans laquelle le feu incessant du bastion central, qui vomissait la mitraille, nous fit perdre beaucoup de monde. Dans cette nuit, quatre cent cinquante à cinq cents hommes, dont trente-trois officiers ont été mis hors de combat. — Mon tour m'appelait à l'ambulance de tranchée, où, comme il se faisait dans toutes les grandes actions prévues, M. Scrive était venu diriger le service. Pendant toute la nuit, nous y reçûmes des blessés ; les opérations jugées immédiatement nécessaires furent faites à la lumière; le plus grand nombre fut remis au lendemain matin, et à midi tous les blessés avaient reçu les soins qu'exigeaient leurs blessures. La plus grande partie de nos hommes frappés par la mitraille offraient des lésions effrayantes qui demandaient chacune un temps fort long pour les restaurations nécessaires.

Dans la journée du 2, les Russes avaient tenté de reprendre l'ouvrage enlevé, et l'ambulance de tranchée fut encore le rendez-vous d'un grand nombre de blessés. Le lendemain avait lieu l'embarquement de troupes anglaises et françaises pour Kertch, expédition que la probabilité d'opérations ultérieures a fait remettre momentanément, et, quelques jours après, l'armée apprenait, par un ordre du jour, que son chef remettait le commandement entre les mains du général Pélissier.

Les premières actions de guerre du commandement du général en chef furent celles des nuits du 22 au 23 et du 23 au 24, marquées par des péripéties sanglantes, et dès lors les opérations se succédant rapidement, nos ambulances devinrent le siège d'une grande activité chirurgicale ; mais le choléra allait encore s'abattre sur les masses et compliquer gravement notre situation.

Nous voudrions suivre ici les faits militaires sans digression ; mais voulant présenter les différentes phases de la campagne par ordre chronologique, nous ne pouvons passer sous silence le retour imprévu du choléra et les embarras qu'il suscitait au moment où nous avions le plus besoin de toute la vigueur physique et morale des troupes.

Nouvelle invasion du choléra. — Nous avons dit que chaque fois que des divisions constituées ou même des détachements arrivaient en Crimée, le choléra apparaissait parmi les nouveaux venus, sans sortir cependant des limites de leurs campements : cette bizarrerie ne s'est pas une seule fois démentie, et lorsqu'arriva, sur le plateau de Chersonèse, la division de réserve, le choléra reparut avec les proportions d'une épidémie ; cette fois, il s'étendit aux anciennes troupes, et préleva dans un court espace de temps un large tribut.

Arrivée de la division de réserve. — Déjà la division de réserve, dès son arrivée sur le plateau de Maslak, avait été fortement éprouvée ; mais, quoique la maladie eût à peu près cessé au moment de l'embarquement des troupes, elle reparut en Crimée, concentrée d'abord dans quelques régiments, et bientôt étendue sur tous. Les régiments de la garde eurent beaucoup à souffrir, et ils étaient à peu près débarrassés du fléau, quand celui-ci se manifesta dans les divisions du deuxième corps seulement, le premier jouissant en ce moment d'une immunité complète.

A quoi attribuer ces retours subits et inattendus de cette terrible affection ? C'est la question que nous nous adressions tous à chacune de ces réapparitions au milieu des nouvelles troupes.

Après les premières chaleurs, les campements du deuxième corps étaient dans des conditions de salubrité peu favorables : on avait accumulé sur cette partie du plateau un grand nombre de troupes : Anglais et Français avaient reçu des renforts, et les emplacements devenaient fort restreints pour loger tout le monde; de plus, le sol avait reçu un grand nombre de cadavres d'hommes et de chevaux, notamment après la bataille d'Inkermann. A cette époque, on n'avait pas pris les précautions nécessaires pour l'inhumation à une grande profondeur, et le voisinage des marais de la Tchernaïa commençait à se faire sentir. Ces raisons étaient les seules qui étaient invoquées ; mais étaient-elles véritables ? Les faits démontrent qu'elles n'étaient pas les seules, et que dans les différentes manifestations de cette maladie il y a toujours quelque chose de particulier qu'il n'est pas donné d'apprécier avec une complète certitude. Après le deuxième corps, le premier fut à son tour envahi, quoique ses campements fussent sur des crêtes arrondies, séparant des ravins, et que le sol argilo-calcaire n'eût pas été détrempé par les pluies de l'hiver. Le choléra fit ainsi la ronde sur toute la surface du plateau, et partout où il y avait des agglomérations d'hommes, il prélevait son tribut.

Le même phénomène se produisait dans l'armée anglaise à chaque arrivée de nouvelles troupes, et l'armée sarde ne fut pas, plus que les autres, exempte de cette fatale imposition.

Arrivée de l'armée sarde. — C'est dans les premiers jours de mai que les premiers régiments de cette belle armée débarquèrent à Balaklava, et, quoiqu'elle prît ses campements sur un terrain neuf, dans les positions salubres et agréables que lui offraient les pentes boisées de la montagne près de Kamara, elle eut à subir les plus cruelles épreuves. Quelques jours après l'arrivée des premiers détachements, le choléra se manifesta et continua à frapper successivement toutes les fractions nouvellement débarquées, et il ne cessa ses ravages qu'après l'arrivée complète des dix-sept mille hommes qui composaient l'armée. Ce n'était pas des affections intestinales à forme cholérique, comme celles que nous avions constamment observées pendant toute la période hivernale dans nos ambulances; c'était le choléra épidémique avec sa spontanéité d'attaque et tous les symptômes effrayants qui font en quelques heures un cadavre d'un homme bien portant. Près de trois mille hommes furent enlevés à l'armée sarde en quelques semaines. C'était un début attristant pour ces valeureux soldats, qui venaient prendre leur part des fatigues et des sacrifices des armées alliées; mais au milieu de ces pénibles épreuves des premiers jours, ils conservaient l'excellent moral et toutes les belles qualités qui les distinguent.

Arrivée de l'armée turque. — L'armée turque d'Omer-Pacha, qui était arrivée depuis peu d'Eupatoria, avait aussi à cette époque à subir les mêmes épreuves; mais, soit que le long temps qu'elle venait de passer en campagne l'eût déjà épurée par la perte successive des hommes chétifs, soit que le genre de vie des Turcs les rendît plus forts contre les influences morbides, ils avaient moins à souffrir du choléra que les autres armées.

Plus nous vivons au milieu du choléra, moins il nous est facile de comprendre cette singulière maladie, qui tantôt suit une marche lente, régulière, et semble prendre son temps pour se manifester successivement sur tous les points habités, tantôt procède par bonds et va frapper aux extrémités opposées; aujourd'hui elle éclate à Kamiesch, demain à Inkermann, et tout ce qui est intermédiaire ignore même son apparition; elle va se manifester sur le premier corps; mais la première division de ce corps est partie pour Kertch, et il semblerait qu'elle doit être préservée, n'étant pas au foyer : point du tout, à peine débarquée, cette division, qui n'avait pas de cholériques à bord au moment du débarquement, se voit bientôt paralysée par l'explosion rapide du choléra qui prend chaque jour de plus larges proportions : cinq cents hommes sont enlevés en quelques jours, puis tout rentre dans l'ordre. Pendant ce temps, le premier corps tout entier était envahi, et chacune de ses divisions abandonnait au fléau quelques centaines de victimes.

On avait pensé, en voyant toutes ces troupes nouvellement débarquées atteintes du choléra, que les navires qui les transportaient et qui, depuis le commencement de la campagne, n'avaient pu encore être lavés à fond et aérés, étaient infectés, et que c'était à bord que les hommes contractaient le germe de l'affection qui se manifestait plus tard. Cette raison prenait de la valeur dans la multiplicité des faits, dans leur reproduction chez les Anglais, chez les Sardes qui avaient été transportés à bord des bâtiments anglais, dans l'explosion du choléra sur la première division du premier corps qui avait été embarquée ; mais le doute se fait encore en voyant que non-seulement les troupes embarquées sont atteintes, mais que celles qui sont restées sur le plateau le sont aussi dans les mêmes proportions.

Nous donnons ces faits tels qu'ils se sont présentés à l'observation, reconnaissant qu'il est difficile d'en tirer une conséquence sur les causes des apparitions fréquentes du choléra à l'armée de Crimée.

L'expérience faite à Varna de l'isolement des cholériques sous des tentes avait eu des résultats si avantageux, que ce moyen fut mis en pratique dans nos ambulances chaque fois que la maladie reparut. Un groupe de tentes très-espacées et isolées du reste de l'ambulance était destiné à loger les cholériques.

Apparition des fièvres paludéennes. — Le service médical, après avoir eu successivement le choléra, le scorbut, les congélations, les diarrhées, allait avoir un nouveau genre d'affections produites par les émanations marécageuses de la Tchernaïa ; nous voulons parler des fièvres intermittentes et rémittentes sous toutes les formes, et compliquant souvent les autres affections. Le scorbut n'avait pas disparu, et, malgré le retour du beau temps, beaucoup de soldats couvaient un principe scorbutique qui, quoique marchant lentement, n'en était pas moins sûr dans ses effets, et n'attendait qu'une circonstance pour compliquer les autres maladies et leur apporter un cachet particulier.

Passage de la Tchernaïa. Deux divisions campent sur les monts Fédioukines. — Le 25 mai, deux divisions et la cavalerie, après avoir poussé une reconnaissance sur la rive droite de la Tchernaïa, et avoir chassé les Russes de leurs camps, établissent leur bivouac sur les monts Fédioukines, qui bordent la rive gauche de la Tchernaïa. Ces monts, peu élevés, étaient couverts de broussailles, et ils auraient offert une disposition favorable pour un campement salubre, s'ils n'eussent été dans le voisinage de la Tchernaïa, dans cette partie que les habitants du pays évacuent chaque année à l'époque des chaleurs pour éviter les fièvres si redoutées dans cette localité. La guerre a de terribles exigences ; elle empêche souvent de compter avec l'insalubrité, et, dans cette circonstance, elle nous imposait une position que l'hygiène proscrivait.

Nous avons déjà parlé de la vallée de la Tchernaïa. Du haut des monts Fédioukines, on suit de l'œil toutes ses ondulations, le cours d'eau sinueux qui la parcourt dans sa longueur, le canal d'alimentation du bassin des Docks que nous avons détruit et qui déverse ses eaux dans la plaine; les nombreuses mares que les pluies ont formées dans les bas-fonds, et enfin toute la basse vallée couverte de joncs et de roseaux jusqu'au fond du port où l'eau douce et l'eau salée se mêlent. A la fin de mai, cette vallée n'offre encore que quelques îlots verdoyants; le reste est couvert d'eau qui s'évapore chaque jour, entraînant des émanations dont nous sentirons bientôt les effets.

Dans ces conditions, nous vîmes se développer des fièvres avec tous les caractères des fièvres paludéennes de l'Algérie. Intermittentes, elles laissaient aux hommes plusieurs heures de repos; mais le plus souvent elles se présentaient, surtout à la première atteinte, sous la forme rémittente, et dans ce cas elles n'étaient pas sans danger par leurs complications : état saburral très-prononcé, céphalalgie sus-orbitaire intense, inappétence, prostration extrême, quelquefois de l'ictère, tels étaient les symptômes ordinaires de cette affection, contre laquelle on administrait l'ipéca stibié et le sulfate de quinine à hautes doses, mais ordinairement sans résultats immédiats; presque toujours on était obligé de revenir à l'ipécacuanha, et, seulement après des vomissements bilieux réitérés, le sulfate de quinine agissait efficacement.

Mais ces fièvres ont souvent été accompagnées de complications fâcheuses : le choléra, qui ne cessait de faire sentir partout son influence, produisait des accidents qui épuisaient promptement les malades et les jetaient dans un état typhoïde. Le nombre des hommes atteints de fièvres devint bientôt considérable dans le deuxième corps, et surtout dans les divisions campées sur les monts Fédioukines; car il était rare que la fièvre, guérie une première fois, ne revînt pas après un ou deux septenaires, et, dès ce moment, il y eut dans toutes les affections des intermittences marquées qui les rendaient insidieuses, changeaient leur nature habituelle, et exigeaient l'association du sulfate de quinine à tous les traitements.

Pendant tout l'été et pendant l'hiver, des divisions sont restées campées sur les monts Fédioukines, elles ont été renouvelées plusieurs fois, et l'influence fébrile s'est ainsi généralisée. Nous la retrouverons plus tard se manifestant dans le scorbut, dans les plaies par armes à feu et dans le typhus.

Malgré le choléra qui manifestait chaque jour sa présence, malgré les fièvres qui devenaient plus nombreuses, il fallait trouver place dans les ambulances pour les blessés qu'y amenaient les combats multipliés.

Les ambulances de Karabelnaïa et du Carénage.— Toute l'action s'était portée aux attaques de droite du côté de Malakoff et, à l'ouverture des tranchées, l'intendant général avait chargé M. Scrive d'organiser deux ambulances avancées: l'une dans le ravin de Karabelnaïa, l'autre dans le ravin du Carénage. Ces deux ambulances, placées le plus près possible des tranchées, n'étaient pas exemptes de dangers, souvent elles étaient visitées par les boulets de la place. Elles remplissaient aux attaques de droite le rôle de l'ambulance du Clocheton aux attaques de gauche, et, comme celle-ci, elles étaient chaque jour desservies par le personnel des ambulances des divisions. Elles avaient rendu les plus grands services dans les nombreux combats dont les tranchées de droite avaient été le théâtre, et elles étaient appelées à en rendre d'aussi grands dans les opérations qui se préparaient.

7 juin. — Prise du mamelon Vert et des Ouvrages Blancs. — Le 7 juin fut signalé par la prise du mamelon Vert et des Ouvrages Blancs. L'attaque avait eu lieu le soir, vers 6 heures; elle fut rapide et impétueuse comme toutes les attaques qu'ont livrées nos soldats. Six minutes avaient suffi pour que la première colonne arrivât des tranchées sur le haut de l'ouvrage russe; mais, entraînées par leur ardeur, nos troupes outre-passèrent les ordres et poursuivirent jusqu'au pied de Malakoff les défenseurs russes qui fuyaient. Ceux-ci, soutenus par des renforts, revinrent à la charge, et nous fûmes forcés d'abandonner un moment l'ouvrage qui venait d'être si vaillamment enlevé. Une seconde colonne d'assaut fut lancée, et elle occupa définitivement cette position avancée, qui était comme la clef de toutes les entreprises ultérieures contre Malakoff.

En même temps, les Ouvrages Blancs, formidables batteries dans une position des plus heureuses, étaient aussi enlevés d'assaut, et le général Lavarande payait de sa vie le beau succès qu'il venait d'obtenir.

La prise de possession de ces ouvrages nous coûta moins que les jours suivants. La place dirigeait sur eux un feu incessant, et, pendant l'exécution des travaux qui devaient nous protéger, nous enregistrions de nombreuses pertes.

Les médecins des ambulances de Karabelnaïa et du Carénage, renforcés des médecins des divisions, eurent toute la nuit pour donner des soins aux blessés. On ne déposait dans ces ambulances avancées que les blessés qui demandaient des secours immédiats; les blessures légères étaient dirigées de suite sur les ambulances divisionnaires. De cette manière, en multipliant les lieux de secours, on put, dans la nuit même, panser tous les blessés. Chaque fois qu'une affaire importante se passait aux attaques de droite, nos blessés relevés sur le lieu du combat étaient, une heure au plus après leurs blessures, pansés et abrités.

La prise du mamelon Vert et des Ouvrages Blancs mit dans nos ambulances un grand nombre de blessés russes qui furent presque tous réunis à l'ambulance du quartier-général, ainsi que deux médecins de régiment faits prisonniers avec la troupe aux Ouvrages Blancs. Ces confrères furent bien traités par les médecins de l'ambulance et vécurent avec eux. Ils s'offrirent pour nous aider à panser les blessés russes, et firent sur eux un certain nombre d'opérations qui nous permirent de constater leurs connaissances chirurgicales et leur habileté d'opérateurs. En général, toutes leurs opérations dans la continuité se font par la méthode circulaire ordinaire, à laquelle ils ajoutent, pour le membre inférieur surtout, une incision perpendiculaire de 5 à 6 centimètres à la partie postérieure du membre. Cette incision, plus longue à la cuisse qu'à la jambe, a pour but, selon eux, de permettre de relever les chairs plus facilement et laisser au pus un facile écoulement. Dans aucun cas, en campagne, ils ne cherchent à obtenir de réunion immédiate, instruits par l'expérience qu'elle est presque toujours impossible chez des hommes déjà débilités, et ils bourrent la plaie de plumasseaux de charpie.

Infirmiers panseurs dans l'armée russe. — Une particularité de l'organisation du service médical russe nous a surtout frappé en cette circonstance, c'est l'adjonction aux médecins d'infirmiers panseurs chargés de tout le détail des pansements, qui suivent même les grandes opérations. Ces infirmiers avaient été faits prisonniers en même temps que les médecins, et à l'ambulance du quartier-général ils se chargeaient, comme ils le font toujours, des soins à donner aux blessés après l'opération. Ils faisaient eux-mêmes les ligatures d'artères, et, après le pansement, surveillaient l'opéré jusqu'à ce qu'il fût dans son lit. Tous ces détails, qui demandent des soins particuliers, étaient faits avec attention et adresse, il faut le reconnaître; mais le médecin amoindrit beaucoup sa mission en confiant à des mains étrangères le soin de détails aussi importants que les ligatures d'artères, détails d'où dépend souvent le succès des opérations.

Mais revenons aux faits de guerre qui se multiplient et se succèdent sans relâche, pendant qu'on prépare les ambulances en vue des opérations importantes qui doivent suivre; car nous sommes à la veille d'une tentative hardie contre la ville et ses batteries.

Le 17 juin, tous nos canons tonnent à la fois, et les armées sarde et turque, avec le corps de 25,000 hommes réunis sur les monts Fédioukines, se préparent à opérer un mouvement vers Aïtodor pour s'emparer des hauteurs de Malakoff. L'assaut était décidé pour le 18.

18 juin. Attaque de Malakoff. — Dès la pointe du jour, et à un signal donné par le général en chef, trois divisions devaient se porter simultanément en avant: la division Mayran à droite, la division Brunet au centre, la division d'Autemarre à gauche. Mais, par une fatalité inexplicable, l'attaque de droite précéda les deux autres, et déjà la division était écrasée par la mitraille des batteries et des navires embossés dans le fond de la baie du Carénage, quand les autres divisions commencèrent leur mouvement au signal donné.

La division d'Autemarre seule franchit la courtine qui relie Malakoff au grand Redan, et prenait à revers la tour et les batteries; mais, écrasée par le feu des forts et du Redan contre lequel nos alliés s'étaient lancés sans succès, elle fut obligée de battre en retraite, laissant dans l'intérieur des ouvrages russes de nombreuses victimes. La division Brunet avait également échoué dans ses attaques du centre.

Cette lutte acharnée sur trois points avait duré plus de deux heures, pendant lesquelles nos braves soldats s'épuisaient en vains efforts, ne voulant pas céder le terrain conquis et ne pouvant cependant plus avancer sous la grêle de mitraille qui les fauchait. Enfin, l'impossibilité de revenir à la charge avec de nouvelles troupes étant bien démontrée, le signal de la retraite fut donné, et, la douleur au cœur, les divisions rentrèrent au camp, comptant les places vides dans les rangs. Le soir, on constatait trente-sept officiers tués, dix-sept disparus; mille cinq cent quarante-quatre sous-officiers et soldats tués ou disparus; quatre-vingt-seize officiers et mille six cent quarante-quatre hommes entrés aux ambulances.

Malgré ce nombre considérable de blessés, la journée suffit pour les premiers pansements, et, le soir, il ne restait aux ambulances des tranchées que les hommes qui venaient d'être frappés (1).

---

(1) Le *Constitutionnel*, à propos de ces grandes affaires, rendait compte de la manière dont on procède à l'enlèvement des blessés, et des soins dont ils sont immédiatement l'objet; nous en extrayons le passage suivant :

« Heureusement, et ce doit être un motif de confiance pour les familles dont les enfants se battent en Crimée : si le danger est grand, si les blessures sont nombreuses, nos chirurgiens militaires montrent une habileté égale à leur dévouement. Jamais, dans ces rudes affaires, on ne les voit faillir au devoir ; et, sans souci de leur repos, sans se préoccuper du danger, nuit et jour ils veillent au chevet du patient, et d'une main que l'expérience, malheureusement, a rendue bien sûre, enlèvent la balle qui vient de meurtrir la chair, coupent ces lambeaux saignants, rapprochent ces déchirures affreuses que les éclats des projectiles creux ont faites trop souvent. Quand un homme est blessé à la tranchée, il est immédiatement placé sur une civière, ou, si le coup est léger, qu'il puisse marcher soutenu par le bras d'un camarade, il se rend au dépôt d'ambulance appelé *dépôt d'ambulance de tranchée*. Les dépôts sont au nombre de trois : un à l'attaque de gauche, l'ambulance du Clocheton; deux à l'attaque de droite, les ambulances du Carénage et de Karabelnaïa. La disposition des terrains avait indiqué le choix de ces emplacements. Là se

Dans ces grandes occasions, où il faut avant tout de la célérité pour calmer le moral des hommes qui s'inquiètent de voir leurs blessures saignantes et de sentir encore dans les chairs le plomb qui les a frappés, il est impossible de consacrer à certaines blessures tout le temps nécessaire pour les apprécier justement; alors on prend note de tous les cas qui demandent un examen approfondi, auquel on se livre dès que le temps le permet.

Le mois de juin avait amené dans les ambulances plus de cinq mille cinq cents blessés, dont six cent cinquante avaient succombé en Crimée, et le choléra ne cessait pas de nous accabler. C'est dans cette période qu'il exerça ses plus grands ravages. Cinq mille quatre cent soixante-six cas se déclarèrent dans nos camps et produisirent une perte de deux mille sept cent trente-trois décès. La mortalité totale avait été, dans ce mois meurtrier, de trois mille huit cent six; mais jamais elle n'avait atteint ce chiffre et ne l'atteignit pas même dans les derniers temps du siège ni de l'épidémie de typhus qui marqua la fin de notre

---

trouvent des chirurgiens avec tout le matériel nécessaire aux pansements les plus compliqués : les chirurgiens sont relevés toutes les vingt-quatre heures. Dès que le premier appareil est mis sur la blessure ou l'amputation faite, ce qui n'a lieu d'ordinaire que dans les cas urgents, les mulets de litière ou de cacolets, qui se trouvent toujours là, chargent les blessés et les dirigent, soit sur l'ambulance centrale du grand quartier-général, soit sur l'ambulance de la division désignée. Des baraques ont été élevées, de bonnes couvertures, des soins empressés les attendent. Ces ambulances, tenues avec une grande propreté, sont, malgré leur austérité, très-suffisantes. Le soldat, et c'est l'important, y trouve un changement notable dans sa situation matérielle, et chacun s'efforce d'adoucir sa souffrance. C'est ainsi que toutes les opérations graves se font à l'aide du chloroforme, et que les chirurgiens militaires de l'armée française auront eu l'honneur de l'application régulière, constante et facile de cette admirable découverte. »

séjour en Crimée. Ainsi, pendant toute la durée du siège, le service médical était plus considérable que le service chirurgical. Le feu de l'ennemi nous faisait chaque jour éprouver des pertes regrettables, mais presque nulles relativement à celles que nous causaient les maladies. C'est le sort des grandes armées en campagne, d'avoir toujours plus à souffrir par les maladies que par le feu.

En juillet, le choléra avait sensiblement perdu de son intensité. Sur près de quinze mille entrées aux ambulances, sur un effectif de cent dix-huit mille hommes, on ne comptait plus que mille deux cents cholériques, parmi lesquels huit cent cinquante décès; mais les fièvres de toute nature étaient entretenues par les chaleurs du jour et les vapeurs qui, de la vallée de la Tchernaïa, envahissaient chaque soir les camps voisins; nos travaux d'approches, en face de Malakoff, étaient poussés activement, et le feu roulant de l'ennemi, pour s'opposer à leur exécution, nous donna pendant ce mois plus de deux mille six cents blessés, dont près de trois cents moururent des suites de leurs blessures. Ce chiffre minime, malgré les conditions d'épidémie cholérique, dit assez que toutes les mesures étaient prises dans les ambulances pour écarter toute possibilité d'infection ou au moins pour en atténuer considérablement les chances.

Bataille de Traktir. — Dans aucun temps, le service des ambulances ne fut plus actif. Tous les grands drames militaires se produisaient à cette époque, et la bataille de Traktir vint encore accroître le nombre de nos blessés.

A Traktir, l'armée ennemie se présentait avec des forces considérables pour enlever les positions qu'occupaient sur la rive gauche de la Tchernaïa l'armée sarde et deux divisions de l'armée française.—A la faveur du brouillard, elle put traverser le pont de Traktir et le canal; mais cette audacieuse entreprise devait échouer encore devant l'attitude inébranlable de nos soldats et les bonnes dispositions prises par les chefs. Du haut du plateau qu'elles occupaient, nos troupes fondirent à plusieurs reprises à la baïonnette sur les assaillants, et bientôt, leurs têtes de colonnes ébranlées, ils comprirent l'inutilité de leurs efforts et se replièrent sur la rive droite de la rivière, cédant peu à peu le terrain qu'ils avaient conquis dans leur attaque rapide et imprévue. L'armée sarde, qui se trouvait pour la première fois en face de l'ennemi, montra, dans cette circonstance, qu'elle était digne de la belle réputation qu'elle s'est acquise parmi les nations guerrières.

A cette époque, il n'y avait sur les monts Fédioukines que des ambulances légères. Les divisions d'avant-garde pouvant à chaque instant être appelées à se porter en avant, ces ambulances divisionnaires étaient restées sur le plateau, et chaque matin on y évacuait les malades de la veille. Ces ambulances légères pouvaient cependant parer à toutes les éventualités d'un moment, et attendre, en cas de combat sérieux, que des sections d'ambulance fussent envoyées pour les renforcer. C'est ce qui eut lieu à la bataille de Traktir. M. l'intendant général, dans un rapport au maréchal Ministre de la guerre, rend ainsi compte de l'action des ambulances après le combat :

...... « Le nombre des blessés entrés dans les ambulances à la suite du combat de la Tchernaïa a été de : Français, huit cent dix, dont quarante officiers ; Russes, mille six cent soixante-quatre, dont trente-huit officiers. C'est donc un total de deux mille quatre cent soixante-quatorze hommes qui sont venus augmenter le nombre déjà fort considérable des hôtes de nos ambulances.

« J'ai déjà dit que les blessés français ont été répartis entre les ambulances du deuxième corps et celles du grand quartier-général. Quel que fût mon désir de traiter les Russes de la même manière que nos soldats, l'encombrement des ambulances en rendit l'exécution impossible.

« Les officiers ont été envoyés au grand quartier-général, et quatre cent cinquante-huit sous-officiers et soldats ont été répartis dans diverses ambulances.

« Pour le reste, j'ai dû créer une ambulance provisoire à Kamiesch en utilisant l'ancien camp baraqué établi là pendant l'hiver pour les troupes nouvellement débarquées. Des infirmiers ont été fournis par la brigade chargée des travaux de fortification de Kamiesch. Le personnel médical de l'ambulance était très-insuffisant pour une aussi lourde tâche; mais M. l'amiral Bruat ayant bien voulu mettre à ma disposition douze médecins de l'escadre, tous les pansements ont été faits très-rapidement, et hier, à dix heures du soir, il n'existait plus un seul blessé à panser.

« Le service administratif et celui de la pharmacie sont d'ailleurs assurés par l'ambulance permanente de Kamiesch. Prévenu par le télégraphe, le sous-intendant de Préval avait pu faire préparer à l'avance cet asyle provisoire, et, lorsque les blessés sont arrivés à Kamiesch, ils ont trouvé le couchage, de la tisane et du bouillon.

« Je suis heureux, Monsieur le maréchal, d'avoir une nouvelle occasion de vous dire combien je suis satisfait du service hospitalier de l'armée. Il y a tant de bon vouloir, d'intelligence inventive de la part de tous, fonctionnaires de l'intendance, médecins, comptables et infirmiers, qu'on arrive toujours et promptement à sortir convenablement des circonstances les plus difficiles. Mais je ne saurais mettre trop souvent sous les yeux de Votre Excellence les noms des deux principaux chefs de service, ceux à qui surtout sont dûs ces heureux résultats: MM. de Ségauville, sous-intendant militaire, et Scrive, médecin de l'armée.

« Aujourd'hui, des vaisseaux et frégates de l'escadre, et des bateaux à vapeur de l'administration vont emporter à Constantinople environ deux mille blessés. L'effectif de nos ambulances se trouvera ramené à peu près à ce qu'il était avant la bataille. »

Malheureusement, les grandes accumulations de blessés étaient toujours marquées par une recrudescence de ces complications fâcheuses qui avaient été la conséquence de l'état sanitaire général de la saison d'hiver. Dès cette époque, nos ambulances avaient vu survenir des gangrènes traumatiques, de la pourriture d'hôpital, et ces accidents graves n'avaient pas complètement cessé, malgré le retour du beau temps et la possibilité de disséminer les malades. Ils n'avaient pas amené, cependant, en Crimée de conséquences fâcheuses; mais l'agglomération forcée des blessés, après les grandes affaires, produisait toujours un retour de ces complications qui entretenait l'influence et l'aggravait. A Constantinople, au contraire, les gangrènes, la pourriture d'hôpital, étaient à l'état d'épidémie, et nous leur devons la plus grande partie des pertes que nous avons faites parmi nos blessés.

Le choléra continuait sa marche décroissante, mais lentement; il semblait faire partie de l'armée et ne pas l'abandonner. Dans ce mois (août), il frappait encore mille quatre-vingt-dix-neuf hommes et comptait pour lui la plus grande part de la mortalité (six cent quatorze). Le feu journalier de l'ennemi et la bataille de Tracktir ne nous avaient coûté que quatre mille blessés, dont quatre cents succombèrent en Crimée.

Nos ambulances étaient ainsi constamment encombrées, et, comme le dit M. l'intendant-général, « le personnel médical était insuffisant pour une aussi lourde tâche; » mais nos médecins multipliaient leurs efforts, heureux de montrer encore dans cette circonstance que l'on peut attendre d'eux tout ce que la volonté et le dévouement peuvent fournir.

Dispositions prises dans les ambulances en vue de l'assaut. — Les évacuations de malades sur Constantinople se multipliaient dans la prévision d'une tentative prochaine contre la place, et l'on vidait les ambulances pour y recevoir les blessés de la grande action.

L'ambulance de Kamiesch avait été augmentée; on y avait envoyé une grande partie des malades des ambulances divisionnaires, et de nombreuses places restaient vides. Ces mesures prises à l'avance nous avaient préparés pour la journée du 8 septembre. Dans le but d'assurer un service rapide dans les ambulances sur toute la ligne, les ambulances du Clocheton, celles de Karabelnaïa et du Carénage avaient été abondamment pourvues de tout le matériel nécessaire au transport des blessés et d'objets de pansement en grande quantité; les ambulances divisionnaires étaient aussi préparées dans les mêmes conditions.

L'assaut. — Enfin, dès le 5 septembre, nos batteries firent contre la place un feu tantôt précipité, tantôt ralenti, pour détourner toutes suppositions d'une attaque prochaine. Le jour de l'assaut était arrêté; mais personne ne savait quand sonnerait l'heure solennelle. Ce fut le 8 septembre à midi. Tout était disposé dès le matin, et nos soldats impatients n'attendaient que l'ordre de s'élancer : moment suprême qui allait couronner par la victoire le courage de notre armée.

Trois colonnes se précipitèrent en même temps: la division Mac-Mahon sur Malakoff; la division Lamotte-Rouge sur la Courtine, qui relie Malakoff au Petit-Redan, et la division Dulac sur ce dernier ouvrage. Que de sublimes efforts, que d'actes d'héroïsme dans ces luttes corps à corps, où chacun offre noblement sa vie pour l'honneur du drapeau ! Nos impétueux soldats ont déjà escaladé les ouvrages, semant de morts leur glorieux chemin; ils se cramponnent partout; mais, à la Courtine comme au Petit-Redan, l'arrivée de nombreuses réserves et le feu des secondes lignes de batteries les force à battre en retraite; à Malakoff, cependant, ils résistent et s'installent définitivement dans cette formidable position, la clef de nos espérances. Sébastopol était à nous!

Cette journée, si belle pour nos armées, l'est aussi pour la médecine militaire; elle a recueilli une fois de plus des témoignages de satisfaction pour le dévouement qu'elle n'a cessé de montrer, et le sang de plusieurs de ses membres s'est glorieusement mêlé à celui de nos vaillants soldats.—« Comme toujours, » disait M. le maréchal Pélissier dans son rapport au Ministre de la guerre, « nos blessés et même ceux de l'ennemi ont reçu les soins les plus empressés, les plus intelligents et les plus complets. Nous devons à la bonne organisation de tous nos services hospitaliers et au dévouement du personnel qui en est chargé, la satisfaction d'en sauver un grand nombre. »

L'enlèvement des blessés s'est effectué dans cette circonstance avec toute la promptitude possible. Les tranchées, encombrées surtout aux attaques de droite, ne permettaient pas une circulation facile; la plupart des blessés étaient apportés sur des civières, et, comme l'action se prolongea jusqu'à la nuit, quelques-uns n'ont pu être relevés que le lendemain. C'était la première fois que nous subissions une pareille nécessité; mais il était impossible qu'il en fût autrement à cause du nombre. Les détails qui suivent sur le mouvement des ambulances dans cette journée sont extraits du rapport de M. l'intendant général au Ministre de la guerre, du 11 septembre. « La glorieuse journée du 8 a fait entrer dans nos ambulances quatre mille quatre cent soixante-onze blessés français, dont deux cent douze officiers; elle y a fait entrer aussi cinq cent cinquante-quatre blessés russes. Il a fallu l'activité, l'expérience et le dévouement du personnel placé sous mes ordres pour que le service ait pu être convenablement fait dans cette circonstance toute exceptionnelle. L'enlèvement des blessés a été effectué partout avec la promptitude qu'il était possible d'y mettre, dans un dédale de tranchées labourées par une grêle de projectiles. Trois mille hommes environ avaient été apportés dès le 8. Aux attaques de gauche, où le terrain permettait d'envoyer des mulets de cacolets presque jusqu'au lieu du combat, l'enlèvement a été très-rapide ; il était beaucoup plus difficile à droite, dans des ravins profonds et presque inaccessibles ; là, les blessés devaient être forcément transportés sur des brancards à une énorme distance, et les bras manquaient ; la nuit venue, le combat durait encore, et les derniers soldats tombés sont arrivés à l'ambulance le 9 dans la matinée. Le soir, tous, malgré leur grand nombre, avaient reçu un premier pansement, les opérations les plus urgentes avaient été faites. Nos médecins se sont multipliés, cinq d'entre eux ont été blessés : ce sont MM. Didiot, Daga, Huard, Darcy et Gainard. Nous avons aujourd'hui, dans nos ambulances de Crimée, dix mille cinq cent vingt hommes, dont trois cent soixante-douze officiers. Le service y est assuré d'une manière complète. »

On comprend aisément ce que devient le service des ambulances après ces grandes actions ; c'est un travail sans relâche de jour et de nuit, une constante activité pour calmer les souffrances physiques et morales des malheureux que le sort des combats a mis entre nos mains. Exiger, dans le premier moment, un examen approfondi de chacune des blessures serait impossible ; il faut avant tout abriter les blessés et leur appliquer les premiers appareils ; ce n'est qu'à cette condition que l'état d'exaltation se calme, et le jour suivant il devient possible de se livrer à des recherches minutieuses.

La mortalité par suite de blessures n'était pas considérable, malgré l'encombrement et les conditions générales de salubrité. Sur les six mille cent quinze blessés reçus dans les ambulances depuis le 1er septembre, huit cent soixante-quinze succombèrent ; c'est un peu plus du quart de la mortalité générale, qui était de deux mille cent soixante-dix-huit sur un effectif de cent vingt-cinq mille hommes ; le reste était enlevé par les maladies. Le choléra cependant avait beaucoup diminué ; il n'avait fait que deux cent cinquante victimes.

On procéda successivement à l'évacuation sur les hôpitaux de Constantinople des malades et des blessés qui encombraient nos ambulances; malheureusement ce qu'on voulait éviter en Crimée devait se manifester d'une façon presque générale dans nos grands établissements sédentaires. La pourriture d'hôpital, conséquence inévitable de toute agglomération de blessés, devait y faire d'affreux ravages (1).

Nous avons dit que les hôpitaux de Constantinople, malgré leur nombre et leur installation qui laissait peu à désirer, avaient déjà donné naissance à des phénomènes graves qui compromettaient sérieusement la marche de la guérison des blessures. Dans les premiers mois de l'année, ils avaient offert de nombreux cas de gangrène et de pourriture d'hôpital, et ces accidents n'avaient jamais complètement disparu ; ils diminuaient notablement quand le nombre des blessés était moindre et qu'on pouvait les espacer dans les salles ; mais, dès qu'une évacuation venait combler les vides, tous les accidents revenaient et se généralisaient. Ils prirent surtout de l'extension après les évacuations de septembre, et, dès ce moment, il n'était pas de blessure, si légère qu'elle fût, qui ne compromît la vie des blessés par les complications dont elle était menacée. Je me trou-

---

(1) Nos hôpitaux de Constantinople, remplis des malades évacués de la Crimée, avaient toujours été au complet. Le chiffre considérable des évacuations ne laissait jamais de places vides. Nous avons indiqué ces chiffres jusqu'en mars inclusivement, et ils ont toujours été à peu près les mêmes : en avril, il était de 4,000; en mai, de 4,800; en juin, de 10,400; en juillet, de 8,000; en août, de 10,500; en septembre, de 5,700; et, plus tard, nous le verrons augmenter encore pendant l'épidémie du typhus.

vais alors à Constantinople, et j'ai vu de simples sétons entraîner la mort du blessé par la pourriture d'hôpital, et même des vésicatoires se couvrir d'une couenne pulpeuse qui caractérisait la même affection.

Tous les hôpitaux de Constantinople étaient donc envahis par la pourriture d'hôpital, les plus grands surtout, ceux dans lesquels on avait réuni le plus grand nombre de blessés, comme Péra, Dolma-Baktché, l'Université, Gulhané.—Cette affection, sur laquelle nous reviendrons en détail, nous a causé des pertes bien cruelles; elle n'a pas cessé de se manifester jusqu'aux derniers jours de l'occupation, et frappait encore les congelés que l'hiver de 1855 à 1856 amenait dans nos hôpitaux.

La part des combats était faite en Crimée; le service chirurgical des ambulances allait donc devenir à peu près nul; mais un hiver prochain, et qui, selon les probabilités, devait nous trouver encore sur le plateau de Chersonèse, devait faire supposer que les maladies feraient leur moisson dans l'armée victorieuse. L'expérience de l'année précédente disait de se défier et de se prémunir autant que possible contre les probabilités; mais les conditions avaient changé; elles étaient meilleures, et on comptait généralement sur cette force morale qui suit un succès, sur cette satisfaction que procure le devoir noblement accompli et qui donne tant de puissance pour réagir contre des causes de destruction. Mais on se trompait, ce second hiver devait avoir les mêmes exigences que le premier, et son action, s'exerçant sur des troupes généralement affaiblies par des fatigues sans nom, devait être plus terrible.

Après le siège, les soldats eurent un repos salutaire. La température, de chaude qu'elle avait été pendant tout l'été, était devenue douce. Le choléra avait à peu près disparu; aussi le chiffre des entrées aux ambulances était-il considérablement réduit. Sur un effectif de plus de cent trente-huit mille hommes, en octobre, on ne comptait que sept mille huit cents entrés aux ambulances, ou un sur cinq cent quarante-sept. Cet état satisfaisant dura deux mois, pendant lesquels cependant nos troupes n'étaient pas restées inactives. Des divisions étaient en observation sur les monts Fédioukines; d'autres occupaient les montagnes des environs de Baïdar et traçaient des routes dans ce pays boisé. Mais ces travaux paisibles et sans danger n'étaient rien après les rudes labeurs du siège.

Cependant les temps pluvieux étaient arrivés, et avec eux le cortège de maux qui avait signalé l'hiver précédent, c'est-à-dire une recrudescence de scorbut. Dans aucun temps de l'été nous n'avions été débarrassés de cette affection, et le moment était venu où, avec les variations atmosphériques si favorables à son développement, elle devait prendre une nouvelle intensité. Les hommes se firent alors des abris souterrains, employant à cet effet, ou des tentes creusées, ou des débris de Sébastopol, qui couvraient des terriers malsains, et on prit tardivement toutes les dispositions que commandait l'approche de l'hiver.

Les congélations survinrent avec les premiers froids, mais elles ne ressemblaient plus à celles de l'année précédente. L'hiver de 1854 avait été pluvieux, et le séjour forcé des hommes dans les tranchées humides produisait des gangrènes lentes à se développer; le froid intense et sec de l'hiver de 1855 produisait des gangrènes rapides qui modifiaient en quelques jours toutes les parties frappées. Congélations et scorbut portaient à plus de onze mille le nombre des entrées aux ambulances en décembre, à treize mille en janvier, et préparaient, par les émanations qui se dégagent de ces altérations, la voie au développement des maladies infectieuses qui sont venues compliquer si sérieusement notre situation sanitaire.

Le typhus dans nos camps. — Le typhus, qui depuis

une année nous menaçait, qui l'hiver précédent s'était déjà montré sur tous les points du camp et à Constantinople, et que des mesures hygiéniques promptes avaient écarté dès le début, allait s'abattre avec violence sur nos camps et nos ambulances, et laisser loin derrière lui, par le nombre de ses victimes, le choléra et le feu de l'ennemi. Il était dit que notre armée, qui avait supporté avec une persévérance et une résignation admirables les plus rudes épreuves de la guerre et de la maladie, devait avoir à lutter encore contre le plus cruel ennemi des armées, et inscrire sur son glorieux martyrologe une nouvelle et longue liste de victimes à jamais regrettables.

Pendant cinq mois, le typhus ne cessa de nous accabler. Circonscrit d'abord dans les ambulances, où des mesures préservatrices ne cessaient d'être prises, il se manifesta au centre même de nos camps, dans les abris devenus infects des hommes, et, dès ce moment, il n'eut pas de limite. Changer les campements était le premier conseil de la science. Mais au milieu d'un hiver rigoureux, sur un sol couvert de neige, presque partout occupé par des troupes, c'était une opération difficile, et il fallait subir le fléau que le maintien de la situation aggravait chaque jour. Des ordres avaient été donnés cependant pour modifier autant que possible cette situation menaçante; mais, de l'ordre donné à l'ordre exécuté, il y a un abîme dans lequel s'engouffrait chaque jour un grand nombre de victimes, et chaque jour aussi la temporisation diminuait nos chances de salut.

Au commencement de l'hiver, les troupes avaient pris des dispositions pour s'abriter le plus convenablement et le plus chaudement possible. Les divisions employées aux travaux de route, moins une, qui a hiverné dans les montagnes en avant de Baïdar, étaient revenues sur le plateau de Chersonèse, que couvrait une population de 180 à 200,000 hommes des armées alliées. Des tentes étaient des abris insuffisants pour l'hiver, et sur ce sol où il ne restait que peu de places vides, chacun se mit à creuser la terre, humide encore des pluies précédentes, pour créer des logements souterrains plus commodes et plus chauds. Chaque tente eut une cheminée; mais, ainsi disposés, ces logements devenaient d'une remarquable insalubrité, et cependant il n'était pas possible de les proscrire et de laisser les hommes sous une simple toile; de plus, le sol si perméable du plateau de Chersonèse laissait filtrer l'eau qui entretenait dans l'intérieur des tentes l'humidité et une exhalaison ammoniacale provenant du passage de l'eau sur les résidus de toutes sortes. Dans ces tentes vivaient douze à quinze hommes, qui se gardaient bien d'aérer leurs objets de couchage, et se tenaient enfermés pendant tout le temps que leur service ne les appelait pas à l'extérieur.

Ces conditions en elles-mêmes, prolongées pendant des mois, devaient produire l'infection, et, si on y joint l'action des milliers de cadavres d'hommes et d'animaux que le sol renfermait autour de tous les campements, on comprendra l'explosion subite et si terrible du typhus.

Les ambulances se trouvaient dans des conditions plus défavorables que les camps. Les abris des hommes étaient neufs, mais les ambulances avaient, depuis le commencement du siège, entretenu constamment au milieu d'elles des foyers d'infection; les baraques n'avaient jamais été vidées; les objets de literie, le mobilier et les baraques elles-mêmes avaient absorbé tout ce qu'il fallait de miasmes pour prouver bientôt leur complète insalubrité; aussi est-ce dans les ambulances que se manifesta d'abord le typhus. Les évacuer toutes, comme il avait été fait l'année précédente pour celle de la première division du deuxième corps, eût été une mesure de prudence sanctionnée par l'expérience; mais il était difficile d'opérer de grands changements, et on ne put qu'apporter certaines modifications dans la disposition générale, et prescrire des mesures de rigoureuse propreté dans l'intérieur des salles. Ces mesures furent malheureusement insuffisantes devant l'extension que prit bientôt le typhus dans les camps; et nos ambulances, comme les hôpitaux de Constantinople, devinrent un champ de bataille où la médecine laissa un grand nombre des siens.

Il n'est pas sans intérêt de suivre la marche du typhus dans nos camps et les conditions particulières de son développement. Nous avons dit que les ambulances avaient été les premières atteintes, et parmi celles-ci les plus anciennes, celles qui avaient abrité le plus grand nombre de malades et de blessés furent les plus maltraitées. Ainsi l'ambulance des première et deuxième divisions du corps de réserve, qui avaient succédé sur le même emplacement et avec les mêmes baraques, à l'ambulance de la première division du deuxième corps, eut horriblement à souffrir : tout le personnel médical et les infirmiers tombèrent successivement. Sur seize médecins, treize succombèrent. Cette ambulance, cependant, était bonne au début : elle avait remplacé celle de la première division du premier corps après l'explosion du typhus de l'hiver de 1854 à 1855, et la cessation immédiate de l'épidémie après ce déplacement garantissait l'excellence de ses conditions; mais une année était passée, pendant laquelle les salles avaient constamment abrité des blessés et des malades, et l'infection, lente à se produire par la dilatation des miasmes en été, n'attendait qu'un abaissement de la température pour éclater sous l'influence de leur concentration. Il en était de même de l'ambulance de la deuxième division du deuxième corps, qui, depuis le jour de son arrivée sur le plateau, était restée sur le même emplacement. C'est dans ces deux ambulances, où germaient depuis longtemps les principes de l'infection, que le typhus exerça d'abord ses ravages.

Dès ce moment, d'après les avis du médecin en

chef, on prit les mesures propres à enrayer le mal ; mais il ne devait pas se restreindre dans les ambulances, et déjà il menaçait de devenir général en se produisant sur différents points de nos campements.

La disposition des abris des hommes, leur agglomération sur des espaces rétrécis, le défaut d'aération, l'humidité constante du sol au moins dans les couches inférieures, concouraient à la production de l'épidémie typhique, et on ne peut en chercher ailleurs les causes, quand on voit l'armée sarde, qui, comme la nôtre, avait des habitations souterraines, frappée dans les mêmes proportions, et l'armée anglaise, au contraire, qui se trouvait sous des baraques planchéiées et à l'abri de l'humidité, jouir d'une immunité complète même au milieu du foyer miasmatique que nous produisions autour d'elle. A ces causes déjà suffisantes, il faut joindre l'influence scorbutique qui s'étendait chaque jour, et préparait, par la détérioration lente des organes, les voies à l'absorption rapide des miasmes infectants. Ainsi développé par le milieu même dans lequel vivaient les hommes, le typhus s'entretenait par lui-même, ajoutait son influence aux causes premières qui l'avaient produit, et sa marche en recevait une nouvelle accélération.

Le deuxième corps fut le premier et le plus fortement frappé, parce que le terrain sur lequel il se trouvait campé était plus perméable à l'humidité ; les parois des logements des hommes étaient toujours mouillées, et de plus, le sol avait reçu une prodigieuse quantité de cadavres d'hommes et d'animaux dispersés sur toute l'étendue de cette partie du plateau ; et, sous le sol de la tente où nos soldats se reposaient de leurs fatigues, se trouvait quelquefois un cimetière ouvert après les nombreux combats des attaques de droite. On trouva, sous le sol d'une tente habitée par des hommes du 47e qui avaient tous succombé au typhus, un cimetière de soldats anglais enterrés après Inkermann.

La division de réserve, campée sur les monts Fédioukines, dut probablement au voisinage de la Tchernaïa d'être aussi fort maltraitée comme l'était l'armée sarde, qui occupait des pentes douces près de Kamara ; mais le premier corps, dont les campements se trouvaient dans les conditions les plus favorables, ne devait pas non plus échapper à l'infection. — Là le sol est compact, et les abris souterrains taillés avec peine dans un tuf perméable, mettaient les hommes à l'abri de l'humidité ; mais, pour avoir été tardif, grâce à ces conditions meilleures, le typhus n'en devait pas moins prélever aussi son tribut sur cette partie de l'armée. C'est au milieu de ces misères sans nom que notre armée traversait l'hiver de 1855 à 1856. N'ayant plus rien à redouter du feu, elle trouvait encore la mort avide qui réclamait chaque jour sa moisson, et nous enlevait en décembre quatorze cents hommes, en janvier dix-sept cents, en février deux mille huit cents, quoique pendant cette période nous ayons évacué sur Constantinople, en décembre trois mille six cents hommes, en janvier six mille deux cents, en février neuf mille sept cents, sur un effectif moyen de cent quarante mille hommes.

Nos ambulances avaient cessé d'être un lieu de secours où l'on vient s'abriter et calmer ses douleurs ; elles étaient devenues des foyers de mort dont on se détournait en passant, et où nos malheureux soldats entraient sans espérance d'en sortir.

Que de nobles dévouements se montrent là sans témoins, et que de cœurs généreux succombent dans ce combat inégal ! Mais si la mort y est obscure, elle n'en est pas moins glorieuse, et le nom des victimes a sa place marquée à côté des plus braves et des plus dignes de l'admiration.

Tant que dura l'hiver, les campements restèrent les mêmes, et le typhus suivit sa marche ascendante ; il était au mois de février 1856 dans toute son intensité, quand le ministre de la guerre envoya à M. Baudens l'ordre de se rendre en Crimée pour étudier l'épidémie et proposer des mesures propres à l'écarter. J'avais l'honneur d'accompagner l'inspecteur, et j'ai pu me convaincre de l'efficacité des moyens qui furent mis en pratique d'après ses conseils. Les ambulances furent changées, des tentes placées sur un terrain neuf remplacèrent les baraques infectées, le mobilier fut renouvelé, et les couvertures lavées et soumises à des fumigations chlorurées. Les campements des hommes devaient aussi être changés ; mais cette opération fut lente ; néanmoins, l'aération constante des tentes, l'exécution des soins de propreté dans l'intérieur des habitations, amenèrent une notable amélioration, et, avec le retour du beau temps, la généralisation des moyens proposés enleva bientôt toutes les inquiétudes pour l'avenir.

Suivons à Constantinople les évacuations des typhiques de la Crimée.

La nécessité de vider les ambulances pour faire place aux nouveaux venus déterminait des envois fréquents et nombreux de malades à Constantinople ; mais un grand danger était à craindre, c'était la propagation de l'infection à nos hôpitaux de cette ville, et, quelque attention qu'on prît de n'évacuer que des malades non encore atteints du typhus, il était impossible de prévoir que, sur un certain nombre de malades, cette maladie ne se manifesterait pas soit en route, soit dans les hôpitaux. C'est malheureusement ce qui arriva, et, une fois introduite dans nos salles, au milieu des conditions déjà propres à la développer, elle prit bientôt une fâcheuse extension. Tous les hôpitaux de Constantinople furent envahis, et les ravages n'y furent pas moins terribles qu'en Crimée.

La situation devenait grave, car les bâtiments qui avaient effectué le transport des malades étaient eux-mêmes infectés, et beaucoup avaient perdu une grande partie de leur équipage. Les navires des Mes sageries refusaient pour cette raison de prendre des malades, et les bâtiments de l'Etat chargés de ce service voyaient chaque jour leur effectif diminuer par les maladies. Le *Magellan* et le *Lucifer* avaient fait des pertes cruelles. L'*Algérien*, sur un effectif de cent soixante-dix hommes, avait eu cent typhiques, et l'*Orénoque*, sur cent quatre-vingts hommes, en avait eu cent vingt. Devant cette extension de la maladie, qui pouvait devenir très-compromettante pour l'armée par la privation des navires, il était nécessaire d'aviser aux moyens d'y mettre un terme, et M. l'inspecteur Baudens, qui, depuis le commencement de l'épidémie, en surveillait la marche et prescrivait des mesures préservatrices, proposa de n'évacuer que les hommes qui n'offraient aucun caractère typhique. Cette mesure, coïncidant avec le plus grand développement de nos ambulances en Crimée et la possibilité d'abriter tous les malades dans des logements neufs, sauvegardait la marine et diminuait le chiffre des typhiques à Constantinople.

Mais, dans nos hôpitaux de cette ville, l'épidémie était à son apogée, et elle aurait absorbé tous ceux qui étaient soumis à son influence. Il fallait donc, autant que possible, diminuer le nombre des malades dans chaque hôpital, les disséminer sur une large surface, et mettre en pratique tous les moyens susceptibles de modifier l'atmosphère des salles. A cet effet, de nouveaux hôpitaux furent ouverts sur les plateaux bien aérés qui entourent Constantinople. Les grands hôpitaux, sièges principaux de l'épidémie, furent assainis et ne reçurent qu'un chiffre minime de malades; les objets de literie furent chaque jour soumis à des fumigations. Ces mesures de prophylaxie, proposées par M. Baudens, eurent les plus heureux effets, et chaque jour il pouvait constater qu'en Crimée, comme à Constantinople, la maladie perdait de son intensité.

Tant que dura l'épidémie, le typhus, le scorbut, les congélations et tous les maux que l'hiver amène à sa suite ne furent ni moins nombreux ni moins graves que l'année précédente ; mais le typhus imprimait bientôt dans nos ambulances son fatal cachet à ces affections, et il était rare qu'il abandonnât sa proie. Un typhus, compliquant une maladie antérieure était un signe de mort que l'expérience a rarement démenti.

Nous avons parlé de l'immunité dont jouissait l'armée anglaise quand la nôtre était ravagée par le typhus ; et puisque nous avons fait ressortir les causes qui avaient développé chez nous cette maladie, il est nécessaire de signaler celles qui en préservaient l'armée anglaise. L'expérience avait été un grand maître pour ce peuple observateur ; il se rappelait tout ce qu'il avait dû de misères, pendant l'hiver précédent, à ses approvisionnements insuffisants, à ses campements défectueux, à son système d'ambulances mal organisé, et il n'avait pas tardé à puiser dans notre organisation tout ce que l'expérience lui avait démontré être supérieur. Ses ambulances s'étaient enrichies en peu de temps de cacolets, de litières calquées sur les nôtres et portées sur des mulets venus d'Espagne avec leurs conducteurs ; les renforts pris dans toutes les possessions de la Méditerranée et même de l'Inde arrivaient, suivis d'approvisionnements considérables de vivres, de vêtements d'hiver et d'été, et déjà, avant le milieu de l'année 1855, des baraques parfaitement installées couvraient tous les camps anglais et abritaient toutes les troupes. L'armée s'était transformée sous l'influence de ce bien-être, et, quand vinrent les maladies, elles trouvèrent des hommes vigoureux, robustes, qui puisaient dans les précautions hygiéniques dont ils étaient entourés une résistance à toute épreuve.

Après la chute de Sébastopol, notre armée, comme nous l'avons dit, occupait les avant-postes sur les monts Fédioukines et dans les montagnes des environs de Baïdar ; elle travaillait à ouvrir une voie dans l'intérieur du pays, et elle ne vint s'établir pour hiverner sur le plateau, qu'après des pluies qui avaient pénétré le sol. L'armée anglaise avait dirigé tous ses efforts vers une installation confortable ; les camps étaient très-soignés, les logements des hommes ne laissaient rien à désirer ; chaque baraque, planchéiée et aérée par de nombreuses fenêtres, était à l'abri de l'humidité et rappelait plutôt les conditions d'un casernement que celles d'un camp ; les hommes avaient chaque jour leur ration réglementaire, calculée d'après leurs besoins, et étaient abondamment pourvus de vêtements chauds. Une addition de chemises et de caleçons de laine avait été faite à leur équipement habituel.

Dans ces conditions, si différentes de celles de notre armée, les influences morbides devaient être sans action ; aussi, pendant les plus mauvais jours de l'hiver, l'état sanitaire de l'armée anglaise en Crimée était-il meilleur qu'il ne l'aurait été en Angleterre. Si l'on pouvait douter qu'une bonne installation, qu'une hygiène bien entendue, soient les premières conditions de la santé des troupes en campagne, les résultats obtenus par l'armée anglaise dans l'hiver de 1855 à 1856 le démontreraient péremptoirement.

Cependant, il faut le reconnaître, tous ces moyens, quelque salutaires qu'ils soient, ne peuvent être mis en pratique qu'à la condition de s'immobiliser, et, dans d'autres conditions que celles où nous nous trouvions, il serait impossible d'entourer une armée d'autant de soins que l'armée anglaise. Cette armée trouvait, dans l'excellence de son installation, le privilège d'échapper aux maladies infectieuses ; dans la nature de ses vêtements, celui d'échapper aux congélations ; et dans sa nourriture abondante et variée, celui de se soustraire au scorbut, qui était pour nous la source de tous nos maux. Car, il faut le dire à la gloire de l'Angleterre, conserver ses soldats est le but de tous ses efforts en campagne, et si une circonstance exceptionnelle la prend au dépourvu dans un moment difficile, elle ne tarde pas à être en mesure de parer à toutes les éventualités ; elle sait que, pour combattre l'ennemi comme les intempéries, il faut des hommes valides, et de tout temps elle a su mettre en usage tous les moyens propres à leur assurer cette validité. Aucune armée n'est nourrie comme l'armée anglaise ; aucune n'est, non plus, mieux habillée, et elle trouve à ce système un avantage dans les difficultés où elle se trouve de se recruter facilement : c'est celui de conserver ses soldats.

La composition de la ration du soldat anglais en campagne est établie d'après les besoins reconnus ; elle se compose de biscuit : une livre anglaise (453 grammes) ; viande fraîche : une livre un quart, ou viande salée : une livre avant la cuisson ; riz : deux onces ; sucre : une once trois quarts ; café : une once ; rhum : un gill ; charbon : une livre et demie ; lumière : deux onces ; thé : un quart d'once. — Si la quantité de pain est moindre que dans l'armée française, la ration de viande est presque double, et, comme aucune nourriture n'est plus réparatrice, le soldat anglais y trouve un élément de force considérable. De plus, pour prévenir le scorbut, on faisait une distribution journalière de limonade, préparée avec le jus de citron, du rhum, du sucre et de l'eau.

Toutes ces mesures devaient avoir les plus heureux effets, et elles seraient à recommander si leur application était toujours possible. Mais il faut que les soins hygiéniques dont on entoure une armée soient en rapport avec les nécessités de la guerre, il faut qu'ils ne compromettent pas la liberté d'action, et, si l'abondance devient dans certains cas un avantage, elle peut devenir dans d'autres un danger. Une armée habituée à se contenter de peu, familiarisée avec les intempéries, sera plus forte qu'une autre qui ne se sera maintenue qu'à force de soins, et que des circonstances placeront accidentellement dans la nécessité de la vie active. Ne voyons-nous pas nos colonnes tenir la campagne, en Algérie, pendant sept ou huit mois, déplaçant chaque jour leur bivouac, se trouvant au milieu des conditions les plus diverses, produites par l'excès de la chaleur, par le manque d'eau potable, par l'action de localités malsaines. Après un certain temps, ces troupes acclimatées n'éprouvent que faiblement ces influences fâcheuses. Quand, au contraire, elles ont été longtemps inactives, et que leur bien-être habituel vient tout-à-coup à leur manquer, les maladies s'abattent sur elles. Nous n'en voulons pas d'autres exemples que celui des deux armées au début de la campagne. Nos régiments venus d'Afrique, habitués à la vie rude des camps, retrouvant en Crimée le genre de vie auquel ils étaient accoutumés, supportaient admirablement toutes les épreuves. Les régiments venus de France subissaient une influence plus grande, et l'armée anglaise, qui se trouvait sous tous les rapports transportée dans un milieu essentiellement différent de celui où elle vit, avait à subir toutes les rigueurs de ce changement ; elle s'éteignait par les privations relatives, et elle ne trouva sa vitalité que quand l'abondance de toutes choses vint lui rappeler les excellentes conditions d'une vie sédentaire. Aussi, tout en admirant les efforts tentés avec succès pour préserver l'armée anglaise des causes d'amoindrissement inhérentes à la vie des camps, je ne puis m'empêcher de reconnaître que préconiser les mêmes moyens pour arriver aux mêmes résultats, serait souvent plus dangereux qu'utile.

Quoi qu'il en soit, deux faits restent néanmoins constants : ce sont les sacrifices immenses que l'Angleterre sait s'imposer pour la conservation de son armée, et la confirmation de ce principe, que les mesures hygiéniques sont la sauvegarde de la santé des troupes, même au milieu des conditions les plus défavorables.

C'est au milieu des inquiétudes générales produites par un état sanitaire peu rassurant, que la paix vint nous surprendre. Chacun se réjouissait de quitter bientôt ce plateau, théâtre de tant de drames sanglants; mais il restait des mesures nécessaires à prendre dans la prévision d'un départ prochain, pour éviter l'explosion possible du typhus à bord des bâtiments. Singulier rapprochement! Quand l'armée s'embarquait à Varna pour la Crimée, elle venait de subir une épidémie de choléra, et on craignait que la traversée ne fût terrible par la continuation de ce fléau à bord des bâtiments; et elle quittait cette terre ensanglantée de la Crimée, au sortir d'une épidémie de typhus, avec des craintes plus sérieuses que sa rentrée en France ne fût marquée par de plus sinistres évènements. Rien ne nous a manqué : depuis le commencement jusqu'à la fin de cette terrible campagne, l'ange de la mort n'a cessé de planer sur nous sous des formes différentes.

Pour éviter, autant que possible, les retours de l'épidémie, M. Baudens avait proposé des mesures de prudence qui, si elles ne devaient pas empêcher le mal, en diminuaient considérablement les chances de développement; elles consistaient à faire camper les troupes sur un terrain neuf pendant quelques jours avant leur embarquement, et de n'admettre dans les bâtiments que les hommes d'une santé parfaite; à prescrire des mesures de propreté exceptionnelle, telles que des lavages à grande eau sur tout le corps, à aérer les vêtements et autant que possible à les laver, ainsi que tous les effets de petit équipement; et, malgré ces précautions, dans le cas où le typhus se serait déclaré à bord, M. Baudens avait fait choix dans les îles de l'Archipel, à Milo et à Candie, de deux emplacements où ont été établis des hôpitaux destinés aux malades des bâtiments de transport. Ces précautions ont heureusement été inutiles. Le typhus avait presque cessé en Crimée et à Constantinople au moment du départ de nos troupes.

(La fin au prochain volume.)

NOTICE TOPOGRAPHIQUE
SUR TEBESSA;

PAR M. MOTEL,
Médecin aide-major de deuxième classe au 40e régiment de ligne.

Tébessa, Theyesta colonia des Romains, située aux confins de la Bysacène et de la Numidie, devait être, par sa position géographique comme par la fertilité de son territoire, une colonie romaine importante. La quantité de pierres jonchées et les restes de monuments encore debout attestent assez la prospérité de la domination romaine, qui paraît avoir eu son apogée sous les règnes de Septime-Sévère et Caracalla, auxquels sont dédiés l'arc-de-triomphe de Tébessa et d'autres monuments dans la contrée.

Souvent attaquée par les Numides, Tébessa a été presque entièrement détruite par les Vandales, et n'a été relevée que sous le règne de Justinien par le général Solomon.

L'inscription de la Porte-Vieille nous a transmis s c fait historique important :

NVT. DIV. FELICISS. TEMPORIB. PIISSIM. DOMI
NOR. NOSTROR IVSTINIANI ET THEODORAE
AVGG. POST ABSCISSOS EX AFRICA VANDALOS
EXTINCTAMQVE PER SOLOMONEM GLORIOSISS
ET EXCEL. EX MAGISTRO MILITVM XX CONSVL PRÆFECT
LICIAE PROV. VNIVERSAM MAVRVSIAM GENTEM
PROVIDENTIA EJVSDEM ÆMINENTISSIMI VIRI THE
VESTÆ COLONIA A FVNDAMENTIS ÆDIFICATA EST.

Visitée par nos colonnes en 1847, Tébessa n'a été

définitivement occupée qu'à la fin de l'année 1851.

Située à 35° 20' lat. N. et 5° 40' long. E., à 240 kilom. de la côte méditerranéenne, à proximité du Djerid et du Souf, pays des Oasis où croît le dattier, à la limite supérieure des hauts plateaux de la chaîne atlantique, Tébessa possède un climat mixte qui tient des climats chauds par sa latitude et des climats tempérés par son altitude. La température, très-élevée pendant l'été, est abaissée pendant l'hiver par le voisinage de hauts pitons sur lesquels la neige s'accumule. Nous avons observé comme moyenne de température : l'hiver, 8° centigrades; le printemps, 15° centigrades; l'été, 29°; l'automne, 20° centigrades.

Les vents d'ouest, très-fréquents pendant l'hiver, pénètrent par la partie la plus évasée de la plaine et passent violemment sur la ville, qui, se trouvant à la partie rétrécie, ressent l'effet de la compression des courants. Le sirocco, avec ses bouffées ardentes et son brouillard sablonneux, souffle pendant presque tout l'été et une partie de l'automne.

Les pluies arrivent à la fin de l'automne et en hiver. Le voisinage des hauts pitons qui se chargent facilement d'électricité rend les orages très-communs à cette saison. La neige dure peu dans la plaine, mais elle persiste sur les montagnes jusqu'aux mois de mars et d'avril.

En résumé, le climat de Tébessa n'a pas une physionomie franche : pendant la dernière moitié de l'automne, la totalité de l'hiver et la première moitié du printemps, les vents froids, les pluies, la neige, s'accompagnant de grandes oscillations de température, annoncent un climat tempéré. Dans l'autre moitié de l'année, l'élévation de la température et la fréquence du vent du désert rappellent les climats tropicaux.

La constitution géologique des couches superficielles du sol est très-simple. Les montagnes sont composées de strates calcaires. Le sol de la plaine dans la zône la plus rapprochée des versants est calcaire;

dans le reste de son étendue, il est argileux. Le calcaire est siliceux, très-dur, renferme quelques fossiles et fournit d'excellentes pierres à bâtir. On voit encore à l'est de la ville l'emplacement des carrières romaines.

Les montagnes sont recouvertes de végétation forestière dont l'essence principale est le pin, qui fournit de très-bon bois de construction. Malheureusement, ces bois sont abandonnés à toutes les causes de destruction, et on a à craindre les inconvénients du déboisement. De petites parcelles de terrain seulement sont livrées à la charrue dans la plaine. Dans les parties humides poussent des foins naturels. Le reste de l'étendue est couvert de broussailles, de genêts, d'absinthe, etc.

Deux sources sont assez rapprochées de la ville pour lui fournir de l'eau potable. La plus importante sort de la colline qui borde les jardins à l'est, traverse ces jardins sur un aqueduc de construction romaine qui a été restauré depuis l'occupation, donne une partie de ses eaux aux abreuvoirs et lavoirs publics, et pénètre dans la ville pour alimenter la fontaine. La deuxième, dans la direction du S.-E., un peu plus éloignée, n'a pas été aménagée pour fournir à la ville. Un filet d'eau seulement, conduit dans un aqueduc souterrain de construction romaine, vient sourdre au sud de la ville sur l'emplacement de la nouvelle Kasbah, pour laquelle il sera utilisé plus tard.

Ces deux sources proviennent de terrains calcaires; elles réunissent toutes les qualités des eaux potables: elles sont limpides, aérées, sans odeur, de saveur fraîche, cuisent bien les légumes et dissolvent le savon. Il serait nécessaire de couvrir le conduit de la fontaine, qui est à découvert dans son trajet à travers les jardins, pour préserver l'eau de la poussière et d'autres souillures auxquelles elle est exposée.

Les sources, assez nombreuses sur les versants des

plateaux, se rendent à un cours d'eau inférieur qui sillonne la plaine de l'E. à l'O. A l'époque des pluies l'eau devient stagnante dans certains endroits. Ainsi, à 15 kilomètres de Tébessa, à l'O., existe le marais de Chabro, dont les effluves n'ont pas d'action marquée sur la ville. Ce marais contient des sangsues de bonne qualité qui sont utilisées pour le service de l'infirmerie.

Ville. — La ville occupe un quadrilatère fermé par un mur très-élevé, flanqué de tours qui datent de sa restauration par Solomon. On y entre par deux portes : l'une au nord, Porte-Vieille (Bab-el-Kodim), traverse l'arc-de-triomphe ; l'autre, Porte-Neuve (Bab-el-Djedim), est à l'E. Les côtés E. et S. sont abrités par des montagnes qui appartiennent à la chaîne des Aurès; les côtés N. et O. regardent la plaine.

L'intérieur de la ville se compose d'une assez grande quantité de masures bâties en boue et recouvertes en terre, n'ayant que des ouvertures étroites donnant dans des cours encombrées de bestiaux et de fumier. Toutes les causes d'insalubrité semblent réunies dans ces habitations : air fétide et enfumé, humidité du sol et des murs que détrempe la pluie, malpropreté et encombrement résultant de la présence des hommes, des animaux et de l'entassement des provisions. Depuis l'occupation, l'autorité militaire a beaucoup fait pour améliorer cet état de choses. Les propriétaires sont tenus de reconstruire en murs de pierres et de mortier; des alignements ont été fixés de manière à faciliter l'aération et la circulation des rues; les fumiers sont enlevés régulièrement, et on a exclu de l'intérieur de la ville les moutons qu'on y voyait autrefois en troupeaux nombreux.

Il n'y a pas, à proprement parler, de bâtiments militaires. La garnison étant entièrement composée de troupes indigènes, spahis et tirailleurs, un bâtiment provisoire n'ayant qu'un seul rez-de-chaussée a suffi jusqu'ici. On s'occupe de la construction d'une kasbah qui renfermera une caserne, un hôpital, et tous les locaux nécessaires à une occupation durable.

L'infirmerie est établie dans une chambre de la caserne, chambre étroite où l'on ne peut mettre que quatre lits, et qui sert en même temps de logement pour les infirmiers, de salle de visite et de tisanerie. Cette exiguïté d'installation tient à deux causes : à l'éloignement de Constantine, et au provisoire qu'on s'est plu à maintenir dans l'attente de la construction de la kasbah.

Tébessa est bordée sur deux de ses côtés, à l'est et au nord, par de beaux jardins, dont la végétation luxuriante la fait ressembler de loin à une oasis. Là croissent des noyers gigantesques, des figuiers, des grenadiers, des abricotiers, des cactus. La terre, sans cesse arrosée par le trop-plein des eaux de la source, y est d'une grande fécondité. L'abondance des fruits qu'elle produit est une cause d'insalubrité pour la ville, dont les habitants se nourrissent pendant trois mois de figues, de melons, de pastèques, de concombres, etc.

Constitution médicale. — Les conditions météorologiques du climat ne donnent aux maladies aucun caractère de constitution médicale fixe. Il n'y a pas non plus d'endémies proprement dites : chaque saison ramène une constitution temporaire. Pendant le temps d'hivernage, on observe des angines, des bronchites, quelques pneumonies, enfin tout le cortège des affections catarrhales. A la saison estivale paraissent les fièvres intermittentes et rémittentes, les diarrhées, les ophthalmies.

Outre l'excès de la température, les fièvres intermittentes ont aussi pour cause la consommation exagérée de fruits que font les habitants de Tébessa ; mais elles ont cédé facilement à l'emploi du sulfate de quinine et ne se sont pas montrées sous la forme pernicieuse.

L'ardeur solaire et la malpropreté habituelle des locaux, dont l'atmosphère, sans cesse agitée par des courants d'air, est remplie de poussière, donnent chaque année naissance à de nombreuses ophthalmies pour lesquelles le traitement par la solution d'azotate d'argent à haute dose a eu les meilleurs résultats. L'application facile de ce médicament le rend précieux aux Arabes, qui n'auraient ni la bonne volonté ni la commodité de se vouer à des soins assidus.

Nous n'avons pas observé pendant cette année de cas de variole, mais nous savons que cette maladie devient épidémique à Tébessa et dans les tribus à certaines époques. L'inoculation vaccinale est très-limitée, à raison des préventions qu'ont les Arabes pour ce moyen prophylactique.

On peut considérer la syphilis comme une maladie endémique chez les indigènes. C'est la source d'où découlent la plupart des infirmités : perte de nez, cécité, perforation du palais, ulcères serpigineux, périostose, tumeur blanche, carie. Le cachet syphilitique s'imprime à la plupart des maladies : angine, stomatite, ophthalmie, affections cutanées. La médication mercurielle associée à l'iodure de potassium a procuré de nombreuses guérisons.

QUELQUES CONSIDÉRATIONS

SUR LE TRAITEMENT

DE LA POURRITURE D'HOPITAL EPIDÉMIQUE,

PAR M. MAUPIN,

Médecin principal de 2ᵉ classe à l'hôpital militaire de Bayonne.

La pourriture d'hôpital est ou non épidémique. Cette distinction importe surtout au traitement ; elle est l'explication principale de la différence généralement si grande des résultats obtenus dans les deux cas. Il semblerait, tout d'abord, que les mêmes moyens, en proportionnant leur énergie aux désordres locaux, dussent être également efficaces dans l'une et l'autre dégénérescence putride des plaies ; et cependant l'intervention chirurgicale, tout ingénieuse qu'elle puisse être dans le choix et l'application de ces moyens, lutte souvent avec peine contre la pourriture d'hôpital épidémique. C'est qu'il est à l'origine de celle-ci, à ses progrès, à sa persistance, des circonstances exceptionnelles qui dominent la maladie et la médication : réflexion qui peut s'appliquer à la généralité des grands faits de chirurgie et de médecine qui, pendant deux ans, se sont déroulés sous nos yeux en Orient.

Dans quelles conditions se développe et se perpétue la pourriture d'hôpital dans nos établissements en campagne ? — Jusqu'alors, on donne comme essentiellement favorable au développement de cette maladie, la réunion d'un grand nombre de blessés dans des locaux médiocrement spacieux, bas, mal éclairés, mal aérés, c'est-à-dire, avant toutes choses, l'encombrement joint au confinement de l'air. Soit ; mais voici un premier fait qui nous dit que la pourriture d'hôpital peut se développer dans des conditions qui ne sont plus du tout celles-là.

Le 27 mars 1855, l'Ambassade Russe, transformée en hôpital, reçoit de Péra trente-six officiers, dont vingt-deux ont été blessés à l'ennemi. Ces derniers sont éparpillés dans des salles de grandeur variable, mais qui toutes peuvent convenablement recevoir un chiffre de malades plus élevé que celui qui leur est affecté. Le nouvel hôpital, par sa position au-dessus du Bosphore, par la disposition de ses salles et la facilité de leur aération, en un mot par la convenance de son ensemble et de ses détails, ne laisse rien à désirer. Bien supérieurs à ceux des autres hôpitaux, les moyens d'action et de surveillance de l'Ambassade Russe en assurent la propreté. Mobilier et fournitures, tout est neuf lorsqu'y paraissent les premiers malades. Il n'est, pendant les six premières semaines, employé que du linge neuf dans les pansements, et les éponges en sont écartées avec soin. Seize autres blessés viennent bientôt se joindre aux vingt-deux premiers. Leurs blessures, d'ancienneté variable, sont, en général, peu graves. Quoique les salles soient un peu plus occupées déjà, les malades y sont toujours fort à l'aise. Jusqu'au 16 avril, toutes les blessures sont en bon état. Le 16 avril, huit autres blessés sont placés dans une salle voisine de celles occupées jusqu'à ce jour ; la nouvelle salle est spacieuse, et surtout largement ouverte à l'air. Les nouveaux venus sont gravement blessés : la réaction inflammatoire est vive, et la suppuration abondante ; une traversée de plusieurs jours, pénible et sans pansements réguliers, est venue ajouter ses malaises à celui du coup de feu : mais de pourriture d'hôpital, nulle trace encore. Ce n'est qu'à sept jours de là qu'elle fait explosion dans la salle occupée la dernière, pour, de là, envahir les autres salles. Il a donc suffi de grouper quelques blessures graves dans le même lieu pour que, quelque bien situé et disposé que fût celui-ci, la pourriture d'hôpital s'y créât de toutes pièces.

On m'objectera peut-être que, dans le premier noyau de blessés venus de Péra à l'Ambassade, trois officiers étaient atteints depuis longtemps de pourriture, et qu'ainsi cette complication avait un premier germe dans le nouvel hôpital. A cela je puis répondre : 1° que ces trois officiers sont séquestrés dans une grande salle parfaitement isolée des autres salles, dont la sépare un vestibule; 2° que la salle où la pourriture d'hôpital vient de faire explosion est la plus éloignée de celle occupée par ces trois officiers; 3° qu'à partir du jour où ces derniers ont quitté Péra, la pourriture d'hôpital suspend chez eux ses progrès, qu'elle ne tarde pas à se déterger et à marcher vers la cicatrisation; 4° que les salles occupées par les autres blessés restent affranchies de cette complication jusqu'au jour où elle éclate dans le compartiment habité par les derniers venus.

On me dira peut-être encore que nos huit officiers avaient été déposés un instant dans les ambulances de Crimée, où la pourriture d'hôpital avait jeté des racines si profondes, qu'ils avaient été embarqués avec quelques centaines de soldats dont un certain nombre, quoique blessés récemment, étaient déjà pris de pourriture d'hôpital au moment de leur arrivée à Constantinople. L'objection nous placerait devant une incubation de sept à huit jours; or, à cet endroit, voici quelques observations que je me crois autorisé à présenter. Louables au fond, les efforts tendant à déterminer la période d'incubation de la pourriture d'hôpital ne pouvaient aboutir à de sérieuses appréciations. Les circonstances au milieu desquelles a surgi ou s'est ravivée la pourriture d'hôpital ont tellement varié aux diverses époques de la guerre, et la part de ces circonstances m'a toujours paru si difficile à établir, que je n'hésite point à considérer comme risquées les conclusions posées à cet égard. Que de blessés ou d'amputés, après un séjour plus ou moins long dans les ambulances de Crimée, où ils ont échappé à la pourriture, apportent dans nos salles des plaies, des moignons en bonne voie de guérison, et chez lesquels, à quelques jours de là, la pourriture pervertit et dénature le travail réparateur! L'empoisonnement, dans ce cas, vient-il de nos salles seules, ou a-t-il été préparé en Crimée? La question ainsi posée, comment déterminer la période d'incubation?

Ailleurs, que d'hommes enlevés de la tranchée ou du champ de bataille, transportés à Kamiesch sans passer par les ambulances, sont déposés dans nos salles du troisième au quatrième jour de leur blessure, et chez lesquels celle-ci est presqu'immédiatement prise de pourriture d'hôpital! La pourriture, cette fois encore, est-elle uniquement imputable à nos salles, ou le germe en a-t-il été puisé, pendant un séjour de vingt-quatre à trente-six heures, sur des bâtiments affectés depuis longtemps au transport des malades, et depuis longtemps ainsi empoisonnés eux-mêmes? Quelle aurait été, dans ce cas, la durée de la période d'incubation?

Laissons donc de côté ces points de pratique, moins intéressants à élucider, à mon avis, que celui-ci, à savoir : que la pourriture d'hôpital peut se créer d'elle-même dans des conditions de placement de malades bien différentes de celles dont il est parlé dans les auteurs; que la réunion d'un certain nombre de blessures graves, dans des locaux bien situés et bien disposés d'ailleurs, peut suffire à son développement.

La question serait donc, avant tout, pour l'origine du mal comme pour son traitement, une question d'espacement, d'air. Là se trouve, en quelque sorte, tout le secret des bons résultats à obtenir de nos établissements hospitaliers en campagne, ou des maux qui peuvent en surgir. Suppuration abondante au point de simuler parfois une véritable fonte purulente de l'organisme, suppuration de mauvaise nature intarissable, érysipèle, gangrène, infection ou résorption purulente : que de complications autres que la pourriture d'hôpital, non moins graves et non moins fréquentes quelle, peuvent encore être rapportées principalement à la viciation de l'air de nos salles par les malades eux-mêmes ! J'insiste sur ce point, parce qu'il résume, avec la gravité de la maladie qui en est la déduction, les chances de succès du traitement. A une viciation de moyenne intensité de l'air des salles, répondra très-probablement une pourriture d'hôpital de moyenne gravité, médiocrement envahissante, moins rebelle au traitement, moins fâcheuse dans ses conséquences dernières ; à une viciation profonde, une pourriture d'hôpital épargnant peu de malades, réfractaire aux médications les plus variées et les plus énergiques tout à la fois, et ayant communément pour dernier terme, soit la mort par la douleur ou l'épuisement, soit la mutilation, soit encore une guérison toujours péniblement obtenue, et souvent entachée de difformité ou de gêne dans le jeu des organes.

Pendant l'hiver de 1854-1855, les officiers malades à Péra ne sont isolés qu'en apparence des soldats également malades. Dans la portion de l'aile du bâtiment qu'ils occupent sur le Bosphore, ils ne vivent pas moins de l'air général de l'établissement, lequel alors est déjà très-profondément vicié. Aussi la pourriture d'hôpital fait-elle invasion dans leurs salles, et, comme dans les salles de soldats, elle pèse sur toute plaie, et se montre jusqu'au bout rebelle et désastreuse. Un instant, à l'Ambassade-Russe, les choses changent complètement d'aspect. Quand plus tard la pourriture d'hôpital fait retour, même aux époques où les salles sont occupées par tout ce qu'elles peuvent contenir de malades, elle n'est plus ni aussi générale, ni surtout aussi grave ou tenace que dans les autres établissements hospitaliers. Je ne sache pas qu'une mutilation ait été nécessitée par elle à l'Ambassade-Russe, et, si elle y a été suivie de mort, ce n'a été que bien exceptionnellement. Ajoutons que là encore un certain nombre de blessures avec fracas des os ont pu être amenées à une guérison qui partout ailleurs eût été à peu près impossible, tant les complications de toute nature y étaient nombreuses et en quelque sorte mortelles. La raison de tout cela, c'est qu'à l'Ambassade-Russe, par suite de la position tout exceptionnelle qui était faite aux malades, et que j'ai indiquée plus haut, la salubrité des salles n'a jamais été compromise dans des rapports qui paralysassent l'action du médecin. Acceptons donc la leçon de l'expérience, et ne persistons plus à présenter comme fatal, inévitable, ce que nos souvenirs d'Orient ne nous permettent plus, sous certaines réserves faciles toutefois à pressentir, d'accepter comme tel.

J'ai d'autant moins de peine à croire que la réunion pure et simple dans la même salle de huit blessés gravement atteints ait été la cause déterminante de la pourriture d'hôpital, que j'ai vu celle-ci naître en quelque sorte au grand air, mais avec coïncidence de l'agglomération sur le même point de beaucoup de blessures plus ou moins graves. En 1830, du 15 juin au 15 juillet, les blessés du corps expéditionnaire de l'Algérie sont évacués sur l'ambulance de Sidi-Ferruch : celle-ci se compose d'une série de fermes ouvertes aux deux extrémités, recouvertes en haut et sur les flancs d'une bâche que l'on peut soulever et replier sur elle-même à volonté; l'ambulance est assise sur le sable; tout ce qui, au point de vue du matériel, des pansements et de l'alimentation, peut concourir au bien-être du malade, a été prévu avec la plus minutieuse sollicitude. Au commencement de juillet, vingt jours environ après l'ouverture de l'ambulance, la pourriture d'hôpital surgit tout-à-coup. Le sirocco, qui coïncide avec cet évènement, active ses progrès. Presque tous les lits de l'ambulance sont occupés alors. On presse les évacuations sur Mahon, on abaisse sensiblement ainsi le chiffre des malades, et les progrès de la pourriture sont immédiatement enrayés.... Il ne faut pas se lasser de le répéter, l'encombrement est *absolu* ou *relatif*. Ce qui peut suffire dans nos hôpitaux sur le pied de paix aux maladies qui y sont habituellement traitées, ne va plus aussi bien aux lésions ou aux affections presque toujours exceptionnelles de la guerre.

D'autre part, les exigences hygiéniques des ambulances et des hôpitaux temporaires croissent, non-seulement avec le nombre des malades, mais encore avec la gravité des cas et avec la succession non interrompue de ceux-ci dans le même lieu. Ce qui convient à un simple coup de feu ne suffit plus aussi bien à une blessure avec fracas des os, à la pourriture d'hôpital, à la gangrène, à la congélation, avec leur ichor, leur sanie, leur putrilage; cela ne suffit plus encore à la généralité des affections si tristement résumées dans le scorbut; cela ne suffit plus, enfin, au typhus, toujours prêt à peser de son influence sur toutes les maladies au milieu desquelles il apparaît. Ce qui, dans ces cas même, pourrait, un instant, satisfaire l'hygiène, cesse d'être convenable au fur et à mesure que la salubrité des salles se compromet par leur occupation incessante. Un exemple entre mille : l'hôpital du Terrain de Manœuvres, au moment où il est ouvert (mai 1855), est un établissement hospitalier de campagne aussi bien disposé qu'on puisse le désirer; l'ensemble de ses salles barraquées couronne un plateau élevé au-dessus du Bosphore; suffisamment distancées, spacieuses, bien éclairées et bien aérées, ces salles courent du nord au sud, direction ordinaire des vents sur ce point; du côté du sud, une ligne transversale de barraques accessoires brise le courant d'air; convenable dans ses principaux détails, le matériel de l'hôpital est neuf. C'est le 2 mai qu'y paraissent les premiers blessés; une partie d'entre eux est entachée de pourriture d'hôpital ; chez quelques malades même, celle-ci est assez grave pour faire ajourner des mutilations que l'on peut, *à priori*, soupçonner devoir être difficilement évitées. Néanmoins, jusqu'au 20 juin, tout, pour la pourriture d'hôpital comme pour les blessures en elles-mêmes, s'arrange si favorablement, qu'à quelques exceptions près les guérisons sont en bonne voie. Le 22 juin, quatre cent trente blessés arrivent à la fois : ils proviennent du premier effort contre Malakoff. Une partie de ces malades n'a pas été pansée, ou elle ne l'a été qu'à la hâte ; aucun ne l'est pendant les trois jours de trajet de Kamiesch à Constantinople ; les malades sont entassés sur les bâtiments ; quelques-uns sont déjà pris de pourriture d'hôpital au moment de leur arrivée au Terrain. Trois nouvelles divisions de blessés sont installées. Dès lors, la pourriture d'hôpital, au lieu de continuer à rétrograder, s'aggrave et se multiplie dans des proportions telles, que peu de coups de feu lui échappent, qu'une partie des plaies ou solutions de continuité qui n'ont pas la même origine sont contaminées par elle. Elle s'attache à nos salles, s'affaiblissant un moment par les évacuations sur France, se ravivant par les arrivages de Crimée, mais ne s'éteignant plus, même à l'époque où le chiffre des malades est le plus réduit.

La pourriture d'hôpital peut donc naître d'elle-même dans une salle de blessés ; elle peut aussi y être apportée. Un fait bien net à l'appui de cette assertion : en janvier 1855, dans l'une des trois salles du service de blessés dont j'avais la direction à Péra, est placé l'infirmier d'ordonnance de M. le médecin en chef des hôpitaux de Constantinople. Ce soldat est atteint de pourriture d'hôpital sur plaie contuse du front. Il n'existe alors aucun cas de pourriture d'hôpital dans la dite salle de blessés. A trois ou quatre jours de là tout au plus, les deux voisins du nouveau venu en sont pris. Elle s'éparpille bientôt dans toute la salle.

A l'époque dont je parle, la pourriture d'hôpital se retrouvait bien dans quelques parties de l'établissement, mais point, je le répète, dans la salle en question. Dira-t-on que l'arrivée de l'infirmier de M. le médecin en chef n'a fait que décider, pour cette salle, le résultat des causes d'empoisonnement sous l'influence desquelles l'hôpital était alors placé dans son ensemble? Soit; mais toujours est-il que les deux premiers malades atteints de pourriture, après l'arrivée de cet infirmier, ont été ses deux plus proches voisins.

La pourriture d'hôpital une fois née ou apportée dans une salle, comment s'y propage-t-elle, comment s'y maintient-elle? La propagation par contagion n'est pas douteuse. Que de faits se sont passés sous nos yeux, où la piqûre la plus légère, la moindre excoriation du doigt, a été le point de départ d'accidents assez graves, chez des individus bien portants d'ailleurs, pour avoir entraîné la perte partielle de l'organe! Toutefois, j'ai hâte de le dire, ce mode de propagation de la pourriture d'hôpital a été l'exception, et il n'a eu lieu qu'entre le malade et le médecin ou l'infirmier chargé de l'aider.

Ce que j'ai dit de l'Ambassade-Russe, je le répète pour le Terrain de Manœuvres : pendant les premiers mois de fonctionnement de ce dernier hôpital, il n'est employé que du linge neuf, — point d'éponges pour le lavage des plaies, — chaque malade vit en quelque sorte dans son atmosphère de soins et de propreté à lui.

Il m'est tout aussi difficile de croire que la pourriture d'hôpital puisse être transmise par l'habit ou le doigt du chirurgien imprégnés des émanations de la dégénérescence putride, que d'admettre que, la pourriture d'hôpital ayant paru dans une salle, elle ne s'étend de proche en proche qu'à partir du blessé le plus voisin. J'ai, il est vrai, cité un fait qui semblerait l'indiquer; mais il n'est pas moins exact de dire que, communément, dans nos salles en campagne, elle s'y développe sur plusieurs points à la fois, et cela avec une soudaineté et un caprice dans le choix des malades dont il faut bien chercher l'explication ailleurs que dans la contagion. On a bien dit également que la pourriture d'hôpital pouvait naître du seul contact, sur une plaie ou sur une blessure, de l'air ambiant saturé des émanations de la dite pourriture venues d'un point quelconque de la salle. Or, mainte fois, entre le dépôt du malade à l'hôpital et l'apparition de la pourriture chez lui, il s'est écoulé si peu de temps, et la surface à contaminer ainsi par l'air a été si peu étendue, qu'il a toujours été difficile de comprendre, d'une part, l'empoisonnement de la plaie de cette façon, et de l'autre, à l'occasion d'une pourriture d'hôpital restreinte, le développement de phénomènes généraux d'une intensité égale à ceux provoqués par une large pourriture d'hôpital.

C'est mieux à l'infection que revient l'éternisation de cette complication dans nos hôpitaux et nos ambulances. Combien de fois chacun de nous n'a-t-il pas constaté, préalablement à son apparition, un travail intérieur dont la dégénérescence putride de la plaie était le dernier mot! Combien de fois n'a-t-il pas vu un malaise, une agitation particulière, des frissons suivis d'une céphalalgie vive, avec inappétence et soif, avec état saburral de la langue, teinte sub-ictérique de la face, grippement de celle-ci, avec fréquence du pouls et sécheresse de la peau, préexister au changement de physionomie de la plaie! Et combien de fois, instruit par l'expérience, n'a-t-il pas, à la simple constatation de cet état morbide particulier, deviné l'invasion de la pourriture? En rapportant plus particulièrement les progrès de cette complication à l'infection, c'est-à-dire à l'empoisonnement *sui generis* du milieu où vit le blessé, que de choses se comprennent qui ne s'expliqueraient plus autrement que d'une manière forcée! La pourriture d'hôpital une fois née, son influence spéciale sur l'air de la salle suffit à son rayonnement, et sa puissance d'action s'accroît de ses produits de chaque jour. Le vêtement du chirurgien, celui de l'infirmier, les pièces à pansements, la manière de faire ces pansements, tous ces éléments de propagation du mal, dont on s'est tant occupé autrefois, deviennent inutiles à l'explication. La pourriture d'hôpital s'inféode à nos salles, parce qu'elle est incessamment ravivée par les évacuations de Crimée. Les blessés échappent d'autant moins à ses atteintes que leur état général offre moins de puissance de réaction ; chez eux aussi la pourriture est plus grave et plus tenace. Les oscillations si variables du chiffre des malades de nos salles rendent raison, à leur tour, des oscillations également si mobiles de la pourriture, quant au chiffre et à l'intensité de cette complication. La persistance de la cause explique, de son côté, la facilité véritablement désespérante des récidives. L'élément de la persévérance de l'épidémie étant principalement celui que nous avons accepté, c'est-à-dire l'infection, on conçoit que l'isolement des hommes qui en sont le plus gravement atteints puisse être avantageux et à l'ensemble des blessés restés dans les salles, et aux hommes séquestrés sous la tente ; on conçoit comment une partie de ces derniers, tous fortement éprouvés depuis longtemps par la pourriture, ont trouvé dans leur isolement, soit la guérison, soit une amélioration telle, qu'ils ont pu être dirigés plus tard sur France avec des chances de salut. Malheureusement, en raison des difficultés toujours grandes du service, cette séquestration n'a pu être faite qu'assez tard, et d'une façon restreinte. J'ai la conviction, néanmoins, que, pratiquée largement, elle eût donné de grands avantages.

Quant aux malades, qui, le mauvais temps venu, durent quitter la tente pour reprendre la baraque, c'est-à-dire le foyer connu de l'empoisonnement, et qui n'y rapportaient qu'une amélioration douteuse, presque tous ne tardèrent pas à succomber au réveil des accidents locaux et généraux de la pourriture.

Il faut donc au blessé, en campagne, d'autant plus d'espace et d'air qu'il est gravement blessé. C'est à cette condition seulement qu'on peut espérer qu'il sera préservé de la pourriture d'hôpital. Celle-ci une fois déclarée dans une salle de malades, l'éparpillement le plus large peut seul être profitable à la masse comme aux individus en particulier. Aussi longtemps que le milieu reste le même pour tous, il n'y a que tâtonnements dans le traitement et incertitude quant aux résultats. Aussi n'est-il personne d'entre nous qui, ayant eu un grand service dans un des hôpitaux de Constantinople plus spécialement affectés aux blessés, ne se soit étonné des conclusions vraiment extraordinaires qui sembleraient ressortir, à cet endroit, des premières observations recueillies sur la pourriture d'hôpital pendant la guerre d'Orient. Que, dans les établissements où les lésions ou maladies du ressort de la chirurgie n'ont pas été, à beaucoup près, aussi nombreuses que dans les hôpitaux spéciaux, ne s'y sont pas succédé coup sur coup, où les blessures graves par armes à feu n'ont paru qu'exceptionnellement, les résultats, à tous les points de vue, aient été différents de ceux obtenus dans des salles incessamment pourvues de blessures graves en elles-mêmes ou par leurs complications, on le comprend. La pourriture d'hôpital n'y était pas alimentée de la même façon, sa physionomie a dû varier, et, avec elle, le traitement et ses conséquences. Mais ce qui était une exception comme cause, était également une exception comme effet, et les notes auxquelles j'ai fait allusion ne peuvent que nous donner une idée incomplète de la pourriture d'hôpital de la généralité des autres établissements.

Pour bien comprendre la difficulté de la situation et l'instabilité des résultats du traitement en matière de pourriture d'hôpital épidémique, il ne faut pas perdre de vue que, si celle-ci peut être une affection essentiellement locale, elle est souvent aussi, en campagne, l'expression d'une modification générale de l'économie, d'une véritable intoxication dont l'énergie, intimement subordonnée aux conditions de salubrité de nos locaux et au nombre et à la nature des blessures qui y sont traitées, s'accroît ou diminue, se ranime ou tend à s'éteindre avec l'augmentation ou la diminution du chiffre des malades, avec l'agglomération ou l'éparpillement de ceux-ci. En admettant même que la pourriture ait été purement locale d'abord, que l'air des salles n'ait été pour rien dans son développement, pour peu que le travail de réparation traîne en longueur et que l'économie, plus ou moins éprouvée déjà avant l'entrée du malade à l'hôpital, le soit un peu plus par la pourriture, il s'y établit, sous l'influence de l'atmosphère du lieu, une sorte de diathèse qui rapproche ce malade de ceux qui ont puisé la pourriture dans l'air même des salles. Sa guérison, s'il arrive jusque-là, sera bien souvent remise en question avant de se compléter.

En règle générale, dans la pourriture d'hôpital épidémique, la dégénérescence putride de la plaie ou de la blessure n'est donc pas tout le mal. Derrière lui existe un état particulier de l'économie auquel, tout d'abord ou par la suite, est essentiellement subordonnée l'affection locale, et qui détermine la puissance d'action des moyens employés pour la combattre aussi longtemps que subsiste l'empoisonnement des salles. Les moyens communément héroïques contre la pourriture d'hôpital isolée, le feu, l'acide sulfurique, le perchlorure de fer, et, dans les formes adoucies de la pourriture, l'acide citrique seul ou uni au camphre, au quinquina, au charbon, l'azotate d'argent, la teinture d'iode; tous ces moyens, dis-je, sont sans action, ou ils ne donnent qu'un bénéfice momentané. C'est ainsi que s'expliquent les différences d'opinion, même de ces derniers temps, sur le traitement de la pourriture. Là où le point de départ n'était pas le même, où le mal n'avait pas, en quelque sorte, pris racine, les conclusions, tout naturellement, n'ont pas été celles des hôpitaux où tout conspirait pour lui donner sa violence de forme, sa désespérante ténacité ; la différence du milieu où cette complication était observée se retrouvait dans les idées du praticien et dans le traitement. Ce qui peut être vrai pour les cas isolés de pourriture, à savoir, que tel moyen peut être préféré à tel autre, cesse de l'être d'une manière générale pour la pourriture d'hôpital, où tout l'organisme est engagé dans la lutte.

Si donc, dans le traitement de cette dernière, on fait abstraction un moment du milieu où l'on agit, et que l'on oublie le fait général pour ne voir que l'affection locale, il est bon de reconnaître à celle-ci une marche aiguë et une marche chronique. Cette distinction importe surtout au choix des moyens à employer. A la marche aiguë répondrait la conversion des tissus en un magma pulpeux ou putrilagineux, où tout est confondu et qui, le travail destructeur une fois arrêté, se détache des tissus sains par une série d'évolutions qui rappellent l'élimination de l'escarre de la gangrène, contrairement à ce qui est encore professé de nos jours.

A la marche chronique répondrait surtout la forme ulcéreuse.

La forme putrilagineuse m'a toujours paru primitive. Elle se présente spécialement, si ce n'est d'une manière exclusive, dans les blessures plus ou moins récentes. La forme pulpeuse est encore une forme souvent primitive de la pourriture d'hôpital ; souvent aussi elle se retrouve dans les blessures déjà anciennes, et elle n'a pas l'instantanéité et la puissance de destruction de la forme putrilagineuse. Avec une acuité moindre dans son expression générale, et plus de lenteur dans le travail de réparation, elle aboutit plus communément à la forme ulcéreuse.

Celle-ci est presque toujours consécutive aux deux autres formes. Elle appartient surtout aux plaies anciennes ou aux amputations nécessitées soit par la pourriture d'hôpital elle-même, soit par toute autre complication de la blessure, celle-ci étant déjà plus ou moins ancienne.

Dans tous les cas, ainsi qu'on l'a fait observer avec raison, il n'est pas rare, surtout quand le malade vit dans un foyer d'infection, de voir la forme pulpeuse et la forme ulcéreuse marcher parallèlement, en même temps que la cicatrisation tend à s'effectuer sur d'autres points de la même plaie.

Dans la forme putrilagineuse et pulpeuse, avons-nous dit, la séparation des parties mortifiées est communément précédée d'un véritable effort inflammatoire, comme dans la gangrène; seulement, cette séparation se fait par portion au lieu de s'opérer en bloc; or, les moyens les plus propres à arrêter le mal dans ses progrès sont encore les plus convenables pour préparer la chute des parties mortifiées, hâter leur élimination, et imprimer le meilleur coup de fouet au travail de réparation. Le feu, l'acide sulfurique et le perchlorure de fer se présentent en première ligne.

Dans un hôpital où il s'est trouvé à la fois trois cents cas au moins de pourriture d'hôpital, l'application du feu présentait bien des difficultés, bien de l'embarras. Ajoutons qu'il se manie moins facilement que les deux autres moyens, qu'il s'accommode moins bien et moins sûrement à toutes les situations, formes et profondeurs des parties à mortifier; il est, enfin, tout aussi douloureux que l'acide sulfurique ou le sel de fer, et il va moins aux malades.

A mon avis, l'acide azotique, qui n'a pas été oublié (que n'a-t-on pas employé contre la pourriture d'hôpital?), est beaucoup moins sûr que l'acide sulfurique. Ce dernier, employé avec tout le soin et l'énergie convenables, nous a suffi. D'autres ont accordé la préférence au perchlorure de fer. Ces deux moyens restent incontestablement les plus avantageux dans le cas en question.

Pour faciliter la séparation de l'escarre déterminé par l'un des moyens précédemment indiqués ou produit par la maladie elle-même, on a eu recours parfois aux émollients, plus souvent aux stimulants, aux excitants. Les rapports où, dans tous les cas à peu près, le même moyen a toujours suffi et réussi, m'étonnent par l'uniformité des résultats obtenus. L'escarre une fois éliminé, le styrax et le vin aromatique m'ont paru, de tous les topiques, les plus convenables pour entretenir le bourgeonnement de la plaie dans un degré d'activité et de ton favorable à la cicatrisation. Si celle-ci traîne en longueur ou si la forme ulcéreuse tend à se substituer aux autres formes, l'acide citrique, le camphre, le quinquina et le charbon en poudre, seuls ou réunis, la teinture d'iode, l'azotate d'argent, et, au besoin, l'acide azotique, donneront une impulsion nouvelle au travail cicatriciel ou comprimeront ses tendances défavorables.

On a reproché aux poudres de former à la surface de l'ulcère, soit primitif, soit consécutif, de la pourriture d'hôpital une couche plus ou moins solide et adhérente, laquelle, faisant obstacle à l'issue des produits putrides qui naissaient sous elle, perpétuait, en l'activant, l'empoisonnement de la plaie. Je n'ai rien vu de semblable. J'ai souvent, au contraire, constaté que la croûte qui résultait de l'application sur l'ulcère d'un magma fait avec l'acide citrique, le camphre, le quinquina, le charbon, se fissurait en plusieurs sens, se détachait des bords de l'ulcère, et qu'ainsi le pus, l'ichor, les gaz, trouvaient toujours une issue. J'ai pu même souvent remarquer que, sous la croûte du magma, le travail réparateur se préparait sans douleur vive, qu'il était même parfois assez avancé, à la chute de l'opercule médicamenteux, pour croire que, dans toute autre situation du malade, sa guérison se fût complétée rapidement. En admettant, d'ailleurs, que ce magma, employé en temps convenable, c'est-à-dire quand la détersion de la plaie est opérée, n'eût d'autre avantage que celui d'atténuer la douleur des pansements, c'est beaucoup, dans une maladie toute de douleur en quelque sorte ; douleur quand se prépare et se fait l'élimination des parties mortifiées dans la forme putrilagineuse et pulpeuse; douleur encore quand l'affection se continue sous la forme ulcéreuse. C'est aussi par les moyens les plus propres à frapper le mal à fond que cette douleur est plus sûrement attaquée. Que, dans certaines phases de la pourriture, et notamment quand le molimen réactionnel qui précède et accompagne la chute des points mortifiés s'élève au degré de l'inflammation, les émollients, et même les irrigations froides, vers lesquelles j'incline fort peu quand il s'agit de pourriture d'hôpital, trouvent un instant leur application, tout le monde le comprend ; mais ce qu'il ne faut jamais perdre de vue, c'est le caractère éminemment septique de la maladie. Il importe donc de moins se préoccuper des apparences irritatives ou inflammatoires qu'elle peut revêtir momentanément, que de son essence; de ne pas oublier les conditions qui la font naître et la perpétuent dans nos hôpitaux, et de n'indiquer enfin que sous réserve l'efficacité de moyens qui s'appliquent à des éventualités, et non plus au fond même de la maladie.

Dans la marche chronique de la pourriture d'hôpital, le perchlorure de fer conviendra mieux peut-être que l'acide sulfurique. L'énergie du médicament n'est plus ici, d'ailleurs, aussi impérieusement exigée que dans la forme putrilagineuse ou pulpeuse. L'acide citrique, le camphre, le quinquina, le charbon, la teinture d'iode pure ou affaiblie, une solution légère d'azotate d'argent, une solution plus concentrée de sulfate de cuivre, le styrax encore ou le vin aromatique suffiront dans la forme ulcéreuse, mais toujours à la condition qu'on ne séparera pas l'état local de la blessure de l'état général de l'individu ; qu'on sera bien convaincu qu'aussi longtemps que celui-ci souffrira, soit du milieu où il vit, soit de l'ébranlement constitutionnel inséparable de la pourriture d'hôpital qui se prolonge, les moyens locaux de traitement, quels qu'ils soient, quelque variés qu'ils soient, seront nuls ou éphémères dans leur action.

Isolez, au contraire, le malade ; faites-le vivre de l'air extérieur, en quelque sorte, et alors, à moins que les désordres locaux produits par la pourriture d'hôpital ne soient trop étendus ou l'ensemble de l'organisme profondément altéré, les pansements les plus simples vous suffiront. Alors aussi les mutilations devenues indispensables auront chances de succès.

DE
L'EMPLOI DU SPARADRAP DE VIGO
dans le traitement de certains
ULCÈRES SYPHILITIQUES DE LA PEAU,

PAR M. POTIER-DUPLESSY,

Médecin aide-major de 1re classe,
chef du service à l'hôpital de Nemours (1).

Le phagédénisme constitue, à cause de sa ténacité et de la gravité de ses conséquences, une des plus sérieuses complications qui puissent s'emparer d'un ulcère syphilitique. Ce n'est le plus souvent qu'à l'aide d'un traitement interne énergique et des ressources variées de la médication externe; ce n'est qu'après des tâtonnements sans nombre, et en se pliant chaque jour aux nouveaux caprices du mal, que le chirurgien parvient à en triompher.

Mais, à côté des chancres phagédéniques, il est d'autres ulcères qui, quoique beaucoup moins graves, présentent cependant d'assez grandes difficultés dans leur traitement. On sait, en effet, avec quelle désespérante opiniâtreté certains ulcères cutanés se perpétuent, en dépit de la thérapeutique la mieux entendue.

On en voit d'autres encore qui, sans être entretenus, en apparence du moins, par une cause générale, se montrent quelquefois réfractaires à tous nos moyens d'action et font échouer nos efforts.

---

(1) Maintenant médecin-major de 2e classe au 1er bataillon d'infanterie légère d'Afrique.

J'ai eu à traiter, dans l'espace d'un an, quatre malades atteints d'ulcères qui, sans avoir une origine et une physionomie identiques, étaient au moins remarquables par une égale résistance aux divers moyens de traitement dirigés contre eux. L'un portait au mollet un ulcère qui semblait être une affection toute locale ; le second était atteint de chancres primitifs du fourreau ; un autre, de chancre phagédénique de l'aine, suite de bubon ; le dernier, de syphilides ulcéreuses. Je crois pouvoir attribuer la guérison de ces malades à l'emploi d'un topique dont l'efficacité, solidement établie déjà dans d'autres affections, me paraît digne d'être signalée dans les cas qui nous occupent.

Je veux parler du sparadrap de Vigo, employé en bandelettes imbriquées, suivant la méthode de Baynton.

Déjà, en 1831, dans son rapport au conseil général des hôpitaux, M. Ph. Boyer signalait les bons effets obtenus par l'emploi de ce sparadrap, qui se trouve indiqué, du reste, par d'autres auteurs. Malgré cela, ce topique était sans doute assez négligé, lorsque Vidal (de Cassis) fit part à la Société de chirurgie (22 novembre 1854) des excellents résultats qu'il venait de produire, entre ses mains, sur un homme porteur de deux ulcères phagédéniques pulpeux, suite de bubons. De nouveaux faits n'ont pas tardé à se joindre à celui-là, et ceux qui me sont propres confirment pleinement les assertions des chirurgiens que je viens de citer. Les voici, dans leur ordre chronologique.

1re OBSERVATION.

Ulcère du mollet, suite d'anthrax ; traitement inutile pendant trois mois et demi ; guérison prompte par le sparadrap de Vigo.

Bonjean (Baptiste), âgé de 29 ans, fusilier au 54e

de ligne, constitution moyenne, tempérament lymphatique, entre à l'hôpital le 12 septembre 1855, n'accusant comme maladie antérieure qu'une *blennorrhagie* contractée en 1852. Il y a un mois environ, alors que régnait à Nemours l'épidémie de panaris que j'ai décrite (1), il fut atteint au mollet droit, sans cause connue, d'un anthrax qui s'ouvrit en arrosoir : la peau située entre ces petites ouvertures se détruisit peu à peu et livra passage au tissu cellulaire mortifié ; il en résulta une ulcération occupant la partie moyenne de la région sus-indiquée.

Le jour de l'entrée de Bonjean, cet ulcère, à peu près circulaire, a quatre centimètres de diamètre ; ses bords sont déchiquetés et décollés par places, son fond est grisâtre, irrégulier ; son pourtour, violacé, offre çà et là des points récemment cicatrisés. Je note comme symptôme général un léger état saburral des premières voies.

J'insistai d'abord sur les vomitifs et les purgatifs, et j'enveloppai le membre de bandelettes de diachylon.

Au bout de quinze jours, l'état du malade étant le même, je dus modifier le traitement. Je prescrivis les amers, le vin, un bon régime, et, successivement, l'huile de foie de morue et l'iodure de potassium. A l'extérieur, les bains, les cataplasmes émollients et vineux, les lotions émollientes et résolutives, la teinture d'opium, le vin aromatique, le styrax, la plaque de plomb, la cautérisation au fer rouge conseillée par M. le médecin-inspecteur Vaillant, qui vit ce malade le 5 octobre, furent employés tour à tour et avec une insistance suffisante pendant deux mois. Si quelques-uns de ces moyens parurent d'abord agir favorablement et amener un commencement de

---

(1) *Recueil de Mémoires de médecine, de chirurgie et de pharmacie militaires* (2ᵉ série, tome XVIII).

cicatrisation, le mal restait bientôt stationnaire ; puis les points cicatrisés se décollaient et s'ulcéraient de nouveau. Je fus forcé plusieurs fois d'inciser et d'exciser même les parties décollées.

Supposant alors que cette affection était peut-être sous la dépendance d'une infection vénérienne, j'eus recours aux pilules de proto-iodure de mercure, au cérat mercuriel, à la pommade au calomel, aux lotions de sublimé ; mais ce fut sans aucun résultat. Quelques bourgeons violacés, mollasses, s'élevèrent de la surface de l'ulcère, laissant entre eux de petites cavités grisâtres, comme pultacées. Le jus de citron, la teinture d'iode, l'acide chlorhydrique, furent mis en usage sans succès. Après chaque tentative nouvelle, l'ulcération paraissait aussi étendue qu'avant ; seulement elle se déplaçait d'une manière sensible, en laissant derrière elle une cicatrice luisante et fragile, de laquelle surgissaient souvent de petits ulcères en champignon, dont j'avais toutefois facilement raison.

Nous étions au commencement de janvier. En désespoir de cause, j'eus recours aux bandelettes de sparadrap de Vigo, imbriquées avec soin. Je les laissai trois jours en place. Le quatrième jour, l'aspect général de l'ulcère me sembla meilleur ; huit jours après, les bords, parfaitement adhérents, se cicatrisaient. A la fin de janvier, après huit applications de ces bandelettes, la guérison était très-avancée. A cette époque, le siège primitif de l'ulcère s'enflamma, un petit flegmon s'éleva, s'ouvrit, et je pus constater un décollement dans l'étendue d'une pièce d'un franc ; je l'excisai et réappliquai immédiatement les bandelettes. Dix jours après, la cicatrice était partout solide et régulière. Bonjean sortit le 15 février.

L'efficacité des bandelettes de Vigo est ici de toute évidence. D'un côté, l'ancienneté du mal, sa résistance au traitement général et aux divers topiques mis en usage pendant trois mois et demi ; de l'autre, l'amélioration si promptement survenue et si vite suivie de la guérison, ne permettent pas de douter que celle-ci ne soit due en grande partie au topique employé en dernier lieu. Je note en passant l'absence de salivation, tant sous l'influence du protoiodure de mercure qu'à la suite des applications de l'emplâtre de Vigo.

IIe OBSERVATION.

Ulcère phagédénique pultacé succédant à un bubon vénérien; inutilité des médications les plus variées; guérison rapide par le sparadrap de Vigo.

Englet (François), manœuvre, âgé de 34 ans, d'un tempérament lymphatique, d'une constitution détériorée, entre à l'hôpital le 14 décembre 1865, porteur d'un bubon à l'aine gauche, lequel a succédé, quinze jours auparavant, à un chancre de la verge dont il ne reste plus de traces.

La tumeur offre le volume d'un petit œuf de poule. La peau qui la recouvre est rouge, amincie; la fluctuation est considérable. Je l'ouvre dans le sens du pli de l'aine (diamètre transversal) à l'aide du caustique de Vienne, et j'institue un traitement général. (Tisane sudorifique, liqueur de Van-Swiéten.)

Tout va bien d'abord : le foyer se vide, son fond se couvre de bourgeons charnus, les téguments voisins reprennent leur coloration normale et ne sont le siège d'aucun décollement. (Cérat mercuriel.)

Mais bientôt, vers le 10 janvier, ce travail réparateur se suspend, les bourgeons s'affaissent et prennent une teinte grisâtre, puis le fond de l'ulcère se creuse de petites cavités irrégulières remplies d'un pus grisâtre et fétide. Le vin aromatique, le sulfate de cuivre, la teinture d'iode plus ou moins étendue, la pierre infernale, la pommade au calomel, la solution de sublimé, le styrax, restent sans effet.

Le fond de l'ulcère se couvre d'une couche mollasse, grisâtre, peu adhérente, d'où s'échappent quelques bourgeons charnus, décolorés et saignant au moindre contact; les bords, violacés, amincis, se décollent. Un stylet promené tout autour de l'ulcération soulève les téguments dans une étendue de un à deux centimètres. La pression exercée sur ces derniers en chasse une sanie grumeleuse et fétide, mais peu abondante. Bientôt deux ou trois points se perforent sur les bords; il en résulte de petites ulcérations séparées de l'ulcère principal par des ponts de téguments rougeâtres et amincis. Toutes les parties décollées sont détruites avec la pâte de Vienne; mais, avant la chute des escarres, d'autres points se perforent, et la perte de substance s'étend ainsi par suite de la destruction successive des bords amincis et décollés.

Au milieu du mois de février, grâce à cette marche envahissante, il existe dans l'aine une ulcération irrégulière, à bords frangés, à fond anfractueux, s'étendant de la racine des bourses jusqu'à dix centimètres en dehors, et offrant sur quelques points une largeur de cinq centimètres. Du reste, pas de troubles digestifs.

J'avais remplacé la liqueur par le proto-iodure de mercure et l'iodure de potassium, auxquels j'avais associé les amers et un bon régime. Aux moyens locaux déjà cités, j'ajoutai le jus de citron et l'acide chlorhydrique; tout échoua.

J'eus connaissance à cette époque des bons résultats obtenus par M. Rodet au moyen de l'extrait d'opium à l'intérieur, résultats consignés dans le *Bulletin de Thérapeutique* (décembre 1855). Je voulais recourir à cette médication; mais la guérison que venait de me procurer le sparadrap de Vigo chez le malade de l'observation précédente m'engagea, malgré la nature différente du mal, à employer de de nouveau ce topique.

En conséquence, j'appliquai, le 1er mars, des bandelettes imbriquées le mieux qu'il me fut possible, et je les laissai en place deux jours d'abord, puis trois et quatre. Quoique le siège du mal se prêtât peu à une compression parfaite, l'ulcère n'en fut pas moins promptement et favorablement modifié. Le phagédénisme s'arrêta définitivement ; le fond de l'ulcération se détergea ; les bords se consolidèrent. Bientôt deux ou trois îlots cicatriciels surgirent du centre de l'ulcère, et marchèrent à la rencontre l'un de l'autre. Le 25 mars, il ne restait plus rien de cette vaste perte de substance ; mais, pour bien m'assurer de la guérison, je gardai Englet jusqu'au 15 avril.

L'action aussi rapide qu'efficace du sparadrap de Vigo, dans un cas où tant d'autres agents avaient échoué, a réellement quelque chose de merveilleux dont on ne peut s'empêcher d'être frappé. Personne ne se refusera à laisser à ce topique tous les honneurs de la guérison. Je noterai dans cette observation, comme dans la première, l'absence de salivation.

IIIe OBSERVATION.

Chancres primitifs serpigineux du fourreau de la verge; guérison par le sparadrap de Vigo, après l'emploi infructueux de divers autres topiques.

Abdala-ben-Necrouf, caporal au 2e tirailleurs algériens, malade depuis huit jours, entre à l'hôpital le 12 février 1856, porteur de deux chancres du fourreau et de deux bubons indolents. Ces deux ulcères, séparés l'un de l'autre par une bande de tissus sains de cinq millimètres de large, occupent presque toute la face antérieure des téguments de la verge (quatre centimètres de long sur deux de large). Leur surface, pâle, finement granuleuse, n'est le siège d'aucune sécrétion, d'aucune douleur. Leurs bords, très-irréguliers, épais, saillants, sont partout adhérents; celui du côté gauche présente quelques points récemment cicatrisés, et le malade affirme que l'ulcération s'est un peu étendue du côté droit depuis deux ou trois jours. (Tisane sudorifique, liqueur de Van-Swiéten, cérat mercuriel; sur les bubons, vésicatoire qui sera pansé avec la teinture d'iode.)

Les adénites disparaissent rapidement; mais il n'en est pas de même des ulcères, que je panse successivement avec la pommade au calomel, le vin aromatique, les solutions de sublimé, de sulfate de cuivre. Je les cautérise plusieurs fois vigoureusement; j'en incise les bords indurés : non-seulement leur aspect ne se modifie pas, mais les tissus sains qui les séparaient sont envahis peu à peu, et les deux chancres n'en font bientôt plus qu'un seul; le travail ulcératif s'étend même sensiblement vers le côté droit.

Le 15 mars, sans insister davantage sur un traitement inutile, et encouragé d'ailleurs par la prompte amélioration que le sparadrap de Vigo venait de produire sur Englet, voisin de ce malade, j'ai recours à ce mode de pansement. Je le renouvelle les 19, 23, 27 et 31 mars. Dès la troisième application, les bords de l'ulcère s'étaient aplatis et montraient une tendance manifeste à la cicatrisation. Le 1er avril, l'ulcération avait diminué de moitié, et Ben-Nécrouf put sortir guéri le 11 du même mois, sans avoir présenté de salivation.

Voilà un troisième fait qui plaide éloquemment en faveur du sparadrap de Vigo. Il est permis de supposer, à la vérité, que dans ces trois cas la guérison, commencée et préparée par la série des moyens internes et externes employés dès le principe, s'est tout naturellement accomplie ensuite pendant l'emploi de ce topique, sans que celui-ci ait rien à revendiquer dans ce résultat, qu'on aurait également obtenu en insistant sur les agents primitivement mis en usage. Je pourrais répondre à cela que chacun de ces divers moyens a été continué pendant plusieurs jours, sans qu'aucune tendance à la guérison se soit manifestée ; que plusieurs d'entre eux même ont paru plus nuisibles qu'utiles, tandis que le sparadrap de Vigo a été suivi d'une amélioration tellement prompte, qu'on ne peut l'attribuer qu'à lui. Mais je préfère établir l'efficacité de ce topique sur l'observation suivante, où non-seulement il a été appliqué seul et de prime-abord, mais où son action a pu être mise, sur le même sujet, en parallèle avec celle de quelques-uns des médicaments employés dans les faits qui précèdent.

IV° OBSERVATION.

Syphilides ulcéreuses ; effets comparatifs des topiques ordinairement employés et du sparadrap de Vigo ; efficacité remarquable de ce dernier.

Salem-bou-Djemmaa, Arabe de 25 ans, entre à l'hôpital le 15 juillet 1856. Cet homme, atteint de teigne faveuse, porte en outre, depuis un an, plusieurs ulcères cutanés de diverses grandeurs, comme on en rencontre si souvent chez les Indigènes. L'un d'eux, à peu près circulaire, de trois centimètres de diamètre, occupe la partie moyenne de la face antérieure de la cuisse droite ; le second, plus petit, est situé au point correspondant de la face postérieure du membre. La cuisse gauche en présente un troisième, en arrière, de deux centimètres de long sur un et demi de large. Enfin, deux autres, de la même étendue que ce dernier, occupent le bras droit, face externe. Le fond de ces ulcères est déprimé, pâle, très-légèrement humide ; leurs bords sont déchiquetés, saillants, sans dureté, et offrent une coloration cuivrée. D'après le malade, leur forme s'est plusieurs fois modifiée depuis un an, et je pus me convaincre quelques jours plus tard de l'exactitude de ce renseignement, car les deux ulcérations de la cuisse droite marchaient sensiblement vers la partie inférieure, tandis qu'elles se cicatrisaient en haut.

L'existence de plaques muqueuses à l'anus et sur le scrotum, la couleur cuivrée des bords de ces ulcères, la fréquence des syphilides chez les Arabes, me convainquirent que j'avais sous les yeux des ulcérations de nature vénérienne.

Instruit par les faits que j'avais observés quelques mois auparavant, je résolus de recourir de prime-abord aux bandelettes de Vigo. Mais comme, en même temps, le nombre et le siège distinct des ulcères me permettaient de les traiter isolément, je voulus instituer une sorte de contre-épreuve, en appliquant à l'un d'eux un traitement différent. En conséquence, après avoir prescrit un traitement général par le proto-iodure de mercure, les deux ulcères de la cuisse droite et ceux du bras furent immédiatement enveloppés de bandelettes de Vigo imbriquées, tandis que celui de la cuisse gauche fut soumis successivement à l'action des divers topiques indiqués déjà dans les observations précédentes (cérat mercuriel, pommade au calomel, calomel en poudre, lotions de sulfate de cuivre et de sublimé, cautérisation, teinture d'iode).

Au bout d'un mois (15 août), les ulcérations traitées par le sparadrap de Vigo étaient cicatrisées, à l'exception de la plus grande de la cuisse droite, qui se trouvait réduite au diamètre d'une pièce de vingt centimes. L'ulcère de la cuisse gauche n'avait fait que changer d'aspect : de pâle et sec, il était devenu d'abord rouge et humide, puis mamelonné et saignant.

Le malade étant retenu à l'hôpital par sa teigne, j'avais encore du temps devant moi pour poursuivre l'expérience. J'entourai donc cet ulcère pendant douze jours de bandelettes de diachylon; mais ce topique ne produisit aucune amélioration sensible; il ne fit qu'aplatir les bourgeons. Jugeant alors l'épreuve suffisante, j'employai les bandelettes de Vigo le 27 août ; en quinze jours, la cicatrisation fut obtenue.

Guéri de sa teigne par la pommade au sous-carbonate de potasse, l'épilation et l'huile de cade, Salem sortit de l'hôpital le 13 septembre. Je l'ai revu le 4ᵉʳ novembre : la guérison s'est maintenue sur tous les points.

Je considère ce fait comme excessivement important dans la question qui nous occupe. Il met en regard, d'un côté l'inutilité de plusieurs médicaments externes, de l'autre l'efficacité du sparadrap de Vigo, en même temps qu'il permet d'élucider en partie le mode d'action de ce dernier topique.

En effet, l'utilité du sparadrap de Vigo peut être attribuée :

A la compression,

A l'occlusion,

A une action toute locale due à sa composition même,

Enfin à l'absorption.

Si la *compression* était son unique mode d'action, les mêmes résultats devraient s'obtenir dans des cas où la compression est exercée par les bandelettes de diachylon ou une plaque de plomb. Or, ces moyens, souvent héroïques il est vrai dans les ulcères simples, échouent fréquemment dans ceux dont il s'agit ici : la plaque de plomb est restée inutile dans ma première observation, de même que le diachylon l'a été dans la première et la quatrième.

On peut en dire autant de l'*occlusion*, réalisée tout aussi bien par le diachylon et par d'autres pansements que l'on voit habituellement réussir dans les ulcères non spécifiques. Les bandelettes de Vigo n'agissent donc exclusivement ni par compression, ni par occlusion.

On ne peut nier l'*action excitante* de ce topique, assez énergique pour amener la résolution de certains engorgements; mais, en ce qui a trait spécialement aux ulcères dont nous nous occupons, nous avons vu bien d'autres excitants employés sans succès. Resterait donc le mercure, qui y figure dans une assez forte proportion, et que l'on voit produire tous les jours, d'après plusieurs auteurs, l'avortement des pustules varioliques. Mais si, dans les ulcères vénériens, les résultats étaient dus à l'action locale de ce dernier agent, d'où vient que les autres préparations hydrargyriques employées seules exaspèrent souvent le mal et demeurent plus souvent encore inutiles ?

Ce sparadrap agirait-il donc par *absorption?* Dans les quatre faits cités plus haut, je n'ai pas observé de salivation. Mais, outre que Vidal (de Cassis) a vu survenir la stomatite dans les cas où les ulcères étaient étendus, comme mes malades faisaient en même temps ou avaient déjà fait usage des mercuriaux à l'intérieur et à l'extérieur, sans que pour cela cet accident se fût produit, l'absence de la salivation ne saurait prouver que le mercure contenu dans l'emplâtre de Vigo n'ait pas été absorbé. Ce topique peut donc agir et agit probablement par absorption. Mais il n'en résulte pas que ce soit là son véritable, son unique mode d'action. En effet, ainsi que je l'ai fait remarquer, le mercure avait été employé déjà sous d'autres formes, et par conséquent absorbé, sans qu'aucune amélioration se fût manifestée.

Il serait peut-être plus logique de supposer que compression, occlusion, action topique et absorption se prêtent ici un mutuel secours, et que là où l'une d'elles échouerait seule, l'action combinée de plusieurs devient efficace.

Quoi qu'il en soit de l'explication, les faits ont parlé, et l'utilité de ce mode de traitement est maintenant hors de doute pour moi. Il peut se faire que je sois tombé sur des cas exceptionnels ; mais le deuxième était assez grave pour que j'aie dû me féliciter d'avoir employé un médicament trop négligé et auquel je n'hésiterai pas de recourir avec confiance toutes les fois que l'occasion s'en présentera. Je n'ai pas besoin d'ajouter que cette confiance n'exclut nullement l'administration d'un traitement général.

MÉMOIRE

SUR L'EFFICACITÉ DES APPLICATIONS CONTINUÉES

DE BANDELETTES DE DIACHYLON GOMME,

dans le traitement

DES ULCÈRES ET DES PLAIES,

PAR M. BRYON,

Médecin aide-major au 2ᵉ régiment de chasseurs.

Il y a longtemps déjà que l'on préconise l'emploi des bandelettes de diachylon dans le traitement des ulcères, et qu'on a reconnu leur action curative toute particulière dans des cas qui avaient épuisé les ressources de la thérapeutique chirurgicale. Tous les auteurs recommandent ce moyen comme un des meilleurs. Mais bien qu'ils aient souvent insisté sur une particularité qui, à mon avis, est essentielle : je veux parler du maintien très-prolongé et continu des bandelettes agglutinatives sur l'ulcère, je crois cependant qu'il convient de répéter cet utile précepte. En effet, ce traitement, tel que je le conçois et que je l'ai appliqué, m'a paru non-seulement efficace pour les ulcères, mais encore pour beaucoup de plaies ordinaires. C'est son importance au point de vue de la chirurgie militaire, qui m'a déterminé à en dire quelques mots.

Dans le traitement dont nous parlons, les auteurs recommandent de renouveler le pansement deux fois par jour, si la suppuration est sanieuse et abondante ; cependant ils posent en principe qu'en dehors de ces indications, les pansements rares sont les meilleurs ; mais cette rareté, pour eux, ne va guère au-delà de deux ou trois jours. Des observations nombreuses m'ont montré que, sans s'occuper de la suppuration, on peut non-seulement ne pas renouveler le pansement deux fois dans les vingt-quatre heures, mais encore maintenir en place, sans y toucher, les bandelettes pendant huit jours et plus longtemps encore.

Depuis deux ans j'ai employé ce mode de traitement soit pour des ulcères, soit pour des plaies, non-seulement dans le détachement de cavalerie dont j'étais chargé comme aide-major, mais encore dans la pratique civile.

La population la plus pauvre et la plus malheureuse d'une ville de garnison est généralement celle qui réclame les soins du médecin militaire, dès son arrivée, surtout si la ville est petite et les médecins civils peu nombreux. Cette clientèle ne m'a point fait défaut ; et par cela même que j'ai eu à traiter des indigents ou à peu près, j'ai pu aussi, dans les mauvaises conditions hygiéniques où ils se trouvaient, constater un grand nombre d'ulcères. Les observations ne m'ont point manqué : j'en citerai trois des plus saillantes et des plus présentes à ma mémoire.

Le premier cas est celui d'un ouvrier âgé de vingt-cinq ans, marié, travaillant à une fabrique de tuiles, dans un lieu bas et marécageux. Cet homme, d'une taille au-dessus de la moyenne, et d'une conformation indiquant une force musculaire considérable, a cependant un tempérament lymphatique en contradiction avec le développement de ses muscles. Il vint me trouver pour un ulcère qu'il portait depuis deux ans. Cet ulcère était situé en arrière de la malléole interne gauche, et descendait un peu au-dessous d'elle ; ses bords décrivaient assez bien une circonférence dont le diamètre, partant du tiers postérieur de la malléole, serait allé jusqu'au milieu de la face postérieure du tendon d'Achille ; ulcère d'un aspect grisâtre, couvert de fongosités saignantes, à bords violets et tuméfiés, à suppuration fétide et de mauvaise nature : du reste, pas ou peu de douleur, puisque cet homme, tout en essayant divers traitements, avait vaqué à ses occupations depuis le commencement de son affection jusqu'au moment où je le vis. Il me dit avoir employé une foule de remèdes, tous inefficaces. Les renseignements qu'il me fournit sur son passé, son genre de vie, ses occupations, me firent attribuer la cause de cet ulcère aux mauvaises conditions hygiéniques dans lesquelles il vivait, et son entretien à une gêne de la circulation dans la jambe malade.

Après un bain local et des lotions pour débarrasser la partie du pus accumulé dans la plaie et concrété sur ses bords, je taillai des bandelettes de diachylon larges de deux travers de doigt, et je les appliquai sur l'ulcère de manière que chaque bandelette fît le tour du membre et fût recouverte à moitié par celle qui lui était immédiatement supérieure : je couvris ainsi la plaie, que je dépassai en haut et en bas d'au moins deux travers de doigt ; de la charpie et une compresse recouvrirent les bandelettes, et une bande fixa le tout. J'insistai fortement auprès du malade pour qu'il ne touchât pas à l'appareil, en le prévenant que je ne verrais son ulcère que dans huit jours, et je tâchai de m'assurer de son obéissance par l'espoir d'une guérison prochaine. Puis je lui prescrivis le repos, et autant que possible la position horizontale, de manière à faciliter la circulation veineuse du membre malade.

Le lendemain, le linge qui entourait la partie malade était imprégné d'une suppuration fétide : je le changeai sans toucher aux bandelettes, et chaque jour, jusqu'au huitième, je procédai de la même manière ; à cette époque, j'enlevai le diachylon : l'ulcère avait sensiblement diminué, la cicatrisation se faisait de la circonférence au centre d'une manière très-marquée. Je réappliquai de nouvelles bandelettes, de nouvelles compresses, une nouvelle bande. Au bout de huit jours encore, je découvris la plaie, qui avait, sans exagération, diminué de la moitié de sa largeur primitive. Enfin elle fut complètement guérie au bout d'un mois. Lorsque la cicatrisation fut complète, je prescrivis quelques lotions toniques pour consolider et fortifier un tissu cicatriciel bien faible encore; puis, de crainte d'une récidive amenée par quelque cause traumatique, je conseillai à mon malade de continuer sur la partie l'application de linges fins et bien propres, destinés à préserver le membre d'un contact ou frottement préjudiciable.

Il est à remarquer que cet homme, auquel j'avais conseillé le repos et la position horizontale, a peu suivi mes prescriptions sous ce rapport; qu'il a souvent marché; que son régime et son genre de vie habituels ont été à peu près les mêmes qu'avant son traitement, et cependant l'affection a guéri rapidement et sans reparaître.

Du reste, quant à ce qui concerne le repos, quelques auteurs s'y opposent et conseillent même la marche comme venant en aide au traitement dont nous nous occupons.

Le second cas s'est présenté chez une petite fille de cinq ans, atteinte d'un ulcère atonique à la face dorsale du gros orteil droit, première phalange. Sa mère nourrissant avec peine quatre enfants auxquels elle avait transmis un tempérament lymphatique des plus exagérés, m'amena sa petite fille, en me disant qu'elle avait cette plaie depuis six mois, et qu'on lui avait déjà donné plusieurs pommades qui avaient été inutiles. Je fis sur la partie malade une application de bandelettes de diachylon, après avoir pris les mêmes précautions de propreté que pour le cas que je viens de citer, et je dis à la mère de ne pas y toucher sans ma permission, mettant à cette condition expresse la guérison de sa fille. Deux jours après, je dus m'absenter précipitamment pendant un mois. J'allai voir l'ulcère en question avant mon départ, et recommandai de ne lever l'appareil que dans vingt jours.

Lorsque je revins un mois après, mon premier soin fut de m'informer du résultat de cette application aussi prolongée : l'ulcère était guéri. Au moment où, suivant mes prescriptions, la mère avait enlevé les bandelettes de diachylon, le mal avait disparu, ne laissant qu'une cicatrice déjà solide. Ici encore, l'enfant s'était trouvé pendant le traitement dans de fort mauvaises conditions : d'abord la misère de la famille, puis le peu de surveillance que pouvait exercer sur sa fille cette femme, obligée d'aller travailler pour gagner sa vie et de confier ses enfants, tous en bas âge, à des voisins fort indifférents : par conséquent, la petite malade avait pu courir et jouer à son aise avec un ulcère, qui du reste ne la faisait pas souffrir, et qui a guéri sans autre précaution que l'application des bandelettes agglutinatives.

Enfin, je parlerai d'un troisième ulcère beaucoup plus grand que tous ceux que j'avais vus jusqu'alors, et qui a cédé au même traitement.

L'individu porteur de cet ulcère était âgé de soixante ans. Il était journalier, pauvre, mal nourri, mal vêtu, et encore plus mal logé. Il avait cette affection depuis huit ans : c'est en faisant la moisson qu'il croyait avoir été piqué à la jambe ; il lui était venu une petite excoriation, qui s'était ulcérée, et avait pris des proportions énormes. En tous cas, voici l'état dans lequel j'ai trouvé le membre malade. C'était la jambe gauche : les deux tiers inférieurs étaient envahis par un ou plusieurs ulcères communiquant entre eux, et principalement à la partie interne; ils contournaient la jambe en arrière et en avant ; en un mot, l'ulcération avait pour ainsi dire envahi toute la jambe. La plaie était verdâtre dans certains endroits, remplie de fongosités sanguinolentes dans d'autres parties. Les bords en étaient irréguliers, arrondis, boursoufflés, d'un gris ardoisé : la peau voisine était d'une couleur lie-de-vin et violacée dans une grande étendue : cette coloration remontait jusqu'à l'articulation du genou ; une suppuration abondante, grisâtre, sanieuse, et d'une fétidité extraordinaire, s'écoulait de cet ulcère repoussant, et faisait de cet homme un sujet de dégoût même pour sa famille.

Il avait employé tous les moyens possibles pour se guérir, depuis les médicaments indiqués par les conseils éclairés des médecins, jusqu'aux remèdes empiriques des commères du quartier, sans oublier l'eau d'une fontaine voisine, dont la réputation, jusqu'alors intacte, de panacée universelle, pâlit complètement dans cette circonstance.

Malgré la gravité de son état, il s'y était habitué graduellement, et, à part quelques douleurs plus ou moins rapprochées, il avait pu continuer ses travaux au-dehors pendant longtemps. Ce n'est que par suite de son voisinage avec l'individu que j'ai cité en premier lieu, qu'il vint me consulter. Sa plus grande crainte, me disait-il, était de s'exposer, en supprimant cet ulcère, à quelque accident interne, et il me demanda mon avis à ce sujet.

Certains auteurs défendent la suppression des ulcères anciens auxquels l'économie est habituée, et dont la disparition peut amener divers accidents, tels que la congestion cérébrale, etc.; mais il est des mesures de précaution à l'aide desquelles un médecin peut conjurer ces accidents : c'est ce que je résolus de faire, tout en combattant directement l'ulcère que j'avais sous les yeux. Je rassurai donc l'individu sur les résultats qu'il redoutait, et j'entrepris le traitement suivant :

J'appliquai sur la plaie des bandelettes agglutinatives faisant au moins une fois et demie le tour de la jambe, et dépassant de beaucoup l'ulcère en bas et en haut. Il va sans dire que préalablement j'avais eu soin que cet ulcère, ses bords et ses parties voisines fussent détergés, autant que possible, du pus qui s'y était amassé par suite de la négligence et de l'irrégularité du pansement. Je recouvris les bandelettes d'épais plumasseaux de charpie, de compresses et d'une bande, et je prescrivis une bouteille d'eau de Sedlitz, commençant ainsi un système de dérivation que j'avais l'intention de continuer pendant tout le traitement de l'ulcère.

Le lendemain, lorsque je revins le voir, il n'avait pas pris sa bouteille d'eau de Sedlitz et avait enlevé son appareil, par suite de la grande douleur qu'il avait éprouvée pendant la nuit et par crainte de voir le pus s'accumuler en trop grande quantité sous les bandelettes. Je réappliquai le pansement, en recommandant avec instance au malade de ne pas y toucher s'il voulait guérir, et attribuant la douleur qu'il avait éprouvée, la nuit précédente, à la contraction des bords engorgés de l'ulcère. Je n'exerçai sur les tissus qu'une compression modérée; puis, pour être plus sûr que le bandage ne serait pas dérangé sans que je m'en aperçusse, j'y traçai des lignes à l'encre. La bouteille d'eau de Sedlitz fut ensuite administrée.

Cette première fois je ne laissai écouler que quatre jours entre les deux pansements, autant peut-être pour rassurer le malade que pour soulager le membre et l'habituer progressivement à la compression exercée par les bandelettes sur les bords de l'ulcère. Déjà la suppuration semblait avoir un peu diminué (chaque jour, du reste, le linge qui entourait le bandage était changé deux fois), la plaie prenait un meilleur aspect, et à certains endroits les bourgeons charnus commençaient à pousser de la circonférence au centre. Je pansai la plaie, après l'avoir lavée avec de l'eau tiède, puis du vin aromatique, et je prescrivis une seconde bouteille d'eau de Sedlitz à prendre en quatre fois, un verre chaque matin.

Il s'écoula huit jours entre la seconde et la troisième application de bandelettes de sparadrap. A cette époque, j'ordonnai une nouvelle dose de sel de magnésie à prendre de la même manière que la précédente; et à partir de ce moment le même purgatif ne fut prescrit que tous les dix jours, et selon la même méthode.

Enfin, au bout de deux mois et demi de traitement, l'ulcère fut cicatrisé. A cette époque, le régiment dut quitter la garnison, et moi mon malade, auquel je recommandai bien de prendre toutes les précautions nécessaires pour empêcher le retour de son affection, entre autres choses, les lotions toniques, et l'application permanente, sur les cicatrices encore récentes, d'un linge fin, puis d'un bas assez épais pour empêcher un choc ou un contact dangereux, et assez serré pour régulariser la circulation veineuse de cette partie de la jambe. Je lui conseillai en même temps de prendre de légers purgatifs et de veiller avec soin au moindre indice de maladie qui pourrait lui survenir.

Un médecin de la localité, avec lequel je suis en correspondance, et auquel j'avais parlé de cet homme avant mon départ, m'a dit dernièrement l'avoir vu; l'ulcère ne s'est pas reproduit, et l'individu, sauf quelques maux de tête peu intenses et de courte durée, s'est bien porté jusqu'à présent.

Outre les cas que je viens de citer, j'en ai traité beaucoup d'autres de la même manière et avec le même résultat.

J'attribue ce succès à la rareté des pansements, rareté beaucoup plus exagérée, comme on l'a vu, que ne le recommandent les auteurs.

La compression sur le système veineux de la partie malade est une des grandes causes de la guérison. Quant à l'action spéciale de la matière plastique du diachylon, je doute qu'elle soit bien efficace, étant par elle-même assez inerte, et la plupart du temps ne se trouvant pas en contact immédiat avec la plaie, dont elle est séparée par une espèce de couenne verdâtre ou grise qui donne à l'ulcère son aspect caractéristique. Mais, à mon avis, le plus grand résultat obtenu par le moyen que je préconise, la plus grande cause de guérison, c'est la soustraction de l'ulcère au contact atmosphérique. Loin de moi la prétention d'établir une théorie sur les combinaisons chimiques des parties constituantes de l'air avec l'ulcère ou ses produits; mais on peut les concevoir, ainsi que l'action pernicieuse d'une humidité trop grande, d'une chaleur trop forte, des différentes températures, etc., etc., action qui est complètement annihilée par l'intermédiaire dont nous parlons, les bandelettes de diachylon.

Ce qui me porte à croire encore plus à cette action, c'est que j'ai vu des ulcères creusés dans le mollet, sur lesquels avaient été appliquées des bandelettes de sparadrap qui ne faisaient point le tour de la jambe, et qui ne touchaient point le fond de la plaie, par conséquent pour lesquels on ne peut guère invoquer la compression ni l'action thérapeutique du diachylon; et cependant ces ulcères ont guéri comme les autres à la suite du traitement dont je viens de parler.

Non-seulement ce traitement des ulcères leur convient spécialement, mais il m'a très-souvent réussi pour guérir certaines plaies récentes qui n'avaient rien de commun avec l'affection dont nous venons de parler (1).

---

(1) Je citerai à ce sujet les paroles de M. Bégin :

« Il est des plaies que l'on pourrait guérir en trois ou quatre jours si elles étaient abandonnées à elles-mêmes sous l'appareil qui les couvre, et qui sont entretenues pendant des mois entiers par cela seul qu'on les tourmente chaque matin sans nécessité et pour se conformer à l'usage. » (BÉGIN, *Nouveaux éléments de chirurgie et de médecine opératoire*.)

J'ai été détaché, pendant deux ans, avec trois escadrons de cavalerie : j'ai eu par conséquent à traiter, à la chambre ou à l'infirmerie, nombre de plaies dues à des causes assez variées. Parmi ces causes, on doit mettre en première ligne les coups de pied de cheval, et principalement ceux que les hommes reçoivent dans le rang. Je parle de ces derniers parce qu'ils sont les plus fréquents, frappent presque toujours au même endroit, et amènent presque toujours les mêmes accidents, c'est-à-dire une perte de substance non-seulement tégumentaire, mais souvent osseuse, au détriment de la crête du tibia et de son côté interne. La position des hommes à cheval dans le rang les expose aux ruades des chevaux voisins ou de ceux qui sont devant eux, et le coup de pied qui les atteint arrive presque toujours à la même hauteur. C'est surtout de ces accidents et des plaies contuses provenant de chutes de cheval que je veux parler ; quant aux coups de sabre, assez fréquents, et généralement peu graves, qui se guérissent par première intention, le diachylon que l'on emploie à cet effet ne sert ici que de moyen contentif pour maintenir les lèvres de la plaie affrontées l'une à l'autre. Nous n'avons pas à nous occuper de ces cas, ni de ceux qui appartiennent à la catégorie des plaies par instrument tranchant.

Les lésions les plus communes, comme je l'ai dit plus haut, sont les plaies contuses à la partie antérieure de la jambe ; elles intéressent les téguments, quelquefois le tibia, et souvent, quand cet os n'est point lésé, le périoste participe à l'inflammation. Ces plaies mettent généralement un temps infini à se cicatriser, soit que l'on conserve les hommes à l'infirmerie, soit qu'on les envoie à l'hôpital. Il n'est pas rare d'en voir rester quelques-uns jusqu'à deux ou trois mois en traitement, et leur affection résister d'une manière opiniâtre à toute espèce de médication. On voit la plaie s'étendre, s'arrondir, se creuser et prendre une teinte grisâtre ; la suppuration est de mauvaise nature; les bords se tuméfient, deviennent blafards. Cet état s'explique assez bien par le peu de vitalité de la partie lésée, là surtout où la peau n'est séparée du tibia par aucun tissu musculaire : d'ailleurs, aussitôt que les téguments ont été divisés, il en résulte une rétraction qui amène nécessairement l'écartement des bords de la plaie et donne à celle-ci la forme plus ou moins arrondie qui lui est habituelle. Cette rétraction de la peau, d'autant plus facile qu'elle repose à cet endroit sur un angle osseux, cette tendance à prendre une forme arrondie, l'inflammation du périoste, l'espèce de trituration des parties qui accompagne toujours une plaie contuse, et qui amène la désorganisation plus ou moins complète du système circulatoire des tissus lésés, sont autant de circonstances qui retardent la guérison de la blessure.

J'ai essayé ici, comme pour la guérison des ulcères, l'application des bandelettes de diachylon, et je n'ai eu qu'à m'en féliciter. Si la compression exercée par les bandelettes est favorable à la guérison des ulcères, elle le sera également pour les plaies contuses, en favorisant la circulation veineuse, et, par conséquent, en empêchant la stase du sang noir dans les parties malades. Si, en second lieu, le sparadrap a par lui-même une action spéciale, cette action sera encore plus évidente sur une plaie qui, dans le principe, ne se trouvera pas dans les conditions défavorables d'un ulcère; et enfin, en troisième lieu, elle sera complètement préservée du contact de l'air, point essentiel à mon avis.

Enfin, les avantages de cette médication me paraissent incontestables lorsqu'un régiment est en marche, mais plus spécialement encore pour un corps de cavalerie, les accidents y étant plus fréquents. Je suppose, en effet, qu'au milieu d'une route, un cavalier reçoive un coup de pied de cheval, et je suis loin de citer une exception, j'ai immédiatement à ma disposition, dans mes sacoches d'ambulance, du diachylon dans lequel je puis tailler des bandelettes : j'applique un pansement commode et rapide au cavalier, qui remet sa botte et remonte à cheval si les accidents ne sont pas trop graves. Cet homme pourra de cette manière continuer sa route : il s'écoulera six, huit jours, sans que je touche à l'appareil, et il guérira tout aussi bien, et mieux peut-être qu'avec un autre pansement. Tandis que si je ne me sers pas de diachylon, je ne puis guère mettre sur la plaie que de la charpie sèche, qui devra être changée à la première étape au plus tard, et ne sera enlevée qu'après s'être imprégnée de sang coagulé au moyen duquel elle adhérera à la plaie : ou il faut alors le laisser en route, ou le faire monter sur une voiture quand on en a une à sa disposition, ce qui arrive très-rarement. Que trois cavaliers seulement se trouvent dans le même cas, il est facile de juger des inconvénients auxquels ces accidents peuvent exposer. Puis, à l'étape, ce sont de nouveaux pansements à faire.

J'ai eu à apprécier pour mon propre compte les avantages de ce traitement. En 1854, au mois de septembre, je fus appelé dans un village voisin pour un homme atteint d'une fracture comminutive de la jambe, avec plaie contuse, etc. En revenant, le cheval que je montais eut peur, et, en se cabrant, se renversa sur moi ; tout le poids de son corps porta sur ma jambe droite, qui ne fut pas fracturée grâce au peu de solidité du terrain sur lequel je fis ma chute, mais qui fut ecchymosée du haut en bas et entamée profondément aux saillies résistantes qui avaient porté sur le sol, c'est-à-dire à la malléole externe et à la tête du péroné. La blessure la plus grave était à la malléole externe, où le périoste lui-même était intéressé. Des bandelettes de diachylon recouvrirent ces plaies ; je ne les enlevai qu'au bout de huit jours : celle du haut de la jambe était guérie, celle de la malléole le fut huit jours plus tard, et j'eus d'autant plus à me louer de ce mode de traitement, en tant que commode et efficace, que, vu la pénurie de médecins dans la localité, pénurie augmentée encore par la maladie de deux d'entre eux, au moment où le choléra sévissait dans l'endroit, je fus astreint à un service assez actif en dehors de mes occupations de médecin militaire, et que je pus le faire impunément pour ma jambe malade.

Je ne fais mention qu'en passant de l'avantage réel, au point de vue économique, du traitement dont je parle, sur tout autre. Cette considération, qui ne doit entrer en ligne de compte qu'après celles que j'ai émises plus haut, a pourtant son importance, sur laquelle il est inutile d'insister.

De tous ces aperçus, je crois pouvoir tirer les conclusions suivantes :

1° Le traitement des ulcères par l'application permanente et prolongée de bandelettes de diachylon est très-efficace. (Je ne parle pas, bien entendu, des ulcères qui reconnaissent pour cause un vice général de l'économie, tels que les ulcères syphilitiques, scrofuleux, etc.)

2° Ce traitement est aussi utile et peut-être plus avantageux que les autres moyens pour la guérison des plaies en général, et surtout des plaies contuses avec perte de substance.

3° Il est préférable, au point de vue de la commodité, pour le malade et pour le chirurgien.

4° Il est plus économique.

ESSAI ANALYTIQUE

DES EAUX THERMALES D'HAMMAM-LIF

ET D'HAMMAM-GOURBÈS

de la régence de Tunis,

PAR M. LEPRIEUR,

Pharmacien-major de 2e classe, chef à l'hôpital militaire de Bône.

Lors de son retour de Tunis, où il avait été envoyé en mission, M. Guyon, médecin inspecteur des armées, eut la bonté de me confier l'analyse de deux eaux thermales de ce pays, dont il avait rapporté des échantillons.

Pour répondre à la confiance qu'il témoignait ainsi en mes faibles lumières, je me mis immédiatement à l'œuvre, et c'est le résultat de mes recherches que je viens exposer aujourd'hui. Toutefois, avant de parler avec quelques détails des diverses opérations tentées pour arriver à la connaissance de la constitution de ces eaux thermales, il est indispensable d'indiquer brièvement et la marche que j'ai suivie et les précautions que j'ai dû prendre pour atténuer, autant que possible, les chances d'erreurs qui pouvaient provenir de l'imperfection des divers instruments que j'avais été forcé d'employer à ces recherches.

Quoique nous y ayons mis tous nos soins, il est certaines erreurs qui n'ont pu sans doute être évitées. Aussi, pour permettre à d'autres chimistes de contrôler nos expériences et de les répéter au besoin, croyons-nous convenable d'indiquer avec détails les divers procédés que nous avons employés.

Disons-le tout d'abord, nous avons suivi le plus possible la marche indiquée dans le savant ouvrage de MM. Fresenius et Sace, qui, par sa clarté, a rendu nos recherches beaucoup plus faciles et nous a permis d'obtenir, dans un certain nombre de cas, des résultats que nous pouvons considérer comme absolument exacts.

Pesées.

Nous n'avions à notre disposition qu'un trébuchet ordinaire de pharmacie, sur la justesse duquel il était absolument impossible de compter. Heureusement, il offrait une assez grande sensibilité, dont nous nous assurâmes par de nombreux essais, tantôt en le mettant en équilibre avec le poids le plus fort qu'il pût porter et y ajoutant un ou deux milligrammes, tantôt en le mettant de même en équilibre sans aucun poids, mais seulement à l'aide de quelques morceaux de clinquant, puis essayant l'action d'un ou deux milligrammes. Ces essais nous firent connaître qu'un poids de deux milligrammes produisait un écart très-sensible et rigoureux; que l'on pouvait apprécier, mais d'une manière approximative seulement, l'écart produit par le poids d'un milligramme. Cette sensibilité du trébuchet nous permettait, en admettant la méthode dite de double pesée, d'obtenir des résultats suffisamment exacts, et c'est cette méthode qui a été mise en pratique dans tout le cours de nos recherches.

Les poids employés ont été soigneusement et de toutes les manières comparés entre eux, puis avec des poids rigoureusement justes qu'on avait mis dans ce but à notre disposition. Tous ceux qui ne présentaient pas l'exactitude la plus grande, soit d'une manière absolue, soit dans leurs rapports avec les autres, ont été éliminés.

Filtres.

Manquant de papier Berzélius, et réduit à n'employer que du papier à filtrer ordinaire, nous avons eu soin de laver tous les filtres à l'eau distillée bouillante. En outre, toutes les fois qu'ils devaient recevoir des liqueurs acides, on a eu soin de les laver avec de l'acide chlorhydrique faible, puis avec de l'eau distillée bouillante jusqu'à disparition de toute trace d'acide.

Afin de pouvoir nous rendre compte, suivant les cas, du poids absolu des précipités, nous avons tenté deux expériences opposées.

Dans l'une, dix filtres, pris au hasard, ont été pesés, lavés comme d'habitude à l'eau distillée bouillante, puis desséchés et calcinés dans un creuset de platine au rouge-cerise, jusqu'à ce que les cendres ne renfermassent plus de traces de charbon.

Les dix filtres pesaient 6 gr. 7. Ils laissèrent 0 gr. 1 de cendres, ou 1,49 p. 100. Aussi, toutes les fois que des filtres furent calcinés avec les précipités qu'ils renfermaient, nous avons eu le soin de soustraire du poids total cette proportion de cendres.

D'un autre côté, nous avons pris quatre filtres, et, après les avoir lavés à l'eau distillée bouillante, nous les avons fait sécher à la température du bain-marie.

Les quatre filtres pesaient 2 gr. 65. Après avoir été lavés et séchés, ils pesaient seulement 2 gr. 45, et avaient subi une perte de 0,2, ou de 7,55 pour 100, dont nous avons tenu compte dans l'évaluation des précipités, lorsqu'au lieu de les calciner, il suffisait de les peser après les avoir desséchés à 100°. Il est même arrivé souvent que les précipités ont été ainsi pesés, d'abord avec le filtre séché à 100°, puis une deuxième fois, après la calcination, dans le but d'obtenir ainsi des pesées qui, venant se contrôler les unes les autres, augmentaient dans une grande proportion l'exactitude des résultats.

Ajoutons encore que presque tous les dosages ont été recommencés une deuxième, et, dans certains cas, jusqu'à une troisième fois.

Analyse qualitative de l'eau d'Hammam-Lif.

Avant de tenter l'analyse quantitative, nous avons procédé à une analyse qualitative, dans le but de rendre la première de ces analyses plus facile, en fournissant sur la nature, et jusqu'à un certain point sur la proportion des principes minéralisateurs de l'eau, des données approximatives.

Cinq cents grammes d'eau furent évaporés au bain de sable, dans une capsule de porcelaine, jusqu'à réduction de moitié environ. Dès le commencement de l'ébullition, l'eau se troubla très-sensiblement et se couvrit d'une pellicule très-marquée de carbonate de chaux, par suite du dégagement d'une certaine quantité d'acide carbonique qui rendait solubles des carbonates de chaux et de magnésie.

Le liquide ainsi concentré fut filtré, et le dépôt lavé avec une petite quantité d'eau distillée qu'on joignit à la portion filtrée. Cette solution, renfermant les sels solubles de l'eau thermale, fut mise de côté pour un examen ultérieur.

On versa dans la capsule où s'était faite l'évaporation un peu d'acide chlorhydrique pur étendu d'eau, qui produisit un abondant dégagement d'acide carbonique. Le tout fut ensuite jeté sur le filtre qui avait servi à séparer la partie soluble, et le dépôt qu'il contenait fut presque en entier dissous avec dégagement d'acide carbonique.

On lava la capsule avec un peu d'eau distillée bouillante, qui fut rejetée sur le filtre. Dans une partie de la solution acide ainsi obtenue, on versa de l'ammoniaque pure, en excès, qui ne provoqua la formation d'aucun précipité.

Dans une autre partie on versa du cyanure ferroso-potassique, qui ne produisit pas d'action immédiate, et ne tarda pas à colorer très-légèrement le liquide, mais sans produire de précipité.

Le reste du liquide fut neutralisé par un excès d'ammoniaque, puis on y versa de l'oxalate d'ammoniaque, qui provoqua la formation d'un abondant précipité blanc d'oxalate de chaux. On filtra pour séparer ce sel, et la liqueur limpide, additionnée de phosphate de soude, donna naissance, après quelque temps, à un précipité moins abondant de phosphate ammoniaco-magnésien.

Ainsi, le résidu insoluble contenait des traces de fer et une proportion sensible de chaux et de magnésie à l'état de carbonate.

La portion soluble de l'eau, mise de côté, fut reprise pour être l'objet d'un examen analogue.

Dans une partie acidulée par l'acide chlorhydrique, une addition de chlorure de baryum produisit un abondant précipité de sulfate de baryte.

Une deuxième partie, acidulée par l'acide azotique, donna, par l'azotate d'argent, un très-abondant précipité de chlorure d'argent caillebotté, soluble dans l'ammoniaque.

Le reste du liquide, rendu ammoniacal par l'addition du chlorhydrate d'ammoniaque et d'ammoniaque liquide en excès, donna, par l'oxalate d'ammoniaque, un abondant précipité d'oxalate de chaux. Ce sel fut séparé par le filtre, et la liqueur limpide divisée en deux portions. Dans l'une on versa du phosphate de soude, qui fit naître un abondant précipité de phosphate ammoniaco-magnésien.

L'autre portion fut évaporée à siccité, puis chauffée au rouge pour éliminer les sels ammoniacaux. Le résidu fut repris par l'eau et la magnésie, ainsi que l'acide sulfurique, précipités par l'eau de baryte. On filtra, puis l'excès du baryte fut précipité à son tour par du carbonate d'ammoniaque. On filtra encore, et la solution, évaporée à siccité au bain-marie, fut calcinée au rouge pour en chasser le carbonate d'ammoniaque.

On obtint ainsi un sel soluble dans l'eau, dans lequel le chlorure de platine décela la présence d'une faible quantité de potasse. Le reste, assez abondant, était constitué par de la soude, qui fut reconnue facilement par son action sur la flamme de l'alcool, et les caractères propres aux chlorures de cette base.

On rechercha dans ce résidu la présence de l'acide azotique, mais sans aucun résultat.

Ainsi, pour résumer en quelques mots les données fournies par l'analyse qualitative, l'eau d'Hammam-Lif contiendrait :

- Carbonates de chaux.
- — de magnésie.
- — de fer dissous à la faveur d'un excès d'acide carbonique.
- Acide sulfurique assez abondant.
- Chlore très-abondant.
- Sels solubles de chaux.
- — de magnésie.
- — de soude.
- — de potasse.

Les réactions obtenues pouvaient faire pressentir déjà que la soude à l'état de chlorure devait constituer, pour une grande part, le résidu fixe de cette eau.

Voyons maintenant ses caractères physiques.

Elle est d'une limpidité parfaite, sans odeur; sa saveur est fortement salée. Abandonnée pendant quelques jours dans un vase à demi-plein, elle ne tarde pas à se recouvrir d'une légère pellicule de carbonate de chaux.

Sa température à la source varie de 48° à 49°.

Pesanteur spécifique.

Deux flacons remplis, l'un d'eau distillée, l'autre

d'eau thermale, furent plongés pendant douze heures dans un bidon d'eau froide, afin de leur faire prendre une température rigoureusement identique.

Voici les nombres fournis par les pesées :

Flacon vide, ... 4,02
— plein d'eau distillée 22,70
— plein d'eau thermale. 22,90
Poids de l'eau distillée. 18,68
— thermale. 18,88

$$18,68 : 18,88 :: 1000 : x . \quad x = 1010,7$$

Le litre d'eau d'Hammam-Lif pèse donc 1010 grammes 7.

L'eau était recueillie depuis longtemps déjà quand nous l'avons examinée. Nous n'avons donc pu rechercher le volume ou la nature des gaz qu'elle contenait en dissolution, car, en admettant que nous eussions obtenu un résultat, il eût sans doute été fort inexact.

Nous ignorons si l'eau abandonne des gaz au moment où elle sort de terre, ou si elle dépose quelque sédiment.

Dosage des parties fixes.

La densité assez considérable de l'eau, l'abondance des précipités fournis par l'analyse qualitative, et le désir de faire le plus d'expériences avec la moindre quantité d'eau possible, firent que nous n'en employâmes que 100 grammes pour l'appréciation des sels fixes que cette eau contenait. En conséquence, cette quantité d'eau fut pesée avec soin dans un vase à précipités, et, après l'avoir chauffée au bain de sable, le tout fut versé dans une capsule de platine chauffée au bain-marie. L'évaporation fut conduite lentement pour éviter des pertes; puis, lorsque le sel ne renferma plus qu'une très-faible proportion d'humidité, on acheva de le chauffer au bain de sable, avec la précaution de couvrir imparfaitement la capsule à l'aide d'une plaque de verre.

On pesa à plusieurs reprises, et l'action de la chaleur fut continuée jusqu'à ce que le poids ne changeât plus.

La capsule vide pesait 6 gr. 58; pleine, 7,95.

Le résidu de 100 grammes d'eau pesait donc 1,37, soit pour un kilogramme : 13 gr. 7.

Cette proportion nous parut tellement considérable, que, craignant quelque erreur dans la conduite de l'évaporation, craignant surtout que de l'eau du bain-marie n'eût été projetée dans la capsule où s'évaporait l'eau thermale, nous recommençâmes l'opération, et un résultat complètement identique vint, à notre grande satisfaction, nous prouver la rigoureuse exactitude de notre première pesée.

Le résidu ainsi obtenu est d'une blancheur éclatante. Chauffé au rouge sombre, il ne noircit pas, preuve presque certaine de l'absence de toute matière organique. Sa blancheur vint aussi confirmer les données de l'analyse qualitative relativement à la proportion de fer, qui est tellement faible, que le dosage en a été impossible.

Dosage de la totalité des oxydes calcique, magnésique, ferrique et silicique.

Cinq cents grammes d'eau furent acidifiés avec de l'acide azotique et chauffés jusqu'à ce que tout l'acide carbonique fût chassé, puis ensuite évaporés à siccité au bain-marie dans une capsule de porcelaine. Le résidu fut chauffé au bain de sable jusqu'à dessiccation complète, puis on le fit digérer avec une suffisante quantité d'acide chlorhydrique. La liqueur ainsi obtenue était légèrement trouble. On la jeta sur un filtre, et on lava le précipité avec de l'eau chaude, jusqu'à ce qu'une petite quantité du liquide filtré, évaporée sur une lame de platine, ne laissât pas de résidu. Le filtre fut ensuite séché et calciné. Le résidu, après défalcation des cendres du filtre, pesait 0 gr. 05. On pouvait le considérer comme de l'acide silicique; néanmoins, dans la crainte qu'une petite quantité de sulfate de chaux eût résisté à l'action de l'acide chlorhydrique, on attaqua le résidu au creuset d'argent, par dix ou douze fois son poids de potasse à l'alcool. Après un temps suffisant, le tout fut repris par de l'eau bouillante, filtré, additionné d'acide chlorhydrique en excès, qui y provoqua la formation d'une certaine quantité de flocons de silice gélatineuse. Le tout fut évaporé à siccité dans une capsule de platine et chauffé au rouge-cerise afin de forcer la silice à revêtir sa modification insoluble. Le résidu fut repris ensuite et lavé, sur le filtre, à l'eau bouillante. Après dessiccation et calcination du filtre, le résidu ne pesait plus que 0,035 et ne pouvait être que de l'acide silicique. Soit par kilogramme : 0,07.

L'ammoniaque versée dans la dissolution chlorhydrique ne provoqua la formation d'aucun précipité, preuve nouvelle de la faible quantité de fer existant dans l'eau. L'hydrosulfate d'ammoniaque donna toutefois naissance à quelques flocons noirâtres de sulfure de fer, mais en trop faible quantité pour que le dosage en fût possible.

On versa dans la totalité de la liqueur rendue ammoniacale et légèrement chauffée, un excès d'oxalate d'ammoniaque. Le tout fut abandonné au repos pendant douze heures environ; puis le précipité fut jeté sur un filtre et lavé avec de l'eau distillée chaude jusqu'à disparition complète des moindres traces de sels en dissolution.

Le filtre fut séché lentement dans l'entonnoir, puis ensuite à la température de l'eau bouillante.

On le pesa d'abord pour connaître le poids de l'oxalate de chaux formé, puis on le calcina en prenant toutes les précautions indiquées dans ce cas, afin de transformer l'oxalate en carbonate de chaux. Le filtre lui-même fut coupé en petits fragments et calciné sur le couvercle du creuset, et les cendres ajoutées au carbonate obtenu.

L'oxalate de chaux pesait 1 gr, 748.

Le carbonate de chaux résultant de la calcination pesait 1 gr. 196.

Si on calcule l'oxalate de chaux suivant la formule $CaO, C^2O^3 + HO$, on trouve que le poids obtenu doit correspondre à 1 gr. 197 de carbonate de chaux, chiffre que nous adoptons.

Le liquide, séparé de la chaux, fut, après l'addition des eaux de lavage, concentré à feu doux, de manière à ne plus offrir qu'un volume de 300 grammes environ, puis on le laissa refroidir, et, après l'avoir additionné de nouveau d'ammoniaque liquide en excès, on y versa du phosphate de soude. Après avoir agité fortement la liqueur, on l'abandonna à elle-même pendant vingt heures. Le tout fut jeté sur un filtre et lavé avec le plus grand soin, au moyen d'eau fortement ammoniacale. Le précipité fut ensuite séché avec précaution, puis calciné au rouge. On calcina séparément le filtre sur le couvercle du creuset, et les cendres furent ajoutées au pyrophosphate de magnésie obtenu.

Il pesait 0 gr. 417, représentant oxyde de magnésium 0 gr. 1526, ou par kilogramme 0, 3052.

Dosage des oxydes calcique et magnésique existant dans l'eau à l'état de carbonates.

Six cents grammes d'eau furent soumis pendant une heure à une vive ébullition, en ayant soin de remplacer par de l'eau distillée au fur et à mesure de l'évaporation, afin d'éviter le dépôt de sulfate de chaux qui n'eût pas manqué de se faire pendant la concentration du liquide, puis le tout fut jeté sur un filtre. Lorsque le liquide fut entièrement passé, on le mit à part, puis on versa dans le ballon une certaine quantité d'eau distillée, à l'aide de laquelle on détacha le plus possible des carbonates déposés au fond du ballon, et on la jeta sur le filtre. L'eau de lavage fut réunie au liquide primitivement obtenu, et, lorsque le filtre fut vide, on versa dans le ballon quelques gouttes d'acide chlorhydrique pur, afin de dissoudre le reste des carbonates déposés, et la solution acide, étendue d'une faible quantité d'eau, fut à son tour rejetée sur le filtre pour dissoudre le dépôt qui s'y trouvait.

On obtient ainsi, sous forme de chlorures, les carbonates de chaux et de magnésie qui se trouvaient dans l'eau. Il n'est pas nécessaire d'entrer dans de grands détails relativement au dosage de ces deux bases, puisqu'on opéra exactement de même que dans l'essai précédent.

On obtint :

Oxalate de chaux. . . . . 0,25 représentant :
Carbonate de chaux. 0,17
Et pyrophosphate de magnésie. . . 0,11 représentant :
Carbonate de magnésie . . . . . 0,0733.

Soit par kilogramme d'eau thermale :

Carbonate de chaux. 0,2833
Carbonate de magnésie. 0,1202

Le liquide séparé du dépôt des carbonates, réuni aux eaux de lavage, renfermait, à n'en pas douter, du sulfate de chaux ainsi que des oxydes de calcium et de magnésium combinés à d'autres composés électro-négatifs.

On l'additionna d'ammoniaque liquide et de chlorhydrate d'ammoniaque, puis on y versa de l'oxalate d'ammoniaque en excès.

Le précipité, lavé et séché comme précédemment à la température de l'ébullition, pesait 1,848. On le calcina afin d'obtenir ainsi une contre-épreuve, et on obtint : carbonate de chaux, 1,264.

En calculant l'oxalate d'après la formule CaO, C^2O^3, HO, on aurait dû obtenir 1 gr. 265, chiffre bien rapproché de celui fourni par la pesée, et rentrant du reste dans les chances d'erreurs possibles.

Soit par kilogramme :

Carbonate de chaux. . . . . . . 2,1107 représentant :
Oxyde de calcium 1,182

La liqueur privée de chaux fut précipitée à son tour par du phosphate de soude, et le phosphate ammoniaco-magnésien obtenu, séché et calciné avec les précautions déjà indiquées.

Il pesait 0,39, représentant par kilogramme . . 0,65

Cette quantité représente :

Oxyde de magnésium 0,2382
ou Magnésium 0,1498

Dosage des alcalis.

Deux cents grammes d'eau furent chauffés avec précaution, jusqu'à diminution du tiers de leur volume, puis on y ajouta, sans filtrer auparavant, un excès d'eau de baryte.

Après filtration, on versa dans la liqueur limpide du carbonate d'ammoniaque qui précipita la chaux en même temps que la baryte ajoutée en excès. On filtra de nouveau, et on évapora à siccité au bain-marie dans une capsule de platine, en prenant la précaution de n'ajouter le liquide, au fur et à mesure de la concentration, qu'en très-petite quantité à la fois. Puis le produit, dont on acheva la dessiccation au bain de sable, fut calciné au rouge faible.

Après avoir laissé refroidir la capsule sur l'acide sulfurique, pour éviter l'augmentation du poids, on la pesa. On obtint les chiffres suivants :

Capsule pleine. 8.28
—   vide. 6.28
                                     ─────
Poids du résidu. . . . . 2. »

Le résidu, comme on s'en assura plus tard, était constitué en entier par des chlorures alcalins.

Soit pour un kilogramme 101.

On reprit le résidu par quatre fois son poids d'eau environ, et, dans la solution complète ainsi obtenue, on versa un excès de chlorure de platine, puis on l'évapora de nouveau au bain de sable et à siccité. On laissa ensuite digérer pendant plusieurs heures, avec de l'alcool à 80°, puis le tout fut jeté sur un filtre et lavé avec de l'alcool au même degré jusqu'à disparition des moindres traces de chlorure sodique. Le filtre fut alors séché à la température de l'eau bouillante et pesé.

Le chloroplatinate de potasse ainsi obtenu pesait 0,105, soit, par kilogramme, 0,525.

Cette quantité représentant 0,1603 de chlorure de potassium, il faut déduire cette dernière du poids total des chlorures (10 gr.); il reste conséquemment 9,8687 de chlorure de sodium représentant 5,2165 d'oxyde de sodium, dont la plus grande partie doit exister dans l'eau sous forme de chlorure.

0,1603 de chlorure de potassium équivalent à 0,1033 de potasse.

Dosage de l'acide sulfurique.

Après avoir acidifié deux cents grammes d'eau par de l'acide chlorhydrique, on y versa un excès de chlorure de baryum, et on laissa déposer pendant vingt-quatre heures. La liqueur surnageante fut décantée avec précaution dans un autre vase, puis le précipité jeté sur un filtre préalablement mouillé. Comme il en restait encore une faible quantité sur les bords du vase à précipiter, on y versa une solution chaude de chlorhydrate d'ammoniaque pour le détacher complètement, et le tout fut rejeté sur le même filtre. On continua le lavage avec de l'eau chaude jusqu'à ce que le liquide ne troublât plus l'acide sulfurique.

Le filtre fut séché d'abord à la température de l'eau bouillante et pesé ; puis, comme contre-épreuve, on introduisit le sulfate de baryte dans un creuset de platine, et on les y calcina, pendant que le filtre coupé en morceaux était calciné sur le couvercle du creuset jusqu'à disparition des moindres traces de charbon. Les cendres du filtre furent ensuite réunies au produit de la calcination, et le tout pesé ensemble dans le creuset.

Les différences entre les deux pesées étaient très-faibles ; aussi crûmes-nous convenable de prendre une moyenne qui était 0 gr. 59, représentant par kilogramme 1 gr. 0138 d'acide sulfurique.

Dosage du chlore, du brôme et de l'iode.

Comme l'analyse qualitative avait déjà fait reconnaître la prédominance énorme du chlore sur les autres principes électro-négatifs, on prit seulement cinquante grammes d'eau, qui, après avoir été acidifiés par l'acide azotique, furent légèrement chauffés dans un ballon de verre.

On y versa ensuite un excès d'azotate d'argent, et, après avoir fortement secoué le ballon, on le laissa en repos sur un bain de sable très-légèrement chauffé. Lorsque la liqueur surnageante fut devenue tout à fait limpide, on la décanta avec précaution, et on versa le précipité dans un creuset de porcelaine. On acheva d'enlever les dernières portions de chlorure qui étaient attachées aux parois du ballon, au moyen d'un peu d'eau tiède, et on introduisit le tout dans le creuset. On décanta, à plusieurs reprises, l'eau surnageante en la remplaçant à mesure par de l'eau distillée, jusqu'à ce que les eaux de lavage fussent sans action sur le chlorure de sodium. Alors on fit digérer le précipité de chlorure d'argent avec un peu d'acide azotique dont on enleva ensuite les dernières traces par de l'eau distillée.

Le chlorure d'argent ainsi purifié fut desséché lentement au bain-marie, puis chauffé avec précaution au moyen de la lampe de Berzelius, jusqu'à ce qu'il commençât à fondre le long des bords. Après le refroidissement, on le pesa :

Creuset plein.	15.446
— vide.	13.020
Chlorure d'argent.	1.426

Soit par kilogramme : 28,52.
Il contenait une petite quantité de brômure.

Dosage de l'acide carbonique libre et combiné.

Dans cinq cents grammes, on versa un excès de chlorure de calcium et d'ammoniaque liquide. — On agita fortement, puis la liqueur trouble fut laissée en repos pendant vingt-quatre heures. Au bout de ce temps, on décanta avec précaution la liqueur surnageante, et le reste fut jeté sur un filtre et lavé à l'eau distillée chaude. Enfin le résidu fut séché au bain-marie et pesé. — Toutefois, comme d'autres acides pouvaient avoir été précipités par le chlorure de calcium, une nouvelle expérience était nécessaire pour l'évaluation exacte de l'acide carbonique. En conséquence, le précipité fut introduit dans un ballon à fond plat disposé de telle sorte, que l'introduction d'un acide faible pût se faire sans qu'on risquât de perdre du gaz acide carbonique. Puis, lorsque la réaction fut terminée, on fit passer, au moyen d'une légère aspiration, un courant d'air à travers l'appareil, et la différence de poids, avant et après l'opération, donna celui de l'acide carbonique combiné à la chaux. Comme on ne trouva pas de différence entre le poids du gaz dégagé et celui calculé d'après le précipité, on dut en conclure que l'eau ne contenait pas d'autres acides, qui, comme l'acide phosphorique, par exemple, eussent pu former avec la chaux une combinaison insoluble.

Poids du carbonate de chaux précipité. . 0.71
ou par kilogramme 1.42
Poids de l'acide carbonique dégagé. . . : 0.311
— — — calculé. . . . 0.3124

Nous avons adopté ce dernier chiffre, et par conséquent l'eau contient par kilogramme : acide carbonique 0,6248.

Brôme et Iode.

5,800 grammes d'eau, qui restaient encore après les diverses expériences dont nous venons de faire l'énumération, furent évaporés avec précaution au bain de sable jusqu'à réduction des neuf dixièmes de leur poids environ.

On jeta sur un filtre pour séparer le dépôt de carbonate et de sulfate de chaux, qui devait servir à d'autres recherches, puis le liquide filtré fut traité à la température de l'ébullition par un excès de carbonate de soude qui précipita, sous forme de carbonate, les sels solubles de chaux et de magnésie restants. La tendance extrême qu'ont les sels de cette dernière base à former un bicarbonate soluble obligea, pour obtenir une précipitation complète, de continuer pendant longtemps l'ébullition. — Quand la précipitation fut terminée, on jeta sur un autre filtre, et le liquide ainsi obtenu fut évaporé lentement au bain de sable, afin de séparer autant que possible le chlorure de sodium ou les autres sels non déliquescents. — Lorsque la concentration fut suffisante, le tout fut jeté sur un entonnoir à douille étroite, sans filtre, où restèrent les cristaux déposés pendant la concentration, et l'on reçut dans un flacon l'eau-mère qui devait renfermer principalement l'iode et le brôme, au cas qu'ils existassent dans l'eau.

L'eau-mère fut ensuite évaporée à siccité, puis le résidu fut pulvérisé dans un mortier de verre et traité par quatre ou cinq fois son poids d'alcool à 80°. — On jeta sur un filtre, et le résidu fut lavé avec un peu d'alcool pour enlever le reste des sels solubles. La solution alcoolique fut à son tour évaporée à siccité. Malgré l'emploi d'alcool rectifié, le résidu s'était légèrement coloré en brun ; aussi fut-on obligé de le chauffer au rouge dans une capsule de platine jusqu'à destruction de la coloration.

Il pesait 3,34.

Supposant qu'il devait renfermer une certaine quantité de chlorure de sodium, sel sensiblement soluble dans l'alcool, on le traita par une fois et demie son poids d'eau distillée froide, quantité qui était suffisante pour dissoudre les iodures ou les bromures, et devait laisser indissoute la moitié au moins du chlorure de sodium. La solution ainsi obtenue fut divisée en deux portions. — Dans l'une on ajouta une certaine quantité de soluté d'amidon, puis on y versa goutte à goutte, avec précaution, du chlore liquide qui ne produisit pas la moindre coloration. — Or, cette réaction est tellement sensible, que nous sommes obligé de conclure à l'absence complète de l'iode, ou du moins à son existence dans l'eau dans une proportion excessivement faible.

On introduit alors dans un flacon bouché à l'émeri la portion de la solution qui n'a pas été mélangée d'amidon, ainsi que celle qui a servi à la recherche de l'iode. On y introduit en même temps assez d'éther pour former une couche de quatre à cinq millimètres, et on y verse un grand excès de chlore liquide. On agite vivement pendant quelques minutes, puis on laisse en repos, et bientôt l'éther vient se réunir à la surface colorée en jaune-orangé clair, preuve évidente de la présence du brôme. Reste à doser ce principe : pour cela, on introduit avec précaution l'éther dans un tube étroit fermé à un bout, et, au moyen de décantations ménagées et successives, on finit par le séparer complètement de la solution aqueuse qu'il recouvrait. Il est jeté sur un fragment de potasse à l'alcool pesant 0,2, et bientôt le brôme en dissolution se combine à la potasse en formant à la fois du brômure de potassium et du brômate de potasse. Le tout est desséché pour séparer l'éther, puis repris par l'eau distillée, et chauffé modérément d'abord, puis à une haute température afin de ramener tout le sel à l'état de brômure.

On pèse alors, et on trouve 0,22. Cette augmentation de poids de deux centigrammes peut être attribuée au brôme. Cependant, de peur de commettre une erreur d'autant plus grave qu'elle porterait sur un corps qui doit, sans contredit, jouer le rôle le plus important dans l'action thérapeutique de l'eau thermale; sachant d'ailleurs que la solution éthérée renferme, non du brôme pur, mais du chlorure de brôme, cas dans lequel la proportion du brôme se trouverait diminuée d'autant, nous avons préféré, ne pouvant tenter sur une si faible quantité et avec nos balances un dosage exact, nous avons préféré, dis-je, constater d'une manière positive la présence du brôme.

Pour cela, on a divisé en deux portions la petite quantité de sel obtenu, mélangé de potasse : dans l'une on a ajouté de l'acide sulfurique et du bioxyde de manganèse qui ont donné naissance à un dégagement de chlore mélangé de vapeurs de brôme. L'autre portion, dissoute dans l'eau distillée, a été additionnée d'azotate acide d'argent, pour empêcher la précipitation de l'oxyde. Il s'est produit immédiatement un précipité blanc caillebotté que l'ammoniaque a redissous en partie, en laissant comme résidu un précipité blanc jaunâtre que nous avons considéré comme du brômure d'argent.

En admettant que l'augmentation de 0,02 sur le poids de la potasse à l'alcool fût due pour moitié au brôme, ce qui est possible, mais ce que nous ne pouvons admettre que d'une manière approximative, il y aurait, dans 5 kil. 800 d'eau thermale, 0,01 de brôme, représentant par kilogramme 0,00172, qui, en se combinant au magnésium, donnerait environ 0,002 (deux milligrammes) de ce sel.

Nous adoptons ce chiffre dans l'analyse, mais nous prions instamment ceux qui, plus heureux que nous, pourront avoir à leur disposition le résultat de l'évaporation d'une centaine de kilogrammes d'eau, de ne le considérer que comme exprimant un *à peu près*, qui peut toutefois représenter la vérité.

Un essai fait pour rechercher la présence de l'acide phosphorique dans le dépôt insoluble laissé par l'évaporation, au moyen du procédé indiqué par MM. Frésenius et Sace, qui consiste à dissoudre le dépôt dans l'acide chlorhydrique, n'ayant pu réussir à cause de la quantité relativement énorme de sulfate de chaux contenue dans ce dépôt, nous eûmes recours au procédé dit de *Dulong*. Pour cela, une quantité connue du dépôt fut placée dans un ballon avec huit fois son poids de carbonate de soude pur, et soumise à l'ébullition pendant près de deux heures. Par ce moyen, et en présence d'une quantité de soude très-considérable, toutes les bases qui en sont susceptibles sont transformées en carbonates, et les acides qui, combinés à la chaux ou à la magnésie, formaient des sels insolubles, se portent sur la soude.

Effectivement, au bout de deux heures d'ébullition, le liquide filtré ne renfermait plus de traces de chaux et de magnésie, et précipitait abondamment (après avoir été acidulé) par le chlorure de baryum. On jeta le tout sur un filtre, et le précipité fut lavé à l'eau distillée tiède. On versa dans la liqueur filtrée du chlorhydrate d'ammoniaque et de l'ammoniaque en excès, puis du sulfate de magnésie; mais on n'obtint par ce moyen aucune apparence de précipitation. L'acide phosphorique n'existe donc pas en proportion appréciable par les réactifs dans une quantité d'eau équivalent à quatre kilogrammes. Le précipité des carbonates, dissous par l'acide azotique très-pur, étendu d'eau, fut neutralisé par l'ammonique, et on y versa du sulfhydrate de la même base, qui y provoqua la formation de quelques flocons noirâtres de sulfure de fer en quantité à peine sensible.

Le cyanure ferroso-potassique y produisit, comme nous l'avons déjà dit, une coloration bleue très-claire, sans précipitation.

Le reste du dépôt obtenu par l'évaporation de l'eau thermale fut placé dans une capsule de platine, puis on y versa de l'acide sulfurique concentré, et la capsule, recouverte en entier d'un morceau de verre à vitre, fut placée sur un bain de sable assez chaud. On laissa le tout en repos pendant une demi-heure environ, et au bout de ce temps le verre n'avait pas changé d'aspect. L'eau thermale ne contient donc pas de fluorures.

On n'a pu chercher la présence de l'arsenic, l'eau manquant pour les expériences à faire dans ce but.

Résumons maintenant les résultats obtenus dans les divers dosages :

DÉNOMINATIONS des principes minéralisateurs.	QUANTITÉ obtenue.	EAU employée.
1. Résidu fixe.	1.37	100 gr.
2. Acide silicique.	0.035	500
3. Carbonate de chaux représentant la totalité des sels de cette base.	1.197	500
4. Pyrophosphate de magnésie représentant la totalité des sels de cette base.	0.417	500
5. Carbonate de chaux des carbonates.	0.170	500
6. Id. des sels solubles.	1.265	Id.
7. Pyrophosphate magnésique des carbonates.	0.11	Id.
8. Pyrophosphate magnésique des sels solubles.	0.39	Id.
9. Chlorures alcalins.	0.60	500
10. Chloroplatinate de potasse.	0.105	Id.
11. Chlorure d'argent mêlé de bromure.	1.125	50
12. Acide carbonique libre et combiné (en poids).	0.3125	500
13. Brome (approximativement).	0.01	5000
14. Sulfate de baryte.	0.55	500

Partant maintenant de ces diverses données et les

calculant relativement à un kilogramme d'eau, nous allons trouver les résultats ci-après :

	QUANTITÉS.
1. Pesanteur spécifique.	1.0107
2. Somme des substances fixes.	13.7
3. Somme du chlore mêlé de brôme.	29.52
de précipité argentique, dont.	0.00404
doivent être considérés comme du bromure ; reste donc comme chlorure.	29.51596
4. Somme des oxydes calcique, magnésique et silicique.	
a. — Oxyde calcique.	1.34065
b. — Oxyde magnésique.	0.3052
c. — Acide silicique.	0.0700
5. Oxydes de calcium et de magnésium dans le précipité formé par l'ébullition.	
a. — Oxyde calcique.	0.15865
b. — Oxyde magnésique.	0.06720
5 bis. Oxydes de calcium et de magnésium dans l'eau bouillie et filtrée.	
a. — Oxyde calcique.	1.1820
b. — Oxyde magnésique.	0.2384
(Représentant magnésium).	0.1493
6. Alcalis.	
a. — Oxyde potassique.	0.1033
b. — Oxyde sodique.	5.2165
7. Acide sulfurique.	1.0139
8. Acide carbonique.	0.6248
Comprenant acide combiné.	0.18765
et acide libre 220cc8.	

Tels sont les résultats numériques que nous avons obtenus à la suite de nos recherches. Mais il est maintenant une question dont la solution est loin d'être aussi facile.—Comment ces diverses bases, ces divers acides, se trouvent-ils combinés dans l'eau thermale?

Faut-il admettre que, comme l'évaporation nous en a fourni une partie, ils sont combinés de manière à donner naissance aux composés les plus stables et partant les moins solubles? Faut-il, au contraire, admettre, comme l'ont fait quelques chimistes, que par leur réunion ils ont donné naissance aux sels les plus solubles, et que, pour citer un exemple, l'acide sulfurique est combiné à la soude et à la magnésie au lieu de l'être à la chaux, formant ainsi des sels éminemment purgatifs?

La connaissance exacte de l'action thérapeutique des eaux pourrait nous guider à cet égard et nous fournir des éléments propres à éclairer cette question ; mais, comme nous l'avons déjà dit en commençant, nous n'avons aucun renseignement sur le gisement (si on peut employer cette expression) des sources, ni sur leur action sur l'économie.

Il est bien évident qu'une partie de la chaux et de la magnésie s'y trouve à l'état de carbonates, dissous à la faveur d'un excès d'acide carbonique libre, et que le chlore est combiné pour la plus grande partie au sodium. La saveur seule de l'eau, à défaut d'autres raisons, prouverait surabondamment ce fait ; mais si nous voulons savoir sous quelle forme s'y trouvent la chaux et la magnésie qui restent en dissolution dans l'eau bouillie et filtrée, ainsi que la potasse, la question s'élargit et devient à la fois plus complexe et plus obscure. En effet, si on concentre l'eau de manière à laisser se déposer le sulfate de chaux, il reste encore en dissolution une quantité notable d'acide sulfurique combiné. On est donc forcé d'admettre, si extraordinaire que le fait puisse paraître, que des sulfates solubles peuvent exister dans une eau thermale, en présence de sels de chaux également solubles, sans qu'il s'opère de double décomposition et qu'il y ait dépôt de sulfate de chaux.

Un fait bien connu en chimie peut du reste faire comprendre facilement notre hésitation sur la manière d'exprimer rationnellement les données fournies par l'analyse.

Si l'on mélange deux sels solubles et ne pouvant donner par leur décomposition réciproque que des sels solubles, il s'opère néanmoins une double décomposition partielle ; et si, par exemple, on mêle ensemble du chlorure de potassium et du sulfate de magnésie, on obtiendra par l'évaporation ménagée du liquide des chlorures de potassium et de magnésium, ainsi que des sulfates de potasse et de magnésie.

On doit, nous ne l'ignorons pas, tenir un grand compte de la solubilité des différents sels qui peuvent ainsi prendre naissance ; mais il est bien certain aussi que lorsque la quantité d'eau est suffisante pour tenir en dissolution les plus insolubles d'entre eux, il est impossible d'établir sur la nature des sels qui existent dans ce cas autre chose que des conjectures plus ou moins probables.

C'est en nous basant sur les considérations que nous venons d'exposer en quelques mots, que nous avons essayé de grouper d'une manière aussi rationnelle et aussi vraisemblable que possible, les acides et les bases dont nous avons constaté positivement l'existence dans l'eau d'Hammam-Lif.

Nous admettons que la totalité des sels précipités par l'ébullition sont à l'état de carbonates, et qu'ils sont dissous par un excès d'acide carbonique.

1° 0,15865 d'oxyde de calcium correspondent à 0,2833 de carbonate de chaux qui contiennent 0,12465 d'acide carbonique.

2° 0,0672 d'oxyde de magnésium correspondent à 0,1202 de carbonate de magnésie qui contiennent 0,063 d'acide carbonique.

On a trouvé 0,6248 d'acide carbonique dans l'eau. — La différence entre ces divers poids exprime donc la quantité d'acide carbonique qui existe à l'état de liberté.

Somme de l'acide carbonique. 0,6248
Combiné à la chaux. 0,12465
— à la magnésie. . . . . . 0,06300 } 0,18765
Reste comme acide libre. 0,43715

Ce poids représente en volume 226cc6.

On a supposé que la plus grande partie de l'acide sulfurique était combinée à la chaux, et que le reste l'était, partie à la potasse, partie à la soude.

La totalité de l'acide sulfurique trouvée dans l'eau est de 1 gr. 0138.

1° Nous admettons que sur cette quantité 0,902

sont combinés à 0,6314 d'oxyde de calcium et produisent 1 gr. 5334 de sulfate.

2° 0,0614 d'acide sulfurique combinés à 0,0477 d'oxyde de sodium, donnent 0,1091 de sulfate de soude.

3° Le reste, 0,0504 combinés avec 0,0593 d'oxyde de potassium, donne 0,1097 de sulfate de potasse.

Le reste du sodium, du potassium et du calcium est supposé à l'état de chlorure. Le magnésium est bien certainement uni au brôme, et le reste au chlore.

Nous avons vu que le précipité de chlorure et de brômure d'argent pesait 28,52, et que la portion correspondante au brômure devait être de 0,00404. — Le chlorure d'argent est donc égal à 28,51596, représentant 7,05456 de chlore.

Or, nous avons trouvé 5,2165 d'oxyde de sodium, dont 0,0477 sont combinés à l'acide sulfurique. — Le reste, 5,1688, correspond à 3,8335 de sodium, qui, en s'unissant à 5,9165 de chlore, donnent 9,75 de chlorure.

On a trouvé 0,1033 d'oxyde de potassium, dont 0,0593 sont unis à l'acide sulfurique; le reste, 0,0440, correspond à 0,0365 de potassium, qui, en s'unissant à 0,0331 de chlore, donnent 0,0696 de chlorure.

L'oxyde de calcium de l'eau bouillie et filtrée était de 1,182. — 0,6314 sont combinés à l'acide sulfurique; le reste, 0,5506, correspond à 0,3933 de calcium, qui, en s'unissant à 0,69724 de chlore, donnent 1,09054 de chlorure de calcium.

L'oxyde de magnésium de l'eau bouillie et filtrée était de 0,2382, correspondant à magnésium 0,1496. Une portion, 0,00028, en s'unissant à 0,00172 de brôme, donne 0,002 de brômure de magnésium.

Le reste, 0,14932, en se combinant à 0,40872 de chlore, donne naissance à 0,55804 de chlorure.

La quantité de chlore trouvée directement doit correspondre à la somme trouvée sous forme de chlorures.

Le précipité de chlorure d'argent est de. . . . 28,51596
correspondant à chlore. 7,05456
    Chlore combiné au sodium. . . 5,91650
    — — calcium. . . 0,69724
    — — magnésium.. 0,40872
    — — potassium. . 0,03310
    Ensemble. 7,05556

La différence est tellement faible, qu'on peut n'en pas tenir compte.

Voici donc comment nous exprimerons la composition d'un kilogramme de l'eau thermale d'Hamman-Lif.

	QUANTITÉ.
Acide carbonique libre.	920cc6
Carbonate de chaux.	0.28330
Id. de magnésie.	0.12020
Id. de fer.	Traces.
Sulfate de chaux.	1.53340
Id. de potasse.	0.10870
Id. de soude.	0.10910
Bromure de magnésium.	0.00200
Chlorure de sodium.	9.75090
Id. de calcium.	1.09054
Id. de magnésium.	0.58906
Id. de potassium.	0.08980
Acide silicique.	0.07000
Perte.	0.00412
Total.	13.70930

EAU D'HAMMAM-GOURBÈS.

Nous avons exposé avec assez de développement le résultat de nos recherches sur l'eau d'Hammam-Lif, pour que notre tâche actuelle en soit considérablement diminuée.

Nous avons en effet suivi rigoureusement la même marche, tenté les mêmes dosages, opéré dans toutes les circonstances de la même manière, et si l'existence d'autres principes nous a obligé à de nouvelles opérations, il nous suffira d'exposer celles-ci avec quelques détails, nous contentant pour les autres d'indiquer les résultats obtenus.

L'eau d'Hammam-Gourbès présente une température qui varie de 49° à 50°.

Elle était contenue dans six bouteilles en verre noir, de différentes capacités, au fond desquelles, lorsque nous voulûmes l'examiner, se voyaient quelques flocons provenant sans doute de ce que l'eau avait pu être légèrement troublée au moment où on avait recueilli les échantillons. — Lorsqu'on déboucha les bouteilles, l'eau exhalait une très-faible odeur d'hydrogène sulfuré ; mais toutes nos tentatives pour doser ce corps, ou même pour le dévoiler à l'aide de ses réactifs habituels, restèrent sans résultat.

Cette odeur était du reste tellement fugace, que le court espace de temps nécessaire pour filtrer l'eau a suffi pour la faire disparaître complètement.

Il nous paraît probable que l'eau ne présente pas naturellement cette odeur, et qu'on doit bien plutôt l'attribuer à la décomposition partielle des sulfates par des matières organiques restées en suspension.

L'eau est limpide. Sa saveur est franchement salée.

L'analyse qualitative, dans les détails de laquelle il est inutile d'entrer, y démontra :

Dans le résidu de l'ébullition :

Des carbonates de chaux.
— de magnésie.
— de fer.
Avec des traces d'acide phosphorique.

Dans l'eau bouillie et filtrée :

Acide sulfurique.
Chlore.
Oxydes de calcium.
— de magnésium.
— de sodium.
— de potassium.

La recherche de l'iode et du brôme resta sans résultats. Nous pouvons toutefois dire dès à présent que l'analyse quantitative démontra plus tard la présence de ce dernier corps, lorsque les recherches portèrent sur une plus grande quantité d'eau.

Densité.

Poids du flacon	4,02
— — plein d'eau distillée	22,68
— — plein d'eau thermale	22,855
— — de l'eau distillée	18,66
— — de l'eau thermale	18,835

$$18{,}66 : 18{,}835 :: 1000 : x = 1009{,}3$$

Dosage du résidu fixe.

Un litre d'eau d'Hammam-Gourbès pèse donc 1009 gr. 3.

Cent grammes d'eau évaporés à siccité au bain-marie dans une capsule de platine, puis au bain de sable jusqu'à ce que le poids ne changeât plus, ont laissé 1 gr. 06 ; soit par kilogramme : 10 gr. 6.

Le résidu de l'évaporation à siccité était légèrement coloré, et l'application d'une température plus élevée développa une coloration brune, due, sans aucun doute, à la carbonisation d'une matière organique que la chaleur rouge ne tarda pas à faire disparaître.

Dosage des oxydes ferrique, calcique et magnésique.

Quatre cents grammes d'eau ont été employés à ce dosage. On n'a trouvé de silice que des traces à peine sensibles.

L'addition d'ammoniaque dans la liqueur produit un précipité jaune sale, indiquant par sa coloration que le fer devait être mélangé d'alumine ou d'acide phosphorique.

Le précipité obtenu fut jeté sur un filtre, lavé avec soin et repris par l'acide chlorhydrique. On versa dans la solution acide un léger excès de potasse caustique pure qui précipita le fer. Le précipité lavé et séché fut de nouveau dissous dans l'acide chlorhydrique.

On rechercha dans la liqueur filtrée la présence de l'alumine, mais sans résultat.

La solution de l'oxyde de fer dans l'acide chlorhydrique fut neutralisée par l'ammoniaque liquide, et une addition de sulfhydrate d'ammoniaque en précipita le fer sous forme de sulfure. Le vase à précipités fut couvert d'une plaque de verre, afin d'empêcher autant que possible l'accès de l'air, et laissé pendant quelques heures en repos sur un bain de sable très-légèrement chauffé.

On décanta la liqueur limpide, et on la remplaça par une nouvelle quantité de sulfhydrate d'ammoniaque étendu. Après une décantation nouvelle, on jeta sur un filtre aussi recouvert d'une plaque de verre, et le lavage fut fait avec de l'eau chargée de sulfhydrate d'ammoniaque, afin d'empêcher la transformation du sulfure en sulfate.

Le lavage terminé, le précipité et le filtre furent jetés dans un vase à précipités et mis en contact avec assez d'acide chlorhydrique pour décomposer tout le sulfure. On filtra ensuite, et la solution chauffée, après addition d'acide azotique, fut précipitée par un excès d'ammoniaque. Le précipité d'oxyde ferrique obtenu fut lavé, séché et calciné avec toutes les précautions indiquées par les auteurs qui nous servaient de guides.

Le filtre coupé en morceaux fut aussi calciné à part sur le couvercle du creuset, et les cendres réunies à l'oxyde ferrique. — Dans la crainte que la calcination du filtre n'eût amené la réduction d'une partie du peroxyde, on fit digérer le précipité avec quelques gouttes d'acide azotique, puis on le calcina de nouveau au rouge.

Il pesait 0,0025 environ, représentant, par kilogr., 0,00625 d'oxyde ferrique ou 0,005625 de protoxyde de fer, qui, en se combinant à 0,00343 d'acide carbonique, produit 0,0091 de carbonate de protoxyde.

Dans la liqueur ammoniacale privée de fer, on ajouta de l'oxalate d'ammoniaque qui précipita de l'oxalate de chaux, puis, après filtration, du phosphate de soude, qui produisit du phosphate ammoniaco-magnésien, transformé ensuite en pyrophosphate.

L'oxalate de chaux pesait.	1,358	représentant
Carbonate de chaux.	0,94	
ou Oxyde de calcium.	0,52708	
Le pyrophosphate magnésique pesait.	0,295	représentant
Oxyde de magnésium.	0,10829	

Dosage des oxydes calcique et magnésique dans le précipité formé par l'ébullition.

Huit cents grammes d'eau furent employés à ces dosages, pour lesquels on opéra exactement comme pour l'eau d'Hammam-Lif.

On obtint :

Oxalate de chaux.	0,401	représentant
Carbonate de chaux.	0,275	
ou Oxyde de calcium.	0,154	
Pyrophosphate magnésique.	0,016	représentant
Carbonate de magnésie.	0,0124	
ou Oxyde magnésique.	0,0055	

Le fer ne fut pas dosé.

Dosage des oxydes calcique et magnésique dans l'eau bouillie et filtrée.

On obtint :

Oxalate de chaux.	2,345	représentant
Carbonate de chaux.	1,607	
ou Oxyde calcique.	0,90014	

Pyrophosphate magnésique.. . . .   0,575   représentant
Oxyde magnésique.   0,210585
ou Magnésium.   0,12888

Dosage des alcalis.

Quatre cents grammes d'eau furent traités comme nous l'avons dit en étudiant l'eau d'Hammam-Lif. — Le mélange de chorures alcalins obtenu pesait, après calcination au rouge faible, 2 gr. 745.

L'addition de chlorure de platine provoqua un précipité de chloroplatinate de potasse qui, après dessiccation, pesait 0,486, représentant chlorure de potassium 0,05676.

En déduisant du poids total obtenu..	2,74500
Cette quantité, ci................	0,05676
Il reste comme chlorure de sodium..	2,68824

Soit, par kilogramme d'eau :

Chlorure potassique.	0,1420
— sodique.	6,7205
Total.	6,8625

Dosage de l'acide sulfurique.

Deux cents grammes d'eau fournirent :

Sulfate de baryte.	0,748
Soit par kilogramme.	3,74
Représentant : Acide sulfurique .	1,28515

Dosage du chlore.

Cinquante grammes d'eau fournirent 0,99 de chlorure d'argent mêlé de bromure, représentant par kilogr. : 19 gr. 8.

Dosage de l'acide carbonique libre et combiné.

On précipita par du chlorure de calcium cinq

cents grammes d'eau additionnée préalablement d'ammoniaque liquide.

Le précipité obtenu fut pesé après dessiccation, puis décomposé par l'acide azotique dans un petit appareil disposé de manière à pouvoir apprécier la perte de poids résultant de l'élimination de l'acide carbonique.

Le précipité calcaire pesait 0,44, représentant 0,194 d'acide carbonique; mais la décomposition du sel ne donna qu'une diminution de poids de 0,176, provenant de ce qu'une portion du précipité obtenu se trouvait probablement à l'état de phosphate de chaux.

Cette quantité représente par kilogr. 0,352 d'acide carbonique libre et combiné. Nous examinerons plus loin comment il se divise.

Dosage du brôme et recherche de l'iode. — Dosage de la matière organique.

Il restait encore, à la suite des dosages précédents, 2 kil. 300 d'eau, qu'on fit évaporer à une douce chaleur, jusqu'à diminution des neuf dixièmes de son poids environ. Le dépôt qui se produisit par suite de cette concentration, consistant en carbonates de chaux et de magnésie, en sulfate, et probablement aussi en phosphate de chaux, fut jeté sur un filtre, lavé avec une petite quantité d'eau distillée, puis séché et mis de côté pour des recherches ultérieures, et notamment celles de l'acide phosphorique et du fluor.

La portion renfermant les sels solubles, réunie aux eaux de lavage, fut précipitée à l'ébullition par du carbonate de soude pur, et l'ébullition continuée assez de temps pour qu'on fût certain que tout le carbonate magnésique était entièrement déposé. On filtra alors, et on concentra la liqueur à une douce chaleur pour en séparer la majeure partie du chlorure de sodium. Les sels déliquescents furent ensuite évaporés à siccité.

On en prit un poids correspondant à 500 grammes d'eau, pour l'employer au dosage de la matière organique dont nous avions entrevu la présence en cherchant à doser la proportion des matières fixes.

Pour cela, on introduisit le sel dans une capsule de platine, et on le sécha au bain de sable, jusqu'à ce que son poids ne diminuât plus, sans que sa teinte fût altérée, puis on le calcina au rouge à la lampe de Berzélius. Bientôt la masse brunit, noircit, puis reprit peu à peu, par la combustion complète de la matière organique, sa blancheur primitive.

La capsule de platine pesait avant la combustion.................................... 9,425
La capsule de platine pesait après la combustion.................................... 9,380
Perte que nous avons cru devoir attribuer à la matière organique.................... 0,045

Soit 0,09 par kilogramme.

Dans le but d'avoir, pour la recherche du brôme et de l'iode, la plus grande quantité possible de sel, et la calcination n'ayant pu détruire les composés formés par ces corps, on réunit les deux portions, et on les traita par de l'alcool à 80°. La solution alcoolique, filtrée et évaporée à siccité, laissa un résidu pesant 2 gr. 24. On le reprit par son poids d'eau distillée, afin de séparer encore une certaine quantité de chlorure de sodium ; puis on chercha dans la solution la présence de l'iode et du brôme.

On ne put découvrir la moindre trace d'iode; mais l'action simultanée d'un excès de chlore liquide et d'éther sulfurique décela la présence du brôme, et la solution éthérée, versée, après décantation, sur un petit fragment de potasse à l'alcool pesant 0,1, laissa un résidu qui, séché au bain de sable, pesait 0,16.

Comme dans l'eau d'Hammam-Lif, nous y constatâmes la présence du brôme par l'action du nitrate d'argent, ainsi que par celle d'un mélange d'acide sulfurique et de peroxyde de manganèse.

Des réactions obtenues et de l'abondance du précipité d'argent insoluble dans l'ammoniaque, nous pouvons, en raisonnant comme précédemment, conclure que le brôme ne peut pas exister, dans 2 k. 300 d'eau, pour une proportion inférieure à 0,03, représentant par kilogr. environ 0,013 de brôme, qui, en se combinant à 0,00205 de magnésium, donnerait 0,01505 de bromure.

Nous avons dit que le précipité formé pendant la concentration avait été mis de côté. On en prit d'abord une portion correspondante à 500 gr. d'eau, pour y rechercher la présence du fluor, mais sans résultat.

Le reste, correspondant à 1,800 d'eau, fut traité par la méthode de Dulong; et quand l'action du carbonate de soude en excès fut complètement épuisée, on versa, dans la liqueur filtrée, de l'acide azotique en excès, de manière à décomposer tout le carbonate de soude restant, puis de l'ammoniaque et du chlorhydrate d'ammoniaque, et ensuite du sulfate de magnésie, qui provoqua la formation d'un précipité de phosphate ammoniaco-magnésien dans lequel on dosa l'acide phosphorique, en le transformant en pyrophosphate de magnésie.

On obtint :

Pyrophosphate. . . . . . 0,072 correspondant
Acide phosphorique. 0,0454
Soit par kilogramme   Acide phosphorique 0,0253

Dans l'énumération des principes constitutifs de l'eau thermale, nous avons considéré cet acide comme libre. On ne peut guère admettre, en effet, qu'il s'y trouve à l'état de phosphate de chaux ou de fer; nous pencherions plutôt à le considérer comme pouvant être combiné à la soude; mais une semblable supposition serait tellement en dehors des règles généralement adoptées dans la traduction des données fournies par l'analyse des eaux minérales, que, nous contentant de l'émettre, nous laissons, en ce moment au moins, la question sans solution.

On n'a pas cherché l'arsenic.

Si nous réunissons maintenant, comme nous l'avons fait précédemment, les résultats directs fournis par les pesées, nous trouverons :

DÉNOMINATIONS des principes minéralisateurs.	POIDS obtenu.	EAU employée.
1. Résidu fixe.	1.05	100 gr.
2. Acide silicique.	Traces.	400
3. Carbonate de chaux représentant la totalité des sels de cette base.	0.91	400
3 bis. Pyrophosphate de magnésie représentant la totalité des sels de cette base.	0.295	400
3 ter. Oxyde ferrique.	0.0025	400
4. Carbonate de chaux précipité par l'ébullition.	0.275	800
4 bis. Carbonate de chaux de l'eau bouillie et filtrée.	1.607	800
5. Pyrophosphate de magnésie dans le précipité formé par l'ébullition.	0.016	800
5 bis. Pyrophosphate de magnésie de l'eau bouillie et filtrée.	0.575	800
6. Mélange des chlorures alcalins.	2.475	400
7. Chloroplatinate de potasse.	0.188	400
8. Sulfate de baryte.	0.748	200
9. Chlorure et bromure d'argent.	0.99	50
10. Acide carbonique libre et combiné.	0.176	500
11. Brôme (approximativement).	0.03	2.300
12. Acide phosphorique.	0.0454	1.800
13. Matière organique.	0.045	800

Partant maintenant de ces diverses données pour calculer la composition d'un kilogramme d'eau thermale, nous trouverons les nombres suivants :

	QUANTITÉS.
1. Pesanteur spécifique............................	1009.3
2. Somme des principes fixes.....................	10.3
3. Somme du chlore mêlé de brôme, précipité argentique.	19.80
Dans lequel le brôme existe à l'état de brômure.	0.03055
Reste donc comme chlorure........	19.76945
4. Somme des oxydes calcique, magnésique et ferrique	
a. — Oxyde ferrique...................	0.00625
b. — Oxyde calcique...................	1.31770
c. — Oxyde magnésique................	0.27073
5. Oxydes calcique et magnésique dans le précipité formé par l'ébullition.	
a. — Oxyde calcique...................	0.19252
b. — Oxyde magnésique................	1.0075
5 bis. Oxydes calcique et magnésique dans l'eau bouillie et filtrée.	
a. — Oxyde calcique...................	1.12518
b. — Oxyde magnésique................	0.26323
(Représentant Magnésium 0.16119.)	
6. Somme des alcalis.	
a. — Oxyde potassique.................	0.08075
b. — Oxyde sodique....................	3.56195
7. Acide sulfurique............................	1.29513
8. Acide carbonique............................	0.352
Représentant : Acide carbonique combiné et Acide libre.	0.16273
Acide libre en volume......................	0.18927
9. Acide phosphorique.........................	0.0053
10. Matière organique (Barégine?)................	0.0900

Les réflexions que nous avons faites en parlant de la composition possible ou probable de l'eau d'Hammam-Lif, s'appliqueraient de point en point à celle qui nous occupe en ce moment; aussi n'en dirons-nous pas davantage.

Voici donc comment nous essayerons de grouper aussi rationnellement que possible les acides et les bases trouvés dans l'eau d'Hammam-Gourbès.

Nous admettons que la totalité des sels précipités par l'ébullition est à l'état de carbonates, et que dans l'eau ils sont dissous à la faveur d'un excès d'acide carbonique.

1° 0,19252 d'oxyde de calcium correspondent à 0,3438 de carbonate de chaux, qui contiennent 0,15128 d'acide carbonique.

2° 0,0075 d'oxyde de magnésium, en se combinant à 0,008 d'acide carbonique, donnent 0,0155 de carbonate de magnésie.

3° 0,00625 d'oxyde ferrique représentent 0,00565 de protoxyde de fer, qui, en s'unissant à 0,00345 d'acide carbonique, donnent 0,0091 de carbonate de protoxyde.

On dose souvent le fer à l'état d'oxyde ferrique ; c'est, en effet, sous cette forme qu'on l'obtient et qu'on le dose le plus ordinairement; mais je me suis assuré à plusieurs reprises que le fer contenu dans l'eau d'Hammam-Gourbès y existe à l'état de protoxyde ; je crois donc me rapprocher beaucoup de la vérité en admettant qu'il s'y trouve à l'état de carbonate rendu soluble par un excès d'acide carbonique, et c'est sous cette forme que je l'ai compris dans le calcul de l'analyse.

On a trouvé 0,352 d'acide carbonique dans l'eau.

La différence entre ces divers poids exprime donc la quantité d'acide qui se trouve à l'état de liberté.

Somme de l'acide carbonique.		0,35200
Combiné à la chaux.	0,15128	
— à la magnésie.	0,00800	0,16273
— au protoxyde de fer. . .	0,00345	
Reste donc comme acide libre.		0,18927

Représentant en volume 95cc,5.

Nous supposons que la plus grande partie de l'acide sulfurique est combiné à la chaux, que le reste l'est à toute la potasse et à une petite quantité de soude.

La totalité de l'acide trouvé est de 1,28545.

1° Nous admettons que sur cette quantité, 1,06676 d'acide correspondent à 1,81349 de sulfate de chaux, qui renferment 0,74673 d'oxyde de calcium.

2° Une autre partie de cet acide, 0,12865, en se combinant à 0,09963 de soude, forme 0,22828 de sulfate de soude.

3° L'oxyde de potassium trouvé, 0,08974, en s'unissant à 0,07618 d'acide, donne naissance à 0,16592 de sulfate potassique.

Acide sulfurique combiné à la chaux....	1,06676
— — — à la soude...	0,12865
— — — à la potasse..	0,07618
Total.........	1,27159

Le reste du sodium et du calcium est supposé à l'état de chlorure. Quant au magnésium, il est bien certainement uni au brôme et au chlore.

Nous avons vu que le précipité de chlorure et de brômure d'argent pesait 19,80, et que la portion afférente au bromure devait être de 0,03955.

Le chlorure d'argent est donc de 19,76045, représentant 4,88855 de chlore.

1° Nous avons trouvé 3,56295 d'oxyde de sodium, dont 0,09963 sont unis à l'acide sulfurique ; — le reste, 3,46332, correspond à 2,56846 de sodium qui, en s'unissant à 3,96397 de chlore, forme 6,53243 de chlorure.

2° L'oxyde de calcium de l'eau bouillie et filtrée était de 1,12518. Sur cette quantité, 0,74673 sont combinés à l'acide sulfurique; le reste, 0,37845, correspond à 0,27032 de calcium, qui, en s'unissant à 0,47925 de chlore, donne 0,74957 de chlorure calcique.

3° L'oxyde de magnésium de l'eau bouillie et filtrée était de 0,26323, correspondant à 0,16119 de magnésium.

Une portion, 0,00205, s'unit à 0,013 de brôme pour former 0,01505 de brômure.

Le reste, 0,15914, se combinant à 0,4471 de chlore, forme 0,60624 de chlorure.

Chlore calculé d'après le poids du chlorure d'argent.	4,88855
Combiné au sodium......	3,96397
— calcium......	0,47925
— magnésium....	0,44710
Total...........	4,89032

La différence entre les deux chiffres qui expriment le chlore est assez faible pour qu'on puisse n'en tenir aucun compte.

En présence de la difficulté, ou pour mieux dire de l'impossibilité où nous nous trouvons d'admettre pour l'acide phosphorique une combinaison rationnelle et surtout probable, nous le considérons comme libre dans le calcul de l'analyse, quoique sachant bien que cela ne peut être. Ferait-il partie de la matière organique ? ou serait-il combiné à la soude ? La quantité d'eau mise à notre disposition ne nous a pas permis d'étudier de plus près ces hypothèses.

Voici maintenant comment nous exprimerons la composition de l'eau d'Hammam-Gourbès.

Tous les sels sont calculés à l'état anhydre.

	QUANTITÉS.
Acide carbonique libre.............	95··5
Acide silicique...................	Traces.
— phosphorique.............	0.02530
Carbonate de chaux.............	0.34380
— de magnésie.............	0.01580
— de fer protoxydé.........	0.00910
Sulfate de chaux...............	1.81349
— de soude.................	0.22828
— de potasse...............	0.16592
Chlorure de sodium.............	6.53243
— de magnésium............	0.60624
— de calcium..............	0.74957
Bromure de magnésium...........	0.01505
Matière organique (Barégine ?)....	0.09000
Perte...........................	0.00532
Total.................	10.60000

Ce qui frappe d'abord dans la composition de l'eau d'Hammam-Gourbès, aussi bien que dans celle d'Hammam-Lif, c'est la proportion énorme de principes fixes que ces eaux renferment.

On constate en outre entre ces deux eaux thermales une grande analogie, tant sous le rapport de la composition que sous celui de la relation numérique des principes minéralisateurs. Dans toutes deux, en effet, on reconnaît une prédominance extrême du chlorure de sodium et une quantité très-considérable de sulfate de chaux,—qui, dans l'eau d'Hammam-Gourbès, notamment, dépasse presque les limites de la solubilité de ce sel.

Il existe cependant des différences notables entre ces deux eaux, et, pour les rendre plus sensibles, nous avons calculé en centièmes la composition du résidu fixe de chacune d'elles.

DÉNOMINATIONS des principes minéralisateurs.	Hammam-Lif.	Hammam-Gourbès.
Acide carbonique libre............	220cc6	95cc5
Acide silicique................	0.510940	"
— phosphorique............	"	0.23668
Carbonate de chaux.............	2.067880	3.24332
— de magnésie............	0.877570	0.14822
— de protoxyde de fer.......	Traces.	0.08594
Sulfate de chaux................	11.192700	17.10839
— de potasse...............	0.897280	1.65623
— de soude................	0.796350	2.18359
Chlorure de sodium.............	71.168640	61.63889
— de calcium...............	7.950059	7.07144
— de potassium............	0.508020	"
— de magnésium...........	5.073230	5.71929
Bromure de magnésium..........	0.015850	0.14198
Matière organique..............	"	0.54005
Perte.........................	0.234560	0.05034
Total................	100.000000	100.00000

L'examen attentif de ce tableau démontre très-clairement que si certains principes existent presque en même proportion dans le résidu fixe, d'autres, au contraire, prédominent dans l'une ou l'autre eau thermale.

Tous ces principes n'ont pas une égale action sur l'économie, et le brôme doit, selon nous, être considéré comme le plus important : à ce titre seul, l'eau d'Hammam-Gourbès l'emporterait de beaucoup déjà sur celle d'Hammam-Lif; mais la présence de l'acide phosphorique, celle du fer et de la matière organique, qui ne doivent pas être sans action sur l'économie, viennent dans une proportion considérable augmenter sa valeur thérapeutique, et devront être prises en grande considération quand on voudra étudier sous ce point de vue l'action de ces eaux.

Nous avons recherché avec soin, dans le peu d'auteurs que nous avions à notre disposition, si, parmi les eaux thermales connues, il s'en trouverait qui présentassent une certaine analogie avec celles qui nous occupent en ce moment.

Or, parmi toutes les eaux thermales du groupe des eaux salines auquel toutes deux appartiennent, nous n'avons trouvé que celles de Balaruc et de Bourbonne qui s'en rapprochassent, tant sous le rapport des principes fixes que sous celui de leurs proportions dans l'eau; — et c'est à ces deux eaux thermales qu'il faudrait sans aucun doute les comparer au point de vue de l'action thérapeutique.

Eau de Balaruc, suivant l'analyse de M. Figuier.
Température × 47°.

Acide carbonique libre............	6 p. cubes.
Chlorure de sodium..............	7.417
— de calcium...............	0.908
— de magnésium............	1.375
Carbonate de chaux.............	1.167
— de magnésie.............	0.092
Sulfate de chaux................	0.700
— de fer...................	Traces.
Total............	11.659

Eau de Bourbonne, analyse de M. Desfosse.
Température × 58°.

Bromure et (chlorure?) de potassium.....	0.069
Chlorure de calcium...............	0.081
— de sodium................	5.353
Carbonate de chaux...............	0.156
Sulfate de chaux..................	0.741
Matière organique.................	Traces.
Total............	6.331

Ici, comme dans les eaux thermales de la régence de Tunis, on voit apparaître cette prédominance du chlorure de sodium, accompagné dans l'eau de Bourbonne d'une quantité très-notable de brôme.

Ce dernier corps n'est pas signalé dans l'eau de Balaruc; mais l'analyse sur laquelle nous raisonnons est déjà ancienne, et nous sommes fort tenté de croire que le chlorure de sodium doit y exister également.

L'eau de Balaruc manquerait complètement de potasse, celle de Bourbonne, au contraire, de magnésie.

Sous le rapport de la température, ces eaux se rapprochent beaucoup également; car celle des eaux de Balaruc est de 47°, — celle des eaux d'Hammam-Lif de 48° à 49°, — celle des eaux d'Hammam-Gourbès de 49° à 50°. — Les eaux de Bourbonne présentent la température la plus élevée; elle atteint 58°.

Je ne m'étendrai pas davantage sur les deux sources thermales de la régence de Tunis, et je ne parlerai pas de leur action sur l'économie; car, ne pouvant être que très-incomplet sur cette partie de la question, je crois préférable de m'abstenir.

NOUVELLES OBSERVATIONS

RELATIVES

AU CHOIX, A LA CONSERVATION ET A L'EMPLOI

DES SANGSUES;

PAR M. TRIPIER,

Pharmacien principal de première classe, chef de l'hôpital militaire du Gros-Caillou.

Je reproduis ici et je complète quelques observations que j'ai eu la mission ou l'occasion de faire plusieurs fois sur les sangsues de France et sur celles de l'Algérie.

Le 26 mai 1855, 200 sangsues expédiées, par ordre du Ministre de la guerre, des marais de la Gironde à l'hôpital militaire du Gros-Caillou, y furent déposées dans un appareil conservateur imaginé par M. Vayson : cet appareil se compose d'un grand pot de terre percé à son fond de très-petits trous, puis d'un baquet peu profond dans lequel on entretient une faible couche d'eau ; le pot est placé dans le baquet après avoir été rempli aux trois quarts de terre tourbeuse qui s'entretient humide par l'ascension capillaire de l'eau dont le fond du baquet est recouvert.

Les sangsues déposées à la surface de la terre y pénètrent pour se loger à la profondeur et dans les conditions d'humidité qu'elles préfèrent, car cette terre perméable est très-mouillée au fond et légèrement humide à la surface.

Les 200 sangsues pesaient à leur réception 300

grammes, soit en moyenne un gramme et demi chacune; elles étaient vives et de bonne apparence; mais, comme l'aptitude de la sangsue à faire un bon service passe généralement pour être d'autant plus grande qu'elle contient moins de sang (ce qui n'est vrai que dans certaines limites et quand elle n'a pas souffert), elles furent examinées à ce point de vue, en présence de M. Senart, secrétaire du Conseil de santé de la marine, et par le procédé en usage dans les hôpitaux de l'armée de mer.

Ce procédé consiste à prendre un lot de 10 sangsues, à les tenir immergées pendant quelques minutes dans de l'eau chargée d'environ un dixième de son poids de sel marin, et à exprimer tout le sang qu'elles contiennent en l'expulsant par la bouche de l'animal, et le recevant sur un feuillet de papier taré à l'avance : ce papier, pesé de nouveau après l'opération, accuse le poids du sang.

Les sangsues reçues le 26 mai donnèrent par le procédé ci-dessus, quinze jours après leur sortie du marais de la Gironde, une quantité moyenne de sang équivalant à 14 centièmes de leur poids pris collectivement; quelques-unes n'en donnèrent point; chez d'autres, la proportion s'éleva bien au-dessus de la moyenne.

Après huit mois de conservation, sans mortalité, dans la terre tourbeuse de l'appareil Vayson, elles avaient perdu 13 pour cent de leur poids et ne contenaient plus en moyenne qu'un centième de sang, les six dixièmes n'en donnaient plus du tout.

Au bout d'un an, celles qui n'avaient pas été employées avaient perdu 18 pour cent de leur poids primitif; elles ne contenaient plus de sang et semblaient se rapetisser; on en perdait depuis peu quelques-unes qui paraissaient mourir de faim.

A cette époque, on en compta 50 des plus vives que l'on abandonna dans l'appareil Vayson aux chances d'une conservation indéfiniment prolongée.

Un an plus tard, on constata qu'il en était mort 19,

et que les 31 qui restaient avaient perdu non-seulement tout le sang qu'elles contenaient primitivement, mais encore 46 centièmes de leur propre poids, et qu'elles avaient considérablement diminué de volume; elles vivaient depuis plus d'un an aux dépens de leur propre substance.

Emploi médical.

Dès la fin de mai 1855, on avait commencé quelques applications de ces sangsues que l'on continuait à de longs intervalles par lots de 10 à 15; elles faisaient un excellent service; ces lots tiraient les quantités moyennes de 7, 8, 9, 10 et 11 grammes et demi de sang par sangsue. On épuisa ainsi dans l'espace de 14 mois, en applications et réapplications successives, tout l'envoi du 26 mai, excepté les 50 qui avaient été réservées pour servir à constater l'influence qu'exerceraient sur elles une conservation et un jeûne très-prolongés.

Jusqu'à présent, on avait attribué soit à la trop grande jeunesse des petites sangsues, soit à l'engorgement artificiel des sangsues moyennes ou grosses, leur défaut d'aptitude à fournir une copieuse succion; l'occasion se présentait de s'assurer si, après deux ans de conservation, après plus d'une année d'un jeûne absolu, des sangsues qui ont perdu 46 pour cent de leur propre poids peuvent encore faire un aussi bon service qu'auparavant.

Dix de ces sangsues réduites du poids de quinze à celui de sept décigrammes chacune, ayant été appliquées dans le service des blessés, ne tirèrent plus que de deux à cinq grammes de sang, la moyenne fut de trois grammes. C'était bien encore une proportion à peu près analogue à celle d'autrefois relativement au poids et au volume des sangsues; mais la quantité absolue avait diminué des deux tiers en moyenne. Il fut fait deux autres lots des vingt-une sangsues qui restaient : à quinze jours d'intervalle elles avaient encore diminué ; leur poids s'était réduit à cinquante-cinq centigrammes ; on en fit deux applications qui confirmèrent exactement les observations fournies par le lot précédent.

Toutes ces sangsues supportèrent parfaitement le dégorgement, contrairement à mon attente : après un repos de cinq à huit jours, elles fournirent, en secondes applications, une succion égale à la première ; après un nouveau dégorgement suivi d'un repos de cinq à dix jours, elles se prêtaient encore à la succion, mais dans les proportions d'un à trois grammes, jugées insuffisantes.

Si l'expérience a prouvé que les sangsues trop jeunes ou gorgées font un mauvais service, les faits ci-dessus ne sont-ils pas de nature à démontrer que les sangsues ruinées par un jeûne excessif perdent, avec la majeure partie de leur poids et de leur volume, une proportion relative de leur aptitude à la succion, et qu'elles finissent par mourir d'inanition, même dans l'appareil Vayson, qui réunit les conditions de conservation artificielle les plus parfaites qui aient été réalisées jusqu'ici.

C'est grâce à l'emploi de cet appareil que nous sommes parvenu à réhabiliter une notable quantité de sangsues ayant fourni quatre applications à de courts intervalles ; on ne les déposait dans l'appareil qu'après les avoir fait dégorger ; au bout de deux mois, on en retrouvait plus d'un tiers ayant toute l'apparence et toutes les qualités des sangsues neuves, tandis que les sangsues prises dans les mêmes conditions pour être conservées dans des vases à moitié remplis d'eau souvent renouvelée, périssaient toutes dans le même laps de temps.

Sangsues d'Algérie.

La sangsue qui peuple les marais de l'Algérie, connue sous la dénomination de sangsue-dragon, passait pour être de qualité très-inférieure ; on affirmait même qu'il en fallait deux pour équivaloir à une sangsue française ou hongroise : de là le discrédit dans lequel elle était tombée dans le commerce.

M. le Maréchal Ministre de la guerre, voulant s'assurer de la valeur de ces assertions et des avantages que peut réaliser l'appareil Vayson pour le transport de sangsues à de grandes distances, transport si difficile à opérer et si défectueux en suivant la pratique ordinaire, fit expédier, dans le courant d'avril 1857, d'Alger sur la pharmacie centrale des hôpitaux militaires à Paris, mille sangsues récemment pêchées dans les marais naturels de l'Algérie.

A leur arrivée, on constata une perte de quatorze ; tout le reste était dans un état parfait de conservation.

Le 15 mai, deux cents de ces sangsues furent versées sur l'hôpital militaire du Gros-Caillou, pour y mettre à l'étude leur degré d'aptitude au service médical, comparativement avec les sangsues de la Gironde, qui assurent le service ordinaire.

La sangsue d'Afrique pesait, comme ces dernières, un gramme et demi en moyenne ; mais elle s'en distingue parfaitement par la vivacité de ses couleurs, l'antagonisme de leurs teintes, la netteté de ses taches ponctuées et des raies qui la sillonnent longitudinalement ; elle s'est élevée au gré de ses instincts, dans les conditions où la nature l'a fait naître et en dehors de tout artifice humain, tandis que la Girondine, née au sein des marais reproducteurs, s'y est élevée à la faveur de soins et d'une alimentation en quelque sorte artificielle ; ces deux espèces de sangsues sont donc très-distinctes à plusieurs égards.

Avant que de mettre en service les sangsues d'Afrique, on dut s'assurer de la quantité de sang qu'elles contenaient ; il s'était écoulé environ un mois depuis leur départ d'Alger quand les expériences commencèrent ; elles furent faites en présence et avec le concours de M. de Quatrefages, membre de l'Institut et professeur au Muséum d'histoire naturelle.

Un lot de 10 sangsues, pesant ensemble 15 grammes et choisies de grosseur aussi égale que possible, fut traité comme il est dit plus haut par de l'eau salée au dixième, puis soumis à l'expression ; le sang fut reçu sur un papier taré à l'avance et pesé après l'opération. Deux sangsues ne donnèrent pas de sang, une troisième en donna une faible goutte ; celle qui en donna le plus en rendit 33 centigrammes, soit 22 pour cent de son poids ; la quantité exprimée du lot tout entier fut de 2 gr. 02, soit 13 1/2 pour cent du poids des 10 sangsues.

Une autre épreuve sur deux sangsues qui pesaient 2 grammes chacune nous fit connaître qu'elles avaient perdu :

Mucosités incolores sécrétées dans l'eau salée.	0,88 ⎫
Sang noir et épais expulsé par expression et pesé directement...................	0,64 ⎭ 1,52

Soit en centièmes :

Mucosités..........	22
Sang.............	16
Déchet total.....	38 pour cent de leur poids.

Un troisième essai fut fait dans le but de bien préciser la proportion de mucus que la sangsue sécrète par toute sa surface pendant son immersion dans l'eau salée, car il importe beaucoup de ne pas attribuer à du sang tout le déchet qu'éprouve la sangsue pendant les opérations du dégorgement, comme cela a lieu en adoptant la marche expérimentale généralement suivie et même officiellement conseillée, laquelle consiste : 1° à essuyer les sangsues et à en prendre le poids ; 2° à les tenir quelques instants immergées dans de l'eau salée et à en expulser tout le sang par expression ; 3° à les essuyer de nouveau et à constater par une seconde pesée la perte qu'elles ont éprouvée : cette perte est considérée comme donnant le poids du sang par différence.

Dix de nos sangsues africaines, pesant ensemble 20 grammes, soit 2 grammes chacune comme celles du lot précédent, après avoir été essuyées dans un linge fin, furent immergées dans de l'eau contenant un dixième de son poids de sel marin; elles y restèrent environ trois minutes dans un état de grande agitation : sorties du liquide *resté incolore*, essuyées et pesées de nouveau, elles avaient perdu 3 gr. 39 c. de leur poids. Dégorgées ensuite par expression sur un feuillet de papier taré, le poids du sang pris directement s'éleva à 3 gr. 24 centig. Ces quantités correspondent aux proportions suivantes :

Mucus incolore sécrété dans l'eau salée............	17,0
Sang noir, épais, obtenu par expression............	16,2
Total..........	33,2 p. cent du poids des sangsues.

Il devenait intéressant de constater ce que donnerait de mucus par l'eau salée la sangsue qui ne contient pas de sang; des essais réitérés, faits sur des sangsues d'un gramme, exemptes de sang, démontrent qu'elles donnent par ce traitement un déchet qui s'élève de 8 à 16 pour cent de leur poids.

Il n'était pas non plus sans intérêt de s'assurer si la malaxation des sangsues dans les mains, ou dans un linge, ne produirait pas un effet analogue, et si l'évaluation du sang expulsé par expression sans avoir immergé la sangsue dans un liquide excitant, moyen difficile et insuffisant, ne doit pas être inévitablement entaché d'erreur, surtout quand, au lieu de peser le sang lui-même, on s'est contenté d'en déduire la quantité de la perte de poids éprouvée par la sangsue durant ce traitement.

Dix expériences faites sur des sangsues *d'un gramme* ont démontré que la sangsue dépourvue de sang, pesée après avoir été essuyée dans un linge fin, et malaxée pendant trois minutes entre les doigts comme pour en extraire du sang, essuyée de nouveau et pesée une seconde fois, perd de 6 à 12 pour cent de son poids par ce traitement; or, cette perte est comptée comme du sang dans les essais par différence.

Quand on compare le déchet éprouvé par la sangsue pendant le dégorgement opéré d'une manière quelconque, au poids du sang extrait par la même opération, on trouve toujours que le déchet dépasse de beaucoup la quantité de sang obtenue, d'où il résulte que le sang contenu dans les sangsues ne devrait jamais être évalué par différence, que toute évaluation doit être réputée fautive si elle ne repose pas sur la pesée directe du sang lui-même.

Emploi thérapeutique.

Les sangsues algériennes dont quelques-unes ont fourni les observations précédentes furent mises en service dès leur réception à l'hôpital militaire du Gros-Caillou.

Le 16 mai 1857, un lot de dix, pesant ensemble 15 grammes, fut appliqué sur un malade du service des blessés; elles prirent bien, et à leur retour elles pesaient 117 grammes; la succion moyenne dépassa 10 grammes par sangsue.

Dégorgées par expression après une immersion de 3 minutes dans de l'eau contenant un huitième de vinaigre, elles fournirent une seconde application après 5 jours de repos; cette fois encore elles tirèrent 10 grammes de sang chacune. Les sangsues du même lot fournirent, après un second dégorgement et un nouveau repos de 5 jours, une troisième application, dont le résultat fut une succion de 7 grammes. Une quatrième et une cinquième application eurent lieu dans les mêmes conditions; la succion se réduisit à 6 grammes par sangsue. Le lot qui fait le sujet de ces expériences a offert une aptitude à la succion remarquablement soutenue, et une résistance à la mortalité qui n'est pas ordinaire.

Le 29 mai, un deuxième lot, composé de 20 sangsues neuves d'Alger pesant ensemble 28 grammes, fut envoyé à un autre malade du service des blessés : 3 refusèrent de prendre, les 17 autres tirèrent en moyenne 12 gr. 7 de sang. La sangsue qui en absorba le moins en tira 6 grammes, celle qui en prit le plus en tira 20 grammes.

Après le dégorgement suivi de 6 jours de repos, le même lot de 20 sangsues fut appliqué de nouveau à un blessé ; cette seconde fois, les sangsues prirent toutes, elles fournirent une succion moyenne de 12 grammes par sangsue ; le minimum fut de 5 grammes, le maximum s'éleva à 18.

Ces mêmes 20 sangsues, soumises, après un nouveau dégorgement et 5 jours de repos, à une troisième application, ne prirent qu'au nombre de 12 ; elles ne tirèrent en moyenne que 5 grammes de sang chacune ; le minimum de succion fut de 3 grammes, le maximum s'éleva à 12 grammes.

Après le dégorgement de ces douze sangsues, suivi comme précédemment d'un repos de cinq jours, elles fournirent une quatrième application ; l'une d'elles refusa de prendre, les onze autres tirèrent en moyenne 7 grammes de sang chacune ; le minimum de succion fut de 4 grammes, le maximum s'éleva à 15 grammes.

Toutes les autres applications des sangsues algériennes ayant la plus grande analogie avec celles qui précèdent, il devient superflu d'en suivre ici plus longuement l'énumération.

En comparant le service réalisé par les sangsues algériennes à celui que font journellement les sangsues de la Gironde de bonne qualité, on trouve que les algériennes se sont montrées au moins aussi aptes à la succion, et plus résistantes (peut-être par exception) à une série d'applications successives. Les 200 reçues le 15 mai ont fourni plus de 600 applications en deux mois.

Conclusion.

Des faits recueillis durant les expériences qui précèdent, il résulte que la quantité de sang trouvée dans les sangsues au moins un mois après leur sortie des *marais naturels de l'Algérie*, nulle chez un certain nombre, variable chez les autres, s'élève quelquefois jusqu'à 22 pour cent du poids des individus pris isolément ;

Que la moyenne dépasse souvent 15 centièmes, limite imposée jusqu'ici à la tolérance, mais qu'il serait nécessaire d'élever un peu, de porter à 20 pour cent, par exemple ;

Que la sangsue sécrète par toute sa surface, pendant les opérations du dégorgement, favorisé par l'emploi de l'eau salée ou même opéré par simple expression, une proportion de mucus incolore qui dépasse souvent le poids du sang lui-même ; qu'elle sécrète ce mucus lors même qu'elle ne contient pas de sang ;

Que le sang s'extrait difficilement et incomplètement par expression quand ce moyen n'est pas précédé de l'immersion de la sangsue dans un liquide excitant ;

Que l'évaluation du sang qui précède la réception ou l'admission des sangsues destinées au service médical ne peut être exacte qu'en prenant directement le poids de ce liquide ;

Que cette évaluation, déduite de la différence trouvée entre le poids des sangsues pris avant les opérations du dégorgement et après ces opérations, quelles qu'elles soient, est nécessairement entachée d'erreur ; qu'elle est toujours trop élevée, dans des proportions souvent considérables, car les sangsues qui ne contiennent pas de sang y contribuent elles-mêmes ;

Que la sangsue française, qui pèse un gramme et demi à sa sortie des marais de la Gironde et qui contient quatorze centièmes, soit un septième de son poids de sang, prend, par une succion moyenne de neuf grammes, quarante-trois fois autant de sang qu'elle en contenait ; qu'elle en prend trente-trois fois autant quand la succion se réduit à sept grammes ;

Que la sangsue algérienne, pesant un gramme et demi à son arrivée et contenant en moyenne de 13 gr. 5 cent. à 16 gr. 2 cent. pour cent, soit un sixième, de son poids de sang, absorbe, quand elle fournit une succion de 12 gr., cinquante fois autant de sang qu'elle en contenait ; qu'elle absorbe encore plus de quarante fois ce qu'elle en contenait quand la succion se réduit à 10 grammes ;

Que les sangsues sont susceptibles de fournir plusieurs applications successives à de courts intervalles : il suffit pour cela de les faire dégorger chaque fois par expression, après les avoir tenues immergées pendant quelques minutes dans un liquide excitant ; M. Millon a conseillé l'emploi de l'eau additionnée de vinaigre ; ce mélange réussit parfaitement ;

Que la première et la seconde applications donnent des succions à peu près équivalentes, mais qu'elles deviennent ensuite progressivement moins copieuses ;

Que la sangsue refuse de prendre sur certains malades, qu'elle prend mal sur d'autres, qu'elle tire moins de sang quand elle trouve une cause de répugnance chez le sujet sur lequel elle a pris ; dans ce cas, elle se gorge davantage durant l'application suivante sur un autre malade ;

Que la sangsue algérienne peut soutenir avantageusement la comparaison avec les espèces les plus réputées pour les services qu'elles rendent à la médecine ;

Enfin que l'appareil Vayson, soumis à des observations suivies par M. de Quatrefages, et dont ce savant apprécie infiniment l'utilité dans son rapport à l'Institut du 2 novembre 1857, réalise pour la conservation et le transport des sangsues des avantages très-précieux et inconnus jusqu'ici.

www.ingramcontent.com/pod-product-compliance
Lightning Source LLC
Chambersburg PA
CBHW070206240426
43671CB00007B/559